Devenir le meilleur de soi-même

Éditions Eyrolles
61, bd Saint-Germain
75240 Paris Cedex 05
www.editions-eyrolles.com

L'édition originale de ce livre a été publiée aux États-Unis sous le titre *Motivation and Personality, 3rd edition*, par Addison Wesley Longman.

Édition supervisée par Robert Frager et James Fadiman
Texte édité par Cynthia McReynolds

ISBN : 978-2-416-00759-0

Abraham Maslow

Devenir le meilleur de soi-même

Besoins fondamentaux, motivation et personnalité

Traduit de l'anglais (États-unis)
par Laurence Nicolaieff

Éditions
EYROLLES

SOMMAIRE

Deuxième Partie
Psychopathologie et normalité

Troisième Partie
L'accomplissement de soi

Quatrième Partie
Méthodologies pour une science humaine

Présentation

par Robert Frager

On ne peut pas effectuer de choix sages dans la vie,
à moins d'oser s'écouter soi-même,
d'écouter son propre moi,
à chaque moment de la vie.

Abraham Maslow,
Être humain

Abraham H. Maslow était un homme qui osait s'écouter profondément lui-même et écouter son inébranlable croyance dans le potentiel positif de l'espèce humaine. On a dit de lui qu'il était un pionnier, un visionnaire, un philosophe de la science et un optimiste. Il était l'un des principaux porte-parole des psychologies humanistes ou « troisième force », et *Motivation and Personality*, (*Devenir le meilleur de soi-même*) publié en 1954, reprend les questions majeures et ses premières explorations de la psychologie humaine. Les idées élaborées dans ce livre représentaient le fondement de l'œuvre de Maslow. Ce livre a exercé une influence considérable en créant une vision positive et complète de la nature humaine. Il constitue toujours une référence unique, pénétrante, influente, comme en témoignent les tendances actuelles de la psychologie, de l'éducation, de l'entreprise et de la culture. Dans de nombreux domaines, on insiste de manière croissante sur l'accomplissement de soi, sur les valeurs, sur le choix et sur une vision plus holiste de l'individu.

L'influence de Maslow

Le numéro du cinquantième anniversaire du magazine *Esquire* était consacré aux principales figures américaines du milieu du XXe siècle. Les éditeurs avaient choisi Maslow comme le psychologue le plus influent et aussi l'un de ceux qui ont majoritairement contribué à notre vision moderne de la nature humaine. George Leonard écrivait :

> Il n'écrivait pas avec la grandeur sombre d'un Freud ou la grâce apprise d'un Erik Erikson ou la précision élégante d'un B.F. Skinner. Ce n'était pas un brillant orateur ; dans ses jeunes années, il était si timide qu'il pouvait à peine se résoudre à monter sur l'estrade... La branche de la psychologie qu'il a fondée n'a pas acquis une position dominante dans les facultés et les universités. Il a disparu en 1970, mais sa biographie détaillée reste encore à écrire.
> Et pourtant, Abraham Maslow a davantage contribué à modifier notre vision de la nature humaine et des possibilités de l'homme que les autres psychologues américains des cinquante dernières années. Son influence, à la fois directe et indirecte, ne cesse de croître, particulièrement dans les domaines de la santé, de l'éducation et de la théorie du management, et dans la vie personnelle et sociale de millions d'Américains. (Leonard, 1983, p. 326)

Lorsque Maslow a débuté sa carrière, il n'existait que deux forces principales en psychologie : l'approche béhavioriste, expérimentale, et l'approche psychanalytique, clinique. Ces modèles ne suffisaient pas à Maslow. « Dans l'ensemble... il me paraît justifié de dire que l'histoire humaine témoigne des multiples manières dont la nature humaine a été dépréciée. Les possibilités supérieures de la nature humaine ont pratiquement toujours été sous-estimées. » (1971, p. 7)

Dans son parcours intellectuel, Maslow a cherché à équilibrer cette sous-estimation par des investigations pionnières sur les possibilités supérieures de croissance et de développement humain. Il a joué un rôle décisif dans l'émergence de deux nouvelles forces majeures en psychologie : le courant humaniste et le courant transpersonnel. Tous deux explorent la complexité pleine et riche de la nature humaine sans restreindre le comportement humain à un modèle mécaniste ou pathologique.

Sa force majeure résidait dans sa faculté de poser des questions fondamentales. Il formulait des interrogations qui sont au centre de notre vie à tous : qu'est-ce qu'être un bon être humain ? De quoi les êtres humains sont-ils capables ? Qu'est-ce qui fait que les êtres humains sont heureux, créatifs, épanouis ? Comment pouvons-nous déterminer qu'une personne a totalement réalisé ses potentialités à moins de savoir ce que sont ces potentialités ? Comment pouvons-nous véritablement transcender l'immaturité et l'insécurité de l'enfance, et dans quelles circonstances pouvons-nous le faire ? Comment pouvons-nous développer un modèle complet de la nature humaine, en honorant notre extraordinaire potentiel, sans perdre de vue notre côté non rationnel, non accompli ? Qu'est-ce qui motive les individus psychiquement sains ?

> L'individu accompli est-il la représentation la plus fidèle de ce que la nature humaine est en réalité au-dessous de la surface ? C'est l'une de ces vastes questions auxquelles seuls les fous et les visionnaires osent offrir des réponses définitives. Ce que Maslow a présenté dans l'accomplissement de soi n'était pas juste un fait psychologique mais une vision totale de la nature humaine. Là où d'autres s'étendaient sur l'érotisme ou le pouvoir ou l'intégration du moi ou le

> stimulus et la réponse, la vision de Maslow était une vision de vérité gnostique et de joie païenne. (Lowry, 1973, p. 50)

Les questions créatives que posait Maslow continuent d'inspirer des intuitions majeures sur la nature humaine et incitent à aller plus loin dans son exploration.

La vie de Maslow était consacrée à l'étude des individus qu'il tenait pour psychiquement sains : « De fait, les sujets accomplis, ces personnes qui sont parvenues à un niveau de maturité, de santé et d'épanouissement supérieur, ont tant à nous apprendre que parfois ils ressemblent presque à un nouveau type d'êtres humains. » (Maslow, 1968, p. 71)

Il a découvert que le fonctionnement humain est différent pour les gens qui se trouvent dans un état de santé positif au lieu d'être dans un état de manque. Maslow appelait cette nouvelle approche la « psychologie de l'Être ». Selon lui, les individus accomplis étaient motivés par des « valeurs de l'Être ». Ce sont les valeurs qui sont naturellement développées par des êtres humains sains et qui ne sont imposées ni par la religion ni par la culture. Il soutenait que « nous sommes parvenus au point, dans l'histoire biologique, où nous sommes désormais responsables de notre propre évolution. Nous sommes devenus auto-évoluants. L'évolution implique de sélectionner et donc de choisir et de décider, et cela signifie évaluer » (1971, p. 11). Les valeurs reconnues par les individus accomplis comprennent la vérité, la créativité, la beauté, la bonté, la complétude, la vitalité, l'unicité, la justice, la simplicité et l'autosuffisance.

L'étude de Maslow sur la nature humaine l'a conduit à de nombreuses conclusions, dont ces idées centrales :

- Les êtres humains possèdent une tendance innée à progresser vers des niveaux supérieurs de santé, de créativité et d'épanouissement.
- La névrose peut être considérée comme un blocage de la tendance vers l'accomplissement de soi.

- L'évolution d'une société synergique est un processus naturel et essentiel. C'est une société dans laquelle *tous* les individus peuvent atteindre un niveau élevé de développement personnel sans affecter la liberté des autres.
- L'efficacité de l'entreprise et la croissance personnelle ne sont pas incompatibles. En fait, le processus d'accomplissement de soi mène chaque individu aux plus hauts niveaux d'efficacité.

En 1968, Maslow expliquait que la révolution qu'il avait déclenchée dans la psychologie s'était solidement installée. « En outre, elle commence à être *utilisée*, surtout dans l'éducation, dans les usines, dans la religion, dans l'entreprise et le management, en thérapie et pour l'amélioration de soi » (p. iii). De fait, son travail fait partie intégrante des courants intellectuels dominants de ce siècle. Dans son livre sur Maslow et sur la psychologie moderne, Colin Wilson écrivait :

> La première moitié du XXe siècle a vu une réaction contre l'ère romantique. La biologie était dominée par un darwinisme rigide, la philosophie par des formes variées de positivisme et de rationalisme, la science par le déterminisme. Ce dernier pouvait se résumer comme l'idée selon laquelle, s'il nous était possible de construire un ordinateur géant et d'y entrer la totalité de notre connaissance actuelle, l'ordinateur pourrait se charger de l'avenir de la découverte scientifique.
>
> Les premiers psychologues s'étaient limités à tenter d'expliquer nos sentiments et nos réponses en fonction de mécanismes cérébraux ; c'est-à-dire de bâtir une représentation mécanique de l'esprit. La représentation de Freud était globalement plus « riche et étrange » mais était une vision de l'esprit profondément pessimiste – ce qu'Aldous Huxley appelait « le sous-sol de la cave »... Maslow fut le premier à créer une psychologie qui englobe vraiment tous les aspects, allant pour ainsi dire de la cave au grenier. Il acceptait la méthode critique de Freud sans accepter sa philosophie... Les besoins « transcendants » – esthétiques,

créatifs, religieux – sont aussi fondamentaux et permanents en tant que partie de la nature humaine, que la domination ou la sexualité. S'ils paraissent moins clairement « universels », c'est seulement parce que très peu d'êtres humains atteignent le point où ils prennent le relais. L'acquis de Maslow est énorme. À l'instar de tous les penseurs originaux, il a inauguré une nouvelle manière de *voir* l'univers. (Wilson, 1972, p. 181-184)

Tout au long de sa vie, Maslow a été un pionnier sur le plan intellectuel. Il innovait sans cesse, puis partait de nouveau explorer des terrains vierges. Il n'hésitait pas à présenter ses intuitions personnelles, ses hypothèses et ses affirmations avec ses recherches académiques. Il laissait souvent aux autres l'analyse minutieuse et l'expérimentation de ses théories. Les questions que posait Maslow sont autant d'appels, parce qu'elles sont infinies.

Une courte biographie

Abraham H. Maslow est né le 1er avril 1908 à New York dans le quartier de Brooklyn. Ses parents étaient des juifs russes immigrés. Son père avait appris le métier de tonnelier et avait quitté la Russie pour les États-Unis lorsqu'il était jeune. Après s'être installé, il écrivit à une cousine restée au pays, lui demandant de venir le rejoindre aux États-Unis et de l'épouser. Ce qu'elle fit.

Maslow était le premier de leurs sept enfants. C'était un jeune homme incroyablement timide, névrosé, dépressif, terriblement malheureux, solitaire et qui ne s'aimait pas.

> Avec mon enfance, c'est un miracle si je ne suis pas psychotique. J'étais le petit juif dans un environnement de non-juifs. C'était un peu comme être le premier noir à fréquenter une école peuplée exclusivement de blancs. J'étais isolé et malheureux. J'ai grandi dans les bibliothèques et parmi les livres, sans amis.

> Ma mère et mon père n'avaient pas été à l'école. Mon père voulait que je devienne avocat...
> Je fis une tentative de deux semaines à la faculté de droit. Et un soir je vins trouver mon pauvre père... et lui déclarai que je ne voulais pas être avocat.
> « Eh bien, mon fils, me dit-il, que veux-tu faire ? » Je lui répondis que je voulais étudier – tout étudier. Il n'avait pas fait d'études et ne pouvait pas comprendre ma rage d'apprendre, mais c'était un homme bien. (Maslow, *in* Hall, 1968, p. 37)

L'amour de Maslow pour les études, combiné à une intelligence incisive rare, fit de lui un étudiant brillant. (Des années plus tard, on évalua son QI à 195, ce qui le situait à la deuxième place des QI mesurés à cette époque.) Maslow explorait la riche vie culturelle de New York et tomba amoureux de la musique classique et du théâtre. Il se rendait deux fois par semaine à des concerts au Carnegie Hall et vendit même des cacahuètes pour s'offrir les billets d'entrée.

Maslow tomba aussi profondément amoureux de sa cousine Bertha. À 19 ans, il eut enfin le courage de l'embrasser. Il fut surpris et ravi qu'elle ne le rejette pas. Le consentement et l'amour de Bertha regonflèrent la piètre estime que Maslow avait de lui-même. Ils se marièrent un an plus tard.

En 1928, Maslow s'installa à l'Université du Wisconsin où il obtint son diplôme de psychologie. Puis il reçut une solide formation en recherche expérimentale, dispensée par certains des psychologues expérimentaux les plus réputés du pays. Harry Harlow, le célèbre chercheur sur les primates, devint son principal professeur. Harlow fut le premier de toute une série d'universitaires distingués qui furent séduits par ce jeune homme timide et brillant, lui transmirent leur enseignement, l'inspirèrent, le nourrirent et l'aidèrent à trouver du travail.

Le premier poste qu'obtint Maslow après son doctorat, fut celui de chercheur associé auprès du célèbre béhavioriste Edward Thorndike. Maslow fut impressionné par la puissance du béhaviorisme, figurée par la croyance optimiste de John B. Watson que la psychologie scientifique pouvait être utilisée pour former n'importe qui à n'importe quoi – « médecin, avocat ou chef indien ». Mais Maslow finit par trouver la stricte approche béhavioriste de la vie trop limitée.

> Ce fut le merveilleux programme de Watson qui m'attira vers la psychologie. Mais son défaut fatal est qu'elle est valable pour le laboratoire et au laboratoire, mais que vous la mettez et l'enlevez comme une blouse de laboratoire... Elle ne génère pas d'image de l'homme, de philosophie de la vie, de conception de la nature humaine. Elle ne sert pas de guide pour l'existence, les valeurs, les choix. C'est une manière de collecter fait sur fait au sujet du comportement, sur ce que vous pouvez voir et toucher et entendre grâce à vos sens.
>
> Mais le comportement chez l'être humain est parfois une défense, une façon de dissimuler des motivations et des pensées, de même que le langage peut représenter une manière de cacher vos pensées et d'empêcher la communication.
>
> Si vous traitez vos enfants à la maison comme vous traitez vos animaux au laboratoire, votre femme vous arrachera les yeux. Ma femme m'a farouchement interdit de prendre ses bébés comme sujets de mes expériences. (Maslow, *in* Lowry, 1979, vol. II, p. 1059-1060)

Maslow était aussi convaincu que la théorie freudienne apportait une contribution décisive à la compréhension de l'homme, particulièrement en mettant en lumière le rôle central de la sexualité dans le comportement humain. À la Columbia University, il déclencha une controverse en interrogeant des étudiantes sur leur vie sexuelle. Cela se passait en 1936, lorsqu'il n'était pas encore question de recherches sur la sexualité. Maslow a peut-être inspiré le travail de Kinsey, qui débuta deux ans plus tard. Maslow découvrit que l'activité sexuelle était liée à la « domination », un trait qu'il avait étudié dans le laboratoire des primates de Harlow.

Il accepta une chaire de professeur de psychologie au Brooklyn College et y enseigna pendant quatorze ans. Il transmit à ses étudiants son amour de l'étude et son enthousiasme pour la psychologie. Nombre des étudiants du Brooklyn College provenaient de familles immigrées et se sentaient mal à l'aise dans un environnement universitaire nouveau pour eux. Maslow était l'un des rares professeurs qui s'en préoccupait. Les étudiants appréciaient profondément son attention à leur égard. Maslow y était l'un des enseignants les plus populaires ; il était connu comme « le Frank Sinatra de Brooklyn College ».

La ville de New York était l'un des premiers centres intellectuels du monde à cette époque, le port d'accueil de la fine fleur des universités européennes qui fuyait les persécutions nazies. Les mentors de Maslow à la New School for Social Research de New York se nommaient Alfred Adler, Erich Fromm, Karen Horney et Margaret Mead. Deux autres grandes figures de l'université devinrent non seulement les professeurs mais aussi des amis proches de Maslow : l'anthropologue Ruth Benedict et Max Wertheimer, le fondateur de la psychologie de la *Gestalt*.

Maslow tira une grande partie de son inspiration de Benedict et de Wertheimer. Non seulement ils étaient brillants, créatifs, ils publiaient des communications, mais c'étaient des êtres humains chaleureux, soucieux des autres, mûrs. Il commença à tenir un carnet de notes sur eux, en tentant d'analyser ce qui faisait d'eux des êtres humains si merveilleux en même temps que de brillants universitaires. Maslow opposait Benedict et Wertheim à Hitler – en tant qu'exemples du meilleur et du pire de l'humanité.

Mes investigations sur l'accomplissement de soi n'étaient pas prévues pour constituer des recherches et n'ont pas débuté en tant que recherche. Elles correspondaient à l'origine à l'effort d'un jeune intellectuel qui essayait de comprendre deux de ses professeurs qu'il aimait, révérait et admirait ; et qui étaient des personnages vraiment merveilleux. C'était une sorte de dévotion à un QI élevé. Je ne pouvais tout simplement pas me contenter d'adorer, je cherchais aussi à comprendre pourquoi ces deux êtres étaient aussi différents des gens ordinaires. Ils se nommaient Ruth Benedict et Max Wertheimer. Ils étaient mes professeurs lorsque, après mon doctorat, je quittai l'Ouest pour m'installer à New York, et c'étaient des êtres humains exceptionnels. Ils donnaient l'impression de n'être pas seulement des individus mais quelque chose de plus que cela. Je démarrai ma propre investigation comme une activité préscientifique. J'élaborai des descriptions et des notes sur Max Wertheimer et je pris des notes sur Ruth Benedict. Tandis que je cherchais à les comprendre, que je réfléchissais sur eux et que j'écrivais sur eux dans mon journal et dans mes notes, je réalisai dans un moment d'émerveillement que leurs deux schémas se prêtaient à la généralisation. Je parlais d'un type d'individu, et non pas de deux individus incomparables. Il y avait quelque chose de merveilleusement excitant dans tout cela. Je tentai de vérifier si ce schéma pouvait se rencontrer ailleurs, et de fait, je le trouvai ailleurs, dans un individu puis chez un autre. (Maslow, 1971, p. 41)

Au début de la Seconde Guerre mondiale, Maslow fut ému jusqu'aux larmes par un défilé patriotique. Il prit la décision de renoncer à sa carrière dans la recherche expérimentale pour tenter de comprendre les causes psychologiques de la haine, du préjugé et de la guerre.

Tandis que je regardais, les larmes coulaient le long de mon visage. Je sentis que nous ne comprenions pas – ni Hitler, ni les Allemands, ni Staline, ni les communistes. Nous ne comprenions aucun d'eux. J'eus le sentiment que

> si nous pouvions comprendre, nous pourrions alors réaliser des progrès...
> J'étais trop âgé pour m'enrôler dans l'armée. Ce fut à cet instant que je pris conscience de devoir consacrer le reste de mon existence à découvrir une psychologie de la paix... J'entendais prouver que les êtres humains sont capables de quelque chose de plus grand que la guerre, le préjugé et la haine.
> Je voulais que la science s'intéresse aux problèmes réservés aux non-scientifiques – la religion, la poésie, les valeurs, la philosophie, l'art.
> Je m'y attelai en tentant de comprendre les grands hommes, les meilleurs spécimens de l'humanité qu'il me fût possible de trouver. (Maslow, *in* Hall, 1968, p. 54-55)

En 1951, Maslow quitta finalement le Brooklyn College pour l'université Brandeis nouvellement créée. Il devient le premier président du département de psychologie et s'engagea à fond dans la croissance et le développement de l'université. Maslow demeura à Brandeis jusqu'en 1969, un an avant sa mort. Durant cette période, il affina ses idées, s'acheminant toujours vers une théorie globale de la nature humaine. En 1962, il participa à la fondation de l'Association de psychologie humaniste (Association for Humanistic Psychology) avec un groupe d'éminents collègues, dont Rollo May et Carl Rogers. Par son exploration des limites suprêmes du potentiel humain, Maslow inspira la fondation du *Journal of Transpersonal Psychology*. À propos de ces deux courants de la psychologie, il écrivait :

> Je dois avouer que j'en suis arrivé à penser à cette tendance humaniste en psychologie comme à une révolution au sens le plus vrai et le plus ancien du terme, au sens où Galilée, Darwin, Einstein, Freud et Marx ont déclenché des révolutions, c'est-à-dire de nouvelles manières de percevoir et de penser, de nouvelles images de l'homme et de la société, de nouvelles conceptions de l'éthique et des valeurs, de nouvelles directions vers lesquelles aller.

> Cette troisième psychologie est maintenant une des facettes d'une... nouvelle philosophie de la vie, d'une nouvelle conception de l'homme, l'aube d'un nouveau siècle de travail...
> Je dirais également que je considère la psychologie humaniste, la troisième force, comme une transition, une préparation à une quatrième psychologie encore « supérieure », transpersonnelle, transhumaine, centrée sur le cosmos plutôt que sur les besoins et l'intérêt de l'homme. (Maslow, 1968, p. iii-iv)

Maslow s'intéressa aussi au monde de l'entreprise. Au cours de l'été 1962, il devint chercheur invité de Non-Linear Systems, une entreprise de haute technologie de Californie. Maslow découvrit que ses théories s'appliquaient au management et qu'il existait un grand nombre d'individus accomplis dans l'industrie.

Il se rendit compte que la plupart des chefs d'entreprises qui réussissaient recouraient à cette même approche positive de la nature humaine qu'il défendait en psychologie. Il fut heureux de constater que les managers qui traitaient leurs subordonnés avec confiance et respect créaient un environnement de travail plus motivant, plus productif et plus créatif. Les théories abstraites de Maslow étaient en fait testées et confirmées par le marché.

> On m'a plusieurs fois demandé ce qui m'avait incité à aller chez Non-Linear Systems... L'une des raisons fut la réalisation progressive que mes théories, surtout celle de la motivation, étaient utilisées et testées dans le laboratoire du travail au lieu du laboratoire expérimental. Je m'étais senti coupable parce que je ne parvenais pas à trouver le moyen de tester la théorie de la motivation et de l'accomplissement de soi en laboratoire. Ils m'ont libéré de ma culpabilité et m'ont délivré à tout jamais du laboratoire. Comment aurait-il pu en être autrement ? Non-Linear est un gigantesque laboratoire et une fabuleuse expérience.
> J'ai renoncé à mon idée simple que la psychologie du management n'était que l'application de la psychologie pure.

> La psychologie pure pourrait apprendre davantage de la recherche sur le travail en situation réelle que l'inverse. La psychologie de la vie devrait être testée dans les laboratoires de la vie. Le laboratoire de chimie et les tests en éprouvette sont de piètres modèles pour la recherche sur l'existence humaine. (Maslow, *in* Lowry, 1979, vol. I, p. 191)

Maslow fit l'expérience d'un autre univers cet été-là en Californie. Bertha et lui longeaient la côte californienne en voiture pour se rendre sur leur lieu de vacances. Ils avançaient moins vite qu'ils ne l'avaient prévu et la nuit tomba tandis qu'ils traversaient Big Sur. Ils s'arrêtèrent à ce qui ressemblait à un motel. Dans un pavillon, ils tombèrent sur un groupe de gens plongés dans la lecture du nouveau livre de Maslow, *Vers une psychologie de l'Être*.

Les Maslow s'étaient arrêtés à l'Esalen Institute. Le premier centre de croissance du monde venait d'ouvrir. Michael Murphy, cofondateur d'Esalen, venait de lire le livre de Maslow et, dans son enthousiasme, en avait acquis plusieurs exemplaires pour les membres d'Esalen. Maslow et Murphy se lièrent rapidement d'amitié, et les idées de Maslow eurent une influence majeure sur Esalen et sur tout le mouvement du potentiel humain.

Maslow était trop profondément intellectuel pour se convertir à ce courant axé presque essentiellement sur le sentiment et l'expérience dans l'étude du potentiel humain. Il organisa son premier atelier à Esalen deux ans après les débuts de l'Institut. Esalen avait alors acquis une réputation de niveau national comme *le* centre d'avant-garde dans le domaine des groupes de rencontre et des ateliers à fort contenu émotionnel. Le séminaire de Maslow était, *a contrario*, purement intellectuel. Intéressés par ses idées, plusieurs membres de l'équipe d'Esalen assistaient à ses conférences et aux débats qui s'ensuivaient.

Un soir, au milieu de l'exposé que Maslow faisait pour la première fois devant eux, Fritz Perls, le fondateur de la *Gestalt*-thérapie et l'enfant terrible d'Esalen, trouvant que la séance manquait d'émotion, fut saisi par l'ennui. Il se traîna vers une jolie jeune femme assise à l'autre extrémité de la salle en chantonnant : « Tu es ma mère, je veux ma mère, tu es ma mère. » Ce qui eut évidemment pour effet d'interrompre la séance. Maslow quitta la pièce furieux et perturbé. Comme à son habitude en de tels cas, il s'isola dans sa chambre et passa la nuit à dresser mentalement les différences entre sa propre approche et la primauté de l'expérience qui était la caractéristique d'Esalen. Cette nuit-là, il finit d'esquisser les grandes lignes d'un article devenu classique qui opposait le contrôle apollinien et l'abandon dionysiaque.

En dépit de la nature révolutionnaire et controversée de son travail, Maslow fut élu président de l'Association américaine de psychologie. Ses collègues reconnaissaient son influence tout en conservant un esprit critique à l'égard de ses innovations théoriques et méthodologiques.

En 1968, il bénéficia d'une subvention qui lui permit de consacrer ses dernières années à l'écriture. Il quitta Brandeis et partit pour la Californie, où il décéda d'une crise cardiaque en 1970.

Dans les dernières lignes de son journal, écrites le 7 mai 1970, on pouvait lire ceci :

> Quelqu'un m'a posé la question... Comment un jeune homme timide se transforme-t-il en leader (apparemment) « courageux » et en porte-parole ? Comment ai-je pu si volontiers dire ce que je pensais, défendre des positions impopulaires, alors que la plupart des autres ne s'y risquaient pas ? J'eus immédiatement tendance à dire : « Intelligence – juste une manière réaliste de voir les faits », mais je retins ma réponse parce que – seule – elle est fausse. « Bonne volonté, compassion et intelligence », répondis-je finalement. Je pense que j'ajoutai que j'avais simplement beaucoup *appris* de mes sujets accomplis et de leur mode de vie et de leurs métamotivations, qui sont maintenant devenues *les miennes*. Par conséquent, je réagis de manière

émotionnelle à l'injustice, à la mesquinerie, aux mensonges, aux non-vérités, à la haine et à la violence, aux réponses simplistes… Par conséquent je me sens minable et coupable et lâche quand je ne dis pas ce que je pense. Par conséquent, d'une certaine manière, *je dois le faire*.
Ce dont les enfants et les intellectuels – et tous les autres aussi – ont besoin, c'est d'une éthique, d'un système de valeurs scientifique et d'une manière de vivre et d'une politique humaniste, avec la théorie, les faits, etc., tous exposés sobrement. Ainsi de nouveau il faut que je me dise à moi-même : au travail ! (Lowry, 1979, vol. II, p. 1309)

À propos de la troisième édition de *Motivation and Personality*

Motivation and Personality (Devenir le meilleur de soi-même) est un document original sur les recherches d'un des psychologues les plus créatifs de ce siècle. C'est devenu une référence primordiale pour quiconque s'intéresse aux théories d'Abraham H. Maslow, comme en témoigne clairement l'attention croissante des auteurs de publications sur la psychologie, l'éducation, l'entreprise et les études sociales entre autres. Bien que la première édition de ce livre date de 1954, et la deuxième de 1970, son influence a continué à progresser avec les années. De 1971 à 1976, *Motivation and Personality* a été cité à titre de référence à 489 reprises, soit en moyenne plus de 97 références par an. De 1976 à 1980, plus de vingt ans après la publication de la première édition, les citations atteignaient le nombre de 791, une moyenne qui dépassait 198 citations par an.

Cette troisième édition a été révisée afin de mettre en lumière la réflexion novatrice de Maslow et de souligner la portée considérable de ses concepts. Dans le texte lui-même, nous avons remanié l'ordre des chapitres, inséré de nouveaux titres et sous-titres dans un chapitre et supprimé quelques passages documentaires datés. Le chapitre 13 a été ajouté ; il reprend le contenu d'une conférence que Maslow a donnée en 1958 à la Michigan State University. Dans l'intention d'éclairer le lecteur sur le contexte historique et intellectuel, la présente édition s'est enrichie de plusieurs apports : une courte biographie de Maslow, une postface concernant la résonance majeure de la vision de Maslow sur la vie de ses contemporains, et des introductions dans différents chapitres.

Cette édition comporte quatre sections principales : (1) La théorie de la motivation ; (2) Psychologie et normalité ; (3) L'accomplissement de soi ; et (4) Méthodologies pour une science humaine.

Le chapitre 1, « Introduction à la théorie de la motivation », propose une critique humaniste des théories béhavioristes classiques de la motivation. Maslow constate les limites de la théorie traditionnelle de la motivation. Il souligne la nécessité de prendre en compte l'intégralité de la personne, les effets de la culture, l'environnement, la motivation multiple, le comportement non motivé, la motivation saine. En résumé, Maslow pose les fondements d'une théorie véritablement humaine de la motivation.

Le chapitre 2, « Une théorie de la motivation humaine », est une présentation classique de la hiérarchie des besoins selon Maslow. L'auteur intègre avec clarté et brio la psychologie béhavioriste, freudienne et humaniste. Sa hiérarchie des besoins est devenue un paradigme largement utilisé en entreprise, en publicité et dans de nombreux autres domaines d'application de la psychologie.

Maslow établit que tous les besoins humains s'ordonnent en une hiérarchie qui part des besoins physiologiques – d'air, de nourriture et d'eau. Ensuite viennent quatre niveaux de besoins psychologiques – de sécurité, d'amour, d'estime et d'accomplissement de soi. Selon lui, nos besoins supérieurs sont aussi réels que nos besoins de nourriture et participent tout autant de la nature humaine.

Il évite les simplifications excessives du béhaviorisme et du freudisme.

Dans le chapitre 3, « La satisfaction des besoins fondamentaux », Maslow explore certaines des implications de sa hiérarchie des besoins. Il traite de la satisfaction des besoins, de ses conséquences et de sa relation avec l'apprentissage, de la formation du caractère, de la santé psychique, de la pathologie et d'autres phénomènes divers.

Maslow réexamine la théorie psychologique classique de l'instinct dans le chapitre 4, « La théorie de l'instinct réexaminée ». Cette théorie applique le concept biologique de l'instinct au comportement humain. Les tenants de l'instinct voient dans les instincts hérités les racines de tout comportement, par opposition aux béhavioristes qui tendent à expliquer tout comportement par l'apprentissage.

Dans ce chapitre, Maslow résume les problèmes majeurs de l'approche instinctiviste. Il soutient que toute observation rigoureuse du comportement humain révèle un mélange d'effets dus à l'hérédité et à l'environnement. Maslow soutient que les besoins humains possèdent effectivement une composante instinctive, mais que celle-ci est généralement faible. Les êtres humains normaux en bonne santé ne sont pas dominés par leurs besoins instinctifs et ne sont pas profondément frustrés si certains de ces besoins instinctifs ne sont pas satisfaits.

Freud considérait que les exigences de notre moi et de notre culture étaient inévitablement en contradiction avec nos instincts les plus profonds, essentiellement égoïstes. Maslow ne partage pas cet avis. D'après lui, nous sommes fondamentalement bons et coopératifs, et nous pouvons être comblés par notre culture plutôt que frustrés par elle.

Dans le chapitre 5, « La hiérarchie des besoins », Maslow évoque les différences entre les besoins supérieurs et ceux qui se situent au niveau inférieur dans la hiérarchie des besoins. Il explique que les besoins supérieurs représentent des développements ultérieurs de l'évolution et qu'ils se développent tardivement dans chaque individu. Les besoins supérieurs sont moins exigeants et peuvent être différés. La satisfaction des besoins supérieurs procure plus de joie et mène à une croissance individuelle plus grande. Elle requiert aussi un environnement extérieur favorable.

L'auteur explore ensuite certaines des implications de sa hiérarchie. La hiérarchie des besoins de Maslow est une manière de rendre justice à la richesse et à la complexité du fonctionnement humain supérieur et en même temps de situer le comportement humain dans la continuité de la motivation et du comportement de tous les organismes. Maslow met également en relief les incidences de ce modèle en ce qui concerne la philosophie, les valeurs, la psychothérapie, la culture et la théologie.

Dans le chapitre 6, « Le comportement non motivé », Maslow élargit les préoccupations classiques de la psychologie pour y inclure le comportement expressif et artistique. Les psychologues béhavioristes de son époque tendaient à ignorer tout ce qui n'était pas un comportement motivé, appris. Maslow précise que tous les comportements ne répondent pas forcément à une motivation ou à un objectif. Les comportements d'expression, notamment le chant, la danse et le jeu, sont relativement spontanés, non ciblés, et agréables en eux-mêmes. Ils valent également la peine que la psychologie s'intéresse à eux.

Maslow s'arrête sur deux types de frustration des besoins dans le chapitre 7, « Les origines de la pathologie ». La frustration menaçante produit la pathologie. La frustration non menaçante n'a pas cet effet. Maslow souligne que toutes les frustrations ne sont pas menaçantes et qu'en réalité, la privation peut avoir des effets positifs et des effets négatifs. Il traite également du conflit menaçant et du conflit non menaçant, arguant là encore du fait que certains types de conflit peuvent entraîner des conséquences positives.

Dans le chapitre 8, « L'esprit de destruction est-il instinctif ? », Maslow répond que l'instinct de destruction n'est pas inné. Il tire cette conclusion d'études sur les animaux, sur les enfants, et de la comparaison du comportement dans différentes cultures, en indiquant que, dans un environnement sain qui soutient l'individu, il n'existe virtuellement pas de comportement destructeur. Il précise qu'en ce qui concerne l'esprit de destruction, comme à l'égard de tout autre comportement, nous devons prendre en considération trois facteurs : la structure du caractère, les pressions culturelles et la situation immédiate.

Maslow introduit le chapitre 9, « La psychothérapie comme modèle de bonne relation humaine », en reliant la psychothérapie aux concepts traditionnels de la psychologie expérimentale, tels que la menace, la réalisation de l'acte et la satisfaction du besoin.

En reconnaissant le rôle théorique central de la satisfaction des besoins, Maslow analyse les ressorts de l'efficacité des différents systèmes thérapeutiques et explique que des psychothérapeutes relativement peu formés à la pratique parviennent néanmoins à des résultats. Il souligne le rôle primordial des relations interpersonnelles dans la satisfaction des besoins fondamentaux, particulièrement en ce qui concerne la satisfaction des besoins de sa hiérarchie des besoins – les besoins de sécurité, d'appartenance, d'amour et d'estime de soi.

Selon lui, les bonnes relations humaines sont essentiellement thérapeutiques et, inversement, une bonne thérapie se construit sur une bonne relation humaine entre le thérapeute et le patient. Pour Maslow, la société adéquate est celle dans laquelle les relations humaines sont favorisées et encouragées. Une société adéquate est aussi une société psychiquement saine. Il souligne que les psychothérapeutes professionnels auront toujours un rôle à jouer, notamment auprès de tous ceux qui ne recherchent même plus la satisfaction des besoins fondamentaux et ne pourraient accepter cette satisfaction si elle leur était offerte. La thérapie professionnelle s'avère indispensable pour les aider à prendre conscience de leurs pensées, de leurs pulsions, de leurs frustrations et de leurs inhibitions inconscientes.

Dans le chapitre 10, « Différentes approches de la normalité et de la santé », Maslow recense les principales définitions de la normalité psychologique – dans la perspective statistique, classique et culturelle, et en termes d'ajustement et d'absence de dysfonctionnement. Il propose une définition plus positive fondée sur la santé psychique. Maslow relie la santé psychique au processus d'accomplissement de soi et de satisfaction des autres besoins de sa hiérarchie. Il montre que la santé psychique est favorisée par un environnement qui offre à chacun la liberté de choisir parmi un large éventail de possibilités.

Dans le chapitre 11, « Les individus accomplis : une étude de la santé psychique », Maslow décrit son exploration novatrice de l'accomplissement de soi. Il présente les méthodes utilisées pour sélectionner et tester ses sujets. La majeure partie du chapitre est consacrée aux descriptions détaillées des qualités et des attributs communs aux sujets accomplis de Maslow. Ce sont : la précision de la perception, la spontanéité, le détachement, l'indépendance, l'expérience paroxystique, le sens de l'humour et la créativité.

Maslow précise aussi que ses sujets sont loin d'être des humains parfaits et dresse l'inventaire de leurs manques. Il termine en soulignant le rôle des valeurs dans l'accomplissent de soi et dans la manière dont les individus accomplis résolvent les conflits liés aux dichotomies telles que l'opposition cœur/raison, égoïsme/altruisme, devoir/plaisir.

L'importance de l'étude de l'amour, particulièrement de l'amour chez les individus sains, fait l'objet du chapitre 12, « L'amour chez les individus accomplis ». Il y développe l'interrelation de la sexualité et de l'amour. Il montre aussi que l'amour peut nous conduire à transcender le moi et à affirmer l'indépendance et la dignité de l'être aimé. Maslow analyse enfin la nature de l'amour intrinsèquement gratifiant et altruiste.

Dans le chapitre 13, « La créativité des individus accomplis », Maslow compare la créativité des artistes, des poètes et d'autres « professionnels de la créativité » à la créativité de l'accomplissement de soi, qui provient plus directement de la personnalité. Cette seconde forme de créativité se manifeste comme une tendance à tout faire avec originalité et de façon créative, qu'il s'agisse d'enseigner, de cuisiner, de pratiquer un sport, etc.

Les individus accomplis créatifs tendent à voir le monde d'un œil clair, neuf, et à être plus spontanés et expressifs que leurs congénères. Dans la mesure où ils s'acceptent tels qu'ils sont, ils peuvent consacrer une large part d'eux-mêmes à la créativité. Maslow nomme cela la « créativité primaire », l'intuition et l'inspiration originales qui sont à la base du grand art, de la musique et ainsi de suite. Maslow précise que, si les gens bénéficiant du talent et de la formation suffisants pour voir leur activité artistique couronnée de succès sont rares, la créativité primaire liée à l'accomplissement de soi est un aspect essentiel de notre humanité fondamentale.

Dans le chapitre 14, « Questions pour une nouvelle psychologie », il pose une série de questions qui émergent de sa nouvelle approche de la psychologie. Elles suscitent une manière inédite d'aborder les thèmes psychologiques traditionnels de l'apprentissage, de la perception, des émotions, de la motivation, de l'intelligence, de la connaissance, de la psychologie clinique, de la psychologie animale, de la psychologie sociale et de la théorie de la personnalité.

Maslow nous propose une interprétation psychologique de la science dans le chapitre 15, « Une approche psychologique de la science ». Les scientifiques sont des êtres humains comme les autres. Leur comportement en tant que scientifiques obéit à des principes psychologiques. Ce qui fait intervenir dans la science le rôle des valeurs et des peurs, des espoirs et des rêves humains. Maslow souligne également que la science ne constitue pas l'unique manière de découvrir la vérité. Il recommande d'adjoindre à la perspective scientifique traditionnelle le regard des poètes, des philosophes, des rêveurs et ainsi de suite. L'individu en bonne santé, heureux, équilibré, est sans doute un scientifique plus performant, plus créatif.

Dans le chapitre 16, « Centrage sur les moyens contre centrage sur les problèmes », Maslow défend le point de vue selon lequel la majorité des problèmes de la science, en particulier de la psychologie, sont dus à un centrage excessif sur les moyens. Par l'expression « centrage sur les moyens », il stigmatise la focalisation sur les instruments, les appareils et les techniques de la recherche scientifique. Ce qui mène souvent à une recherche solide du point de vue méthodologique mais stérile. Le centrage sur les moyens tend à établir des orthodoxies scientifiques, à étouffer l'originalité et à limiter le champ d'investigation de la science.

Dans le chapitre 17, « Stéréotype et connaissance véritable », Maslow distingue deux types de pensée, celle qui se fait passer pour une réflexion sans en être une et la pensée véritable. Selon lui, il importe tout d'abord d'assister à l'expérience nouvelle, puis de l'observer clairement et en détail, au lieu de chercher immédiatement à classer les nouvelles expériences en catégories. Pour Maslow, le stéréotype est un exemple de classification aveugle ; les habitudes en sont un autre. Si une certaine stabilité est utile et nécessaire, l'excès de classification conduit à la rigidité et à une mauvaise prise en compte du présent. Il n'apporte pas de solution efficace aux difficultés. Les problèmes nouveaux sont ignorés ou traités à l'aide de techniques inappropriées, de recettes périmées.

Dans le chapitre 18, « Une approche holiste de la psychologie », Maslow montre que le comportement humain complexe n'est pas réductible à ses éléments simples. Même lorsque nous étudions des aspects particuliers de la personnalité, Maslow nous exhorte à nous rappeler que nous analysons en fait une partie d'un ensemble et non une entité discrète. Maslow introduit le concept de « syndrome de la personnalité », un complexe organisé, structuré, constitué d'éléments divers en apparence, et expose en détail les multiples conséquences de cette approche.

Nous espérons sincèrement que vous lirez ce livre avec le même plaisir que nous avons éprouvé à l'éditer. Abraham Maslow nous a inspiré en tant qu'homme et en tant que penseur. Si sa vision de la psychologie et du potentiel humain vous touche et vous incite à réfléchir sur les questions qu'il soulève, cet ouvrage aura atteint son but.

Remerciements

Les éditeurs souhaitent exprimer leur gratitude à Bertha Maslow pour son soutien et à George Middendorf dont la vision initiale et les encouragements ont permis de réaliser cette édition.

Ruth Cos remercie Cynthia McReynolds, Jim Fadiman, Bob Frager et la promotion 1984 des diplômés du California Institute of Transpersonal Psychology pour leurs commentaires sur les manuscrits antérieurs. Des remerciements sont également dus à Miles Vich pour son point de vue, et à Milton Chen et Paul Cox pour leurs conseils éditoriaux.

Références

Hall, M.H. (1968). « A conversation with Abraham H. Maslow ». *Psychology Today*, 35-37, 54-57.

International Study Project. (1972). *Abraham H. Maslow : A memorial volume*.

Monterey, CA : Brooks/Cole.

Leonard, G. (1983, december). « Abraham Maslow and the new self ». *Esquire*, p. 326-336

Lowry, R. (1973). *A.H. Maslow : An intellectual portrait*. Monterey, CA : Brooks/ Cole.

Lowry, R. (éd.). (1979). *The journals of Abraham Maslow* (2 vol.). Monterey, CA : Brooks/Cole.

Maslow, A. (1968). *Vers une psychologie de l'Être*, Paris, Arthème Fayard, 1972 Maslow, A. (1971). *Être humain, la nature humaine et sa plénitude*, Paris, Eyrolles, 2006

Wilson, C. (1972). *New pathways in psychology : Maslow and the post-Freudian revolution*. New York : Mentor.

Préface à la deuxième édition[1]

par Abraham Maslow

Je me suis efforcé, dans cette édition, d'intégrer les principales leçons des seize dernières années. Elles ont été considérables. C'est une révision complète et ambitieuse – même si les remaniements rendus nécessaires sont peu nombreux – dans la mesure où l'orientation majeure du livre a subi d'importantes modifications que je reprendrai ci-dessous en détail.

À sa parution en 1954, cet ouvrage représentait essentiellement un effort visant davantage à construire *à partir* des psychologies classiques existantes, qu'à les répudier ou à établir une psychologie rivale. Il tentait d'élargir notre conception de la personnalité humaine en se haussant jusqu'aux niveaux « supérieurs » de la nature humaine (le titre que j'avais tout d'abord prévu pour ce livre était *Higher Ceilings for Human Nature* – les limites suprêmes de la nature humaine). S'il m'avait fallu résumer sa thèse en une seule phrase, j'aurais dit qu'en *supplément* à ce que les psychologies de l'époque avaient à dire sur la nature

1. Réimprimée telle qu'elle se présentait dans la seconde édition : il se peut par conséquent que la numérotation des chapitres ne corresponde pas à l'organisation de la présente édition. Des références de citations ont été omises.

humaine, l'homme possède aussi une nature supérieure et que celle-ci est instinctoïde[1], c'est-à-dire qu'elle fait partie de son essence. Et si j'avais pu disposer d'une seconde phrase, j'aurais souligné la nature profondément holiste de la nature humaine, en contradiction avec l'approche newtonnienne-atomiste-dissectrice-analytique des partisans du béhaviorisme et de la psychanalyse freudienne.

Ou, pour l'exprimer autrement, j'ai accepté et je me suis fondé sur les données fournies par la psychologie expérimentale et la psychanalyse. J'ai également accepté l'esprit empirique et expérimental de l'une et le dévoilement et l'exploration des profondeurs de l'autre, en récusant cependant les *images* de l'homme qu'elles généraient. C'est-à-dire que ce livre proposait une philosophie différente de la nature humaine, une nouvelle image de l'homme.

Pourtant, ce que je croyais alors être un argument interne à la famille des psychologues s'est à mon sens transformé depuis lors pour devenir plutôt la manifestation locale d'un nouveau *Zeitgeist*, une nouvelle philosophie générale de la vie qui embrasse tout. Cette nouvelle *Weltanschauung* « humaniste » semble représenter un moyen inédit et nettement plus porteur d'espoir et plus motivant d'aborder chaque aspect de la connaissance humaine en particulier ; par exemple, l'économie, la sociologie, la biologie et chaque secteur professionnel ; par exemple, la loi, la politique, la médecine et l'ensemble des institutions sociales ; par exemple, la famille, l'éducation, la religion, etc. J'ai toujours œuvré selon cette conviction personnelle en révisant ce livre, inscrivant dans la

---

1. Maslow a créé le terme *instinctoïde* pour signifier deux choses : les aspects supérieurs de la nature humaine sont aussi innés, naturels et inhérents au psychisme que des « instincts » ; ces qualités supérieures fonctionnent de manière semblable mais non identique aux instincts. Dans le but de faciliter la lecture, nous avons remplacé dans ce texte le terme *instinctoïde* par l'expression « d'ordre instinctif ».

thèse présentée ici la croyance que la psychologie offre une vision élargie du monde et une philosophie globale de la vie, qui est déjà partiellement élaborée, au moins au point d'être plausible, et qui doit, par conséquent, être prise sérieusement.

Je dois dire un mot du fait irritant que cette véritable révolution (une nouvelle image de l'homme, de la société, de la nature, de la science, des valeurs suprêmes, de la philosophie, etc.) est encore presque complètement ignorée d'une bonne partie de la communauté intellectuelle, tout particulièrement de cette portion qui contrôle les moyens de communication destinés au public éduqué et à la jeunesse. (C'est pourquoi, je me suis permis de l'appeler la Révolution imperceptible.)

Ils sont nombreux dans cette communauté à proposer une vision caractérisée par un désespoir profond et un cynisme, qui dégénèrent parfois en malfaisance et en cruauté corrosives. En fait, ils nient la possibilité d'améliorer la nature humaine et la société, ou de découvrir les valeurs humaines intrinsèques, ou d'être amoureux de la vie en général.

Doutant de l'existence réelle de la sincérité, de la gentillesse, de la générosité, de l'affection, ils vont au-delà du scepticisme ou de la prudence raisonnable pour tomber dans une franche hostilité lorsqu'ils sont confrontés à des gens qu'ils prennent pour des fous et dont ils se gaussent. Des « boy scouts », des ringards, des innocents, des dames patronnesses ou des optimistes béats. Ce discrédit actif, cette haine et cette critique se situent au-delà du mépris : ils ressemblent parfois à une contre-attaque scandalisée contre ce qu'ils considèrent comme un effort insultant pour les tromper, les rouler, les mener en bateau. Le psychanalyste y verrait, je pense, une dynamique de rage et un désir de se venger des déceptions et des désillusions passées.

Cette sous-culture du désespoir, cette surenchère dans la virulence, cette contre-moralité dans laquelle la rapacité et l'impuissance sont réelles et la bonne volonté feinte, est purement et simplement contredite par les psychologies humanistes et par les données exposées dans ce livre et dans de nombreux ouvrages répertoriés dans la bibliographie. S'il demeure indispensable de se montrer très prudent lorsqu'on énonce les conditions préliminaires à la « bonté » dans la nature humaine (voir chapitres 7, 9, 11, 16), il est d'ores et déjà possible de rejeter fermement la croyance désespérante selon laquelle la nature humaine est suprêmement et fondamentalement dépravée et mauvaise. Une telle croyance n'est plus seulement affaire de goût. Elle ne peut désormais subsister que par aveuglement volontaire et par ignorance, par refus de considérer les faits. Elle doit par conséquent être considérée comme une projection personnelle plutôt que comme une position scientifique ou philosophique raisonnée. Les conceptions humaniste et holiste de la science présentées dans les deux premiers chapitres et dans l'annexe B ont été puissamment corroborées par les nombreux développements qu'a connus la dernière décennie, dont l'immense ouvrage de Michael Polanyi, *Personal Knowledge* (la connaissance personnelle). Mon livre *The Psychology of Science* (la psychologie de la science) défend les mêmes thèses. Ces livres se situent en contradiction radicale avec une philosophie classique, conventionnelle de la science qui prévaut encore trop largement, et ils constituent une alternative de loin plus satisfaisante pour la recherche scientifique sur l'humain.

Ce livre est, du début à la fin, de nature holiste, avec un développement plus dense et peut-être plus difficile d'accès dans l'annexe B. Le holisme est à l'évidence une réalité – après tout, le cosmos est un et inter-relié ; chaque société est une et inter-reliée ; chaque personne est unique et en inter-relation avec les autres, etc. –, et pourtant la perspective holiste peine à s'imposer et à être utilisée ainsi qu'elle le devrait en tant que manière d'envisager le monde. Depuis quelque temps, j'incline à penser que le point de vue atomiste constitue une forme de psychopathologie légère, ou est au moins un aspect du syndrome d'immaturité cognitive. La pensée et la vision holistes semblent venir tout à fait naturellement et automatiquement aux personnes plus saines, accomplies, et semblent être extraordinairement difficiles pour les individus moins évolués, moins mûrs, moins sains. Ce n'est qu'une impression, bien entendu, et je ne souhaite pas l'approfondir pour le moment. Pourtant je sens qu'il est justifié de la présenter ici comme une hypothèse à vérifier, chose qui devrait être relativement aisée à faire.

La théorie de la motivation exposée dans les chapitres 3 à 7, et dans une certaine mesure dans tout le livre, a connu une histoire intéressante. Présentée pour la première fois en 1942 devant la société de psychanalyse, elle constituait à mes yeux une tentative d'intégrer en une seule structure théorique les vérités partielles que je rencontrais chez Freud, Adler, Jung, D.M. Levy, Fromm, Horney et Goldstein. Mes diverses expériences de thérapeute m'avaient appris que chacun de ces auteurs avait raison à certains moments et pour certains individus. Mon interrogation était essentiellement d'ordre clinique : quelles privations précoces produisent la névrose ? Quels remèdes psychologiques guérissent la névrose ? Quelle prophylaxie prévient la névrose ? Dans quel ordre les remèdes psychologiques doivent-ils être administrés ? Lesquels sont les plus puissants ? Lesquels sont indispensables ?

Il est juste de dire que cette théorie a été couronnée de succès sur le plan clinique, social et personnologique, mais qu'elle n'a pas connu la même réussite en laboratoire et dans l'expérimentation. Elle coïncidait parfaitement avec l'expérience personnelle de la plupart des gens, et leur a souvent fourni une théorie structurée qui les a aidés à donner plus de sens à leur vie intérieure. Pour beaucoup de sujets, elle semble avoir une validité subjective, directe, personnelle. Et pourtant elle n'est toujours pas vérifiée ni soutenue par l'expérimentation. Je n'ai pas encore pu réfléchir au moyen de la faire tester en laboratoire.

Une partie de la réponse à cette énigme m'a été donnée par Douglas McGregor, qui a appliqué cette théorie de la motivation aux situations du travail. Non seulement il l'a jugée utile pour ordonner ses données et ses observations, mais les données obtenues ont aussi servi rétroactivement en tant que source de validation et de vérification de la théorie. C'est donc de *ce domaine-là*, plutôt que du laboratoire, que le soutien empirique arrive maintenant. (Un échantillonnage des rapports à ce sujet est proposé dans la bibliographie.)

Cette application et la validation apportée ensuite par d'autres expériences dans différents domaines m'ont appris ceci : lorsque nous parlons des besoins des êtres humains, nous évoquons l'essence de leur vie. Comment aurais-je pu penser que cette essence était susceptible d'être testée dans un quelconque laboratoire animal ou en situation *in vitro* ? À l'évidence, il faut une situation qui soit celle de la vie réelle de l'être humain dans sa totalité, immergé dans son environnement social. C'est de là que viendra la confirmation ou l'infirmation.

Le chapitre 4 trahit ses origines clinico-thérapeutiques en ce qu'il insiste davantage sur ce qui produit la névrose que sur les motivations qui ne posent pas de problème au psychothérapeute, par exemple l'inertie et la paresse, les plaisirs sensoriels et le besoin de stimulations sensorielles et d'activité, le pur goût de la vie ou son absence, la promptitude à espérer ou à désespérer, la tendance à régresser plus ou moins facilement sous l'emprise de la peur, de l'anxiété, du manque etc., sans oublier les valeurs humaines suprêmes qui sont aussi des sources de motivation : la beauté, la vérité, l'excellence, la complétude, la justice, l'ordre, la cohérence, l'harmonie, etc.

Ces compléments indispensables aux chapitres 3 et 4 sont abordés dans les chapitres 3, 4, et 5 de mon livre *Vers une psychologie de l'être*, dans les chapitres « Les plaintes et leur niveau » et « Une théorie de la métamotivation : l'enracinement biologique des valeurs » de mon livre *Être humain*.

On ne comprendra jamais la vie de l'homme si l'on ne prend pas en compte ses aspirations les plus hautes. La croissance, l'accomplissement de soi, les efforts pour progresser vers la santé, la quête de l'identité et de l'autonomie, l'aspiration à l'excellence (et les autres manières d'exprimer l'ambition de « s'élever ») doivent désormais être acceptés sans la moindre interrogation comme une tendance humaine largement répandue et peut-être universelle.

Et cependant, il existe aussi des tendances à la régression, à la peur, à l'amoindrissement, et il est si facile de les oublier, intoxiqués comme nous le sommes par la « croissance personnelle », surtout dans l'inexpérience de la jeunesse. L'indispensable prophylaxie contre de telles illusions réside, selon moi, dans une connaissance solide de la psychopathologie et de la psychologie des profondeurs. Nous devons nous rendre compte que beaucoup de gens choisissent le pire au détriment du meilleur, que la croissance est souvent un processus pénible et peut pour cette raison être sciemment évitée, que nous avons peur de nos potentialités les plus élevées tout en les aimant, et que nous sommes profondément ambivalents quant à la vérité, la beauté, la vertu que nous chérissons et redoutons à la fois. Freud reste toujours une lecture obligée pour les psychologues humanistes (ses faits, non sa métaphysique). Je souhaiterais aussi recommander un livre extraordinairement sensible d'Hoggart, qui nous aidera certainement à comprendre et à excuser l'attrait du vulgaire, du trivial, du médiocre et du factice chez les gens peu éduqués dont il nous donne la description.

Le chapitre 4 et le chapitre 6 sur « La nature instinctoïde des besoins fondamentaux » représentent pour moi le fondement d'un système de valeurs humaines intrinsèques, de biens humains qui possèdent leur propre validité, qui sont intrinsèquement bons et souhaitables et qui n'ont pas besoin de justification supplémentaire. Il s'agit d'une hiérarchie des valeurs qui se situe dans l'essence même de la nature humaine en soi. Elles ne sont pas seulement voulues et désirées par tous les êtres humains, mais répondent aussi à un impératif dans le sens où elles sont nécessaires pour éviter la maladie et la psychopathologie. Pour exprimer cela sous une autre forme, ces besoins fondamentaux et les métabesoins sont aussi les agents de renforcement intrinsèques, les stimuli non conditionnés qui peuvent être utilisés comme base sur laquelle se fondent toutes sortes d'apprentissage instrumentaux et conditionnants. Ce qui signifie que, pour disposer de ces biens intrinsèques, les animaux et les hommes sont prêts à apprendre pratiquement tout ce qui leur sert à obtenir ces biens suprêmes.

Je ne voudrais pas omettre d'indiquer ici, même si je dispose de trop peu d'espace pour le faire, qu'il est légitime et fructueux de considérer les besoins fondamentaux d'ordre instinctif et les métabesoins comme des *droits* autant que des besoins. Ce qui oblige immédiatement à admettre que les êtres humains ont un droit à être des humains au sens même où les chats ont un droit à être des chats. Si l'on veut être complètement humain, la satisfaction de ces besoins et de ces métabesoins est une nécessité, et peut donc être considérée comme un droit naturel.

La hiérarchie des besoins et des métabesoins m'a été précieuse à d'autres égards. Je me la représente comme une sorte de buffet garni, dans lequel on pioche en fonction de ses goûts et de son appétit. C'est-à-dire que, dans tout jugement sur les motivations du comportement d'une personne, le caractère du juge doit aussi être pris en compte. Il *sélectionne* les motivations auxquelles il attribue le comportement, par exemple en fonction de son optimisme ou de son pessimisme généralisé. Je trouve qu'aujourd'hui on tend plus souvent à faire le second choix, si fréquemment d'ailleurs qu'il m'a paru judicieux de désigner ce phénomène par l'expression « tirer les motivations vers le bas ». Pour résumer, il s'agit de la tendance à privilégier, à des fins d'explication, les besoins inférieurs par rapport aux besoins moyens, et les besoins moyens par rapport aux besoins supérieurs. On préfère une motivation purement matérialiste à une motivation sociale ou à une métamotivation, ou à un mélange des trois. C'est une sorte de suspicion voisine de la paranoïa, une forme de dévaluation de la nature humaine, que j'observe souvent mais qui, à ma connaissance, n'a pas été suffisamment décrite. Je pense que toute théorie de la motivation qui se veut complète doit inclure cette variable supplémentaire.

Et j'imagine sans peine que l'historien des idées n'aurait aucune difficulté à trouver de nombreux exemples, dans les différentes cultures et à diverses époques, d'une tendance générale à tirer les motivations humaines soit vers le bas, soit vers le haut. Au moment où j'écris ces lignes, dans notre culture, la tendance est d'aller clairement et largement vers le bas. On surexploite lourdement et outrageusement les besoins inférieurs aux fins d'explication et on sous-utilise les besoins supérieurs et les métabesoins. Selon moi, cette tendance repose nettement plus sur un préjugé que sur un fait empirique. Il me semble que les besoins supérieurs et que les métabesoins sont plus déterminants que mes sujets eux-mêmes le suspectent, et certainement, beaucoup plus, et de loin, que les intellectuels contemporains osent l'admettre. À l'évidence, il s'agit là d'une question empirique et scientifique, qui est, à ce titre, beaucoup trop importante pour être confiée à des cénacles et à des cliques.

J'avais ajouté au chapitre 5 sur la théorie de la satisfaction des besoins, une section concernant la pathologie de la satisfaction. C'est assurément une découverte à laquelle nous n'étions pas préparés il y a quinze ou vingt ans, que celle des conséquences pathologiques qui surviennent après que l'on a atteint ce que l'on s'est *efforcé* d'atteindre, et qui était censé apporter le bonheur. Nous avons appris avec Oscar Wilde à nous méfier de ce que nous désirons – car nous courons le risque de voir nos souhaits se réaliser. Cela semble être possible à n'importe quel niveau de motivation, qu'il soit matériel ou interpersonnel ou transcendantal.

Cette découverte inattendue nous enseigne que la satisfaction des besoins fondamentaux ne produit pas automatiquement en soi un système de valeurs dans lequel croire et s'engager. Nous avons plutôt appris que l'une des conséquences possible des satisfactions des besoins fondamentaux peut être l'ennui, l'impression de vacuité, l'anomie et ainsi de suite. À l'évidence, nous fonctionnons de manière optimale lorsque nous faisons des efforts pour obtenir quelque chose qui nous manque, lorsque nous désirons quelque chose que nous ne possédons pas, et lorsque nous mobilisons toute notre puissance au service de la réalisation de ce désir. L'état de satisfaction se révèle n'être pas forcément un état de bonheur ou de contentement garanti. C'est un état incertain, qui soulève plus de problèmes qu'il n'en résout.

Cette découverte implique que, pour beaucoup de gens, l'*unique* définition d'une vie digne d'intérêt est de « manquer de quelque chose d'essentiel et de faire tout pour l'obtenir ». Mais nous savons que les individus accomplis, même si leurs besoins fondamentaux ont été satisfaits, trouvent l'existence *encore plus* riche de sens parce qu'ils peuvent vivre, pour ainsi dire, dans le domaine de l'Être. La notion ordinaire, courante, d'une vie digne d'intérêt est donc fausse ou tout au moins immature.

Tout aussi importante pour moi a été la révélation progressive de ce que j'ai baptisé la « théorie des plaintes ». En bref, ce que j'ai observé, c'est que la satisfaction des besoins ne mène qu'à un bonheur passager qui à son tour tend à être suivi d'une autre insatisfaction (espérons-le) supérieure. Comme si l'espoir d'une félicité éternelle ne pouvait jamais être comblé. Certes le bonheur arrive et il est obtenu et bien réel. Mais il semble que nous devions accepter son caractère intrinsèquement transitoire, surtout si nous considérons ses formes les plus intenses. Les expériences paroxystiques ne durent pas et *ne peuvent pas* durer. Le bonheur intense est épisodique, non continu.

Tout ceci impose de revoir la théorie du bonheur qui nous a gouvernés pendant trois mille ans et qui a déterminé nos concepts du paradis, du Jardin d'Éden, d'une vie bonne, d'une société adéquate, du bon individu. Les histoires d'amour qu'on nous racontait se terminaient toujours par ces mots : « Et ils vécurent heureux pour le restant de leurs jours. » Et il en a été de même de nos théories de l'amélioration sociale et de la révolution sociale. Ainsi, par exemple, nous avons été abusés – et par conséquent déçus – par les améliorations réelles bien que limitées dans notre société. On nous a trompés sur les bénéfices du syndicalisme, du vote des femmes, de l'élection directe des sénateurs, de l'imposition progressive des revenus, et de beaucoup d'autres améliorations que nous avons intégrées, par exemple, dans les amendements à la Constitution. Chacune d'elles était supposée apporter un bonheur millénaire, éternel, la solution définitive de tous nos problèmes. Le résultat s'est révélé illusoire après coup. Mais désillusion signifie qu'il y a eu illusion. Et c'est ce dernier point que nous devons relever ; il indique que nous pouvons raisonnablement nous attendre à ce que des améliorations surviennent. Mais nous ne pouvons plus raisonnablement espérer atteindre la perfection ou vivre dans un bonheur permanent.

Je dois attirer l'attention sur un phénomène presque universellement ignoré, quand bien même il se manifeste aujourd'hui avec évidence, à savoir que les bienfaits déjà obtenus nous paraissent définitivement acquis, que nous les oublions, qu'ils disparaissent de notre conscience et que nous finissons par ne plus leur accorder de valeur – au moins jusqu'à ce qu'on nous les retire. Par exemple, il est caractéristique de la culture américaine, à l'instant où que je rédige cette préface en janvier 1970, de voir que les avancées et les améliorations indubitables acquises de haute lutte en l'espace de 150 ans sont rejetées par un grand nombre d'individus vains et écervelés, sous prétexte qu'elles sont factices, dénuées de valeur, ne méritant pas que l'on se batte pour elles ni d'être protégées ou valorisées, uniquement parce que la société n'est pas encore parfaite.

Le combat actuel pour la « libération » des femmes sert à lui seul d'exemple (j'aurais pu en choisir des dizaines d'autres) pour illustrer ce point complexe mais important, et pour montrer combien les gens sont nombreux qui tendent à penser de manière dichotomique et fragmentée au lieu de penser de manière hiérarchique et intégrative. On peut en général dire qu'aujourd'hui, dans notre culture, le rêve de toute jeune fille, un rêve au-delà duquel elle refuse de voir, est le plus souvent celui d'un homme qui tombe amoureux d'elle, qui lui donne un foyer et qui lui donne un bébé. Dans son imagination, elle vit ensuite un bonheur perpétuel. Mais la réalité de l'histoire, c'est qu'indépendamment du fait qu'elle désire ardemment un foyer, ou un enfant, ou un amant, tôt ou tard elle est rassasiée de ces bienfaits, elle finit par les tenir pour acquis, et elle commence à se sentir fébrile et insatisfaite comme si quelque chose lui manquait, comme s'il lui restait encore quelque chose à atteindre. L'erreur fréquente alors est de voir dans le foyer et le bébé et le mari une imposture, ou peut-être un piège ou un esclavage, et d'aspirer à des besoins supérieurs et à des satisfactions supérieures de deux façons possibles, par exemple à travers une activité professionnelle, ou la liberté de voyager, ou l'autonomie personnelle, et ainsi de suite. La thèse centrale de la théorie des plaintes et de la théorie hiérarchique-intégrative des besoins est qu'il est immature et insensé de penser à tout cela comme à des alternatives qui s'excluent mutuellement. Il est préférable de penser que la femme insatisfaite désire profondément conserver tout ce qu'elle a et qu'à l'instar des syndicalistes, elle exige *encore davantage* ! C'est-à-dire qu'elle voudrait généralement garder tous ces bienfaits et en avoir d'autres en supplément. Mais là encore, il semblerait que nous n'ayons pas encore appris cette leçon éternelle : quel que soit le désir, une carrière ou autre chose, dès qu'il est réalisé, le processus recommence. À la période de bonheur, d'excitation et d'épanouissement succède celle où tout semble acquis, et l'on devient fébrile et insatisfait, voulant obtenir *toujours plus* !

Si nous prenons pleinement conscience de ces traits humains, si nous savons renoncer au rêve d'un bonheur permanent et ininterrompu, si nous sommes capables d'accepter le fait que notre extase sera transitoire et inévitablement suivie d'insatisfaction et de récriminations pour obtenir davantage, alors nous pourrons apprendre à tout le monde ce que les êtres accomplis font automatiquement, c'est-à-dire à considérer les biens que l'on a, à en être reconnaissants et à éviter les pièges des choix exclusifs. Il est possible pour une femme de posséder tous les accomplissements féminins (être aimée, avoir un foyer, être mère) et ensuite, sans renoncer à aucune de ces satisfactions déjà acquises, d'aller au-delà de sa féminitude pour accéder à l'humanité complète qu'elle a en partage avec les mâles, par exemple le plein développement de son intelligence, de tous les talents qu'elle peut avoir, de son propre génie idiosyncrasique, de sa plénitude individuelle.

Le thème principal du chapitre 6, « La nature instinctoïde des besoins fondamentaux », a considérablement évolué. Les grandes avancées en matière de génétique, lors de la dernière décennie environ, nous ont forcé à reconnaître plus de pouvoir aux gènes que nous ne le faisions il y a une quinzaine d'années.

La découverte majeure pour les psychologues a été, je pense, les divers phénomènes qui peuvent affecter les chromosomes X et Y : doublement, triplement, perte, etc.

Le chapitre 9, « L'esprit de destruction est-il instinctif ? », a aussi été profondément remanié à la suite de ces nouvelles découvertes.

Il se peut que ces développements de la génétique concourent à rendre ma thèse plus explicite et à en faciliter la communication plus que cela a été le cas jusqu'à présent. À l'heure actuelle, le débat sur le rôle de l'hérédité et de l'environnement n'a pas notablement évolué par rapport aux cinquante dernières années. Il alterne encore entre une théorie simpliste des instincts d'une part – des instincts totaux semblables à ceux que l'on trouve chez les animaux –, et d'autre part un rejet complet de la conception de l'instinct en faveur d'un environnementalisme radical. Ces deux positions sont aisées à réfuter, et à mon avis si peu soutenables qu'elles en sont stupides. En opposition à ces deux conceptions antinomiques, la théorie proposée dans le chapitre 6 et dans le reste du livre débouche sur un troisième point de vue, selon lequel il existe chez l'espèce humaine de très faibles résidus d'instincts que l'on ne saurait qualifier d'instincts complets au sens de ceux de l'animal. Ces résidus d'instinct et ces tendances instinctoïdes sont si faibles que la culture et l'apprentissage les étouffent facilement et sont en ce sens plus puissants qu'eux. En fait, les techniques de la psychanalyse et des autres thérapies de dévoilement, sans parler de la « quête de l'identité », doivent toutes être conçues comme la tâche délicate et ingrate de découvrir à travers les strates de l'apprentissage, de l'habitude et de la culture, ce que peuvent être nos résidus d'instincts et nos tendances instinctoïdes, notre nature essentielle sous-jacente. En un mot, l'homme possède une essence biologique, mais celle-ci est très faiblement et subtilement déterminée, et nécessite des techniques d'exploration spéciales pour émerger ; nous devons découvrir, individuellement et subjectivement, notre animalité, ce qui relève de notre espèce.

Tout ceci nous amène à conclure que la nature humaine est extrêmement malléable, dans le sens qu'il est facile pour la culture et pour l'environnement de détruire ou de diminuer le potentiel génétique, bien qu'ils n'aient pas la capacité de créer ou même d'accroître ce potentiel. En ce qui concerne la société, cela me paraît constituer un argument puissant en faveur de l'égalité absolue des chances pour tout bébé qui vient au monde. C'est aussi un argument qui plaide pour une société adéquate, dans la mesure où les potentiels de l'homme sont très facilement perdus ou détruits par un environnement néfaste. Ceci est tout à fait indépendant de l'affirmation selon laquelle le seul fait d'être membre de l'espèce humaine donne *ipso facto* le droit de devenir pleinement humain, c'est-à-dire de réaliser tous les potentiels humains possibles. *Être* un être humain – au sens d'être né à l'espèce humaine – doit être aussi défini comme *devenir* un être humain. Dans ce sens un bébé est seulement un être humain potentiellement et doit progresser dans son humanité à l'intérieur de la société, de la culture et de la famille.

En fin de compte, ce point de vue nous forcera à prendre avec beaucoup plus de sérieux que nous ne le faisons le fait des différences individuelles et celui de l'appartenance à l'espèce. Nous aurons à apprendre à penser ces réalités d'une nouvelle manière, comme étant : (1) très malléables, superficielles, aisément modifiées, facilement éliminées, mais générant par là même toutes sortes de pathologies. Ceci conduit à la tâche délicate : (2) de tenter de découvrir le tempérament, la constitution, le penchant caché de chaque individu, afin qu'il puisse croître sans entrave selon son propre style. Cette attitude exigera des psychologues qu'ils accordent une plus grande attention aux coûts et aux souffrances psychologiques et physiologiques de la négation de ses propres penchants, aux souffrances qui ne sont pas nécessairement conscientes ou faciles à repérer de l'extérieur. Cela, à son tour, implique une attention plus rigoureuse à la signification opératoire de la « bonne croissance » à chaque âge.

Pour terminer, je dois souligner que nous aurons à nous préparer en principe aux conséquences déstabilisantes du renoncement à l'alibi de l'injustice sociale. Plus nous continuerons à réduire l'injustice sociale, plus nous la trouverons remplacée par l'« injustice biologique », par le fait que les bébés viennent au monde dotés de potentiels génétiques différents. Si nous permettons aux bons potentiels de chaque bébé de s'épanouir, cela signifie aussi que nous devons accepter de la même façon les mauvais potentiels. Sur qui allons-nous rejeter la faute quand un enfant naîtra avec un cœur malade, ou des reins qui fonctionnent mal, ou affligé de défauts neurologiques ? S'il n'y a que la nature à blâmer, qu'est-ce que cela signifie pour l'estime de soi de l'individu « injustement » traité par la nature elle-même ?

Dans ce chapitre et dans d'autres contributions, j'ai introduit le concept de « biologie subjective ». Il m'a paru être un outil efficace pour combler le fossé entre le subjectif et l'objectif, le phénoménologique et le comportementaliste. J'espère que la découverte que l'on peut et que l'on doit étudier sa propre biologie de manière introspective et subjective, constituera une aide pour d'autres, notamment pour les biologistes.

Le chapitre 9 sur l'esprit de destruction a été remanié de manière extensive. J'ai classé ce phénomène dans la catégorie plus inclusive de la psychologie du mal, espérant démontrer par ce traitement minutieux d'un aspect du mal, que l'ensemble du problème est empiriquement et scientifiquement exploitable. Le fait de le situer dans le champ d'application de la science empirique signifie pour moi que nous pouvons avec confiance en espérer une meilleure compréhension, ce qui jusqu'à présent a toujours permis de trouver une solution.

L'agressivité, nous l'avons appris, est à la fois génétiquement et culturellement déterminée. Je tiens aussi pour extrêmement importante la distinction entre l'agressivité saine et l'agressivité nocive.

De même que l'agressivité n'est pas entièrement imputable à la société ou à la nature humaine intérieure, on sait déjà clairement que le mal en général n'est ni un produit purement social, ni une conséquence seulement psychologique. Je rappelle peut-être une évidence, mais il y a aujourd'hui trop de gens qui non seulement croient en ces théories indéfendables mais qui agissent aussi selon elles.

J'ai introduit dans le chapitre 10, « La composante expressive du comportement », le concept des contrôles apolliniens, c'est-à-dire des contrôles désirables qui ne mettent pas en danger la satisfaction mais plutôt la rehaussent. Je considère que ce concept est particulièrement important à la fois pour la théorie psychologique pure et pour la psychologie appliquée. Il m'a permis d'établir une distinction entre l'impulsivité (pathologique) et la spontanéité (saine), une distinction qui s'avère indispensable aujourd'hui, notamment pour la jeunesse et pour ceux qui tendent à juger répressif et mauvais tout contrôle quel qu'il soit. J'espère que cette observation sera aussi utile à d'autres qu'elle l'a été pour moi.

Je n'ai pas pris le temps d'appliquer cet outil conceptuel aux questions éternelles de la liberté, de l'éthique, de la politique, du bonheur et ainsi de suite, mais je pense que sa pertinence et son pouvoir n'échapperont pas au spécialiste rigoureux de ces domaines. Le psychanalyste remarquera que cette solution recoupe dans une certaine mesure l'intégration freudienne du principe de plaisir et du principe de réalité. Le raisonnement par le jeu des similarités et des différences constituera, je pense, un exercice profitable pour le théoricien de la psychodynamique.

Dans le chapitre 11 sur l'accomplissement de soi, j'ai supprimé une source de confusion en limitant le concept aux individus d'âge mûr exclusivement. D'après les critères que j'ai sélectionnés, l'accomplissement de soi ne se réalise pas chez les plus jeunes. Dans notre culture, tout au moins, les jeunes gens ne possèdent pas encore d'identité ni d'autonomie, ils n'ont pas encore eu le temps de faire l'expérience d'une relation amoureuse durable, loyale, post-romantique, ni trouvé leur vocation, l'autel sur lequel se sacrifier soi-même. Ils n'ont pas davantage élaboré *leur propre* système de valeurs ; pas plus qu'ils n'ont vécu des expériences suffisantes (la responsabilité d'autres personnes, la tragédie, l'échec, la réalisation d'un objectif, la réussite) pour abandonner l'illusion de la perfection au profit du réalisme ; ils n'ont pas non plus eu le temps de prendre de la distance vis-à-vis de leurs parents et de leurs aînés, du pouvoir et de l'autorité ; en général ils ne sont pas encore assez savants ni éduqués pour s'ouvrir à la possibilité de devenir sages ; et ils n'ont généralement pas acquis le courage suffisant pour se risquer à être impopulaires, pour ne plus avoir honte de pratiquer ouvertement la vertu, etc.

Quoi qu'il en soit en termes de stratégie psychologique, il est préférable de séparer le concept de maturité, d'humanité complète, d'individus accomplis chez lesquels les potentialités humaines ont été réalisées et se sont accomplies, du concept de santé quel que soit l'âge. Ce qui, selon moi, se traduit par la « bonne-croissance-vers-l'accomplissement-de-soi », un concept tout à fait significatif et susceptible d'être exploré. J'ai effectué suffisamment de recherches auprès de jeunes en âge d'étudier à l'université pour savoir qu'il est réellement possible de distinguer chez eux ce qui est « sain » de ce qui est « malade ». J'ai l'impression que les jeunes filles et les jeunes gens sains tendent à continuer à croître, restent aimables, et même dignes d'être aimés, dénués de méchanceté, secrètement gentils et altruistes (mais très timides à ce sujet), manifestant en privé de l'affection envers ceux de leurs aînés qui le méritent. Les jeunes ne sont pas sûrs d'eux, pas encore formés, gênés lorsqu'ils sont en minorité parmi leurs pairs (leurs opinions et leurs goûts en privé sont plus carrés, tranchés, métamotivés, c'est-à-dire plus vertueux, que la moyenne). Ils sont secrètement inquiets de la cruauté, de la mesquinerie et de la mentalité populacière etc. que l'on rencontre si souvent parmi la jeunesse.

Certes, je ne sais pas si ce syndrome évolue inévitablement vers l'accomplissement de soi que j'ai décrit chez les gens d'âge mûr. Seules des études portant sur toute la durée de la vie pourront le déterminer.

J'ai décrit mes sujets accomplis comme transcendant le nationalisme. J'aurais pu ajouter qu'ils transcendent également les classes et les castes. J'en ai fait l'expérience, même si *a priori* on pourrait s'attendre à ce que l'aisance matérielle et le prestige social rendent l'accomplissement de soi plus probables.

Il est une autre question que je n'avais pas prévue dans mon premier rapport : ces gens ne peuvent-ils vivre que dans la compagnie de « bons » individus et exclusivement dans un monde adéquat ? Mon impression rétrospective, qui bien entendu demande à être vérifiée, est que les personnes accomplies sont essentiellement *flexibles*, et qu'elles peuvent s'adapter avec réalisme à n'importe qui et à n'importe quel environnement. Je pense qu'elles sont prêtes à traiter les individus bons en tant que bons individus, et aussi à traiter ceux qui sont mauvais comme de mauvais individus.

Une autre caractéristique qui s'ajoute à la description des individus accomplis a émergé de mon étude des « plaintes », il s'agit de la tendance largement répandue à sous-évaluer les satisfactions des besoins déjà réalisées, voire à les dévaluer et à les rejeter. Les personnes accomplies sont relativement à l'abri de cette profonde source de malheur humain. En un mot, elles sont capables de « gratitude ». Elles demeurent conscientes des bienfaits reçus. Les miracles restent des miracles même s'ils se reproduisent. La reconnaissance de la chance qui n'est pas forcément méritée, de la gratuité de la grâce, fait que pour ces individus la vie conserve son caractère précieux et ne devient jamais une cause de lassitude.

Mon étude des individus accomplis a fourni des résultats concluants – à mon grand soulagement, je le confesse. C'était après tout un immense pari de suivre obstinément une conviction née de l'intuition et, dans ce processus, de remettre en question certains des canons de la méthode scientifique et de la critique philosophique. Car ils représentent des règles en lesquelles j'avais moi-même cru et que j'avais acceptées, et j'étais conscient de me trouver sur un terrain dangereux. En conséquence de quoi, mes explorations s'effectuaient sur un arrière-fond d'anxiété, de conflit et de doute par rapport à moi-même.

Les dernières décennies ont apporté des vérifications et des validations suffisantes (voir la bibliographie) pour balayer mes inquiétudes. Et cependant, je suis très conscient que les problèmes théoriques et méthodologiques essentiels ne sont pas encore résolus. L'œuvre accomplie ne constitue qu'une ébauche de ce qui reste à entreprendre. Nous sommes maintenant préparés au travail en équipe, non personnel, consensuel, plus objectif, à la sélection d'individus accomplis (sains, pleinement humains, autonomes) comme sujets d'étude. Une collaboration interculturelle serait bien entendu indiquée. Le suivi de l'individu durant toute sa vie, du berceau à la tombe, fournira la seule validation véritablement satisfaisante, tout au moins à mon avis. Un échantillonnage de l'ensemble de la population est évidemment nécessaire pour compléter ma sélection de sujets qui représentent l'équivalent des médaillés d'or olympiques. En outre, je ne pense pas que nous puissions jamais comprendre la complexité du mal si nous n'explorons pas, avec plus de soin que je ne l'ai fait, les péchés « incurables » et les défaillances des individus les meilleurs que l'humanité ait engendrés.

Ces études, j'en suis convaincu, modifieront notre philosophie de la science, de l'éthique et des valeurs, de la religion, du travail, du management et des relations interpersonnelles, de la société et qui sait quoi d'autre. Par ailleurs, je pense que de grands changements sociaux et éducatifs pourraient se produire presque immédiatement si, par exemple, nous avions la possibilité d'apprendre à nos jeunes à renoncer à leur perfectionnisme irréaliste, à leur exigence d'individus parfaits, d'une société parfaite, d'éducateurs parfaits, de parents parfaits, d'hommes politiques parfaits, de mariages parfaits, d'amis parfaits, d'entreprises parfaites, etc., qui n'existent pas et ne peuvent tout simplement pas exister – c'est-à-dire sauf dans les moments transitoires d'expérience paroxystique, de fusion parfaite etc. Ces attentes, nous le savons déjà, même avec notre connaissance inadéquate, sont des illusions et par conséquent doivent inévitablement et inexorablement apporter désillusion, dégoût, rage, dépression et désir de vengeance. L'exigence du « nirvana, maintenant ! » est elle-même une des principales sources du mal, à mon sens. Si vous réclamez un leader parfait ou une société parfaite, vous renoncez ce faisant à choisir entre mieux et pire. Si on assimile l'imparfait au mal, alors tout devient le mal, puisque tout est imparfait.

Je crois aussi, d'un point de vue positif, que ce domaine de recherche inexploré est notre source la plus probable de connaissance des valeurs intrinsèques de la nature humaine. C'est là que se trouvent les systèmes des valeurs, le substitut à la religion, la source de l'idéalisme, la philosophie normative de l'existence dont tous les êtres humains semblent avoir besoin, désirer avec ardeur, et sans lesquels ils deviennent méchants et mesquins, vulgaires et bas.

La santé psychique est non seulement subjectivement agréable mais elle est aussi juste, vraie, réelle. En ce sens, elle est « meilleure » que la maladie et supérieure à elle. Non seulement elle est juste et vraie, mais elle est plus perspicace, percevant davantage de vérités, et des vérités supérieures. C'est-à-dire que son absence est non seulement insupportable mais c'est aussi une forme de cécité, une pathologie cognitive tout autant qu'une perte morale et émotionnelle. C'est en outre une sorte d'infirmité, une perte des capacités, une diminution de l'aptitude à faire et à réaliser.

Les individus sains existent, bien qu'en nombre restreint. La santé avec toutes ses valeurs – la vérité, la bonté, la beauté etc. –, dont nous avons démontré qu'elle était possible, est par conséquent en principe une réalité accessible. À ceux qui préfèrent voir plutôt qu'être aveugles, se sentir bien plutôt que se sentir mal, l'intégralité de l'être plutôt que l'infirmité, on peut conseiller de rechercher la santé psychique. Rappelons-nous la petite fille qui, alors qu'on lui demandait pourquoi le bien était préférable au mal, répondit : « Parce que c'est plus agréable. » Je pense que nous pouvons faire mieux que cela : dans la droite ligne de cette conception, on peut démontrer que le fait de vivre dans une société « adéquate » (fraternelle, en synergie, confiante, théorie Y) est « mieux » que de vivre dans une société de jungle (théorie X, autoritarisme, antagoniste, semblable au modèle décrit par Hobbes), *à la fois* selon les valeurs biologiques, médicales et de survie darwinienne, et selon les valeurs de croissance, subjectives *et* objectives. On peut dire la même chose à propos d'un bon mariage, d'une bonne amitié, de bons parents. Tous sont désirés (préférés, choisis) mais sont aussi, à divers égards, « désirables ». Je réalise que ceci peut semer un trouble considérable chez les philosophes professionnels, mais je leur fais confiance pour s'y accommoder.

La démonstration qu'il peut exister et qu'il existe réellement des gens merveilleux – même s'ils sont rares et s'ils ont des pieds d'argile – suffit à nous donner le courage, l'espoir, la force de continuer à lutter, à avoir foi en nous-mêmes et dans nos propres possibilités de croissance. De même, l'espoir en la nature humaine, aussi lucide fût-il, devrait contribuer à nous mener vers la fraternité et la compassion.

J'ai décidé de supprimer le dernier chapitre de la première édition de cet ouvrage, « Vers une psychologie positive » ; ce qui était vrai à 98 % en 1954 ne l'est plus qu'aux deux tiers aujourd'hui. Nous avons maintenant une psychologie positive, même si elle n'est pas très répandue. Les psychologies humanistes, les nouvelles psychologies transcendantales, les psychologies existentielle, rogérienne, expérientielle, holiste, axée sur les valeurs, sont toutes florissantes et accessibles, au moins aux États-Unis, bien que malheureusement encore sous-représentées dans la majorité des départements de psychologie, de sorte que l'étudiant intéressé doit faire l'effort de les découvrir ou les trouver par hasard. Le lecteur qui voudrait en goûter par lui-même la saveur, trouvera facilement un bon échantillonnage des auteurs, des idées et des données dans les publications de Moustakas, de Severin, de Bugental et de Sutich et Vich. En ce qui concerne les écoles, les revues, les sociétés, je recommanderais le Réseau eupsychique, en annexe de mon livre *Vers une psychologie de l'Être*.

Aux étudiants inquiets de 3e cycle, je recommanderais également ce dernier chapitre de la première édition, qui est sans doute disponible dans la plupart des bibliothèques universitaires. J'attire également l'attention sur ma *Psychologie de la Science* pour les mêmes raisons. Quant à ceux qui considèrent ces questions avec suffisamment de sérieux pour être prêts à fournir un travail conséquent, je conseille l'ouvrage de référence dans ce domaine, *Personal Knowledge* (la connaissance personnelle) de Polanyi.

Cette édition révisée est une illustration du rejet de plus en plus ferme d'une science traditionnelle d'où les valeurs sont absentes – ou plutôt de la tentative futile d'avoir une science sans valeurs. Elle est plus franchement normative que la précédente, affirme avec plus de confiance que la science est une recherche guidée par des valeurs, effectuée par des scientifiques en quête de valeurs, capables, je le soutiens, de découvrir dans la structure de la nature humaine elle-même des valeurs intrinsèques et suprêmes, valables pour toute l'espèce.

Certains y verront une attaque contre une science qu'ils aiment et révèrent tout autant que moi. Je reconnais que leur crainte est parfois fondée. Ils sont nombreux, surtout dans les sciences sociales, à considérer l'engagement politique total (par manque d'information) comme la seule alternative concevable à une science d'où les valeurs sont absentes et qui est incompatible avec elles. Le fait d'embrasser l'un impliquant nécessairement pour eux de rejeter l'autre.

Que cette polarisation procède d'une infatuation stupide est immédiatement prouvé par le simple fait qu'il est préférable de s'informer correctement même lorsqu'on combat un ennemi, même lorsqu'on est de son propre aveu un politicien.

Mais bien au-delà de cet entêtement contre-productif, et si nous sommes prêts à mobiliser les ressources supérieures de notre intelligence pour y réfléchir sérieusement, je crois possible de montrer que la ferveur normative (faire le bien, aider l'humanité, améliorer le monde) est parfaitement compatible avec l'objectivité scientifique et qu'elle permet même une science meilleure, plus puissante, disposant d'un champ d'action plus vaste qu'il ne l'est actuellement lorsqu'elle tente d'être neutre du point de vue des valeurs (laissant à des non-scientifiques le soin de les énoncer arbitrairement sur des bases non factuelles). Il est facile d'y parvenir en élargissant simplement notre conception de l'objectivité pour inclure non seulement « la connaissance du spectateur » (laisser-faire, connaissance non impliquée, connaissance vague, connaissance de l'extérieur) mais aussi la connaissance expérientielle et ce que je peux appeler la connaissance par l'amour ou connaissance taoïste.

Le modèle simple d'objectivité taoïste est issu de la phénoménologie de l'amour désintéressé et de l'admiration pour l'Être de l'autre (l'amour ontique). Par exemple, aimer son bébé, ou un ami, ou une profession, ou même son « problème » ou son champ d'étude scientifique, peut être si complet et ouvert qu'il devient non interférant, non intrusif, c'est-à-dire l'aimant juste tel qu'il est et tel qu'il deviendra sans aucune impulsion pour le changer ou l'améliorer. Il faut beaucoup d'amour pour être capable de laisser quelque chose seul, le laisser être et devenir. On peut aimer son enfant avec cette pureté, en le laissant devenir ce qui doit devenir en lui. Mais – et c'est le pivot de mon argumentation – on peut aimer la vérité *de la même façon*. On peut l'aimer suffisamment pour avoir confiance en son *devenir*. Il est possible d'aimer son bébé avant même qu'il naisse, et d'attendre le cœur battant et avec un grand bonheur de voir quel type de personne il sera, et puis d'aimer cette future personne.

Les plans programmés pour l'enfant, les ambitions pour lui, les rôles préparés, même l'espoir qu'il devienne ceci ou cela – sont tous non taoïstes. Ce sont autant d'exigences imposées à l'enfant de devenir ce que le parent a déjà décidé qu'il *devrait* devenir. Un tel bébé porte dès sa naissance une camisole de force invisible. De la même façon, il est possible d'aimer la vérité à venir, de lui faire confiance, d'être heureux et de s'émerveiller à mesure que sa nature se révèle. On peut penser que la vérité non contaminée, non manipulée, non forcée, non exigée sera plus belle, plus pure, plus *véritablement* vraie que cette même vérité aurait été si nous l'avions obligée à se conformer à des attentes *a priori* ou à des espoirs ou des plans ou aux nécessités politiques du moment. La vérité aussi peut être revêtue dès sa naissance d'une « camisole de force invisible ».

La ferveur normative peut être mal interprétée et peut déformer la vérité-à-venir par des exigences *a priori*, et je crains que certains scientifiques ne fassent cela, en renonçant en effet à la science au profit de la politique. Mais ce n'est pas du tout une nécessité pour le scientifique taoïste qui peut suffisamment aimer la vérité-encore-à-naître pour supposer qu'elle sera pour le mieux, et pour cette raison, qui la laissera advenir, précisément au nom de sa ferveur normative.

Je crois aussi ceci : plus la vérité est pure, et moins elle est contaminée par les doctrinaires dont l'esprit est formaté à l'avance, mieux ce sera pour l'avenir de l'humanité. Je suis confiant que le monde retirera davantage de bénéfices de la vérité à venir que des convictions politiques que je défends aujourd'hui. J'accorde plus de confiance à ce qui sera connu que je me fie à mes connaissances présentes.

Ceci est une version scientifique-humaniste du « Que ta volonté soit faite, non la mienne ». Mes craintes et mes espoirs pour l'humanité, mon impatience à faire le bien, mon désir de paix et de fraternité, ma ferveur normative sont mieux servis si je reste humblement ouvert à la vérité, objectif et désintéressé au sens taoïste de refuser de pré-juger de la vérité ou de la falsifier, et si je continue à croire avec confiance que plus je sais, plus je peux devenir utile.

À plusieurs reprises dans ce livre et dans de nombreuses publications parues depuis, j'ai émis l'hypothèse que la réalisation des potentialités réelles d'une personne est conditionnée par la présence de parents et d'autres personnes sources de satisfaction, par tous ces facteurs dits « écologiques », par la « santé » de la culture ou par son manque de santé, par la situation du monde, etc. La croissance vers l'accomplissement de soi et vers l'humanité complète est rendue possible par une hiérarchie complexe de « bonnes conditions préalables ». Ces conditions physiques, chimiques, biologiques, interpersonnelles, culturelles ont de l'importance pour l'individu finalement dans la mesure où elles lui fournissent ou ne lui fournissent pas les nécessités humaines fondamentales et les « droits » qui lui permettent de devenir suffisamment fort et suffisamment adulte pour prendre en main son propre destin.

Lorsqu'on étudie ces conditions préalables, on est attristé de la facilité avec laquelle les potentialités de l'homme peuvent être détruites ou réprimées, de sorte qu'une personne complètement humaine ressemble à un miracle, à un phénomène si improbable qu'il en inspire un respect mêlé de crainte. Et en même temps, notre cœur se réjouit du fait que des individus accomplis existent réellement et qu'il est donc possible de surmonter les obstacles et de franchir la ligne d'arrivée.

Le chercheur ici est presque assuré d'être pris sous le feu croisé d'accusations à la fois interpersonnelles et intrapsychiques, visant soit son « optimisme » soit son « pessimisme », selon la position qu'il défend. Il sera ainsi accusé d'une part d'être partisan de l'hérédité, de l'autre de défendre l'environnementalisme. Des chapelles politiques vont sans doute tenter de lui coller une étiquette ou une autre, en fonction de l'actualité.

Bien entendu, le scientifique résistera à ces tendances au tout-ou-rien, à ce mode de penser par dichotomie et par rubriques, et il continuera à réfléchir en termes de gradation et à être conscient de manière holiste des nombreux, très nombreux déterminants qui agissent en même temps. Il essaiera de toutes ses forces d'être réceptif aux données, en les différenciant aussi rigoureusement qu'il le peut de ses désirs, de ses espoirs et de ses peurs. Il apparaît désormais clairement que ces problèmes – ce qu'est le bon individu et ce qu'est la société adéquate – ressortissent de la science empirique, et que nous pouvons espérer en confiance faire progresser notre connaissance dans ces domaines.

Le présent ouvrage s'intéresse davantage à la première question – l'individu complètement humain – qu'à la seconde – quel type de société le rend possible. J'ai longuement écrit sur ce sujet depuis 1954, date de la première parution de ce livre, mais je n'ai pas tenté d'intégrer ces découvertes dans l'édition révisée. J'inviterai plutôt le lecteur à consulter certaines de mes contributions sur ce thème et j'insisterai avec force sur la nécessité de prendre connaissance de l'abondante littérature sur la recherche en psychologie sociale normative (qui porte diverses appellations : développement organisationnel, théorie de l'organisation, théorie du management, etc.). Les conséquences de ces théories, de ces comptes rendus de cas et de ces recherches me semblent profondes, car elles offrent une alternative réelle, par exemple, aux diverses versions de la théorie marxiste, aux théories démocratiques et autoritaires et à d'autres philosophies sociales existantes. Je ne cesse d'être étonné que si peu de psychologues connaissent le travail, par exemple, d'Argyris, de Bennis, de Likert et de McGregor, pour ne citer que quelques noms parmi les auteurs qui se sont illustrés dans ce domaine. En tout cas, quiconque veut s'intéresser à la théorie de l'accomplissement de soi doit aussi considérer avec attention ce nouveau type de psychologie sociale. Si je devais choisir un seul journal à recommander à celui qui est désireux de se tenir au courant des développements dans ce domaine, j'accorderais ma préférence à *The Journal of Applied Behavioral Sciences* (le journal des sciences comportementales appliquées), malgré son titre trompeur.

Pour terminer, je souhaite dire un mot au sujet de ce livre qui se présente comme une transition vers la psychologie humaniste, ou ce que l'on en est venu à nommer la « troisième force ». Aussi immature soit-elle du point de vue scientifique, la psychologie humaniste a déjà ouvert la voie à l'étude de tous ces phénomènes psychologiques que l'on peut qualifier de transcendantaux ou transpersonnels, des données dont l'accès a été interdit en principe par les limitations philosophiques inhérentes au béhaviorisme et au freudisme. Parmi ces phénomènes, j'inclus non seulement des états de conscience supérieurs et plus positifs et des états de la personnalité, c'est-à-dire le matérialisme transcendant, la puissance du moi, les attitudes hostiles-contraires-atomistes-de-clivage-de-division etc. mais aussi une conception des valeurs (vérités éternelles) comme partie d'un moi plus élargi. Le nouveau *Journal of Transpersonal Psychology* (journal de la psychologie transpersonnelle) a publié des articles sur ces sujets.

Il est d'ores et déjà possible de *concevoir* le transhumain, une psychologie et une philosophie qui transcende l'espèce humaine elle-même. Nous n'en sommes encore qu'à ses balbutiements.

PREMIÈRE PARTIE

La théorie de la motivation

CHAPITRE 1

Introduction à la théorie de la motivation

Ce chapitre présente dix-sept propositions dont aucune théorie de la motivation digne de ce nom ne peut faire abstraction. Certaines sont si vraies qu'elles relèvent de l'évidence. Elles ont cependant besoin d'être réitérées. D'autres peuvent sembler moins acceptables et se prêtent donc au débat.

L'approche holiste

Notre première proposition postule que l'individu est un tout intégré, organisé. Qu'il s'agisse d'une réalité aussi concrète que théorique, mérite d'être pris en compte avant toute expérimentation et toute théorie de la motivation véritables. Dans le cadre d'une théorie de la motivation, cette proposition possède des significations bien précises. Elle signifie, par exemple, que c'est le sujet tout entier qui est motivé et pas seulement une partie de lui-même. On ne peut parler d'un besoin de l'estomac ou de la bouche, ou d'un besoin génital. Il n'existe que le besoin de l'individu. C'est John Smith qui a besoin de manger et non son estomac. Qui plus est, la satisfaction du besoin concerne l'individu dans son intégralité, plutôt qu'une partie de lui-même. La nourriture comble la faim de John Smith, elle ne comble pas la faim de son estomac.

Les expérimentateurs qui traitent le phénomène de la faim essentiellement comme une fonction gastro-intestinale négligent le fait que l'individu qui éprouve la sensation de faim ne change pas uniquement dans ses fonctions gastro-intestinales, mais dans d'autres, peut-être même dans la plupart des autres fonctions dont il est capable. Ses perceptions changent (il se représente plus facilement la nourriture que dans d'autres circonstances). Sa mémoire se modifie (le souvenir d'un bon repas lui revient plus aisément à l'esprit qu'à d'autres occasions). Ses émotions se transforment (il éprouve davantage de tension et de nervosité à cet instant). Le contenu de sa pensée évolue (il songe davantage à se procurer de la nourriture qu'à résoudre un problème d'algèbre). Et cette liste peut être étendue à presque toutes les autres facultés, capacités ou fonctions tant physiologiques que psychiques. En d'autres termes, lorsque les gens ont faim, ils ont faim complètement ; ils sont différents en tant qu'individus de ce qu'ils sont à d'autres moments.

Un paradigme pour les états de motivation

Le choix de la faim en tant que paradigme pour tous les autres états de motivation se révèle à la fois peu judicieux et infondé tant du point de vue de la théorie que dans la pratique. Une analyse affinée montre que le moteur de la faim s'apparente davantage à une motivation particulière qu'à une motivation générale. Elle est plus isolée (au sens des psychologues goldsteiniens et de la *Gestalt*) que d'autres motivations ; elle est moins commune que d'autres motivations ; elle est enfin différente, en ceci qu'elle possède un fondement somatique connu, cas inhabituel dans les autres états de motivation. Quelles sont les motivations immédiates les plus courantes ? Il suffit d'une journée d'introspection pour le savoir. Les désirs qui traversent notre conscience sont le plus souvent des désirs qui ont trait aux vêtements, aux voitures, à la sympathie, aux relations avec autrui, aux honneurs, au prestige et à d'autres préoccupations de ce genre. On a coutume de les assimiler à des mobiles dits secondaires, ou culturels, et de les considérer comme moins véritablement « respectables » que ceux d'ordre primaire, en l'occurrence les besoins physiologiques. En réalité, ils sont beaucoup plus importants pour nous et plus communs que nous ne l'admettons. Il se révélerait donc approprié d'élire l'un d'eux comme paradigme à la place du moteur de la faim.

Nous partons le plus souvent du principe que tous les désirs suivent le schéma des besoins physiologiques. Il paraît aujourd'hui justifié de prédire qu'il n'en ira jamais ainsi. Dans leur majorité, les besoins ne sont pas isolables, ni localisables sur le plan somatique, pas plus qu'ils ne peuvent être considérés comme les seuls phénomènes apparaissant dans l'organisme à un moment donné. Le mobile, ou le besoin, ou le désir typique n'est pas et ne sera probablement jamais relié à une cause somatique particulière, isolée, localisée. Le désir est manifestement un besoin de l'individu tout entier. Il serait de loin préférable de sélectionner un autre mobile comme sujet d'étude, par exemple le désir d'avoir de l'argent au lieu de s'en tenir à celui de la faim, ou mieux encore, à la place d'un but partiel, de choisir une aspiration plus fondamentale, comme le désir d'amour. À l'évidence, il est probable que nous ne pourrons jamais comprendre totalement le besoin d'amour, aussi étendu que soit notre savoir sur le moteur de la faim. Inversement, nous pouvons affirmer qu'une connaissance approfondie du besoin d'amour nous en apprend davantage sur la motivation humaine en général (y compris la faim) que ne le permettrait l'étude exhaustive du moteur de la faim.

À cet égard, il n'est pas inutile de rappeler l'analyse critique du concept de simplicité si souvent évoqué par les psychologues de la *Gestalt*. Le moteur de la faim, qui paraît simple en comparaison avec le désir d'amour, ne se révèle en fin de compte pas aussi simple à long terme (Goldstein, 1939). L'apparence de simplicité peut être obtenue en sélectionnant des cas isolés, des activités relativement indépendantes de l'ensemble de l'organisme. Il est facile de montrer qu'une activité importante entretient des relations dynamiques avec presque tout ce qui a de l'importance chez l'individu. Pourquoi, alors, s'arrêter sur une activité qui ne représente pas une activité moyenne en ce sens, une activité que l'on sélectionne simplement parce qu'elle est plus facile à traiter par notre technique expérimentale habituelle (mais qui n'est pas forcément correcte) d'isolation, de réduction ou d'individuation par rapport aux autres activités ? Si nous sommes confrontés à l'alternative de devoir choisir entre (1) des problèmes expérimentalement simples qui sont cependant mineurs ou non pertinents ou (2) des problèmes expérimentaux effroyablement ingrats mais cruciaux, nous ne devrions pas hésiter à opter pour les seconds.

Des moyens et des fins

Si nous considérons avec attention les désirs moyens que nous éprouvons au quotidien, nous nous apercevons qu'ils recèlent au moins une caractéristique non négligeable, en ce qu'ils représentent généralement des moyens en vue d'une fin au lieu de constituer des fins en soi. Nous voulons de l'argent pour avoir une voiture. Puis nous voulons une voiture parce que nos voisins en possèdent une et que nous ne souhaitons pas nous sentir inférieurs à eux, et pour conserver l'estime de nous-mêmes et être aimés et respectés des autres. Globalement, lorsque nous analysons un désir conscient, derrière lui nous voyons pour ainsi dire se profiler d'autres buts fondamentaux de l'individu. En d'autres termes, nous nous trouvons devant une situation qui possède de fortes analogies avec le rôle des symptômes en psychopathologie. Ceux-ci sont moins importants en eux-mêmes que leur signification ultime, c'est-à-dire ce que peuvent être leurs buts ou leurs effets ultérieurs. L'étude des symptômes en soi offre peu d'intérêt, en revanche l'analyse de la signification dynamique des symptômes revêt de l'importance parce qu'elle débouche sur un résultat fécond, par exemple en rendant possible une psychothérapie. Les désirs spécifiques qui traversent notre conscience des dizaines de fois par jour ont moins d'impact en eux-mêmes que par leur portée, par la direction qu'ils indiquent, par ce qu'ils révèlent lors de l'analyse en profondeur.

L'analyse en profondeur a pour caractéristique de mener toujours à des buts ou à des besoins qui n'en masquent aucun autre, c'est-à-dire à la satisfaction de besoins qui semblent constituer des fins en eux-mêmes et qui ne réclament ni justification, ni démonstration. Chez le sujet moyen, ces besoins possèdent la particularité de n'être pas perçus directement très souvent mais de se présenter comme une sorte de dérivation conceptuelle de la multiplicité des désirs conscients. En d'autres termes, alors, l'étude de la motivation doit en partie être l'étude des buts ou des désirs ou des besoins ultimes de l'homme.

La motivation inconsciente

De ces faits découle un autre impératif en vue d'une théorie pertinente de la motivation. Puisque ces buts n'apparaissent pas toujours directement à la conscience, nous sommes donc contraints d'aborder tout le problème de la motivation inconsciente. L'étude attentive de la seule motivation consciente passe souvent à côté d'éléments tout aussi pertinents, voire plus importants que ce que laisse percevoir la conscience. La psychanalyse a fréquemment démontré qu'il n'existe pas nécessairement de relation immédiate entre un désir conscient et le but final inconscient qui le sous-tend. Cette relation peut même en réalité être négative, comme dans les formations réactionnelles. Nous sommes dès lors en droit d'affirmer qu'une théorie de la motivation qui se veut pertinente ne peut ignorer la vie de l'inconscient.

L'universalité des désirs humains

Nous disposons à ce jour de données anthropologiques suffisantes pour établir que les désirs ultimes ou fondamentaux de tous les êtres humains ne s'avèrent pas si différents de leurs désirs conscients au quotidien. Nous savons en effet que deux cultures différentes peuvent offrir deux moyens complètement différents de satisfaire un besoin donné. Prenons l'exemple de l'estime de soi. Dans une société, on réalise l'estime de soi en étant un bon chasseur ; dans une autre, en étant un bon guérisseur, ou en faisant preuve de courage au combat, ou en maîtrisant ses émotions, ainsi de suite. Ainsi, lorsque nous pensons aux désirs ultimes, il se peut que le désir d'un individu d'être un bon chasseur participe des mêmes dynamiques et du même objectif fondamental que celui de son voisin qui veut être un bon guérisseur. Nous pouvons alors dire qu'il s'avérerait plus judicieux de rassembler ces deux désirs conscients, apparemment disparates, dans une même catégorie, au lieu de les ranger dans des classes différentes pour des raisons d'ordre purement comportemental. Apparemment les fins en elles-mêmes sont plus universelles que les chemins qui mènent vers elles, car ces chemins sont définis par la culture dans laquelle s'inscrit l'individu. Les êtres humains se ressemblent davantage qu'on ne le pense de prime abord.

Des motivations multiples

Un désir conscient ou un comportement motivé peut servir de canal à travers lequel s'expriment d'autres motifs. Il existe plusieurs manières de le montrer. Nous savons tous que le comportement sexuel et que les désirs sexuels conscients peuvent se révéler extrêmement complexes quant à leurs visées sous-jacentes, inconscientes. Chez tel homme, par exemple, le désir sexuel trahit en réalité le désir de s'affirmer ou de conforter sa masculinité. Pour d'autres, il signifiera peut-être la volonté d'impressionner, un besoin d'intimité, de contact chaleureux, de sécurité, d'amour, ou la combinaison de tous ces éléments. Pour tous ces individus, le désir sexuel peut consciemment posséder le même contenu, et tous seront probablement convaincus, à tort, de rechercher seulement la satisfaction sexuelle. Cependant nous savons désormais que cela est faux, que l'on ne peut comprendre ces sujets qu'en tenant compte de ce que le désir sexuel et le comportement signifient fondamentalement au lieu de se limiter à la représentation consciente que le sujet s'en fait. (Cela concerne autant le comportement préparatoire que le comportement d'assouvissement.)

Cette observation est confortée par le fait qu'un même symptôme psychopathologique peut se rapporter à plusieurs désirs différents, voire opposés. Ainsi un bras paralysé par l'hystérie peut-il représenter la réalisation de désirs simultanés de vengeance, de pitié, d'amour et de respect. Considérer le désir conscient dans le premier exemple ou la manifestation du symptôme dans le second exemple, essentiellement sous l'aspect du comportement, implique de rejeter arbitrairement la possibilité de comprendre dans leur totalité le comportement et l'état motivationnel de l'individu. Soulignons qu'il est inhabituel, *non* habituel, pour un acte ou un désir conscient, de répondre à une motivation unique.

Les états motivants

En un certain sens, presque tout état organismique, quel qu'il soit, constitue également en soi un état motivant. Les conceptions actuelles de la motivation semblent procéder de l'idée qu'un état de motivation est un état étrange, particulier, nettement séparé des autres phénomènes de l'organisme. Une théorie pertinente de la motivation devrait, à l'inverse, partir du principe que la motivation est constante, sans fin, fluctuante et complexe, et qu'il s'agit là d'une caractéristique presque universelle de pratiquement chaque état organismique.

Examinons par exemple ce que nous voulons dire lorsque nous affirmons que telle ou telle personne se sent rejetée. Une approche psychologique statique conclurait la phrase par un point final, tout simplement. Alors qu'une psychologie dynamique établirait que notre déclaration implique toute une série d'effets pleinement confirmés par l'expérience. Ce sentiment entraîne des répercussions dans tout l'organisme, tant du point de vue somatique que psychique. En outre, cet état induit automatiquement et nécessairement d'autres phénomènes, tels que le désir compulsif de regagner l'affection perdue, des tentatives de défense, l'accumulation de sentiments d'hostilité, et ainsi de suite. Il paraît clair alors que nous n'expliquerons ce qui est sous-entendu dans l'affirmation « cette personne se sent rejetée » qu'en la complétant de beaucoup, beaucoup, d'autres déclarations sur ce qui advient à la personne par la suite. En d'autres termes, le sentiment de rejet constitue lui-même un état motivant.

Les satisfactions génèrent de nouvelles motivations

L'être humain est un animal qui désire et qui atteint rarement un état de satisfaction complète, si ce n'est provisoirement. Dès qu'un désir est comblé, il est remplacé par un autre. Quand ce dernier est contenté, surgit un troisième et ainsi de suite. Les hommes ont pour caractéristique de désirer sans cesse quelque chose tout au long de leur existence. Nous devons donc nécessairement analyser les rapports qu'entretiennent toutes les motivations entre elles, et nous sommes simultanément confrontés à la nécessité de renoncer à les isoler les unes des autres si nous voulons parvenir à la compréhension globale que nous recherchons. L'apparition de la pulsion ou du désir, les actions qu'il ou elle induit, et la satisfaction qui résulte de l'accomplissement du but, tout cela ne nous fournit qu'un exemple artificiel, isolé, parcellaire, extrait de l'ensemble complexe de la motivation. Cette apparition dépend pratiquement toujours de l'état de satisfaction ou d'insatisfaction de toutes les autres motivations générées par l'organisme, c'est-à-dire du fait que tels ou tels désirs prioritaires ont atteint un stade de relative satisfaction. En soi, désirer quelque chose suppose l'existence d'autres désirs préalablement satisfaits. Nous n'éprouverions jamais le désir de composer de la musique, ou de créer des systèmes mathématiques, ou de décorer notre maison, ou de nous habiller avec élégance, si nous avions le ventre creux la plupart du temps, ou si nous mourions constamment de soif, ou si nous vivions sous la menace d'une catastrophe imminente, ou si tout le monde nous haïssait. On retiendra ici deux faits primordiaux : tout d'abord, l'être humain n'atteint jamais la satisfaction sauf de manière relative ou temporairement et, en second lieu, les désirs paraissent s'ordonner selon une sorte de hiérarchie de prépondérance.

L'impossibilité de dresser une liste des mobiles

Nous devrions, tout d'abord, une fois pour toutes, renoncer à la tentative de dresser des listes atomistes des mobiles ou des besoins. Elles n'ont pas de validité du point de vue théorique, et ce pour diverses raisons. Tout d'abord, elles supposent une égalité entre les différents mobiles répertoriés, une égalité en termes de puissance et de probabilité d'apparition. Or cela ne se peut, parce que la probabilité qu'un désir émerge à la conscience dépend de l'état de satisfaction ou de non-satisfaction d'autres désirs dominants. Il existe de grandes différences dans la probabilité d'apparition des diverses pulsions spécifiques.

Deuxièmement, une telle liste suppose la possibilité d'isoler chacun de ces mobiles de chacun des autres. Or ils ne sont pas isolables de cette manière.

En troisième lieu, une telle liste, établie à partir des comportements, ne prend pas en compte tout ce que nous savons de la nature dynamique des mobiles, par exemple que leurs aspects conscients et inconscients peuvent s'avérer différents et qu'un désir donné peut en réalité servir de canal par lequel s'expriment plusieurs autres désirs.

De telles listes constituent une aberration dans la mesure où les mobiles ne s'organisent pas selon une somme arithmétique d'unités isolées, discrètes. Ils s'ordonnent plutôt en une hiérarchie de particularités. Cela signifie que le nombre des mobiles dont on choisit de dresser la liste dépend entièrement du degré de spécificité avec lequel on choisit de les analyser. L'image correcte n'est pas celle d'un grand nombre de bâtons rangés côte à côte, mais davantage celle d'un jeu de boîtes gigognes dans lequel une boîte en contient trois autres, chacune de ces trois boîtes contenant à son tour dix autres boîtes, et chacune des dix en contenant cinquante autres, etc. On pourrait prendre une autre analogie, celle d'un fragment histologique observé à différents niveaux de grossissement. Nous pouvons ainsi parler du besoin de satisfaction ou d'équilibre, ou plus spécifiquement du besoin d'alimentation, ou plus spécifiquement encore du besoin de remplir son estomac, ou toujours plus spécifiquement du besoin de protéines, ou encore plus spécifiquement du besoin d'une certaine protéine, et ainsi de suite. Trop de listes, parmi celles dont nous disposons actuellement, ont associé sans discrimination des besoins d'ordres de grandeur différents. Dans une telle confusion, on comprend facilement que certaines listes contiennent trois ou quatre besoins et que d'autres en recensent des centaines. Si nous le souhaitions, nous pourrions même imaginer une liste allant d'un, à un million de mobiles, en fonction de la spécificité de l'analyse. Dès lors que l'on entreprend d'étudier les désirs fondamentaux, on doit clairement les considérer comme des ensembles de désirs, des catégories fondamentales ou des *collections* de désirs. En d'autres termes, l'énumération des buts essentiels tiendrait davantage de la classification abstraite que du catalogue (Angyal, 1965).

À cela s'ajoute que les listes publiées précédemment semblent obéir au principe selon lequel les différents mobiles s'excluent mutuellement. Or il n'existe pas d'exclusion mutuelle. Le chevauchement habituel rend quasiment impossible une distinction claire et nette entre un mobile et un autre. Il ne serait pas inutile de préciser, si l'on veut critiquer la théorie des mobiles, que le concept même de mobile est probablement issu de la problématique des besoins fondamentaux. Il est très facile, lorsque l'on traite de ces besoins, de séparer l'instigation, le comportement motivé et l'objet-but. Mais il s'avère moins aisé de distinguer le mobile de l'objet-but lorsque nous parlons du désir d'amour. Dans ce cas, le mobile, le désir, l'objet, l'activité paraissent tous être la même chose.

Classer les motivations en fonction des buts fondamentaux

Les données dont nous disposons aujourd'hui semblent indiquer que la seule base solide et incontestable sur laquelle on puisse bâtir une classification de la vie motivationnelle est celle des buts ou des besoins fondamentaux, plutôt qu'une liste de mobiles, au sens habituel d'instigation (« ce qui tire vers » plutôt que « ce qui pousse à »). Seuls les buts fondamentaux restent constants et résistent au flot de l'approche dynamique qui submerge la théorie psychologique.

Le comportement motivé ne constitue pas une base de classification adéquate, dans la mesure où nous avons vu qu'il est susceptible d'exprimer plusieurs choses. Le but singulier ne l'est pas davantage pour la même raison. Un être humain qui désire de la nourriture, s'arrange pour l'obtenir, la mastique et l'avale, peut en réalité davantage rechercher la sécurité que la nourriture elle-même. Un individu qui passe par l'intégralité du processus du désir sexuel, comportement de séduction et consommation de l'acte, peut en fait chercher l'estime de soi plutôt que la satisfaction sexuelle. Le mobile tel qu'il apparaît au niveau conscient par l'introspection, le comportement motivé, et même les objets apparemment explicites ou les effets recherchés ne constituent, pour aucun d'entre eux, une base saine sur laquelle fonder une classification dynamique des motivations de l'être humain. Ne serait-ce que par le seul processus d'exclusion logique, nous nous retrouvons en fin de compte confrontés aux buts ou aux désirs fondamentaux inconscients en tant que seules bases de classification valables dans la théorie de la motivation.

L'inadéquation des données animales

Les universitaires se sont largement inspirés de l'expérimentation animale dans leurs travaux sur la motivation. C'est un truisme de dire qu'une souris blanche n'est pas un être humain, mais il s'avère malheureusement nécessaire de le répéter, puisque trop souvent les résultats des expériences sur les animaux sont considérés comme autant de bases solides sur lesquelles nous fondons nos théories de la nature humaine. Les données sur les animaux peuvent certainement se révéler d'une grande utilité sous réserve d'être exploitées avec circonspection et à bon escient.

D'autres considérations précises plaident pour que la théorie de la motivation soit davantage centrée sur l'homme que sur l'animal. Abordons tout d'abord le concept de l'instinct, que nous pouvons définir rigoureusement comme une motivation dans laquelle le moteur, le comportement motivé et l'objet-but ou l'effet du but sont tous sensiblement déterminés par l'hérédité. À mesure que l'on progresse dans l'échelle phylétique, on note une tendance régulière vers la disparition des instincts ainsi définis. Par exemple, chez la souris blanche, il est justifié d'affirmer, d'après notre définition, que l'on trouve l'instinct de faim, l'instinct sexuel et l'instinct maternel. Chez le singe, l'instinct sexuel a définitivement disparu, l'instinct de faim s'est clairement modifié à plusieurs égards, seul l'instinct maternel reste indubitablement présent. Chez l'être humain, tel que nous le définissons, ils ont tous les trois disparus pour laisser la place à un assemblage de réflexes héréditaires, de mobiles héréditaires, d'apprentissage autogène et d'apprentissage culturel dans le comportement motivé et dans le choix des objets-buts (cf. chapitre 4). L'étude de la vie sexuelle de l'être humain révèle ainsi que le mobile à l'état pur, lui-même, est fourni par l'hérédité, mais que le choix de l'objet et du comportement doit être acquis ou appris au cours de l'existence.

À mesure que nous nous élevons dans l'échelle phylétique, les appétits prennent une importance grandissante et les faims perdent de la leur. Ce qui veut dire qu'il existe moins de variabilité, par exemple, dans le choix de la nourriture chez la souris blanche que chez le singe, et qu'on note moins de variabilité chez le singe que chez l'homme (Maslow, 1935).

En définitive, à mesure que nous avançons dans l'échelle phylétique et que les instincts régressent, s'observe une dépendance accrue du sujet à la culture en tant qu'instrument d'adaptation. Si donc nous devons utiliser des données animales, prenons ces faits en compte et donnons par exemple la préférence au singe sur la souris blanche en tant que sujet d'expérience sur la motivation, ne serait-ce pour la simple raison que nous, les êtres humains, ressemblons davantage aux singes qu'aux souris blanches, comme l'ont amplement démontré Harlow (1952) et nombre d'autres primatologues (Howells et Vine, 1940). La confiance aveugle dans les données animales a contribué à exclure arbitrairement de la théorie de la motivation le concept de dessein ou de but (Young, 1941). Et si nous n'avons pas la possibilité d'interroger les souris sur leurs motifs, est-il nécessaire de rappeler que nous *pouvons* questionner les hommes sur leurs desseins ? Au lieu de rejeter le dessein ou le but en tant que concept sous prétexte que nous ne pouvons poser de questions aux souris, il serait nettement plus judicieux de rejeter les souris parce que nous ne pouvons les interroger sur leurs desseins.

L'environnement

Nous avons jusqu'à présent exclusivement traité de la nature de l'organisme lui-même. Il semble maintenant opportun de dire au moins un mot de la situation ou de l'environnement dans lequel l'organisme se situe. Reconnaissons d'emblée que la motivation de l'homme s'actualise rarement sous forme de comportement si ce n'est en relation à la situation et aux autres êtres humains. Toute théorie de la motivation doit bien entendu tenir compte de ce fait en incluant le rôle de la détermination culturelle à la fois dans l'environnement et dans l'organisme lui-même.

Cela étant posé, gardons-nous d'accorder trop de poids à l'extérieur, à la culture, à l'environnement ou à la situation. Après tout, notre principal objet d'étude, ici, est l'organisme ou la structure du caractère. Il est facile de pousser la théorie de la situation à l'extrême en considérant l'organisme comme un objet additionnel dans le champ, équivalent peut-être à une barrière ou à quelque objet qu'il s'efforce d'atteindre. Souvenons-nous que les individus *créent* en partie leurs barrières et les objets auxquels ils attachent de la valeur, qu'ils doivent être partiellement définis selon les termes fixés par l'organisme présent dans la situation. Nous ne savons pas donner du champ une définition ou une description universelle, de telle sorte que cette description puisse être indépendante de l'organisme singulier qui y fonctionne. Un enfant qui tente d'obtenir un objet donné auquel il accorde de la valeur, mais qui en est empêché par une quelconque barrière, détermine non seulement que l'objet possède de la valeur, mais aussi que la barrière est une barrière. Psychologiquement parlant, il n'y a pas de barrière, elle n'existe que pour le sujet qui s'efforce d'obtenir ce qu'il désire.

Une théorie des besoins fondamentaux démontre qu'ils sont relativement constants et plus indépendants de la situation particulière dans laquelle se trouve l'organisme lui-même. Car, non seulement le besoin organise ses possibilités d'action, pour ainsi dire, de la manière la plus efficace possible et avec une grande richesse de variation, mais il organise aussi – et même crée – la réalité extérieure. On peut exprimer cela autrement, en disant que le seul moyen satisfaisant pour comprendre comment l'environnement géographique se transforme en environnement psychologique est de comprendre que le principe d'organisation de l'environnement psychologique est le but habituel de l'organisme situé dans cet environnement.

Une théorie pertinente de la motivation doit par conséquent prendre la situation en compte, mais sans jamais devenir une théorie de la situation pure, c'est-à-dire, à moins de vouloir explicitement renoncer à notre effort de compréhension de la nature de la constance de l'organisme, au profit de la compréhension du monde dans lequel il s'inscrit. Précisons que nous nous préoccupons non de la théorie du comportement, mais de la théorie de la motivation. Le comportement est déterminé par plusieurs classes de déterminants ; la motivation est l'une d'elles et les forces de l'environnement en sont une autre. L'étude de la motivation n'ignore pas ou ne nie pas l'étude des déterminants situationnels, mais elle la complète. Elles possèdent toutes les deux leur place dans une théorie plus vaste.

L'action intégrée

Toute théorie de la motivation doit prendre en compte non seulement le fait que l'organisme se comporte habituellement comme un tout intégré, mais aussi le fait que cela ne soit pas toujours le cas. Certains conditionnements, des habitudes particulières, divers types de réponses fragmentaires, et les nombreux phénomènes de dissociation et de défaut d'intégration que nous connaissons, interviennent également. En outre, dans la vie quotidienne, il arrive que l'organisme réagisse de manière non unitaire, comme lorsque nous effectuons plusieurs choses en même temps.

L'organisme paraît le plus unifié dans son intégration en situation de réussite, face à une grande joie ou dans un moment de création, ou au contraire quand il affronte une difficulté majeure ou une menace ou une urgence. Mais lorsque la menace devient oppressante ou quand il est trop faible ou impuissant à la gérer, il tend à se désintégrer. Dans l'ensemble, lorsque la vie est facile et porteuse de réussite, l'organisme est capable d'une grande polyvalence.

Nous sommes convaincus qu'une partie des phénomènes que l'on croit singuliers et isolés n'est pas telle en réalité. L'analyse en profondeur révèle souvent qu'ils occupent une place importante dans la structure d'ensemble (par exemple, la conversion, les symptômes d'hystérie). Ce défaut d'intégration apparent peut simplement être le reflet de notre ignorance, toutefois l'état de nos connaissances actuelles nous autorise à affirmer que des réponses isolées, segmentaires ou non intégrées sont possibles dans certaines circonstances. Par ailleurs, il devient de plus en plus évident que ces phénomènes ne doivent pas nécessairement être tenus pour faibles ou néfastes ou pathologiques. On doit au contraire les considérer comme une preuve de l'une des plus importantes capacités de l'organisme : celle de traiter les problèmes mineurs ou familiers ou simples d'une manière partielle, spécifique ou segmentaire, de sorte que ses capacités majeures restent mobilisables pour résoudre les problèmes plus graves ou plus ardus (Goldstein, 1939).

Les comportements non motivés

Les comportements et les réactions ne sont pas tous motivés, tout au moins pas au sens classique de rechercher la satisfaction d'un besoin, qui équivaut à chercher ce qui fait défaut ou ce dont on a besoin. Les phénomènes de maturation, d'expression et de croissance ou d'accomplissement de soi représentent autant d'exemples d'exceptions à la règle de la motivation universelle et devraient à ce titre être considérés comme relevant de l'expression et non de l'adaptation. Ils seront largement traités ultérieurement, notamment dans le chapitre 6.

À ce sujet, Norman Maier (1949) a attiré notre attention sur une distinction que l'on rencontre souvent chez les freudiens. La plupart des symptômes ou des tendances névrotiques proviennent de pulsions infléchies par la satisfaction de désirs fondamentaux, qui d'une manière ou d'une autre ont été contrariées ou perverties ou confondues avec d'autres besoins, ou qui se sont fixées sur des moyens inadéquats. D'autres symptômes, cependant, ne sont pas liés à la satisfaction d'un besoin, ils sont simplement d'ordre protecteur ou défensif. Ils n'ont d'autre but que d'éviter une autre blessure ou une menace ou une frustration. Entre ces deux types de symptômes, on retrouve la différence qui existe entre le boxeur qui espère encore remporter la victoire et celui qui n'a plus d'espoir et qui cherche surtout à perdre en souffrant le moins possible.

Sachant l'importance capitale du renoncement et de la perte de l'espoir dans l'établissement d'un diagnostic thérapeutique ou pour la définition des attentes en matière d'apprentissage, et probablement aussi au regard de la longévité de l'individu, cette différenciation doit être intégrée dans toute théorie de la motivation digne de ce nom.

La possibilité d'atteindre le but

Dewey (1939) et Thorndike (1940) ont souligné un aspect primordial de la motivation qui a été totalement négligé par la majorité des psychologues, en l'occurrence, la possibilité d'atteindre le but recherché. Dans l'ensemble, nous désirons de manière consciente ce qui pourrait se situer à notre portée.

À mesure que leurs revenus augmentent, les gens désirent et cherchent activement à obtenir des choses dont ils n'auraient jamais rêvé auparavant. Les Américains moyens désirent des voitures, des réfrigérateurs et des téléviseurs parce que ces objets font partie de leurs possibilités réelles ; l'idée de posséder un yacht ou un avion ne les effleure pas puisque ce sont, de fait, des choses hors de portée de l'Américain moyen. Il est d'ailleurs probable qu'il ne les désire pas davantage *inconsciemment*.

Il est crucial de tenir compte de ce facteur pour comprendre les différences de motivation parmi les classes sociales et les castes d'une population donnée et dans des cultures et des pays différents.

La réalité et l'inconscient

Cette question rejoint celle de l'influence de la réalité sur les pulsions inconscientes. Selon Freud, une pulsion du ça est une entité discrète qui n'est pas intrinsèquement reliée à quoi que ce soit d'autre dans le monde, pas même aux autres pulsions du ça.

> Nous pouvons nous rapprocher du ça à l'aide d'images et l'appeler un chaos, un chaudron d'excitation bouillonnante... Ces instincts l'emplissent d'énergie, mais il ne possède pas d'organisation et pas de volonté unifiée, seulement une impulsion pour obtenir satisfaction des besoins instinctuels, en accord avec le principe de plaisir. Les lois de la logique – avant tout, la loi de contradiction – n'interviennent pas dans les processus du ça. Des pulsions contradictoires coexistent sans se neutraliser mutuellement ou sans se séparer ; au mieux elles se combinent en formations de compromis sous l'irrépressible pression économique qui aboutit à la décharge de leur énergie. Il n'y a rien dans le ça qui puisse être comparé à la négation, et nous sommes stupéfaits de trouver en lui une exception à l'affirmation

du philosophe selon laquelle l'espace et le temps sont des formes nécessaires de nos actes mentaux...

Naturellement, le ça ne connaît pas de valeurs, pas de bien ou de mal, pas de moralité. Le facteur économique ou, si vous préférez, quantitatif, qui est si étroitement lié au principe de plaisir, domine tous ses processus. Les cathexis[1] instinctuelles cherchant à se décharger, voilà, selon nous, tout ce que le ça contient. (Freud, 1933, p. 103-105)

Dans la mesure où les pulsions sont contrôlées, modifiées ou empêchées de se décharger par les conditions de la réalité, elles deviennent partie de l'ego plutôt que du ça.

On peut difficilement commettre d'erreur en considérant l'ego comme une part du ça qui a été modifiée pas sa proximité avec le monde extérieur et par l'influence que ce dernier a exercée sur lui, et qui est là pour recevoir des stimuli et protéger l'organisme contre eux, comme la couche corticale dont s'entoure une particule de substance vivante. Cette relation au monde extérieur est décisive pour l'ego. L'ego a repris à son compte la tâche de représenter le monde extérieur pour le ça et ainsi de le sauver : car le ça, dans sa tentative aveugle de satisfaire ses instincts en négligeant totalement la puissance supérieure des forces extérieures, ne pourrait autrement échapper à l'annihilation. Dans l'accomplissement de cette fonction, l'ego doit observer le monde extérieur et en préserver une image vraie dans les traces de la mémoire laissées par ses perceptions, et, par le biais de l'épreuve de réalité, il doit éliminer tout élément dans cette image du monde extérieur qui est une contribution provenant des sources intérieures d'excitation. Au nom du ça, l'ego contrôle la voie d'accès à la motilité[2] mais il interpole, entre le désir et l'action, le facteur dilatoire de la pensée, au cours duquel il utilise les résidus de

1. Énergie libidinale investie dans une idée, une personne ou un objet. [NdT]

2. Un mouvement qui n'entraîne pas de changement d'emplacement. [NdT]

> l'expérience accumulés dans la mémoire. Il détrône ainsi le principe de plaisir, lequel exerce une emprise incontestée sur les processus du ça, et lui substitue le principe de réalité, qui garantit une sécurité et une réussite supérieures. (Freud, 1933, p. 106)

Du point de vue de John Dewey, cependant, toutes les pulsions de l'adulte – ou au moins les pulsions caractéristiques – sont intégrées à la réalité et affectées par elle. Cela revient à dire qu'il n'y a pas de pulsions du ça, ou, pour lire entre les lignes, que si elles existent, elles sont intrinsèquement pathologiques au lieu d'être intrinsèquement saines.

Nous mentionnons ici cette position contradictoire, même si elle n'admet pas de solution empirique, parce qu'elle représente une différence cruciale, directe.

Selon nous, la question n'est pas de savoir s'il existe des pulsions du ça telles que les décrit Freud. N'importe quel psychanalyste peut témoigner de pulsions de fantasmes qui existent par delà la réalité, le sens commun, la logique ou même l'intérêt personnel. La question qui se pose est plutôt de savoir s'il existe des preuves de maladie ou de régression ou de révélation du noyau le plus intime de l'individu sain. À quel moment de l'histoire personnelle de l'individu, le fantasme infantile commence-t-il à être modifié par la perception de la réalité ? Le processus est-il le même pour tous, névrosés ou gens en bonne santé ? L'être humain qui fonctionne efficacement peut-il préserver d'une telle influence les recoins cachés de sa vie pulsionnelle ? Mais s'il s'avère que ces pulsions d'origine totalement intra-organismique existent *bel et bien* en chacun de nous, alors nous devons nous poser ces questions : quand apparaissent-elles ? Dans quelles conditions ? Sont-elles nécessairement les fauteurs de trouble que Freud subodorait en elles ? *Doivent*-elles s'opposer à la réalité ?

La motivation des personnalités supérieures

La majeure partie de nos connaissances sur la motivation humaine ne provient pas des psychologues mais de la pratique des psychothérapeutes. Leurs patients sont autant source d'erreurs que d'informations utiles, parce qu'ils représentent un échantillon de population médiocre. La vie motivationnelle des sujets qui souffrent de névroses devrait, même par principe, être rejetée en tant que paradigme de la motivation saine. La santé n'est pas simplement l'absence ou le contraire de la maladie. Toute théorie de la motivation digne d'attention doit autant traiter des capacités supérieures de l'individu fort et en bonne santé que des manœuvres de défense des esprits infirmes. Les principales préoccupations des personnalités les plus élevées et les plus glorieuses de l'histoire des hommes méritent d'être comprises et explicitées.

Or, nous ne pourrons les comprendre par l'analyse de cas pathologiques. Nous devons par conséquent aussi tourner notre attention vers des hommes et des femmes en bonne santé. Les théoriciens de la motivation doivent devenir plus positifs dans leur orientation.

CHAPITRE 2

Une théorie de la motivation humaine

Le présent chapitre[1] a pour ambition de formuler une théorie positive de la motivation qui satisfera les exigences théoriques, tout en restant fidèle aux faits connus, cliniques et observés aussi bien qu'empiriques. Elle découle cependant le plus directement de l'expérience clinique. Cette théorie s'inscrit dans la tradition fonctionnaliste de James et Dewey ; elle intègre aussi le holisme de Wertheimer, de Goldstein et de la psychologie de la *Gestalt*, et le dynamisme de Freud, de Fromm, de Horney, de Reich et d'Adler. Cette fusion ou synthèse peut être appelée théorie holiste-dynamique.

La hiérarchie des besoins fondamentaux

Les besoins physiologiques

Les théories de la motivation retiennent d'ordinaire comme point de départ les besoins que l'on dit physiologiques. Deux courants de recherche récents nous obligent à réviser nos notions habituelles sur ces besoins : le développement, d'une part, du concept d'homéostasie et, d'autre part, la découverte que les appétits (choix préférentiels parmi des

1. Ce chapitre a été traduit de l'américain par Emily Borgeaud.

aliments) constituent une bonne indication des besoins ou manques réels du corps.

L'*homéostasie* désigne les efforts automatiques de l'organisme pour maintenir un état constant, normal, du flux sanguin. Cannon (1932) a décrit ce processus pour : (1) la teneur en eau du sang ; (2) sa teneur en sel ; (3) sa teneur en sucre ; (4) sa teneur en protéines ; (5) sa teneur en graisses ; (6) sa teneur en calcium ; (7) sa teneur en oxygène ; (8) le niveau constant hydrogène/ion (équilibre acidité-basicité) ; et (9) la température constante du sang. On peut ajouter à cette liste d'autres minéraux, les hormones, les vitamines, etc.

Young (1941, 1948) a proposé une synthèse des travaux sur l'appétit dans sa relation avec les besoins du corps. Si le corps manque d'un certain élément chimique, l'individu tendra à développer un appétit spécifique ou faim partielle pour cet élément nutritif.

Ainsi apparaît-il tout aussi impossible qu'inutile d'établir une liste des besoins physiologiques fondamentaux puisqu'ils peuvent être aussi nombreux qu'on le souhaite, selon le degré de spécificité de la description. Nous ne pouvons qualifier tous les besoins physiologiques d'homéostatiques. Que le désir sexuel, l'envie de dormir, l'activité et le comportement maternel chez les animaux soient homéostatiques n'a pas encore été prouvé. Qui plus est, cette liste n'inclurait pas les divers plaisirs sensoriels (goûts, odeurs, picotements, coups) qui sont probablement physiologiques et qui peuvent devenir les buts du comportement motivé. Nous ne savons pas non plus que faire du fait que l'organisme a, à la fois, une tendance à l'inertie, à la paresse et au moindre effort, *et* un besoin d'activité, de choses stimulantes et d'excitation.

Dans le chapitre précédent, j'ai souligné que ces mobiles ou besoins physiologiques doivent être considérés comme inhabituels plutôt que typiques parce qu'ils sont isolables et parce qu'on peut somatiquement les situer. C'est-à-dire que, premièrement, ils sont relativement indépendants les uns des autres, des autres motivations et de l'organisme en tant que tout, et que, deuxièmement, il est possible d'identifier une base somatique localisée, sous-jacente au besoin. Si cette affirmation se vérifie moins souvent que l'on a d'abord pu le croire (la fatigue, l'envie de dormir, les réactions maternelles constituent des exceptions), cela reste vrai dans les circonstances classiques de faim, de désir sexuel et de soif.

Il faut insister à nouveau sur le fait que tout besoin physiologique et le comportement d'assouvissement qui lui est lié servent de canaux à toutes sortes d'autres besoins. Une personne qui pense qu'elle a faim peut en fait rechercher davantage du confort ou de la dépendance, par exemple, que des vitamines ou des protéines. Inversement, il est possible de satisfaire en partie le besoin de faim par d'autres activités, comme boire de l'eau ou fumer une cigarette. En d'autres termes, aussi relativement isolables ces besoins physiologiques soient-ils, ils ne le sont pas totalement.

Il ne fait aucun doute que ces besoins physiologiques sont les plus prédominants de tous les besoins. Chez l'être humain le plus démuni, qui manque de tout, il est probable que ce sont les besoins physiologiques qui constitueront la motivation principale. Une personne qui manque de nourriture, de sécurité, d'amour et d'estime aura vraisemblablement davantage faim de nourriture que de quoi que ce soit d'autre.

Si tous les besoins sont insatisfaits, et que l'organisme est alors dominé par les besoins physiologiques, on peut concevoir que tous les autres besoins deviennent tout simplement inexistants ou soient relégués au second plan. Il est alors juste de qualifier l'ensemble de l'organisme d'affamé, car la conscience est presque entièrement préemptée par la faim. Toutes les capacités sont mises au service de la satisfaction de la faim, et l'organisation de ces capacités est presque entièrement déterminée par le seul dessein de l'assouvir. Les récepteurs et les effecteurs, l'intelligence, la mémoire, les habitudes peuvent dès lors être définis comme de purs outils de satisfaction de la faim. Les capacités qui ne sont pas utiles à ce dessein sont en sommeil ou reléguées à l'arrière-plan. L'envie brûlante d'écrire des poèmes, le désir d'acquérir une voiture, l'intérêt pour l'histoire américaine, l'envie d'une nouvelle paire de chaussures, à l'extrême, sont oubliés ou deviennent d'une importance secondaire. Pour l'homme qui a très faim et dont la vie est mise en danger par ce manque, seule la nourriture compte. Il rêve de manger, se souvient des repas qu'il a faits, a l'esprit occupé par la nourriture, ne parle que de nourriture, ne perçoit plus que la nourriture et ne veut rien que manger. Les déterminants plus subtils qui fusionnent en général avec les mobiles physiologiques jusque dans l'organisation de comportements comme manger, boire ou faire l'amour, peuvent alors être tellement totalement submergés que l'on est autorisé à parler dans ce cas-là (mais *seulement* dans ce cas-là) de mobile et de comportement exclusivement centrés sur la faim, dans le seul but inconditionnel de l'apaiser.

Une autre caractéristique spécifique de l'organisme humain lorsqu'il est dominé par un besoin donné est que toute la philosophie de l'avenir de l'individu tend aussi à être modifiée. Pour notre homme chroniquement affamé, l'Utopie se définit très simplement comme un lieu regorgeant de nourriture. Il tend à penser que, pourvu qu'il ait l'assurance de manger à sa faim toute sa vie, il sera parfaitement heureux et ne voudra jamais rien d'autre. La vie elle-même ne se définit plus qu'à travers ce but unique qui est de manger. Tout le reste sera défini comme sans importance. La liberté, l'amour, le sentiment de communauté, le respect, la philosophie, pourront aussi bien être balayés d'un revers de la main comme des babioles inutiles puisqu'ils ne peuvent remplir l'estomac. On peut légitimement dire d'un tel homme qu'il ne vit que de pain.

Une question se pose cependant, qui est celle de la généralité de ces états de l'organisme. Les conditions extrêmes, est-il besoin de le rappeler, sont rares dans une société en paix qui fonctionne normalement. Cette vérité, pourtant, est souvent occultée – pour deux raisons me semble-t-il. La première tient au fait que de nombreuses recherches sur la motivation ont été conduites sur des rats ; ceux-ci ayant peu de motivations en dehors des motivations physiologiques, on en a un peu vite conclu la même chose de l'homme. Ensuite, on oublie trop souvent que la culture elle-même est un outil d'adaptation, un outil dont la fonction principale est de réduire les occurrences d'urgences physiologiques. Dans la plupart des sociétés connues, la faim chronique extrême, la famine, est rare. C'est en tout cas toujours vrai aux États-Unis. Le citoyen américain moyen connaît l'appétit plutôt que la faim lorsqu'il dit : « J'ai faim. » C'est seulement par accident et un nombre limité de fois dans sa vie qu'il risquera de mourir de faim.

Le plus sûr moyen de dissimuler les motivations « supérieures », et d'obtenir une vision bancale des capacités humaines et de la nature humaine, est de mettre l'organisme en état de faim ou de soif chroniques. Se baser sur cette image extrême, totalement atypique, et mesurer tous les buts et désirs de l'homme à l'aune de son comportement durant une privation physiologique extrême, c'est s'interdire de voir beaucoup de choses. Il est vrai que l'homme ne vit que de pain – quand il n'y en a pas. Mais qu'en est-il des désirs de l'homme lorsqu'il y a profusion de pain et lorsque sa panse est toujours pleine ?

La dynamique de la hiérarchie des besoins

Sur le champ, d'autres besoins (supérieurs) émergent et ce sont ces besoins, et non plus les besoins physiologiques, qui dominent l'organisme. Et lorsque ces besoins sont à leur tour satisfaits, d'autres besoins nouveaux (et supérieurs) émergent et ainsi de suite. C'est ce que nous désignons lorsque nous disons que les besoins humains fondamentaux sont organisés en une hiérarchie de prépondérance.

Une des implications importantes de cette formulation est que la satisfaction devient un concept aussi important que la privation dans la théorie de la motivation puisqu'elle libère l'organisme de la domination d'un besoin comparativement plus physiologique, permettant par là même l'émergence d'autres buts plus sociaux. Lorsqu'ils sont chroniquement satisfaits, les besoins physiologiques et leurs buts partiels cessent d'exister comme déterminants ou organisateurs du comportement. Ils n'existent plus que comme potentialités, en ce sens qu'ils peuvent se manifester à nouveau pour dominer l'organisme s'ils sont contrariés. Mais un désir qui est satisfait n'est plus un désir. L'organisme n'est dominé et son comportement n'est organisé que par les besoins insatisfaits. Si la faim est apaisée, elle devient sans importance dans la dynamique présente de l'individu.

Cette affirmation est d'une certaine manière étayée par une hypothèse sur laquelle nous reviendrons plus longuement, à savoir que ce sont précisément les individus chez qui un besoin donné a toujours été satisfait qui sont les mieux armés pour en tolérer la carence dans le futur ; et, qui plus est, les individus ayant connu des carences dans le passé réagiront différemment à la satisfaction actuelle de ces besoins que ceux qui n'en ont jamais souffert de manque.

Les besoins de sécurité

Si les besoins physiologiques sont relativement satisfaits, alors émerge un nouvel ensemble de besoins, que l'on peut sommairement regrouper sous la catégorie des besoins de sécurité (sécurité, stabilité, dépendance, protection, libération de la peur, de l'anxiété et du chaos, besoin d'une structure, de l'ordre, de la loi et de limites, sentiment de force parce qu'on a un défenseur, etc.). Tout ce qui a été dit des besoins physiologiques est également vrai, bien qu'à un degré moindre, de ces envies. L'organisme peut tout aussi bien être sous leur emprise totale. Ils deviennent alors les organisateurs quasiment exclusifs du comportement, recrutant à leur service toutes les capacités de l'organisme, qui s'apparente alors à un mécanisme de recherche de sécurité. De même pouvons-nous dire des récepteurs, des effecteurs, de l'intelligence et des autres capacités, qu'ils sont essentiellement des outils de quête de la sécurité. Tout comme dans le cas de l'homme affamé, nous observons que le but dominant est un déterminant fort non seulement de la vision et de la philosophie du monde actuelles de l'individu, mais aussi de sa philosophie de l'avenir. Tout, ou presque, semble moins important que la sécurité (jusqu'aux besoins physiologiques, parfois, qui étant assouvis sont à présent sous-estimés). Un homme dans cet état, s'il est suffisamment extrême et chronique, peut être caractérisé comme ne vivant que pour la sécurité.

Dans notre culture, l'adulte sain, normal, heureux est largement satisfait dans ses besoins de sécurité. La bonne société, pacifique, stable, harmonieuse permet en général à ses membres de se sentir suffisamment à l'abri des bêtes sauvages, des températures extrêmes, des assassins, de l'agression et du crime, du chaos, de la tyrannie, etc. Dès lors, l'individu n'a plus, dans un sens très concret, de besoins de sécurité comme motivations actives. De la même manière qu'un homme rassasié ne ressent plus la faim, un homme en sécurité ne se sent plus en danger. Si nous souhaitons observer ces besoins directement et nettement, nous devons nous tourner vers des individus névrosés ou proches de la névrose, vers les laissés-pour-compte de l'économie et de la société, ou vers les situations de révolution, de désorganisation sociale ou de disparition de l'autorité. En dehors de ces extrêmes, nous ne pouvons percevoir d'expressions des besoins de sécurité que dans des phénomènes tels que, par exemple, la préférence ordinaire pour un emploi stable et protégé, le désir d'épargner et de s'assurer (assurances médicale, dentaire, chômage, incapacité, vieillesse).

D'autres aspects plus généraux des efforts de l'individu pour trouver sécurité et stabilité dans le monde s'observent dans le goût du plus grand nombre pour les choses familières (Maslow, 1937), pour le connu plutôt que pour l'inconnu. La tendance à avoir une religion ou une philosophie du monde qui organise l'univers et les hommes en son sein en un tout cohérent, porteur de sens, est aussi en partie motivée par cette quête de sécurité. De même pourrions-nous répertorier ici la science et la philosophie comme partiellement motivées par les besoins de sécurité (nous verrons plus loin qu'il y a aussi d'autres motivations au fait scientifique, philosophique ou religieux).

Autrement, c'est uniquement dans des situations d'urgence que le besoin de sécurité est considéré comme un mobilisateur actif et dominant des ressources de l'organisme – guerres, épidémies, catastrophes naturelles, vagues de crimes, désorganisation de la société, névroses, lésions cérébrales, effondrement de l'autorité, situations chroniquement mauvaises. Dans nos sociétés, certains adultes névrosés sont, sous de nombreux aspects, pareils à l'enfant inquiet dans leur désir de sécurité, bien que cela prenne chez eux une forme un peu particulière. Leur comportement tient souvent de la réaction à des dangers inconnus, psychologiques, dans un monde qui est perçu comme hostile, envahissant et menaçant. Ils se comportent comme si une grande catastrophe était presque toujours imminente : ils répondent en général comme ils répondraient à une situation d'urgence. Leurs besoins de sécurité trouvent souvent une expression spécifique dans la quête d'un protecteur, d'une personne plus forte dont ils pourraient dépendre. Comme si leurs réactions enfantines de peur et de menace face à un monde dangereux étaient devenues souterraines, inaccessibles aux processus de croissance et d'apprentissage, et se trouvaient prêtes à être rappelées par tout stimulus qu'un enfant percevrait comme menaçant et dangereux. Horney (1937), en particulier, a bien décrit cette « anxiété fondamentale ».

La névrose dans laquelle la quête de sécurité prend sa forme la plus extrême est la névrose obsessionnelle compulsive[1]. Les individus qui en sont atteints essayent désespérément d'ordonner et de stabiliser le monde de sorte qu'aucun danger difficile à gérer, inattendu ou inconnu ne puisse jamais survenir. Ils se protègent avec toutes sortes de rituels, de règles et de formules pour ne rien laisser au hasard et rendre impossible l'apparition de contingences nouvelles. Ils réussissent à maintenir leur équilibre en évitant tout ce qui est non familier et étrange, et en ordonnant leur monde restreint d'une manière nette et disciplinée pour pouvoir s'assurer de tout. Ils essayent d'ordonner le monde de façon à ce que tout événement imprévisible (des dangers) soit impossible. Si, malgré eux, quelque chose d'imprévu survient, ils entrent dans une réaction de panique comme si cette occurrence inattendue constituait un danger. Ce que nous pouvons considérer comme une préférence anodine chez l'individu sain, la préférence pour le connu, devient une nécessité de vie ou de mort dans les cas pathologiques. Chez le névrosé moyen, le goût normal pour le neuf et l'inconnu fait défaut ou reste très faible.

Les besoins de sécurité peuvent devenir prépondérants dans une société quand la loi, l'ordre ou l'autorité sont

1. Tous les individus névrosés ne connaissent pas ce sentiment d'insécurité. La névrose peut être due à une carence d'affection et d'estime chez un individu qui se sent globalement en sécurité.

réellement menacés. On peut s'attendre à ce que le risque du chaos ou du nihilisme provoque, pour la plupart des personnes, une régression des besoins supérieurs vers des besoins de sécurité plus actuels. Une réaction habituelle – prévisible même – est d'accepter facilement de se soumettre à une dictature ou à la loi martiale. Cela tend à être vrai pour tous les êtres humains, y compris ceux qui sont en bonne santé, dans la mesure où ils auront une propension à répondre au danger par une régression réaliste au niveau des besoins de sécurité et où ils se prépareront à se défendre eux-mêmes. Mais c'est d'autant plus vrai pour les personnes qui vivent juste au seuil de sécurité. Celles-ci sont particulièrement atteintes par les menaces à l'autorité, à la légalité et à la justice.

Les besoins d'appartenance et d'amour

Si les besoins physiologiques et les besoins de sécurité sont relativement bien satisfaits, alors émergent les besoins d'amour, d'affection et d'appartenance ; et le cycle déjà décrit se répète avec ce nouveau pivot. Les besoins d'amour incluent le fait de donner et de recevoir de l'affection. S'ils ne sont pas satisfaits, l'individu ressent vivement l'absence d'amis, de conjoint ou d'enfants. Il a soif de relations avec les gens en général, autrement dit d'une place au sein de son groupe ou de sa famille, et il luttera de toutes ses forces pour atteindre ce but. Il voudra obtenir cette place plus que tout au monde et pourra même oublier qu'autrefois, quand il avait faim, l'amour lui semblait vague, inutile et secondaire. Maintenant, les aiguillons de la solitude, de l'ostracisme, du rejet, de l'inimitié, du déracinement, sont devenus proéminents.

Nous disposons de peu d'informations scientifiques sur le besoin d'appartenance, alors que c'est un thème récurrent dans les romans, les autobiographies, les poèmes, au théâtre, et même dans la récente littérature sociologique.

De tout ceci, nous avons appris, mais de manière générale, l'effet destructeur sur les enfants des déménagements trop fréquents ; de l'errance ; de la surmobilité générale induite par l'industrialisation ; de l'absence de racines, d'origine ou de communauté ; de la séparation brutale de sa maison ou de sa famille, de ses amis, de ses voisins ; d'être de passage ou un nouveau venu et non un autochtone. Nous sous-estimons encore l'importance fondamentale du voisinage, du territoire d'une personne, de son clan, de son propre « type », de sa classe, de sa bande, de ses collègues de travail les plus familiers. Et nous avons largement oublié nos profondes tendances animales à nous grouper, à nous attrouper, à nous agréger, à appartenir[1].

Je crois que l'ascension irrésistible et rapide des groupes de formation, des groupes de développement personnel et des communautés volontaires est en partie due à cette soif inassouvie de contact, d'intimité et d'appartenance. L'avènement d'un tel phénomène social est probablement une réaction pour surmonter ces sentiments si répandus d'aliénation, d'étrangeté et de solitude, qui ont été exacerbés par l'accroissement de la mobilité, l'explosion des groupements traditionnels, le déchirement des familles, le fossé générationnel et l'urbanisation généralisée. J'ai aussi l'impression forte que, *pour une part*, les groupes de jeunes contestataires – mais je ne sais pas combien ni comment – sont motivés par un besoin profond de sentiments collectifs, de contact, de camaraderie réelle face à un ennemi commun, *n'importe quel* ennemi, tant qu'il crée la concorde dans un groupe simplement par le fait qu'il représente une menace externe. On observe la même

1. La lecture de *Territorial Imperative* de Ardrey (1966) nous aidera à prendre conscience de tout ceci. Son manque de profondeur même m'a été bénéfique parce qu'il soulignait l'importance cruciale de ce à quoi je n'avais prêté qu'une attention légère, et qu'il m'a forcé à réfléchir sérieusement à la question. Peut-être aura-t-il le même effet pour d'autres lecteurs.

chose dans les groupes de soldats qui se sont retrouvés liés par une fraternité et une intimité inattendues, à cause du danger qu'ils ont connu ensemble, et qui sont finalement restés unis pour le restant de leurs jours. Toute bonne société doit satisfaire ce besoin, d'une manière ou d'une autre, si elle veut survivre et être saine.

Dans notre société, des besoins d'amour frustrés constituent le noyau le plus fréquemment observé dans les cas d'inadaptation et les psychopathologies plus graves. L'amour et l'affection, ainsi que leur expression éventuelle à travers la sexualité, sont généralement considérés avec ambivalence et sont le plus souvent entourés de multiples restrictions et inhibitions. Pour pratiquement tous les théoriciens de la psychopathologie, la frustration des besoins d'amour est à la base de la description de l'inadaptation. Ce besoin a fait l'objet de nombreuses études cliniques et c'est sans doute celui que nous connaissons le mieux en dehors des besoins physiologiques. Suttie (1935) a fait une excellente analyse du « tabou de la tendresse ».

Il importe de souligner à ce stade que l'amour n'est pas synonyme de sexualité. La sexualité peut être étudiée comme un besoin purement physiologique. D'ordinaire, le comportement sexuel est multidéterminé, c'est-à-dire qu'il est aussi déterminé par d'autres besoins que le besoin sexuel, au premier rang desquels les besoins d'amour et d'affection. Ne négligeons pas non plus le fait que les besoins d'amour impliquent à la fois de donner *et* de recevoir de l'amour.

Les besoins d'estime

Tous les individus dans notre société (à quelques exceptions pathologiques près) ont un besoin ou désir d'évaluation élevée (en général), stable et fondée d'eux-mêmes, un besoin de respect de soi, ou d'estime de soi, et de l'estime des autres. Ces besoins peuvent être classés en deux sous-ensembles. Il y a, tout d'abord, le désir de puissance, de performance, d'adéquation, de confiance au regard du monde, et d'indépendance et de liberté[1]. Ensuite, nous trouvons ce que nous pouvons appeler le désir de réputation ou prestige (défini comme le respect ou l'estime des autres), de reconnaissance, d'attention, d'importance ou d'appréciation. Ces besoins ont été mis en avant par Alfred Adler et ses disciples, et ont été relativement négligés par Freud. Toutefois, les psychanalystes comme les psychologues cliniciens leur reconnaissent de plus en plus aujourd'hui une importance centrale.

La satisfaction du besoin d'estime de soi conduit à des sentiments de confiance en soi, de valeur, de force, de compétence, de capacité, et d'être utile et nécessaire dans le monde. Mais la frustration de ces besoins génère des sentiments d'infériorité, de faiblesse et d'impuissance. Ces sentiments entraînent à leur tour soit un découragement soit des tendances compensatoires ou névrotiques.

Les apports de la théologie sur l'orgueil et l'*hybris*, la théorie de Fromm sur la perception personnelle de la non-vérité sur sa propre nature, le travail de Roger sur le soi, l'essai d'Ayn Rand (1943), et d'autres sources encore, nous ont beaucoup appris sur le danger de fonder l'estime de soi sur les avis des autres plutôt que sur

1. Nous ne savons pas si ce désir particulier est universel ou non. La question cruciale, particulièrement importante aujourd'hui, est : « Les hommes placés en situation d'esclavage et de domination éprouvent-ils systématiquement de l'insatisfaction et un désir de rébellion ? » Nous pouvons supposer sur la base de données cliniques bien connues qu'un homme qui a connu une liberté véritable (pas en renonçant à sa protection et à sa sécurité mais bien plutôt construite sur la base d'une protection et d'une sécurité adéquates) n'acceptera ni volontairement ni facilement que cette liberté lui soit reprise. Mais nous ne savons pas si cela est vrai de la personne qui est née en esclavage. Voir la discussion de ce problème dans Fromm (1941).

la réalité de ses capacités, de ses compétences et de son aptitude à la tâche. L'estime de soi la plus stable, donc la plus saine, est basée sur le respect *mérité* des autres, et non sur la gloire extérieure ou la célébrité et l'adulation indue. Même là, il est utile de distinguer la compétence et la réussite effectives, qui reposent sur la force de la volonté, la détermination et la responsabilité, de la compétence et de la réussite qui arrivent facilement et spontanément, et qui viennent de la nature profonde de la personne, de sa constitution, de son destin (ou de sa destinée) biologique, ou, comme le dit Horney (1950), du Moi Réel de la personne plutôt que de son pseudo-moi idéalisé.

Le besoin d'accomplissement de soi

Même si tous ces besoins sont satisfaits, nous pouvons néanmoins nous attendre souvent (sinon toujours) à ce qu'un nouveau mécontentement et une nouvelle impatience se développent bientôt, sauf si l'individu fait ce pour quoi il est compétent, doué. Un musicien doit faire de la musique, un artiste doit peindre, un poète doit écrire, s'il veut trouver le bonheur. Un homme doit être ce qu'il peut être. Il doit être vrai avec sa propre nature. Ce besoin, nous lui donnons le nom d'accomplissement de soi. (Voir les chapitres 11, 12 et 13 pour une description plus complète.)

Cette expression, que l'on doit à Kurt Goldstein (1939), est cependant utilisée dans cet article dans un sens beaucoup plus spécifique et limité. Elle renvoie au désir de réalisation de soi, c'est-à-dire la tendance de l'individu à devenir actualisé dans ce qu'il est. Cette tendance peut être formulée comme le désir de devenir de plus en plus ce que l'on est, de devenir tout ce que l'on est capable d'être.

La forme spécifique que prendront ces besoins variera considérablement d'une personne à l'autre. Chez l'une, ce sera le désir d'être une mère idéale, chez l'autre, l'exercice de ses capacités athlétiques, chez un autre encore, la peinture ou les inventions[1]. C'est à ce niveau que les différences entre les individus sont les plus marquées. Quoi qu'il en soit, généralement, l'émergence des besoins d'accomplissement de soi requiert la satisfaction préalable des besoins physiologiques, de sécurité, d'amour et d'estime.

Conditions préalables à la satisfaction des besoins fondamentaux

Certaines conditions sont des préalables immédiats à la satisfaction des besoins fondamentaux. L'individu réagit à toute mise en péril de ces conditions presque comme si c'étaient les besoins élémentaires eux-mêmes qui étaient directement menacés. Des conditions comme la liberté de parole, la liberté de faire ce que l'on a envie de faire aussi longtemps que l'on ne porte pas atteinte aux autres, la liberté d'expression, la liberté d'enquêter et de chercher des informations, la liberté de se défendre, la justice, l'équité, l'honnêteté, la discipline dans le groupe en sont quelques exemples. Ces conditions ne sont pas des fins en elles-mêmes mais elles le sont presque parce qu'elles sont étroitement liées aux besoins fondamentaux, besoins qui, selon toute vraisemblance, sont les seuls à constituer des fins en eux-mêmes. Toute privation de ces libertés suscitera une réponse de menace ou d'urgence. Ces conditions sont défendues parce que, sans elles, la satisfaction

1. De toute évidence, le comportement créatif est similaire à tout autre comportement en ce sens qu'il a de multiples déterminants. On peut l'observer chez des individus « naturellement créatifs », qu'ils soient satisfaits ou non, heureux ou malheureux, affamés ou rassasiés. Il est tout aussi évident que l'activité créatrice peut être compensatoire, d'amélioration ou purement économique. Dans tous les cas, ici aussi nous devons distinguer, d'une manière dynamique, le comportement manifeste en tant que tel, de ses divers motivations ou desseins.

des besoins fondamentaux est sinon impossible, du moins gravement menacée.

Si nous nous souvenons que les capacités cognitives (perceptuelles, intellectuelles et d'apprentissage) sont un ensemble d'outils d'ajustement, qui ont, entre autres fonctions, celle de satisfaire nos besoins fondamentaux, alors il est clair que toute menace, toute privation ou entrave à leur libre utilisation doivent aussi être indirectement menaçantes pour les besoins eux-mêmes. Cette affirmation apporte un embryon de solution au problème plus général de la curiosité, de la quête du savoir, de la vérité et de la sagesse, et du désir jamais assouvi de résoudre les mystères de l'univers. Le secret, sa censure, la malhonnêteté et le blocage de la communication menacent *tous* les besoins fondamentaux.

Les besoins cognitifs fondamentaux

Le désir de savoir et de comprendre

La faiblesse de notre savoir concernant les pulsions cognitives, leur dynamique ou leur pathologie s'explique principalement par le peu d'importance que la recherche clinique leur accorde, notamment le courant dominé par la tradition médico-thérapeutique d'éradication de la maladie. Les symptômes compliqués, excitants et mystérieux des névroses classiques sont absents ici. La psychopathologie cognitive est pâle, subtile, facilement négligée ou définie comme normale. Elle ne se fait pas remarquer. En conséquence, nous ne trouvons rien sur ce sujet dans les écrits des pionniers de la psychothérapie et de la psychodynamique tels que Freud, Adler, Jung et les autres.

Schilder est le seul psychanalyste majeur, à ma connaissance, à avoir adopté une vision dynamique de la curiosité et de la compréhension[1]. Jusqu'à présent, nous n'avons évoqué les besoins cognitifs qu'en passant. L'acquisition de la connaissance et la systématisation de l'univers ont été considérées, en partie, comme des techniques permettant d'assurer la sécurité de base de l'individu dans le monde, ou, pour le sujet intelligent, comme des expressions de l'accomplissement de soi. De même, la liberté d'enquêter et de s'exprimer ont-elles été envisagées comme des conditions préalables à la satisfaction des besoins fondamentaux. Aussi utiles que soient ces formulations, elles ne nous donnent pas d'information définitive quant au rôle de la curiosité, de l'apprentissage, de la réflexion philosophique, de l'expérimentation, etc., dans la motivation. Elles ne fournissent au mieux qu'un embryon de réponse.

Au-dessus et au-delà de ces déterminants négatifs qui incitent à l'acquisition de la connaissance (comme l'anxiété, la peur), on peut raisonnablement postuler l'existence de pulsions positives en soi à satisfaire sa curiosité, à savoir, à expliquer et à comprendre (Maslow, 1968).

1. On observe chez les animaux supérieurs quelque chose de semblable à la curiosité humaine. Le singe défait des objets, enfonce son doigt dans les trous, explore toutes sortes de situations dans lesquelles n'interviennent ni la faim, ni la peur, ni le sexe, ni le besoin de confort etc. Les expériences de Harlow (1950) l'ont largement démontré de manière concrète.

---

1. « Toujours est-il que les êtres humains montrent un réel intérêt pour le monde, l'action et l'expérimentation. Ils retirent une satisfaction profonde de l'exploration du monde. Ils ne considèrent pas la réalité comme une menace contre leur existence. Les organismes, et tout particulièrement les organismes humains, éprouvent un authentique sentiment de sécurité et de sûreté dans leur contact avec le monde. Les menaces proviennent seulement de situations et de privations spécifiques. Et même dans ce cas, l'inconfort et le danger sont vécus comme des expériences passagères, conduisant en fait à une autre sécurité et à une autre sûreté en lien avec le monde. » (Schilder, 1942)

2. L'histoire de l'humanité abonde d'exemples d'individus qui cherchaient des vérités ou élaboraient des explications face au pire danger et même au risque de leur vie. Il y a eu beaucoup de modestes Galilée.
3. Les études sur des sujets psychologiquement sains indiquent qu'ils sont, de manière caractéristique, attirés par le mystérieux, l'inconnu, le chaotique, l'inorganisé et l'inexpliqué. Cette attirance trouve en soi sa justification ; ces domaines sont intéressants pour eux-mêmes et en eux-mêmes. À l'inverse, le connu suscite une réaction d'ennui.
4. L'extrapolation à partir du psychopathologique peut se révéler pertinente. Le sujet en proie à une névrose obsessionnelle compulsive montre (au niveau de l'observation clinique) un attachement compulsif et anxieux au familier et une peur du non-familier, de l'anarchique, de l'inattendu, du non-domestiqué. Mais certains phénomènes peuvent venir annuler cette disposition. Entre autres, le non-conformisme forcé, une rébellion chronique contre toute forme d'autorité quelle qu'elle soit, et le désir de choquer et de surprendre que l'on rencontre chez certains individus névrosés et chez ceux qui sont soumis à un processus de désacculturation.
5. La frustration des besoins de connaissance entraîne vraisemblablement de réels effets psychopathologiques (Maslow, 1967, 1968c). Les impressions cliniques que je relate ci-dessous en témoignent : dans plusieurs cas, la pathologie (ennui, perte de saveur de l'existence, désamour de soi, dépression générale des fonctions corporelles, détérioration régulière de la vie intellectuelle et des goûts, et ainsi de suite)[1] se déclarait chez des individus intelligents pris au piège d'une

1. Ce syndrome ressemble à ce que Ribot (1896) et plus tard Myerson (1925) ont appelé l'*anhédonie* mais qu'ils faisaient dériver d'autres causes.

existence stupide et d'un travail abêtissant. J'ai connu au moins un cas dans lequel une thérapie cognitive appropriée (reprise d'études à temps partiel, obtention d'un poste plus stimulant sur le plan intellectuel, prise de conscience) fit disparaître les symptômes. J'ai vu *beaucoup* de femmes intelligentes, matériellement aisées et désœuvrées, développer lentement ces mêmes symptômes d'inanition intellectuelle. Chez celles qui ont suivi la recommandation qui leur avait été faite de s'immerger dans une occupation digne d'elles, l'amélioration ou la guérison enregistrée a renforcé ma conviction quant à la réalité des besoins cognitifs. Dans les pays qui interdisaient l'accès à la nouveauté, à l'information et à la connaissance des évènements, et dans ceux où les théories officielles se situaient en profonde contradiction avec la réalité, quelques individus au moins réagissaient par le cynisme généralisé, la remise en question de *toutes* les valeurs, la méfiance à l'égard de l'évidence, la rupture des relations interpersonnelles habituelles, le désespoir, l'abdication de toute morale et ainsi de suite. D'autres semblaient se laisser aller à la passivité et répondaient par l'apathie, la soumission, la perte de leurs capacités, le repli sur soi et le refus de l'initiative.

6. Le besoin de savoir et de comprendre s'affirme dès la prime enfance et tout au long de l'enfance, avec peut-être davantage de force que chez l'adulte. En outre, il semble plutôt résulter de la maturation que de l'apprentissage, quelle qu'en soit la définition. Les enfants n'ont pas besoin qu'on leur enseigne la curiosité. Cependant on peut leur inculquer – *via* une institution, par exemple – à *ne pas* se montrer curieux.
7. Enfin, la satisfaction des pulsions cognitives est subjectivement satisfaisante et productrice d'expériences de finalités. Bien que cet aspect de la connaissance et de la compréhension ait été ignoré en faveur des

résultats acquis, de l'apprentissage et ainsi de suite, il n'en demeure pas moins vrai que la connaissance est en général une composante émotionnelle, éclatante, heureuse dans la vie de l'individu, peut-être même un aspect noble de l'existence. Les obstacles que l'on surmonte pour elle, la pathologie qu'induit sa frustration, son occurrence considérable (qui transcende les espèces, les cultures), l'insistante et éternelle pression (bien que faible) qu'elle exerce, l'obligation de la satisfaire comme condition préalable au développement complet des potentialités humaines, son apparition spontanée à l'aube de notre existence individuelle, tout cela témoigne d'un besoin cognitif fondamental.

Ce postulat, cependant, n'est pas suffisant. Même quand nous savons, nous sommes poussés, d'un côté, à connaître avec toujours plus de précision et de manière toujours plus approfondie et, de l'autre, à étendre toujours plus notre savoir vers une philosophie, une religion du monde, etc. Ce processus a pu être qualifié par certains de quête de sens. Nous pouvons alors postuler l'existence d'un désir de comprendre, de systématiser, d'organiser, d'analyser, de chercher des relations entre les choses et du sens, de construire un système de valeurs.

Une fois ces désirs admis au débat, nous constatons qu'eux aussi s'organisent en une petite hiérarchie dans laquelle le désir de connaître précède, prédomine, le désir de comprendre. Toutes les caractéristiques de la hiérarchie de prépondérance que nous avons décrites ci-dessus semblent s'appliquer ici aussi.

Nous devons nous garder de tomber dans le piège facile de séparer ces désirs des besoins fondamentaux que nous avons abordés plus haut, c'est-à-dire d'établir une stricte dichotomie entre les besoins « cognitifs » et les besoins « conatifs ». Le désir de connaître et le désir de comprendre sont eux-mêmes conatifs en ce sens qu'ils ont un caractère impératif, et sont autant des besoins de la personnalité que les besoins fondamentaux que nous avons déjà présentés. Plus encore, comme nous l'avons vu, les deux hiérarchies sont corrélées plutôt que séparées et, comme nous le verrons plus loin, elles sont synergiques plutôt qu'antagonistes. Pour plus de détail sur les idées développées dans cette section, je renvoie le lecteur à *Vers une psychologie de l'être*.

Les besoins esthétiques

Nous les connaissons encore moins que les autres, et pourtant le témoignage de l'histoire, de la littérature et des spécialistes de l'esthétique ne nous permet pas de les ignorer. Les tentatives d'analyser ce phénomène sur une base clinico-personnologique avec des sujets sélectionnés ont au moins montré qu'il existe, chez *certaines* personnes, un besoin esthétique vraiment fondamental. Elles tombent malades (de manière spécifique) de laideur, et recouvrent la santé dans un environnement séduisant ; elles *aspirent* ardemment à la beauté, et leur désir ne peut être comblé que par elle *seule* (Maslow, 1967). On peut observer cela chez presque tous les enfants sains. Ce désir est présent dans chaque culture et à chaque époque, jusqu'à l'homme des cavernes.

Les besoins conatifs et les besoins cognitifs se recoupent si étroitement qu'il s'avère impossible de les distinguer. Le besoin d'ordre, de symétrie, de limitation, de mener un acte à son terme, de système et de structure peut indifféremment être assimilé à un besoin cognitif, conatif, esthétique ou même névrotique.

Caractéristiques des besoins fondamentaux

Exceptions dans la hiérarchie des besoins fondamentaux

Nous nous sommes jusqu'à présent exprimé comme si cette hiérarchie répondait à un ordre fixe mais, en fait, elle est bien loin d'être aussi rigide que nous avons pu le laisser entendre. Il est vrai que la plupart des individus avec lesquels nous avons travaillé semblent avoir ces besoins fondamentaux plus ou moins dans l'ordre qui a été indiqué. Cependant, nous avons pu observer un certain nombre d'exceptions.

1. Chez certaines personnes, l'estime de soi, par exemple, semble être plus importante que l'amour. Cette inversion très courante de la hiérarchie semble essentiellement due à la formation chez l'individu d'une image « idéale » de la personne qui est la plus susceptible d'être aimée : une personne forte ou puissante, qui inspire le respect ou la peur, et qui est sûre d'elle ou énergique. Par conséquent, ces individus qui manquent d'amour et le recherchent peuvent s'efforcer d'afficher un comportement confiant, énergique. Mais fondamentalement, ils recherchent l'estime de soi et les manifestations comportementales correspondantes, davantage comme un moyen au service d'une fin que comme une fin en eux-mêmes ; ils recherchent l'affirmation de soi au nom de l'amour plutôt qu'au nom de l'estime de soi.
2. Chez d'autres individus, doués de capacités de création innées, le mobile de la créativité semble plus important que tout autre contre-déterminant. Leur créativité apparaît ainsi comme un accomplissement de soi libéré, non par la satisfaction des besoins fondamentaux, mais en dépit du manque de satisfaction de ces besoins.
3. Chez certaines personnes, le niveau d'aspiration peut être en permanence éteint ou réduit. C'est-à-dire que

les besoins les moins dominants sont tout simplement perdus et peuvent disparaître pour toujours, de sorte qu'une personne qui a connu une vie médiocre, un chômage chronique par exemple, pourra se satisfaire pour le reste de ses jours d'avoir suffisamment à manger.

4. La personnalité « psychopathe » est un autre exemple de perte permanente des besoins d'amour. Une explication de cette personnalité pathologique est que ces individus ont été privés d'amour dans les premiers mois de leur vie et ont tout bonnement perdu pour toujours le désir et la capacité de donner et de recevoir de l'affection (de même que les animaux perdent les réflexes de succion ou de bécotage qui ne sont pas exercés suffisamment tôt après la naissance).
5. Un autre cas d'inversion de la hiérarchie intervient lorsqu'un besoin, ayant été satisfait pendant longtemps, peut être sous-évalué. Les individus qui n'ont jamais connu la famine ou la faim chronique ont tendance à sous-estimer ses effets et à considérer la nourriture comme une chose relativement peu importante. S'ils sont dominés par un besoin supérieur, ce besoin supérieur leur semblera plus important que tous les autres. Il devient alors possible, et cela arrive dans la réalité, que, au nom de ce besoin supérieur, ils se mettent dans la position d'être privé d'un besoin plus élémentaire. Nous pouvons nous attendre à ce que, après une longue privation du besoin le plus élémentaire, l'individu ait tendance à réévaluer les deux besoins de sorte que le besoin élémentaire deviendra de fait consciemment prédominant pour l'individu qui l'aura peut-être abandonné à la légère. Ainsi, un homme qui aura choisi de quitter son emploi plutôt que de perdre son estime de soi, et qui meurt ensuite de faim pendant six mois, sera peut-être prêt à reprendre son emploi même s'il doit y perdre son estime de soi.
6. Une autre explication des inversions *apparentes* de la hiérarchie tient au fait que nous avons parlé de la

hiérarchie de prépondérance en termes de souhaits ou d'envies consciemment ressentis et non en termes de comportement. Observer le comportement lui-même peut nous donner une impression fausse. Ce que nous avons affirmé, c'est que lorsqu'un individu est frustré de deux besoins, c'est le plus fondamental des deux qu'il a envie de satisfaire. Ce qui n'implique nullement qu'il agira en fonction de ses désirs. Soulignons une nouvelle fois ici qu'il existe de nombreux déterminants du comportement autres que les besoins et les envies.

7. Plus importantes peut-être que toutes ces exceptions sont celles qui renvoient à des idéaux, des normes sociales élevées, des valeurs supérieures, et ainsi de suite. Avec de telles valeurs, les individus deviennent des martyrs ; ils renoncent à tout au nom d'un idéal particulier ou d'une valeur. Ces individus peuvent être compris, au moins en partie, en référence à un concept (ou hypothèse) fondamental, celui de « tolérance accrue à la frustration par satisfaction précoce ». Les individus dont les besoins fondamentaux ont été satisfaits toute leur vie, et en particulier dans leur enfance, semblent développer une capacité exceptionnelle à résister à la frustration présente ou future de ces besoins simplement parce qu'ils sont dotés d'une structure de caractère solide, saine, du fait de cette satisfaction fondamentale. Ils sont les individus « forts » qui affrontent facilement l'adversité ou l'opposition, qui peuvent aller contre le courant de l'opinion publique et qui peuvent s'engager au nom de la vérité quel qu'en soit le prix. Ce sont ceux précisément qui ont aimé et ont été aimés, et qui ont connu de nombreuses amitiés profondes, qui peuvent résister à la haine, à l'exclusion ou à la persécution.

Cela étant, aucune discussion complète sur la tolérance à la frustration ne peut passer sous silence la notion de pure habituation. Par exemple, il est probable que les personnes qui ont été habituées à une relative abstinence alimentaire pendant longtemps sont par là même partiellement capables de supporter la privation de nourriture. Quel type d'équilibre doit être trouvé entre ces deux tendances, l'habituation d'une part, et la tolérance à la frustration présente issue d'une satisfaction antérieure d'autre part, est un sujet qui reste à explorer par les chercheurs. Pour l'instant, nous pouvons supposer qu'elles sont toutes deux opérationnelles, côte à côte, puisqu'elles ne se contredisent pas. Compte tenu de ce phénomène de tolérance accrue à la frustration, il semble probable que les satisfactions les plus importantes surviennent au cours des deux premières années de la vie. C'est-à-dire que les individus qui ont été rendus tranquilles et forts au cours de leur prime enfance, tendant à le demeurer par la suite face à toute menace.

Degré de satisfaction relative

Jusqu'ici, notre discussion théorique a pu donner l'impression que ces cinq ensembles de besoins sont d'une certaine manière dans une relation séquentielle, de « tout ou rien », les uns avec les autres. Nous avons laissé entendre que « si un besoin est satisfait, alors un autre émerge ». Cette affirmation peut donner l'impression erronée qu'un besoin doit être satisfait à 100 % avant que le besoin suivant émerge. Dans la réalité, la plupart des individus normaux dans notre société sont en même temps partiellement satisfaits dans tous leurs besoins fondamentaux et partiellement insatisfaits dans tous leurs besoins fondamentaux. Une description plus réaliste de la hiérarchie serait en termes de pourcentages décroissants de satisfaction à mesure que nous montons dans la hiérarchie de prépondérance. Par exemple, et en assignant des valeurs arbitraires pour les besoins de la démonstration, c'est comme si le citoyen moyen était satisfait, disons, à 85 % dans ses besoins physiologiques, 70 % dans ses besoins de sécurité, 50 % dans ses besoins d'amour, 40 % dans ses besoins d'estime de soi et 10 % dans ses besoins d'accomplissement de soi.

Quant au concept d'apparition d'un nouveau besoin après la satisfaction du besoin prédominant, il ne désigne pas un phénomène soudain, brutal, mais bien plutôt une émergence progressive par lents degrés à partir de rien. Par exemple, si le besoin prédominant A est satisfait à 10 % seulement, alors le besoin B n'est peut-être pas du tout visible. Cependant, lorsque le besoin A devient satisfait à 25 %, alors le besoin B peut émerger de 5 % ; lorsque le besoin A devient satisfait à 75 %, alors le besoin B peut émerger de 50 %, et ainsi de suite.

Caractère inconscient des besoins

Ces besoins ne sont ni forcément inconscients ni forcément conscients. Globalement, toutefois, chez l'individu moyen, ils sont plus souvent inconscients que conscients. Il n'est pas nécessaire ici de revenir sur la masse considérable de preuves qui indiquent l'importance cruciale de la motivation inconsciente. Ce que nous avons appelé les besoins fondamentaux sont très souvent largement inconscients, bien qu'ils puissent, avec des techniques adaptées et des sujets avertis, devenir conscients.

Spécificité culturelle des besoins

Notre classification des besoins fondamentaux s'efforce de prendre en compte leur relative unité derrière les différences superficielles des désirs d'une culture à l'autre. Clairement, le contenu motivationnel conscient d'un individu appartenant à une culture donnée sera en général extrêmement différent du contenu motivationnel conscient d'un individu d'une autre culture. Cependant, les anthropologues ont pu constater que les êtres humains, même dans des sociétés différentes, se ressemblent beaucoup plus que ne pourrait le laisser croire notre première impression et que, à mesure que nous apprenons à mieux les connaître, ces caractères communs se dévoilent. Dès lors, nous percevons que les différences les plus frappantes sont plus superficielles que fondamentales, différences, par exemple, dans le style de coiffure, les vêtements, les goûts alimentaires, etc. Notre classification des besoins fondamentaux répond en partie à la volonté de prendre en compte cette unité derrière la diversité apparente des cultures. Loin de nous l'idée d'affirmer qu'elle est suprême ou universelle pour toutes les cultures. Ce que nous affirmons, c'est qu'elle est relativement *plus* suprême, *plus* universelle, *plus* fondamentale que les désirs conscients superficiels qui se manifestent d'une culture à l'autre, et permet d'approcher de plus près les caractéristiques communes aux êtres humains. Les besoins fondamentaux sont plus communs aux êtres humains que les désirs ou comportements superficiels.

Motivations multiples du comportement

Ces besoins doivent être compris comme n'étant pas des déterminants exclusifs ou uniques de certains types de comportements. Un exemple peut en être trouvé dans tout comportement qui semble être physiologiquement motivé – manger, faire l'amour, par exemple. Les psychologues cliniciens ont depuis longtemps découvert que tout comportement peut être un canal par lequel circulent divers déterminants. Ou, pour dire les choses autrement, la plupart des comportements sont multimotivés. Pour ce qui est des déterminants de la motivation, tout comportement tend à être déterminé par plusieurs ou *tous* les besoins fondamentaux simultanément plutôt que par l'un d'entre eux seulement. Ce dernier cas de figure constitue une exception. On peut manger en partie pour se remplir l'estomac et en partie au nom du confort ou de l'assouvissement d'autres besoins. On peut faire l'amour par pur besoin sexuel mais aussi pour se prouver sa virilité, pour faire une conquête, pour se sentir fort ou pour gagner une affection plus fondamentale. À titre d'illustration, je dirai qu'il serait possible (au moins théoriquement) d'analyser un acte donné d'un individu et d'y voir l'expression de ses besoins physiologiques, de ses besoins de sécurité, de ses besoins d'amour, de ses besoins d'estime et de l'accomplissement de soi. Voilà qui contraste singulièrement avec l'étendard plus naïf de la psychologie des traits de caractère qui considère qu'un trait ou une motivation rend compte d'un certain type d'acte, par exemple qu'un acte agressif se rattache uniquement à un trait d'agressivité.

Les comportements sans motivation

Il existe une différence fondamentale entre les comportements d'expression et les comportements d'adaptation (lutte fonctionnelle, recherche délibérée de but). Un comportement expressif n'essaye pas de faire quoi que ce soit ; il est simplement un reflet de la personnalité. Un homme bête se comporte bêtement, non parce qu'il le veut ou qu'il essaye ou qu'il est motivé pour, mais simplement parce qu'il *est* ce qu'il est. De même si je parle d'une voix de basse et non de ténor ou de soprano. Les mouvements aléatoires d'un enfant en bonne santé, le sourire sur le visage de l'homme heureux même lorsqu'il est seul, l'élasticité de la démarche de l'homme en bonne santé et la droiture de son port sont d'autres exemples de comportements d'expression, non fonctionnels. De même, le *style* qui marque tous les comportements ou presque d'un individu, motivés aussi bien que non motivés, relève lui aussi souvent de l'expression (Allport et Vernon, 1933 ; Wolff, 1943).

Nous pouvons alors nous demander si *tout* comportement est le reflet, l'expression de la structure du caractère ? La réponse est non. Les comportements routiniers, habituels, automatiques ou conventionnels peuvent être expressifs ou non. La même chose est vraie de la plupart des comportements liés à des stimuli.

Il est enfin nécessaire de souligner que l'expressivité du comportement et l'intentionnalité du comportement (orienté vers un but) ne sont pas des catégories mutuellement exclusives. Le comportement moyen comporte en général les deux dimensions. (Voir le chapitre 6 pour un exposé plus détaillé.)

L'animal ou l'être humain comme point de référence

Cette théorie se fonde sur l'être humain et non sur un quelconque animal inférieur et supposé « plus simple ». Trop des découvertes qui ont été faites sur les animaux se sont révélées justes pour les animaux mais pas pour l'être humain. Absolument rien ne justifie que nous nous appuyions sur les animaux pour étudier la motivation chez l'homme. La logique, ou plutôt l'absence de logique, derrière l'idée fausse largement répandue de cette prétendue « simplicité » a été suffisamment exposée par les philosophes, les logiciens et les chercheurs des différentes disciplines. Il n'est pas plus nécessaire d'étudier les animaux avant d'étudier l'homme qu'il n'est nécessaire d'étudier les mathématiques pour étudier la géologie, la psychologie ou la biologie.

Motivation et psychopathologies

Nous avons jusqu'à présent considéré le contenu motivationnel conscient de la vie quotidienne comme relativement important ou sans importance selon qu'il est plus ou moins étroitement lié aux buts fondamentaux. L'envie d'un cornet de glace pourrait en fait être l'expression indirecte d'un désir d'amour. Si tel est le cas, alors cette envie d'une crème glacée devient une motivation extrêmement importante. Si, en revanche, la glace n'est rien d'autre qu'un moyen de se rafraîchir ou une réaction de simple gourmandise, alors le désir est relativement peu important. Toutes les envies quotidiennes conscientes doivent être considérées comme des symptômes, comme *des indicateurs de surface de besoins plus fondamentaux*. Si nous nous en tenions à ces désirs superficiels, nous nous retrouverions dans un état de totale confusion qui ne pourrait jamais être résolu puisque nous traiterions sérieusement les symptômes et non ce qu'ils dissimulent.

La non-satisfaction d'envies sans importance ne produit pas de résultats psychopathologiques ; la non-satisfaction d'un besoin fondamentalement important, si. Toute théorie de la formation des psychopathologies doit dès lors être fondée sur une théorie solide de la motivation. Un conflit ou une frustration ne sont pas nécessairement pathogènes. Ils le deviennent seulement lorsqu'ils mettent en danger ou frustrent les besoins fondamentaux, ou les besoins partiels qui leur sont étroitement liés.

Le rôle de la satisfaction des besoins

Nous avons souligné à plusieurs reprises que nos besoins émergent en général seulement lorsque des besoins plus prépondérants ont été satisfaits. D'où il s'ensuit que la satisfaction joue un rôle important dans la théorie de la motivation. Cela étant, les besoins cessent de jouer un rôle déterminant ou organisateur actif aussitôt qu'ils sont satisfaits.

Cela signifie par exemple qu'un individu dont les besoins fondamentaux sont satisfaits n'a plus les besoins d'estime, d'amour, de sécurité, etc. S'il les « éprouve », c'est au sens quasi métaphysique qu'un homme repu a faim ou qu'une bouteille remplie contient du vide. Si nous nous intéressons à ce qui nous motive réellement, et non à ce qui nous a motivés, nous motivera ou pourrait nous motiver, alors un besoin satisfait n'est pas un agent de motivation. Il doit être considéré pour toutes fins pratiques simplement comme non existant, comme ayant disparu. J'insiste particulièrement sur ce point car il a été négligé ou contesté dans toutes les théories de la motivation que je connais. L'homme parfaitement normal, heureux, en bonne santé, n'a pas de besoin sexuel, ni de faim, de sécurité, d'amour, de prestige ou d'estime de soi, sauf en de rares instants de menace passagère. Prétendre le contraire, ce serait être obligé d'affirmer aussi que tout individu a tous les réflexes pathologiques, comme le réflexe de Babinski par exemple, parce que si son système nerveux était abîmé, ils se manifesteraient.

Ce sont des considérations de cet ordre qui nous autorisent le postulat hardi qu'un homme frustré dans n'importe lequel de ses besoins fondamentaux peut fort bien être tout simplement considéré comme un homme malade. C'est un parallèle légitime au fait de qualifier de « malade » l'individu qui manque de vitamines ou de minéraux. Qui oserait prétendre qu'un manque d'amour est moins important qu'un manque de vitamines ? Puisque nous connaissons les effets pathogènes de la carence affective, qui oserait prétendre que nous invoquons ici des questions de valeur de manière non scientifique ou illégitime, plus que le médecin qui diagnostique et soigne la pellagre ou le scorbut ?

Si cet usage m'était autorisé, alors je dirais simplement qu'un homme en bonne santé est fondamentalement motivé par ses besoins de développer et d'actualiser ses pleines potentialités et capacités. S'il est le siège de tout autre besoin fondamental dans un sens actif, chronique, alors c'est un homme malade. Il est aussi sûrement malade que s'il avait soudainement développé un fort appétit de sel ou de calcium. Si nous pouvions employer le mot *malade* dans ce sens, il faudrait alors aussi considérer honnêtement les relations des personnes avec la société où elles sont. Une conséquence évidente de notre définition serait que : (1) dans la mesure où une personne peut être dite malade si elle est frustrée dans ses besoins fondamentaux, et (2) si cette frustration est due, en dernière analyse, à des forces extérieures à l'individu, alors (3) la maladie de l'individu doit provenir, en dernière analyse, de la maladie de la société. La bonne société, ou la société saine, serait donc celle qui permet aux besoins supérieurs des personnes d'émerger, grâce à la satisfaction de leurs besoins inférieurs.

Si ces affirmations semblent inhabituelles ou paradoxales, que le lecteur soit assuré qu'il ne s'agit là que d'un des nombreux paradoxes qui se feront jour à mesure que nous réviserons nos façons d'envisager les motivations les plus profondes de l'homme. Nous interroger sur ce que l'homme attend de la vie, c'est toucher à son essence même.

Autonomie fonctionnelle

Des besoins fondamentaux supérieurs longuement satisfaits peuvent devenir indépendants à la fois de leurs prérequis puissants et de leur propre satisfaction[1]. Ainsi, un adulte dont les besoins d'amour ont été satisfaits dans l'enfance, s'affranchit-il *plus* facilement que l'adulte moyen du besoin de sécurité, d'appartenance et d'amour. L'individu fort, sain, autonome est capable de résister, mieux que les autres, à la perte de l'amour et de la popularité. Mais dans notre société, cette force et cette santé résultent en général de la satisfaction répétée et précoce des besoins de sécurité, d'amour, d'appartenance et d'estime. Ce qui signifie que ces aspects de l'individu ont acquis une autonomie fonctionnelle, indépendante de la satisfaction réelle qui les a créés. Nous préférons penser que la structure du caractère constitue, en psychologie, l'exemple le plus significatif d'autonomie fonctionnelle.

---

1. Gordon Allport (1960, 1961) a exposé et généralisé le principe en vertu duquel les moyens vers une fin peuvent devenir d'ultimes satisfactions en soi, reliées uniquement à leurs origines par la chronologie. Ils peuvent *arriver* à être désirés pour eux-mêmes. Ce rappel de l'importance considérable de l'apprentissage et du changement pour la motivation apporte une complexité supplémentaire à tout ce qui s'est passé avant. Il n'existe aucune contradiction entre ces deux principes de psychologie ; ils se complètent l'un et l'autre. Il reviendra aux recherches futures d'établir si les besoins ainsi acquis peuvent être considérés comme de véritables besoins *fondamentaux* selon les critères utilisés jusqu'à présent.

CHAPITRE 3

La satisfaction des besoins fondamentaux

Ce chapitre explore certaines des nombreuses conséquences théoriques de l'approche de la motivation humaine qui vient d'être présentée, et devrait constituer une alternative saine ou positive à la théorie unilatérale qui insiste sur la frustration et sur la pathologie.

Nous avons vu que le principe essentiel de l'organisation de la motivation chez l'homme est l'agencement des besoins fondamentaux selon une hiérarchie de prépondérance et de puissance. Le principe dynamique de base qui anime cette organisation est l'émergence chez le sujet en bonne santé de besoins moins prioritaires lorsque les besoins fondamentaux ont déjà été satisfaits. Les besoins physiologiques, lorsqu'ils ne sont pas satisfaits, dominent l'organisme, mobilisant toutes ses capacités à leur service et les organisant pour qu'elles assurent ce service avec un maximum d'efficacité. Une relative satisfaction permet à ces besoins de disparaître et à l'ensemble des besoins supérieurs qui leur succèdent dans la hiérarchie d'émerger à leur tour, de dominer et d'organiser la personnalité, de telle sorte qu'au lieu d'être obsédé, par exemple, par la faim, l'individu devient obsédé par le besoin de sécurité. On retrouve ce principe dans tous les autres besoins de la hiérarchie (par exemple, l'amour, l'estime et l'accomplissement de soi).

Il est sans doute vrai, aussi, que des besoins supérieurs peuvent occasionnellement émerger, non après la satisfaction des besoins antérieurs, mais plutôt à la suite d'une privation imposée ou volontaire, d'un renoncement, ou de la suppression de la satisfaction et des besoins fondamentaux (ascétisme, sublimation, effets de renforcement du refus, discipline, persécution, isolation, etc.). Ces phénomènes ne sont pas en contradiction avec les thèses de cet ouvrage, puisque nous n'affirmons pas que la satisfaction représente l'unique source de force ou de désir psychologique.

La théorie de la satisfaction des besoins est à l'évidence une théorie spécifique, limitée ou partielle, qui ne possède d'existence ni de validité indépendantes. Elle n'acquiert sa validité qu'à la seule condition d'être, au moins, associée à : (1) la théorie de la frustration, (2) la théorie de l'apprentissage, (3) la théorie de la névrose, (4) la théorie de la santé psychologique, (5) la théorie des valeurs et (6) la théorie de la discipline, de la volonté, de la responsabilité, et ainsi de suite. Le présent chapitre se propose de suivre un fil conducteur dans l'écheveau complexe des déterminants psychologiques du comportement, de la vie subjective et de la structure du caractère. Mais au lieu du tableau parfait, il faut bien admettre qu'il existe d'autres déterminants que la satisfaction des besoins fondamentaux, que cette dernière, si elle s'avère nécessaire, n'est pas suffisante, que la satisfaction et la privation possèdent chacune des effets désirables et indésirables, et que la satisfaction des besoins fondamentaux diffère de la satisfaction des besoins névrotiques à d'importants égards.

Les conséquences de la satisfaction d'un besoin fondamental

La conséquence la plus directe de la satisfaction d'un besoin est que ce dernier disparaît et qu'un besoin nouveau et d'ordre supérieur émerge[1]. Les autres conséquences ne sont que des épiphénomènes de ce fait essentiel. Voici quelques exemples de ces conséquences secondaires.

1. L'indépendance et un certain dédain à l'égard des anciens instruments de satisfaction et des buts, accompagnés d'une dépendance toute nouvelle vis-à-vis d'outils de satisfaction et de buts négligés jusqu'alors, non désirés, ou désirés seulement de manière ponctuelle. L'échange des anciens instruments de satisfaction contre les nouveaux entraîne de multiples conséquences subsidiaires. D'où il s'ensuit des changements dans les intérêts. C'est-à-dire que certains phénomènes prennent pour la première fois de l'intérêt, alors que des phénomènes anciens deviennent ennuyeux, voire répugnants. Ce qui équivaut à dire que les valeurs humaines évoluent. On voit se dessiner une tendance générale à : (1) la surestimation des instruments de satisfaction des besoins non satisfaits prépondérants, (2) la sous-estimation des instruments de satisfactions liés aux besoins non satisfaits les moins impérieux (et de la puissance de ces besoins), et (3) la sous-estimation, voire la dévaluation, des instruments de satisfaction concernant les besoins déjà comblés (et de la force de ces besoins). Ce glissement de valeurs entraîne en corollaire une reconstruction philosophique de l'avenir, de l'Utopie, du paradis et de l'enfer, de la vie adéquate, et de l'état de désir inconscient de l'individu dans un sens entièrement prévisible. En un mot, nous avons tendance à prendre comme allant de soi les biens dont

1. Toutes ces remarques ne s'appliquent qu'aux besoins fondamentaux.

nous sommes déjà gratifiés, et cela d'autant plus que nous n'avons pas eu à lutter ou à travailler pour les acquérir. La nourriture, la sécurité, l'amour, l'admiration, la liberté que nous avons toujours possédés, qui n'ont jamais fait défaut ni été l'objet d'un ardent désir, tendent non seulement à passer inaperçus mais aussi à être dévalués ou tournés en dérision ou détruits. Cette attitude qui consiste à ne pas tenir compte des bienfaits reçus n'est bien entendu pas réaliste et peut donc être considérée comme une forme de pathologie. Dans la plupart des cas, elle est soignée très facilement par l'expérience de la privation ou du manque correspondant (c'est-à-dire par la souffrance, la faim, la pauvreté, la solitude, le rejet ou l'injustice). Ce phénomène relativement négligé de dévaluation et d'oubli consécutifs à la satisfaction possède une importance et un pouvoir potentiel considérables. Ces thèmes ont été largement développés dans le chapitre « Les plaintes et leur niveau » (dans *Être Humain*, chapitre 18). Nous ne pouvons pas expliquer plus clairement comment l'abondance (économique et psychologique) peut permettre *dans certains cas* un développement vers les niveaux les plus nobles de la nature humaine et *dans d'autres* les diverses formes de cette pathologie des valeurs à laquelle nous venons de faire allusion et qui figure en gros titre dans les journaux de ces dernières années. Il y a longtemps, Adler (1939, 1964 ; Ansbacher et Ansbacher, 1956) évoquait dans nombre de ses écrits un « mode de vie choyé ». Nous pourrions peut-être lui emprunter ce terme pour différencier les satisfactions pathogènes de celles qui sont saines, nécessaires.

2. Cette modification des valeurs entraîne des changements dans les capacités cognitives. L'attention, la perception, l'apprentissage, le souvenir, l'oubli, la réflexion, évoluent de manière prévisible en fonction

des nouveaux intérêts et des nouvelles valeurs de l'organisme.

3. Ces intérêts, ces instruments de satisfaction et ces besoins ne sont pas seulement nouveaux mais ils sont aussi supérieurs, dans un certain sens (cf. chapitre 5). Lorsque les besoins de sécurité sont satisfaits, l'organisme est libre d'aller à la recherche de l'amour, de l'indépendance, de l'estime des autres et de soi-même, et ainsi de suite. La technique la plus sûre pour délivrer l'organisme de l'esclavage des besoins inférieurs, plus matériels, plus égoïstes, est de les satisfaire. (Inutile de préciser qu'il existe d'autres méthodes.)
4. La satisfaction de tout besoin quel qu'il soit, pour autant qu'il s'agisse d'une satisfaction véritable (c'est-à-dire d'un besoin fondamental et non d'un pseudo-besoin ou d'un besoin névrotique), contribue à la formation du caractère (voir ci-dessous). Par ailleurs, toute satisfaction véritable d'un besoin tend vers l'amélioration, le renforcement et le développement sain de l'individu. En d'autres termes, la satisfaction d'un besoin fondamental quel qu'il soit, dans la mesure où nous pouvons la considérer isolément, constitue une avancée vers la santé et un éloignement par rapport à la névrose. C'est dans ce sens, sans aucun doute, que Kurt Goldstein parlait de *toute* satisfaction d'un besoin spécifique comme représentant à terme une étape vers l'accomplissement de soi.
5. Les besoins spécifiques satisfaits et comblés ont en outre certains effets *ad hoc*. Toutes choses égales par ailleurs, la satisfaction du besoin de sécurité, par exemple, apporte un sentiment subjectif de sécurité particulier, un sommeil plus réparateur, la perte du sentiment du danger, davantage d'audace et de courage.

Apprentissage et satisfaction des besoins

L'exploration des effets de la satisfaction des besoins doit avoir comme première conséquence la remise en cause croissante du rôle de l'apprentissage purement associatif qui a été largement surévalué par ses partisans.

De manière générale, les phénomènes de satisfaction (par exemple, la perte d'appétit qui suit la satiété, le changement du nombre et du type de défenses dès que le besoin de sécurité est comblé, etc.) attestent : (1) la *disparition* du besoin liée à l'exercice intensif (ou la répétition, l'usage ou la pratique), et (2) la *disparition* du besoin liée à la récompense intense (ou la satisfaction, les félicitations ou le renforcement). Par ailleurs, non seulement les phénomènes de satisfaction comme ceux qui figurent à la fin de ce chapitre contredisent les lois de l'association, bien qu'ils constituent des changements acquis par adaptation, mais l'analyse montre également que l'association arbitraire n'intervient que de manière secondaire. Une définition de l'apprentissage qui tient seulement compte des changements dans le rapport entre les stimuli et les réponses, est par conséquent insuffisante.

L'impact de la satisfaction des besoins dépend presque entièrement des instruments de satisfaction intrinsèquement appropriés. À long terme, il ne peut y avoir de choix arbitraire et fortuit, sauf en ce qui concerne des besoins non fondamentaux. Pour l'individu qui a soif d'amour, il n'existe qu'un instrument de satisfaction véritable à long terme : une affection sincère et satisfaisante. De même, qui recherche le plaisir sexuel, qui a faim ou qui meurt de soif, ne sera comblé que par le sexe, la nourriture ou l'eau. Ici, aucune collocation fortuite, aucune juxtaposition arbitraire ou accidentelle ne peut suffire. Pas plus d'ailleurs que les signaux, les avertissements ou les éléments associés aux instruments de satisfaction (G. Murphy, 1947) ;

seuls les instruments de satisfaction eux-mêmes sont aptes à satisfaire les besoins.

L'essentiel de notre critique de la théorie de l'apprentissage béhavioriste par association repose sur le fait que cette dernière ne rend pas compte des finalités (desseins, buts) de l'organisme. Elle traite exclusivement de la manipulation de *moyens* visant des fins non explicites. Par opposition, la théorie des besoins fondamentaux que nous présentons ici s'affirme comme une théorie des finalités et des valeurs ultimes de l'organisme. Ces fins sont intrinsèquement, et en elles-mêmes, dotées de valeur pour l'organisme. Ce dernier va donc faire tout ce qui est nécessaire pour atteindre ses buts, jusqu'à apprendre les procédures stupides, triviales, arbitraires ou non pertinentes qu'un expérimentateur lui présentera comme constituant la seule façon d'y parvenir. Ces ruses sont bien entendu non réutilisables et sont abandonnées (éteintes) dès qu'elles ne servent plus à obtenir de satisfactions intrinsèques (ou renforcements intrinsèques).

Il apparaît donc clairement que les changements subjectifs et comportementaux décrits dans le chapitre 5 ne peuvent plus être expliqués par les lois de l'apprentissage associatif seul. En fait, celles-ci ne jouent très probablement qu'un rôle secondaire. Si un parent embrasse souvent son enfant, la motivation elle-même disparaît et l'enfant apprend à *ne pas* désirer de baisers (Levy, 1944). Nombre des auteurs contemporains qui ont écrit sur la personnalité, les traits de caractère, les attitudes et les goûts, parlent à cet égard d'agrégations d'habitudes acquises selon les lois de l'apprentissage associatif, mais il semble aujourd'hui opportun de reconsidérer et de corriger cet usage.

Même au sens plus défendable de l'acquisition de la découverte soudaine (*insight*) et de la compréhension (l'apprentissage selon la *Gestalt*), les traits de caractères ne peuvent être tenus pour totalement appris. Cette approche gestaltiste, plus large, de l'apprentissage, compte tenu de sa prise de distance par rapport à la psychanalyse, s'avère cependant trop limitée dans son insistance sur la connaissance de la structure intrinsèque du monde extérieur. Il faut une relation plus forte au processus conatif et affectif qui se déroule *à l'intérieur* de l'individu que ne l'offre l'apprentissage associatif ou l'apprentissage selon la *Gestalt*. (Se reporter également aux écrits de Kurt Lewin [1935], qui contribuent indubitablement à résoudre ce problème.)

Sans entrer dans une discussion détaillée pour le moment, nous envisageons ce qui peut être décrit comme l'apprentissage du caractère, ou apprentissage intrinsèque, qui prend comme point central les modifications de la structure du caractère plutôt que du comportement. Ses composantes principales sont, entre autres : (1) les effets éducatifs des expériences uniques (non répétitives) et des expériences personnelles profondes, (2) les changements *affectifs* créés par l'expérience répétitive, (3) les changements conatifs générés par les expériences de satisfaction-frustration, (4) les changements radicaux dans les attitudes, les attentes, voire la philosophie de l'individu induits par certains types d'expérience précoce (Levy, 1938), et (5) la détermination par constitution de la variation dans l'assimilation sélective de l'expérience par l'organisme.

Ces considérations suggèrent un rapprochement plus étroit entre les concepts d'apprentissage et de formation du caractère, jusqu'à ce qu'en définitive, comme l'auteur de ces lignes en est persuadé, il puisse s'avérer fécond pour les psychologues de définir l'apprentissage paradigmatique typique comme un *changement dans le développement de la personne, dans la structure du caractère*, c'est-à-dire comme un mouvement vers l'accomplissement de soi et au-delà (Maslow, 1969 a, b, c).

Satisfaction des besoins et formation du caractère

Selon certains *a priori*, il existe une relation forte entre la satisfaction des besoins et le développement de certains, voire de nombreux, traits de caractère. Telle doctrine ne serait rien de plus que l'opposé logique d'une corrélation déjà solidement établie entre la frustration et la psychopathologie.

Dès lors que l'on reconnaît la frustration d'un besoin fondamental comme un déterminant de l'hostilité, il est tout aussi facile d'accepter l'opposé de la frustration (c'est-à-dire la satisfaction d'un besoin fondamental) comme un déterminant *a priori* de son opposé (c'est-à-dire la bienveillance). Les découvertes de la psychanalyse corroborent l'un et l'autre. Et, même s'il n'existe pas pour le moment de formulation théorique explicite, la *pratique* psychothérapeutique valide notre conception par l'importance qu'elle accorde à la réassurance implicite, au soutien, à la permissivité, à l'approbation, à l'acceptation, c'est-à-dire à la satisfaction suprême des besoins profonds du patient en termes de sécurité, d'amour, de protection, de respect, de valorisation et ainsi de suite. Cela concerne tout particulièrement les enfants, chez lesquels la soif d'amour ou d'indépendance ou de sécurité etc. est souvent, sans plus de manières, directement traitée par une thérapie de remplacement ou de satisfaction en leur donnant respectivement l'amour, l'indépendance ou la sécurité.

Nous déplorons la rareté du matériau expérimental à ce sujet. En revanche, ce qui existe se révèle très impressionnant, je citerai à titre d'exemple les expériences de Levy (1934a, b, 1937, 1938, 1944, 1951). Le schéma global de ces expériences consistait à prendre un groupe d'animaux à la naissance (par exemple des chiots) et à les soumettre soit à la satisfaction complète, soit à la frustration partielle d'un besoin, par exemple, le besoin de succion.

Des expériences identiques ont été menées sur le picotage chez les poussins, sur la succion chez les bébés, sur l'activité dans différentes espèces animales. Dans tous les cas, on a découvert qu'un besoin complètement satisfait suivait son cours normal, puis, en fonction de sa nature, ou bien disparaissait tout à fait (par exemple la succion) ou bien se maintenait à un seuil minimal optimum pour le reste de la vie (par exemple l'activité). Les animaux chez lesquels le besoin était frustré développaient divers phénomènes semi-pathologiques, dont les plus pertinents pour nous étaient la persistance du besoin au-delà du moment normal de sa disparition et une activité intense du besoin.

L'importance primordiale de la satisfaction des besoins dans l'enfance pour la formation du caractère chez l'adulte est tout particulièrement suggérée par le travail de Levy sur l'amour (1943, 1944). Il en ressort clairement que de nombreux traits caractéristiques de l'adulte sain sont des conséquences positives de la satisfaction des besoins d'amour pendant l'enfance, par exemple la capacité à accorder de l'indépendance à l'être aimé, à résister au manque d'affection, la faculté d'aimer sans renoncer à son autonomie, et ainsi de suite.

Si l'on veut formuler cette opposition de manière aussi claire et compréhensible que possible, disons qu'une mère qui aime son enfant comme il le faut, produit chez lui (par ses récompenses, ses renforcements, la répétition, l'exercice, etc.) une *réduction* de la force du besoin d'amour dans sa vie d'adulte, une probabilité atténuée de quémander des baisers ou de s'accrocher à elle, etc. Le moyen le plus sûr d'apprendre à un enfant à s'éparpiller dans toutes les directions en quête d'affection et à aspirer désespérément à l'amour, est en partie de l'en priver (Levy, 1944). C'est une illustration supplémentaire du principe d'autonomie fonctionnelle (cf. page 31) qui a conduit Allport à douter de la théorie contemporaine de l'apprentissage.

Tous les professeurs de psychologie rejoignent la théorie des traits de caractère acquis par l'apprentissage lorsqu'ils traitent de la satisfaction des besoins fondamentaux chez l'enfant ou de l'expérience de libre choix. « Si vous prenez votre fille dans vos bras quand elle se réveille la nuit, ne va-t-elle pas apprendre à pleurer lorsqu'elle voudra être prise dans les bras (puisque vous récompensez le fait qu'elle pleure) ? » « Si vous permettez à l'enfant de manger ce qu'il désire, ne va-t-il pas être gâté ? » « Si vous prêtez attention aux grimaces d'un enfant, ne va-t-il pas apprendre à faire le clown pour attirer votre attention ? » « Si vous cédez à un enfant, ne voudra-t-il pas toujours faire selon son bon plaisir ? » À toutes ces questions, les théories de l'apprentissage seules *ne peuvent pas* apporter de réponse ; nous devons *également* faire intervenir la théorie de la satisfaction des besoins et la théorie de l'autonomie fonctionnelle pour compléter le tableau.

D'autres types de données confirment la théorie de la relation entre la satisfaction des besoins et la formation du caractère ; ce sont les effets cliniques directement observables. Ces données sont connues de tous ceux qui travaillent avec d'autres personnes et se retrouvent très certainement dans le cadre de la relation thérapeutique.

Pour nous en convaincre, il suffit d'étudier les effets directs et immédiats de la satisfaction des besoins fondamentaux, en commençant par ceux qui sont prépondérants. Jusqu'à présent, en ce qui concerne les besoins physiologiques, dans notre culture nous ne considérons pas comme trait de caractère le fait d'être rassasié ou de pouvoir étancher sa soif, alors que dans d'autres contextes culturels nous le pourrions. Cependant, même à ce niveau physiologique, certains cas limites viennent à l'appui de notre thèse. Ainsi à propos des besoins de repos et de sommeil, pouvons-nous également parler de privation et d'effets de manque (somnolence, fatigue, manque d'énergie, apathie, peut-être même paresse, léthargie, etc.) et de satisfaction (vivacité, vigueur, dynamisme, etc.). Telles sont les conséquences immédiates de la satisfaction de besoins simples, qui, s'ils ne sont pas considérés comme des traits de caractère, présentent néanmoins un intérêt certain pour les spécialistes de la personnalité. Et quand bien même nous ne sommes pas coutumiers de ce mode de réflexion, nous pouvons aussi envisager le besoin sexuel dans les mêmes termes, c'est-à-dire l'obsession sexuelle engendrée par la frustration et à l'opposé la satisfaction sexuelle pour laquelle nous ne disposons pas actuellement de vocable respectable.

Quoi qu'il en soit, regagnons un terrain plus solide en évoquant les besoins de sécurité. L'appréhension, la peur, l'effroi et l'anxiété, la tension, la nervosité et le trac sont autant de conséquences de la frustration du besoin de sécurité. Le même type d'observation clinique met clairement en évidence les effets de la satisfaction du besoin de sécurité (pour laquelle nous ne possédons pas de vocabulaire adéquat), tels que l'absence d'anxiété, l'absence de nervosité, le fait d'être détendu, la confiance en l'avenir, l'assurance, la sécurité, etc. Quels que soient les mots employés, il existe une différence de caractère entre l'individu qui se sent à l'abri et celui qui vit en permanence comme un espion en territoire ennemi.

Il en va de même pour les autres besoins émotionnels de base tels que le besoin d'appartenance, d'amour, de respect et d'estime de soi. La satisfaction de ces besoins permet l'apparition de caractéristiques telles que la propension à témoigner de l'affection aux autres, le respect de soi-même, la confiance en soi ou l'assurance.

Par delà ces conséquences directes de la satisfaction des besoins, on rencontre d'autres traits de caractères plus généraux : la gentillesse, la générosité, l'altruisme, la largeur de vue (par opposition à l'étroitesse d'esprit), le souci de l'équité, la sérénité, le bonheur, le contentement, et bien d'autres de cet ordre. Ce sont les conséquences des conséquences, les dérivés de la satisfaction globale des besoins, c'est-à-dire d'une condition de vie psychologique en amélioration, du surplus, de l'opulence, de l'abondance.

Il va de soi que l'apprentissage, au sens restreint ou au sens large, joue également un rôle non négligeable dans la genèse de ces traits de caractères précis et dans bien d'autres. Qu'il représente ou non un déterminant plus puissant, les données dont nous disposons ne permettent pas de l'affirmer avec certitude, et cette problématique semble vaine pour l'instant. Pourtant, la préférence accordée à l'une ou l'autre des théories est si lourde de conséquences que nous devons au moins prendre conscience du problème. Que la formation du caractère s'effectue à l'école, que les livres, les cours, les catéchismes et les recommandations constituent les instruments les plus appropriés, que les sermons et l'enseignement religieux aient le pouvoir de produire de bons êtres humains ; ou bien plutôt qu'une vie adéquate engendre des individus adéquats, que l'amour, la chaleur, l'amitié, l'estime et le respect de l'enfant revêtent plus d'importance pour la structure du caractère à l'âge adulte : voilà les alternatives que propose l'adhésion à l'une ou à l'autre des théories de la formation du caractère et de l'éducation.

Satisfaction des besoins et santé psychique

Supposons un individu A qui vit depuis plusieurs semaines dans une jungle dangereuse et a réussi à survivre en trouvant occasionnellement de la nourriture et de l'eau. Imaginons maintenant un individu B qui non seulement survit lui aussi, mais qui dispose en outre d'un fusil et d'une cachette dans une caverne dont l'entrée est sécurisée. Un individu C possède tout ceci et de surcroît deux compagnons d'infortune. Un individu D a de la nourriture, un fusil, des compagnons, une caverne où se cacher et, en plus, une bien-aimée. L'individu E, enfin, a tout cela à sa disposition et est, par ailleurs, un chef de bande respecté. Nous pouvons dire de l'un qu'il se contente de survivre, de l'autre qu'il se trouve en sécurité, du troisième qu'il fait partie d'un groupe, du quatrième qu'il est aimé et du dernier qu'il est respecté.

Mais il ne s'agit pas seulement d'une suite de satisfactions liées à des besoins fondamentaux ; c'est également *une série de niveaux croissants de santé psychologique*[1]. Toutes choses égales par ailleurs, une personne en sécurité qui appartient à un groupe et est aimée jouira d'une santé meilleure (selon une définition raisonnable) que celle qui est en sécurité et intégrée à un groupe mais qui est rejetée et qui manque d'affection. Et si, de surcroît, cette personne gagne le respect et l'admiration des autres et développe de ce fait une bonne estime d'elle-même, alors il ou elle sera *encore plus saine*, accomplie, ou pleinement humaine.

Il semblerait que le degré de satisfaction des besoins fondamentaux entretienne une corrélation positive avec le niveau de santé psychologique. Pouvons-nous nous risquer de pousser cette corrélation à son extrême limite en affirmant que la satisfaction complète des besoins fondamentaux et que la santé idéale sont la même chose ? La théorie de la satisfaction des besoins devrait au moins *suggérer* une telle possibilité (voir cependant Maslow, 1969b). Même si, bien entendu, la réponse à la question dépend de recherches à venir, la formulation seule de cette hypothèse nous oblige à envisager des faits négligés et nous incite à nous poser d'anciennes questions non résolues.

1. Nous indiquons ultérieurement que ce même continuum de niveau croissant de satisfaction des besoins peut également être utilisé comme base d'une possible classification des personnalités. Pris comme étapes ou niveaux de maturation ou de croissance personnelle vers l'accomplissement de soi, à travers toute l'existence d'un individu, il fournit le schéma d'une théorie du développement semblable et parallèle au système de développement de Freud et d'Erikson (Erikson, 1959 ; Freud, 1920).

Nous devons par exemple admettre qu'il existe d'autres voies vers la santé psychique. Cependant, devons-nous, au moment de décider de la voie qu'emprunteront nos enfants, nous interroger sur les occurrences respectives de la santé générée par la satisfaction et de la santé acquise par la frustration ? C'est-à-dire combien de fois la santé psychique résulte-t-elle de l'ascétisme, du renoncement aux besoins fondamentaux, de la discipline et de la privation volontaire, de la tragédie et du malheur ?

Cette théorie nous confronte également au problème épineux de l'égoïsme. Tous les besoins sont-ils *ipso facto* égoïstes et autocentrés ? Certes, Goldstein définit dans son livre l'accomplissement de soi, le besoin ultime, comme une forme d'individualisme élevé, et cependant l'étude empirique de sujets extrêmement sains révèle chez eux un individualisme féroce et un égoïsme salutaire liés à une faculté de compassion et d'altruisme, comme nous le verrons dans le chapitre 11.

En posant le concept de la santé par la satisfaction des besoins (ou de la santé par le bonheur), nous rejoignons implicitement des auteurs tels que Goldstein, Jung, Adler, Angyal, Horney, Fromm, May, Buhler, Rogers et un grand nombre d'autres – qui postulent dans l'organisme une tendance à la croissance positive le poussant de l'intérieur vers un développement plus achevé.

Car si nous partons du principe que l'organisme sain est, typiquement, satisfait dans ses besoins fondamentaux et par conséquent libéré pour s'accomplir pleinement, alors nous avons par là aussi posé comme principe que cet organisme se développe de l'intérieur selon ses tendances intrinsèques à la croissance, au sens bergsonien, plutôt que de l'extérieur, au sens béhavioriste du déterminisme environnemental. Est névrotique l'organisme privé des satisfactions des besoins fondamentaux qui ne peuvent provenir que des autres individus. Il dépend de ce fait des autres, en étant moins autonome et moins autodéterminé – davantage façonné par la nature de l'environnement et moins façonné par sa propre nature intrinsèque. L'indépendance relative par rapport à l'environnement que l'on rencontre chez le sujet sain ne signifie pas, bien entendu, une absence de lien avec celui-ci ; elle indique simplement que, lors des contacts, les *finalités* de l'individu et sa nature propre constituent les déterminants primaires, et que l'environnement est primairement un moyen en vue des fins d'accomplissement de soi de la personne. C'est véritablement cela, la liberté psychologique (Riesman, 1950).

Satisfaction des besoins et pathologie

Au cours de ces dernières années, la vie nous a beaucoup appris sur la pathologie de l'abondance *matérielle* (besoin inférieur), sur ses effets comme l'ennui, l'égoïsme, les sentiments d'élitisme et de « supériorité » méritée, sur la fixation à un faible niveau d'immaturité, sur la destruction du sentiment communautaire. À l'évidence, la vie au niveau matériel ou à celui des besoins inférieurs n'apporte pas en soi de gratification durable.

Mais aujourd'hui, nous sommes confrontés à une possibilité inédite de pathologie de l'abondance psychologique ; c'est-à-dire à la souffrance (apparemment) d'être aimé et soigné avec dévotion, d'être adoré, admiré, applaudi et écouté avec déférence, d'être placé au devant de la scène, d'être servi avec loyauté, de voir ses moindres souhaits exaucés sur le champ, et même d'être objet du sacrifice et de l'abnégation de soi.

Nous savons peu de chose de ces phénomènes nouveaux, en tout cas au sens d'une connaissance scientifique développée. Nous ne possédons que de fortes suspicions, des impressions cliniques globales, l'idée en germe chez les psychologues de l'enfance et chez les éducateurs que la satisfaction seule des besoins fondamentaux ne suffit pas, mais que l'enfant a également besoin de faire l'expérience de la fermeté, de la résistance, de la frustration, de la discipline et des limites. Ou, pour s'exprimer autrement, qu'il serait préférable de définir la satisfaction des besoins fondamentaux avec plus de prudence pour éviter de dériver trop facilement vers l'indulgence sans retenue, l'oubli de soi-même, la permissivité totale, la surprotection et la complaisance la plus vile. L'amour et le respect pour l'enfant doivent au minimum être intégrés à l'amour et au respect pour soi-même en tant que parent et pour l'adulte en général. Les enfants sont certainement des personnes, mais ce ne sont pas des personnes dotées d'expérience. Faisons-leur confiance pour se montrer peu sages dans certaines choses et positivement stupides dans beaucoup d'autres.

La pathologie provoquée par la satisfaction des besoins peut aussi faire partie de ce que l'on pourrait nommer une métapathologie, une absence de valeur, de sens et d'accomplissement. Nombre d'humanistes et de psychologues existentiels pensent – sans pour autant disposer de données suffisantes pour confirmer leur intuition – que la satisfaction de tous les besoins fondamentaux ne résout pas *automatiquement* le problème de l'identité, d'un système de valeurs, de la vocation, du sens de l'existence. Pour certains individus, au moins, et notamment chez les jeunes, il s'agit d'objectifs de vie distincts et complémentaires qui dépassent la satisfaction des besoins fondamentaux.

Enfin, nous rappelons cette réalité si peu comprise, selon laquelle les hommes semblent n'être presque jamais satisfaits ou contents durablement et – en étroite corrélation avec cela – qu'ils tendent à s'habituer aux biens dont ils bénéficient, à les oublier, à les tenir pour acquis, et même à cesser de leur accorder de la valeur. Pour beaucoup de gens – nous ne savons pas combien – même les plaisirs suprêmes s'éventent et perdent de leur nouveauté (Wilson, 1969), et il peut s'avérer *nécessaire* de faire l'expérience de la perte d'un bienfait pour savoir l'apprécier de nouveau.

Les implications de la théorie de la satisfaction des besoins

Ce qui suit est une liste non exhaustive d'hypothèses majeures suggérées par la théorie de la satisfaction des besoins. D'autres sont proposées dans la section suivante.

Psychothérapie

On pourrait probablement affirmer que la satisfaction des besoins fondamentaux est essentielle dans la dynamique d'amélioration ou de soin. Elle en constitue au moins *un* facteur, d'autant plus important qu'il a été négligé jusque-là. Cette thèse sera approfondie dans le chapitre 9.

Attitudes, intérêts, goûts et valeurs

Plusieurs exemples ont été présentés, sur la manière dont la satisfaction ou la frustration des besoins déterminent les intérêts de l'individu (cf. également Maier, 1949). Il serait possible d'aller beaucoup plus loin en faisant intervenir en dernier lieu la question de la moralité, des valeurs et de l'éthique, dans la mesure où ces considérations représentent davantage que l'étiquette, les manières, les coutumes et autres habitudes sociales locales. On traite aujourd'hui des goûts, des intérêts, et même de toutes sortes de valeurs, comme s'ils ne connaissaient d'autre déterminant que l'apprentissage associatif culturel local, c'est-à-dire comme s'ils étaient entièrement déterminés par des forces environnementales arbitraires. Cependant, nous avons vu qu'il est nécessaire de tenir compte aussi de l'exigence interne et des effets de la satisfaction des besoins organismiques.

Classification de la personnalité

En envisageant la satisfaction de la hiérarchie des besoins émotionnels de base en termes de continuum linéaire, nous nous dotons d'un outil puissant (bien qu'imparfait) de classement des types de personnalité. Si la plupart des individus affichent des besoins organismiques semblables, chaque sujet peut être comparé avec un autre en fonction du degré de satisfaction de ces besoins. Ceci est un principe holiste ou organismique parce qu'il classe les individus dans leur intégralité sur un continuum unique au lieu de classer des parties ou des aspects de l'individu sur une multiplicité de *continua* qui n'ont rien à voir les uns avec les autres.

Ennui et intérêt

Qu'est-ce, après tout, que l'ennui sinon une sursatisfaction ? Et pourtant, là encore, nous rencontrons des problèmes non pris en compte et non résolus. Pourquoi le contact répété avec le tableau A, l'ami A, la musique A engendre-t-il l'ennui, alors que le même nombre de contacts avec le tableau B, l'ami B, la musique B relance l'intérêt et rehausse le plaisir ?

Bonheur, joie, contentement, ravissement et extase

Quel rôle joue la satisfaction des besoins dans la production d'émotions positives ? Les chercheurs qui se sont intéressés à l'émotion ont trop longtemps circonscrit leur étude aux effets affectifs de la frustration.

Effets sociaux

Dans la section suivante, nous verrons dans quelle mesure la satisfaction des besoins semble avoir des effets sociaux bénéfiques. C'est-à-dire, nous avançons la thèse selon laquelle le fait de satisfaire les besoins fondamentaux d'un individu (toutes choses étant égales, en laissant de côté certaines exceptions surprenantes et en négligeant momentanément les effets désirables de la frustration et de la discipline) améliore cet individu non seulement au plan de la structure du caractère mais en tant que citoyen d'un pays et du monde, et dans ses relations avec autrui. Les implications possibles en matière de théorie politique, économique, sociologique, historique et dans l'éducation sont à la fois considérables et évidentes (Aronoff, 1967 ; Davies, 1963 ; Myerson, 1925 ; Wootton, 1967).

Niveau de frustration

D'une certaine manière, aussi paradoxal que cela paraisse, la satisfaction des besoins est un déterminant de la frustration. Cela se vérifie d'autant mieux que les besoins supérieurs n'apparaissent pas consciemment tant que les besoins inférieurs, prépondérants, n'ont pas été comblés. Et dans un sens, avant d'exister dans la conscience, ils ne peuvent provoquer de sentiment de frustration. L'individu qui se contente de survivre ne s'intéresse guère à des sujets élevés comme la géométrie, le droit de vote, le civisme, le respect ; il ou elle se préoccupe primairement de biens d'ordre plus matériel. Il faut un certain nombre de satisfactions des besoins fondamentaux pour élever l'individu jusqu'à un degré de civilisation suffisant pour qu'il ressente de la frustration à propos de problèmes plus larges – personnels, sociaux et intellectuels.

Et quand bien même la plupart des gens sont condamnés à continuer de désirer ce qu'ils n'ont pas, il n'en reste pas moins utile d'œuvrer en vue d'une plus grande satisfaction pour tous. Ainsi nous apprenons en même temps à ne pas attendre de miracles d'une réforme sociale quelle qu'elle soit (par exemple, le droit de vote des femmes, l'éducation gratuite, le vote à bulletin secret, les syndicats, le droit à un logement décent, les primaires directes) et à ne pas sous-estimer les progrès lentement réalisés.

Si tant est que les individus doivent éprouver de la frustration ou des soucis, mieux vaut pour la société qu'ils s'inquiètent de mettre un terme à la guerre que de la faim ou du froid. De toute évidence, le fait d'élever le niveau de frustration (s'il existe des frustrations élevées et des frustrations inférieures) ne joue pas seulement sur le plan personnel mais entraîne aussi des conséquences sociales. Cette remarque concerne également le niveau de culpabilité et de honte.

Divertissement, désœuvrement et comportement hasardeux

Longtemps exploré par les philosophes, les artistes et les poètes, ce domaine du comportement a été dans son ensemble bizarrement laissé de côté par les psychologues scientifiques. Cette lacune est due probablement à l'idée largement accréditée que tout comportement est motivé. Sans vouloir pour le moment entrer dans la polémique au sujet de cette erreur (qui en est réellement une, selon l'auteur de ces lignes), on ne saurait mettre en doute l'observation selon laquelle, après l'assouvissement du besoin, l'organisme s'alloue le droit de relâcher la pression, la tension, d'échapper à l'urgence et à la nécessité, de fainéanter, de flâner et de se détendre, de bricoler, de devenir passif, de profiter du soleil, d'orner, de décorer, de faire reluire les casseroles et les pots, de jouer et de s'amuser, de s'arrêter sur ce qui n'a aucune importance, de se laisser aller à la nonchalance et d'errer sans but, d'apprendre au hasard des découvertes au lieu d'étudier sérieusement ; en un mot, d'être (relativement) non motivé. La satisfaction des besoins autorise l'émergence d'un comportement non motivé (cf. chapitre 6 pour une discussion en profondeur).

Autonomie des besoins supérieurs

Bien qu'il soit globalement vrai que nous parvenons aux niveaux supérieurs des besoins après avoir satisfait nos besoins inférieurs, on observe par un curieux phénomène que ces besoins supérieurs, et les valeurs et les goûts qui vont de pair, peuvent gagner leur autonomie en ne dépendant plus de la satisfaction des besoins inférieurs. Les sujets en arrivent même à mépriser et à rejeter les satisfactions des besoins inférieurs qui leur ont permis d'accéder à leur « existence supérieure », à peu près dans le même esprit que la troisième génération d'enrichis a honte de la première génération, ou comme ces enfants d'immigrés qui ont fait des études supérieures et qui se mettent à avoir honte de leurs parents mal dégrossis.

Influence de la satisfaction des besoins

La liste suivante reprend certains phénomènes en partie déterminés par la satisfaction des besoins fondamentaux.

A. Conatif-affectif

1. Sentiments de satiété et de saturation à propos de la nourriture, du sexe, du sommeil, etc., et, en tant que *dérivés*, bien-être, santé, énergie, euphorie, contentement physique.
2. Sentiments de sûreté, de paix, de sécurité, de protection, d'absence de danger et de menace.
3. Sentiments d'appartenance, de faire partie du groupe, d'identification avec les objectifs et les réussites du

groupe, d'être accepté ou d'avoir sa place dans le groupe, d'être chez soi.

4. Sentiments d'amour et d'être aimé, d'être digne d'amour, d'identification à l'amour.
5. Sentiments d'être capable de ne compter que sur soi-même, de respect de soi, d'estime de soi, de confiance, de foi en soi-même, de ses capacités, de sa propre aptitude à réussir, de sa compétence, de sa réussite, force de l'ego, conscience d'être digne de respect, prestige, leadership, indépendance.
6. Sentiments d'accomplissement de soi, de plein épanouissement, de réalisation de soi, de développement de plus en plus complet et de la concrétisation de ses ressources et de ses potentialités, et sentiment subséquent de croissance, de maturité, de santé et d'autonomie.
7. Curiosité satisfaite, sentiment d'apprendre et de savoir de plus en plus.
8. Compréhension satisfaite, de plus en plus de satisfaction philosophique ; mouvement vers une philosophie ou une religion de plus en plus vaste, de plus en plus inclusive et unitaire ; perception accrue des connexions et des relations ; crainte mêlée de respect ; engagement pour les valeurs.
9. Besoin de beauté satisfait, sensation de plaisir, choc sensuel, délectation, extase, sens de la symétrie, exactitude, adéquation ou perfection.
10. Émergence de besoins supérieurs.
11. Dépendance temporaire ou à long terme, indépendance par rapport aux divers instruments de satisfaction ; indépendance grandissante et mépris des besoins et des instruments de satisfaction inférieurs.
12. Sentiments d'aversion et d'appétit.
13. Ennui et intérêt.
14. Amélioration dans le choix des valeurs ; raffinement des goûts ; choix plus judicieux.

15. Possibilité et intensité accrues d'excitation agréable, bonheur, joie, délectation, contentement, calme, sérénité, exultation, vie émotionnelle plus riche et plus positive.
16. Occurrence plus fréquente de l'extase, des expériences paroxystiques, de l'émotion orgasmique, de l'exaltation et de l'expérience mystique.
17. Changements dans le niveau d'aspiration.
18. Changements dans le niveau de frustration.
19. Mouvement vers la métamotivation et les valeurs ontiques (Maslow, 1964a).

B. Cognitif

1. Cognition plus pénétrante, plus efficace, plus réaliste de tous types ; meilleure épreuve de réalité.
2. Pouvoirs d'intuition plus affûtés ; intuitions plus justes.
3. Expérience mystique accompagnée d'illuminations et de fulgurances.
4. Meilleur centrage sur la réalité, l'objet et le problème ; moins de projection et de centrage sur l'ego ; davantage de cognitions transpersonnelles et transhumaines.
5. Progrès dans la conception du monde et dans la philosophie (au sens de devenir plus vrai, plus réaliste, moins destructeur de soi et des autres, plus complet, plus intégré et holiste, etc.).
6. Davantage de créativité, d'art, de poésie, de musique, de sagesse, de science.
7. Moins d'attitudes automatiques, rigides, conventionnelles ; moins de tendance au stéréotype, moins de catégorisation forcée (cf. chapitre 17) ; une meilleure perception de l'unicité de l'individu à travers l'écran des catégories et des rubriques créées par l'homme ; moins de dichotomie.
8. Présence d'un grand nombre des attitudes essentielles et les plus profondes (respect fondamental et démocratique de tous les êtres humains, affection pour

autrui, amour et respect des personnes d'âge, de sexe et de race différents).

9. Diminution du besoin et de la préférence pour ce qui est familier, particulièrement en ce qui concerne les choses primordiales ; moins de peur de la nouveauté et de l'inconnu.
10. De plus grandes possibilités d'apprentissage latent ou dû au hasard.
11. Moins de besoin de simplicité ; plus de plaisir à la complexité.

C. Traits de caractère

1. Plus de calme, d'équilibre, de sérénité, de paix de l'esprit (en opposition à la tension, à la nervosité, au malheur, au sentiment d'être malheureux).
2. Amabilité, gentillesse, sympathie, altruisme (en opposition à la cruauté).
3. Générosité saine.
4. Grandeur (opposé à l'étroitesse d'esprit, à la mesquinerie, à la petitesse).
5. Confiance en ses propres capacités, respect de soi-même, estime de soi-même, assurance, confiance en soi.
6. Sentiments de sûreté, de paix, d'absence de danger.
7. Bienveillance (par opposition à l'hostilité).
8. Tolérance à une grande frustration.
9. Tolérance, intérêt et acceptation des différences individuelles et par conséquent abandon des préjugés et de l'hostilité généralisée (mais conservation de son propre jugement) ; sentiment plus fort de parenté avec tous les hommes, de camaraderie, d'amour fraternel, de respect pour autrui.
10. Davantage de courage ; moins de peur.
11. Santé psychologique et tous ses épiphénomènes : éloignement par rapport à la névrose, à la personnalité psychopathe et peut-être à la psychose.

12. Plus profondément démocrate (respect dénué de crainte et réaliste pour ceux qui le méritent).
13. Relaxation ; moins de tension.
14. Plus d'honnêteté, d'authenticité et de droiture ; moins d'hypocrisie, moins de facticité.
15. Volonté plus affirmée ; davantage de joie à exercer une responsabilité.

D. Interpersonnel

1. Meilleur citoyen, voisin, parent, ami, amant(e).
2. Croissance et ouverture politique, économique, religieuse et en matière d'éducation.
3. Respect des enfants, des subalternes, des minorités et des groupes qui ont moins de pouvoir.
4. Plus démocratique, moins autoritaire.
5. Moins d'hostilité sans fondement et plus de bienveillance, davantage d'intérêt pour autrui, identification aux autres plus facile.
6. Meilleur juge, meilleur sélectionneur ; comme, par exemple, dans le choix des amis, des fiancés ou des conjoints, des leaders.
7. Personne plus aimable, plus attirante ; plus belle.
8. Meilleur psychothérapeute.

E. Divers

1. Évolution dans la manière de se représenter les cieux, l'enfer, l'Utopie, la vie adéquate, la réussite et l'échec, etc.
2. Mouvement vers des valeurs plus élevées ; vers une « vie spirituelle » supérieure.
3. Changements dans tous les comportements d'expression (par exemple, le sourire, le rire, l'expression du visage, l'allure, la démarche, l'écriture) ; mouvement vers un comportement qui est plus un comportement d'expression que d'adaptation.
4. Changements en termes d'énergie, de lassitude, de sommeil, de calme, de repos, de vigilance.

5. Espoir, intérêt pour l'avenir (opposé à la perte de moral, à l'apathie, à l'anhédonie).
6. Changements dans la vie des rêves, dans l'imaginaire, dans les tout premiers souvenirs (Allport, 1959).
7. Changements dans la moralité (fondée sur le caractère), l'éthique, les valeurs.
8. Abandon de la logique gagnant/perdant, de la notion d'adversaire, d'un mode de vie fondé sur le jeu à somme nulle.

CHAPITRE 4

La théorie de l'instinct réexaminée

L'importance du réexamen

Les théories des besoins fondamentaux esquissées dans les chapitres précédents supposent voire imposent de reconsidérer la théorie de l'instinct, ne serait-ce que par l'obligation de différencier les besoins selon qu'ils sont plus ou moins essentiels, plus ou moins sains, plus ou moins naturels.

D'autres considérations, théoriques, cliniques et expérimentales, vont dans le même sens, c'est-à-dire plaident pour réviser la théorie de l'instinct et peut-être même pour lui donner une nouvelle impulsion sous une forme ou une autre. Toutes obéissent à un certain scepticisme quant aux conceptions actuelles des psychologues, des sociologues et des anthropologues qui insistent surtout sur la plasticité, la flexibilité, l'adaptabilité des êtres humains et sur leur capacité d'apprentissage. Les êtres humains semblent beaucoup plus autonomes et autogouvernés que ne l'accorde ce courant psychologique.

Selon des chercheurs contemporains, l'organisme est plus digne de confiance, plus autoprotecteur, autodirectif et autogouverné qu'on ne l'admet généralement (Cannon, 1932 ; Goldstein, 1939 ; Levy, 1951 ; Rogers, 1954 ; et d'autres encore). D'autres éléments ont montré la nécessité théorique de poser le principe d'une sorte de croissance positive ou d'une tendance à l'accomplissement de soi à l'intérieur de l'organisme, différente de la tendance à la conservation de l'équilibre ou à l'homéostasie, et de la tendance à répondre aux impulsions émanant du monde extérieur. Ce mouvement vers la croissance ou vers l'accomplissement de soi sous une forme ou une autre, a également été suggéré par des penseurs aussi divers qu'Aristote et Bergson et par de nombreux autres philosophes. Parmi les psychiatres, les psychanalystes et les psychologues, Goldstein, Bühler, Jung, Horney, Fromm, Rogers, pour ne citer qu'eux, partagent cette vision.

Cependant, le facteur qui influence de manière décisive le réexamen de la théorie de l'instinct est l'expérience des psychothérapeutes, et notamment celle des psychanalystes. Dans ce domaine, la logique des faits, bien que difficile à entrevoir, n'a pu être ignorée ; inévitablement, le thérapeute a été conduit à différencier les désirs (ou besoins, ou pulsions) fondamentaux des autres désirs. La règle est simple : la frustration de certains besoins provoque la pathologie, celle des autres besoins ne produit pas des conséquences analogues. La satisfaction de ces besoins apporte la santé, la satisfaction des autres besoins n'aboutit pas au même résultat. Ces besoins sont extraordinairement obstinés et récalcitrants. Ils refusent toutes les flatteries, les substitutions, les corruptions et les alternatives ; rien n'a le pouvoir de les contenter hormis leur satisfaction intrinsèque et appropriée. On ne cesse d'y aspirer ou de les rechercher consciemment ou inconsciemment. Ils se comportent comme des faits rebelles à l'analyse, irréductibles, têtus, ultimes, à prendre tels quels ou en tant que principes inattaquables. Il est impressionnant de constater que la quasi-totalité des écoles de pensée, qu'il s'agisse de la psychiatrie, de la psychanalyse, de la psychologie clinique, du travail social ou de la thérapie de l'enfant, n'ont pu faire l'économie d'une doctrine des besoins instinctifs en dépit de leurs divergences sur les autres points.

Inévitablement, ces expériences désignent les caractéristiques de l'espèce, la constitution et l'hérédité, plutôt que les habitudes superficielles et aisément modifiables. Face aux termes de ce dilemme, le thérapeute a presque toujours privilégié l'instinct sur la réponse conditionnée ou l'habitude en tant qu'élément constitutif essentiel. Cette décision n'est pas particulièrement heureuse, car, nous allons le voir, il existe des alternatives intermédiaires, plus valables, qui permettent un choix meilleur ; ce dilemme ne comporte pas que deux termes.

Mais il paraît clair qu'en référence à la théorie dynamique générale, la théorie de l'instinct telle que McDougall et Freud la présentaient, possédait certaines vertus qui n'étaient pas appréciées à leur juste valeur à l'époque, peut-être parce que ses faiblesses n'en paraissaient que plus évidentes. La théorie de l'instinct acceptait le fait que les hommes progressent d'eux-mêmes ; que leur nature propre et leur environnement contribuent à définir leur comportement ; que leur nature propre leur fournit un ensemble de finalités, de buts ou de valeurs ; que le plus souvent, dans des conditions favorables, ce qu'ils désirent correspond à ce dont ils ont besoin (ce qui leur est bénéfique) pour éviter la maladie ; que tous les individus forment une seule espèce biologique ; que le comportement n'acquiert de sens que par ses motivations et ses buts ; et que, dans l'ensemble, des organismes livrés à leurs seules ressources développent une sorte d'efficacité biologique, ou une sagesse, qui demande à être expliquée.

Critique de la théorie classique de l'instinct

Nous soutenons que les nombreuses erreurs des théoriciens de l'instinct, en dépit de leur gravité et du rejet qu'elles méritaient, n'étaient en aucun cas intrinsèques ou inévitables, et pouvaient tout autant être imputées aux tenants de l'instinct qu'à leurs contempteurs.

Le réductionnisme

Dans les années 1920 et 1930, des penseurs tels que Bernard, Watson, Kuo, entre autres, ont critiqué la théorie de l'instinct en expliquant que les instincts ne pouvaient être décrits en termes de réponse à un stimulus donné. Ce que l'on peut résumer en disant que les instincts n'entrent pas dans le cadre de la théorie béhavioriste simple. Et cela est vrai : ils ne s'y conforment pas. Cette critique n'est plus retenue aujourd'hui par la psychologie humaniste et dynamique, dont les représentants jugent impossible de définir la totalité d'une qualité ou d'une activité humaine majeure en termes de stimulus-réponse uniquement.

Une telle approche ne peut engendrer que de la confusion. L'exemple typique est l'assimilation du réflexe à un instinct typique de l'animal inférieur. Le premier est un acte moteur pur ; le second est cela et bien davantage : une pulsion prédéterminée, un comportement d'expression, un comportement d'adaptation, un objet-but et un affect.

L'approche du tout ou rien

Aucune raison ne nous oblige à choisir entre l'instinct entier, complété de tous ses éléments, et le non-instinct. Pourquoi n'y aurait-il pas des résidus d'instinct, des aspects de type instinctif de la pulsion seule ou du comportement seul, une différence de degré, des instincts partiels ?

Trop d'auteurs ont utilisé sans discrimination le terme *instinct* pour désigner un besoin, un but, une capacité, un comportement, une perception, une expression, une valeur et des phénomènes émotionnels isolés ou associés à d'autres. Il en est résulté un mélange confus d'approximations, dans lesquelles presque chaque réaction humaine connue était qualifiée d'instinctive, ainsi que l'ont noté Marmor (192) et Bernard (1924).

Dans notre hypothèse, seuls les *pulsions* et les *besoins fondamentaux* de l'homme peuvent relever de l'inné, au moins dans une certaine mesure. Le comportement ou l'aptitude adéquat, la connaissance ou l'affection ne sont pas nécessairement innés, mais peuvent être (selon nous) appris ou sont d'ordre expressif. (Certes, nombre des *aptitudes* ou des *capacités* de l'homme sont principalement déterminées ou rendues possibles par l'hérédité, par exemple la vision des couleurs, mais ce n'est pas ce qui nous intéresse ici.) Ceci pour dire que la composante héréditaire des besoins fondamentaux peut être vue comme un simple déficit conatif, non relié à un comportement intrinsèquement ciblé, semblable à des impératifs sans objet, aveugles, à l'instar des pulsions du ça freudien. (Nous verrons ultérieurement que les sources de satisfaction de ces besoins fondamentaux semblent également être intrinsèques d'une certaine manière.) Ce qui s'apprend, c'est le comportement façonné par l'objectif (d'adaptation).

Ce fut une erreur à la fois des défenseurs de la théorie de l'instinct et de leurs opposants de penser en termes de dichotomie noir-blanc au lieu de penser en termes de degré. Comment peut-on affirmer qu'un ensemble complexe de réactions est, soit *entièrement* déterminé par l'hérédité, soit *pas du tout* déterminé par l'hérédité ? Il n'existe pas de structure, aussi simple soit-elle, et encore moins de réaction dans sa globalité, qui dépende de déterminants génétiques seuls. À l'inverse, il paraît évident que rien n'est totalement libre de l'influence de l'hérédité dans la mesure où les humains sont une espèce biologique.

Cette dichotomie a eu pour conséquence de créer une ambiguïté, d'aucuns affirmant qu'une activité ne relève pas de l'instinct dès lors que l'on peut démontrer qu'il y a eu apprentissage ou, au contraire, qu'elle est d'ordre instinctif si l'on détecte une quelconque influence de l'hérédité. Puisque pour la plupart, peut-être pour tous les besoins, les pulsions ou les émotions, on peut aisément démontrer les deux types de détermination, cette problématique demeurera à jamais insoluble.

Des forces irrésistibles

Les théoriciens de l'instinct ont pris pour paradigme l'instinct animal. Ce choix a conduit à diverses erreurs, notamment à ne pas prendre en compte les instincts spécifiques à l'espèce humaine. La conclusion sans doute la plus fausse qu'ils ont tirée de l'exemple des animaux inférieurs était l'axiome en vertu duquel les instincts sont puissants, forts, non modifiables, non contrôlables et non supprimables. Cela s'applique peut-être au saumon, aux grenouilles ou aux lemmings, mais n'est pas vrai pour l'homme.

Si, comme nous le pensons, les besoins fondamentaux possèdent une base héréditaire non négligeable, nous avons sans doute fait fausse route en nous laissant abuser par l'apparence et en tenant une entité pour instinctive dès lors qu'elle était, clairement et sans ambiguïté, indépendante et plus puissante que toutes les forces de l'environnement. Pourquoi n'existerait-il pas des besoins instinctifs réprimés, supprimés ou plus ou moins maîtrisés et aisément masqués ou modifiés voire supprimés par les habitudes, par les conseils, par les pressions culturelles, par la culpabilité et ainsi de suite (comme cela semble par exemple être le cas du besoin d'amour) ? Pourquoi ne parlerait-on pas d'instincts *faibles* ?

Le mobile de la guerre menée par les culturalistes contre la théorie de l'instinct vient en grande partie de cette assimilation fausse de l'instinct à une force irrésistible. L'expérience de chaque ethnologue contredit notre hypothèse et rend leur attaque compréhensible. Cependant, si nous respections, comme il se doit, à la fois le culturel et le biologique et si nous considérions la culture comme une force supérieure au besoin instinctif, alors il ne semblerait pas paradoxal mais justifié de protéger les faibles, subtils et délicats besoins instinctifs pour qu'ils ne soient pas submergés par la culture puissante et sans pitié, au lieu de l'inverse. Il pourrait en être ainsi, quand bien même ces besoins instinctifs sont forts d'une certaine manière – ils perdurent, ils exigent d'être satisfaits, leur frustration produit des effets hautement pathologiques, etc.

Pour rendre notre thèse plus explicite, aidons-nous d'un paradoxe. Nous pensons que les thérapies du dévoilement, de la révélation, de la profondeur – qui incluent pratiquement toutes les formes de thérapie à l'exception de l'hypnose et des thérapies comportementales – représentent, d'un certain point de vue, un dévoilement, une récupération, un renforcement de nos tendances instinctives et de nos résidus d'instincts affaiblis et perdus, de notre moi animal travesti, de notre biologie subjective. Ce suprême objectif est également revendiqué haut et fort dans les prétendus ateliers de développement personnel. Les uns et les autres – les thérapies comme les ateliers – sont onéreux, douloureux, ils imposent des efforts constants, requièrent parfois une vie entière de lutte, de patience et de courage sans garantie de succès. Mais combien de chats ou de chiens ou d'oiseaux ont besoin d'aide pour découvrir comment être un chat ou un chien ou un oiseau ? Chez eux, les voix de l'impulsion sont sonores, claires et évidentes, alors que les nôtres sont faibles, confuses et si difficiles à percevoir que nous avons besoin d'être assistés pour les entendre.

Ceci explique pourquoi le naturel de l'animal se révèle avec éclat chez les individus accomplis et semble au contraire atténué chez les sujets névrosés ou « normalement malades ». Nous pourrions aller jusqu'à dire que souvent la maladie équivaut *précisément* à la perte de notre nature animale. L'appartenance à l'espèce – l'animalité – la plus pure s'affirme donc paradoxalement dans la personne *la plus* spirituelle, *la plus* sainte et sage, *la plus* (organismiquement) rationnelle.

Les pulsions primitives

Cette focalisation sur les instincts animaux engendre une autre erreur. Pour d'obscures raisons que seul l'historien des idées est capable d'élucider, la civilisation occidentale a généralement cru que l'animal en nous est un animal mauvais, et que nos pulsions les plus primitives sont néfastes, jalouses, égoïstes et hostiles[1].

Les théologiens les ont appelées péché originel ou diable. Les freudiens le ça, et les philosophes, les économistes et les éducateurs leur ont donné des noms variés. Darwin était si imprégné de cette théorie qu'il ne voyait dans le monde animal que compétition, ignorant totalement la coopération pourtant aussi répandue, comme Kropotkine l'a facilement remarqué.

Cette vision du monde s'est notamment exprimée dans l'identification de l'animal qui réside en nous avec le loup, le tigre, le porc, le vautour ou le serpent, au lieu d'animaux meilleurs ou moins belliqueux tels que le cerf,

1. « N'est-il pas possible que le côté primitif et inconscient de la nature de l'homme puisse être domestiqué plus efficacement, voire radicalement transformé ? Si tel n'est pas le cas, la civilisation est condamnée » (Harding, 1947, p. 5). « Sous la façade décente de la conscience, avec son ordre moral discipliné et ses bonnes intentions, sont tapies les forces instinctives cruelles de la vie, comme des monstres sous-marins – dévorant, engendrant, livrant une guerre incessante » (Harding, 1947, p. 1).

l'éléphant, le chien ou le chimpanzé. Appelons cela l'interprétation animal-malfaisant de notre nature intérieure et, quitte à raisonner de l'animal vers l'homme, choisissons de préférence celui qui nous est le plus proche : le singe anthropoïde.

La dichotomie de l'instinct et de la raison

Nous avons vu que l'instinct et l'adaptation cognitive, la souplesse face à la nouveauté, tendent à s'exclure mutuellement sur l'échelle phylétique. Plus l'un est présent, moins nous nous attendons à rencontrer l'autre. Ainsi s'est produite l'erreur capitale, voire fatidique (en termes de conséquences historiques), qui consiste depuis des temps immémoriaux à séparer radicalement l'instinct de la raison. Rares étaient ceux qui pensaient que l'un et l'autre pouvaient coexister chez l'homme sous forme d'instinct et, ce qui est plus important, que leurs effets ou leurs buts implicites pouvaient être identiques et relever davantage de la synergie que de l'antagonisme.

Nous soutenons que l'impulsion à connaître et à comprendre peut autant être d'ordre conatif que les besoins d'appartenance ou d'amour.

Dans la séparation ou dans la dichotomie classique entre l'instinct et la raison, on oppose un instinct mal défini à une raison mal définie. S'ils étaient correctement définis en accord avec notre savoir moderne, ils ne seraient pas envisagés en contraste ou en opposition ou même radicalement différents l'un de l'autre. La raison saine, telle que nous la définissons aujourd'hui, et les pulsions instinctives saines visent la même direction et *ne s'opposent pas* chez l'individu sain (bien qu'elles *puissent* être antagonistes chez le sujet malade). À titre d'exemple, toutes les données scientifiques disponibles actuellement indiquent qu'il est psychiquement désirable pour les enfants d'être protégés, acceptés, aimés et respectés. Or c'est précisément ce que les enfants désirent (instinctivement). C'est dans ce sens concret et scientifiquement vérifiable que nous affirmons que les besoins instinctifs et la rationalité se situent probablement en synergie et non en opposition. Leur antagonisme apparent est un artefact lié au fait que l'on se préoccupe exclusivement de sujets malades. Si notre théorie est avérée, nous aurons ainsi résolu l'antique problème de savoir qui devrait être le maître, l'instinct ou la raison – une question désormais aussi obsolète que de décider qui, du mari ou de l'épouse, devrait diriger dans un couple harmonieux.

L'antagonisme entre les instincts et la société

Les pulsions instinctives faibles ne peuvent émerger, s'exprimer et être satisfaites qu'au sein d'une culture propice, et dépérissent dans des conditions culturelles défavorables. Notre société, par exemple, doit considérablement s'améliorer pour satisfaire les besoins héréditaires faibles. L'idée qu'il existerait intrinsèquement une opposition entre les instincts et la société, entre les intérêts de l'individu et ceux de la collectivité, revient à se débarrasser grossièrement de la question. On s'abrite derrière l'excuse qu'il en va souvent ainsi dans les sociétés malades et chez les individus malades. Mais ce n'est *pas nécessairement* vrai[1]. Et dans la société adéquate, cela *ne peut* en aucun cas être avéré. Dans des conditions sociales saines, les intérêts individuels et ceux de la société évoluent en synergie et non de manière antagoniste. L'apparente dichotomie perdure parce que des conditions individuelles et sociales néfastes faussent naturellement la compréhension des intérêts individuels et collectifs.

1. Voir les descriptions des sociétés synergiques chez Benedict (1970) et Maslow (1964b, 1965b).

Des instincts discrets

La théorie de l'instinct, à l'instar de la plupart des théories de la motivation, n'a pas pris en compte le fait que les besoins sont reliés dans une dynamique et selon une hiérarchie de prépondérance. Si l'on traite les besoins indépendamment les uns des autres, divers problèmes demeurent irrésolus et un grand nombre de pseudo-problèmes surgissent. On occulte par exemple la qualité essentiellement holiste ou unitaire des motivations et on crée le problème insoluble des listes de motivations. De plus, on perd le principe de valeur ou de choix qui nous permet d'affirmer qu'un besoin est supérieur à un autre ou plus important qu'un autre ou même plus fondamental qu'un autre. La *seule* chose qu'un besoin, pris comme entité discrète, puisse faire est de tendre vers sa satisfaction, c'est-à-dire vers sa propre disparition. Cela ouvre la théorie des instincts sur la mort, la tranquillité, l'homéostasie, le contentement de soi et l'équilibre.

Cette approche néglige le fait que la satisfaction d'un besoin, en le calmant, permet l'émergence d'autres besoins plus faibles, jusque-là ignorés, et qui exigent à leur tour d'être satisfaits. L'aspiration à être satisfait ne cesse jamais. La satisfaction d'un besoin dévoile le besoin suivant.

La restriction apportée aux instincts

Dès l'instant où l'on assimilait les instincts à des animaux malfaisants, on s'attendait à ce qu'ils se manifestent avec le plus d'évidence chez le fou, le névrosé, le criminel, le faible d'esprit ou le désespéré. Ce qui se situe dans la continuité de la doctrine selon laquelle la conscience, la rationalité et l'éthique ne sont rien d'autre qu'un vernis acquis, totalement différent de ce qui se trouve au-dessous, et sont reliées à cet au-dessous comme des menottes au prisonnier. Cette conception fausse a commandé l'armature de la civilisation et toutes ses institutions – l'école, l'église, la justice, la législation – considérées comme des forces destinées à restreindre une animalité mauvaise.

Cette méprise est si grave, si tragique, qu'elle est comparable, en termes de conséquences historiques, à d'autres erreurs telles que la croyance en la monarchie absolue de droit divin, l'imposition d'une religion exclusive quelle qu'elle soit, le refus de l'évolution ou l'idée que la terre est plate. Toute croyance qui incite les hommes à se méfier d'eux-mêmes et des autres sans nécessité et à douter sans fondement des possibilités humaines, doit être considérée partiellement responsable des guerres, des rivalités entre les races et des massacres perpétrés au nom de la religion.

Reconnaissons simplement que les besoins instinctifs ne sont pas mauvais mais neutres ou bons, et des milliers de pseudo-problèmes se résoudront d'eux-mêmes et disparaîtront.

À titre d'exemple, on pourrait révolutionner la formation des enfants en allant jusqu'à abandonner un mot doté d'implications aussi négatives que celui de formation. L'acceptation d'exigences animales devenues légitimes nous inciterait à les satisfaire au lieu de vouloir leur frustration.

Dans notre culture, l'enfant moyennement privé, qui n'est pas encore complètement acculturé (c'est-à-dire qui n'est pas encore privé de toute son animalité saine et désirable), exerce constamment une pression pour obtenir l'admiration, la sécurité, l'autonomie, l'amour, etc., avec ses moyens d'enfant. La réaction ordinaire de l'adulte dénaturé est de s'exclamer : « Il cherche à nous impressionner » ou : « Elle veut attirer notre attention », et de bannir l'enfant de la compagnie des adultes. Ce diagnostic est habituellement interprété comme l'ordre formel de *ne pas* donner à l'enfant ce qu'il ou elle désire, de *ne pas* prêter attention, de *ne pas* admirer, de *ne pas* applaudir.

Si cependant nous parvenions à considérer ces appels à l'acceptation, à l'amour ou à l'admiration comme des exigences légitimes ou des *droits* de même ordre que les plaintes en rapport avec la faim, la soif, le froid ou la douleur, nous deviendrions automatiquement pourvoyeurs de satisfaction plutôt que de frustration. Ce régime aurait pour conséquence que les enfants et leurs parents éprouveraient davantage de joie et de plaisir dans la compagnie les uns des autres et s'en aimeraient davantage.

Les besoins fondamentaux dans la théorie de l'instinct

Toutes les considérations qui précèdent nous incitent à poser l'hypothèse que les besoins fondamentaux sont, dans un sens et à un certain degré, déterminés par la constitution ou l'hérédité. Cette hypothèse ne peut trouver de confirmation immédiate à ce jour, puisque les techniques neurologiques ou de génétique directe qui seraient nécessaires n'existent pas encore.

Dans les pages suivantes et dans Maslow (1965a) sont présentées des données et des considérations théoriques qui étayent l'hypothèse de besoins fondamentaux à caractère instinctif chez l'homme.

Des instincts spécifiquement humains

Si nous voulons comprendre la théorie de l'instinct, nous devons prendre en compte à la fois la continuité existant entre l'homme et le monde animal, et les différences radicales qui distinguent l'espèce humaine des autres espèces. S'il est vrai que toute pulsion ou tout besoin identifié chez l'homme *et* chez d'autres animaux (par exemple se nourrir ou respirer) prouve par là même son caractère instinctif, cela n'exclut pas la possibilité que certaines pulsions instinctives ne se rencontrent que dans l'espèce humaine. Les chimpanzés, les pigeons voyageurs, les saumons et les chats possèdent chacun des instincts propres à leur espèce. Pourquoi l'espère humaine ne bénéficierait-elle pas de caractéristiques spécifiques ?

La frustration est pathogène

Une autre raison de croire à la nature instinctive des besoins fondamentaux nous est fournie par les cliniciens, unanimes à confirmer que la frustration de ces besoins est psychopathogène. Ce qui n'est pas vrai des besoins névrotiques, des habitudes, des addictions ou des préférences.

Si la société crée et inculque toutes les valeurs, comment expliquer que *certaines* d'entre elles seulement sont psychopathogènes lorsqu'elles sont contrariées ? Nous apprenons à manger trois fois par jour, à remercier, à manier des fourchettes et des cuillères, à utiliser une table et une chaise. Nous sommes contraints de porter des vêtements et des chaussures, de dormir dans un lit pendant la nuit et de parler notre langue maternelle. Nous consommons du bœuf et de l'agneau mais pas de chien ni de chat. Nous soignons notre hygiène corporelle, nous nous battons pour décrocher des diplômes et nous voulons gagner de l'argent. Et cependant n'importe laquelle de ces habitudes puissantes, voire toutes, peut être frustrée sans dommage et même à l'occasion avec un bénéfice positif. Dans certaines circonstances, comme par exemple sur un canoë ou lors d'un périple en camping, nous reconnaissons leur nature extrinsèque en les abandonnant avec un soupir de soulagement. Mais cela n'est *jamais* vrai de l'amour, de la sécurité ou du respect.

À l'évidence, donc, les besoins fondamentaux obéissent à un statut psychologique et biologique particulier. Ils possèdent quelque chose de différent. Ils *doivent* être satisfaits, sinon nous tombons malades.

La satisfaction est salutaire

La satisfaction des besoins fondamentaux induit des conséquences qui peuvent diversement être appelées désirables, bénéfiques, salutaires ou génératrices d'accomplissement de soi. Les qualificatifs *désirables* et *bénéfiques* sont utilisés ici au sens biologique plutôt qu'*a priori* et ont une signification opérationnelle. Ces conséquences sont celles que l'organisme sain tend lui-même à choisir et à atteindre dans des conditions qui rendent le choix possible.

Ces conséquences psychologiques et somatiques ayant déjà été résumées dans le chapitre sur la satisfaction des besoins fondamentaux, nous ne jugeons pas opportun de les développer ici mais nous préciserons cependant que le choix ne répond pas à des critères ésotériques ou non scientifiques. Il peut être vérifié par l'expérimentation ou testé quant à son efficacité ; il suffit de se rappeler que le problème n'est pas plus complexe que de choisir l'essence qui convient à une voiture. L'une est meilleure que l'autre si, grâce à elle, la voiture roule mieux. Du point de vue clinique, on observe que l'organisme auquel on fournit la sécurité, l'amour et le respect, fonctionne mieux (c'est-à-dire perçoit avec plus d'acuité, utilise plus complètement son intelligence, parvient plus souvent à des déductions correctes, digère plus facilement la nourriture, est moins sujet à diverses affections, etc.).

L'exigence

Le caractère nécessaire (l'exigence) des moyens de satisfaction des besoins fondamentaux les différencie des moyens de satisfaction des autres besoins. L'organisme lui-même, de par sa nature propre, renvoie à une catégorie intrinsèque de sources de satisfaction pour lesquelles il n'existe pas de substitut possible, comme c'est le cas, par exemple, des besoins créés par l'habitude ou même de nombreux besoins névrotiques.

La psychothérapie

Les effets de la psychothérapie sont d'un intérêt considérable pour notre propos. Il semble justifié de dire des principales formes de psychothérapie que, dans la mesure où elles réussissent, elles favorisent, encouragent et renforcent les besoins instinctifs fondamentaux, et simultanément atténuent ou suppriment complètement les besoins névrotiques.

Ce fait est capital, en particulier pour les thérapies qui visent explicitement à laisser le patient tel qu'il est dans son essence et en profondeur (par exemple les thérapies de Rogers, de Jung ou de Horney), parce qu'il implique que la personnalité a une nature intrinsèque propre et qu'elle n'est pas créée *de novo* par le thérapeute, mais seulement *libérée* par lui ou elle, pour croître et se développer selon son propre style. Si la compréhension intuitive et la dissolution de la répression entraînent la disparition d'une réaction, on peut raisonnablement considérer *a posteriori* que cette réaction était étrangère et non intrinsèque. Si la compréhension intuitive la renforce, nous pouvons *a posteriori* considérer qu'elle est intrinsèque. Ainsi, suivant le raisonnement de Horney (1939), si l'acte de libérer le patient de son anxiété le rend plus affectueux et moins hostile, cela ne prouve-t-il pas que l'affection est essentielle à la nature humaine, alors que l'hostilité ne l'est pas ?

Nous disposons là, en principe, d'une véritable mine de données susceptibles d'enrichir la théorie de la motivation, de l'accomplissement de soi, des valeurs, de l'apprentissage, de la connaissance en général, des relations interpersonnelles, de l'acculturation et de la désacculturation, etc.

Encourager les instincts

La nature instinctive des besoins fondamentaux impose de reconsidérer les relations entre la culture et la personnalité, de manière à accorder plus d'importance à la détermination par les forces intraorganismiques. Une personne dont la formation ne prend pas en compte cet élément structurant ne présente rien d'anormal, il est vrai ; on n'observe pas clairement ou immédiatement d'effets pathologiques chez elle. Mais il ne fait aucun doute que la pathologie *se déclarera*, de manière évidente ou insidieusement, tôt ou tard. Il n'est pas hors de propos de citer la névrose adulte ordinaire comme exemple d'une telle violence précoce perpétrée contre les exigences intrinsèques (bien qu'atténuées) de l'organisme.

La résistance de l'individu à l'inculturation, dans l'intérêt de sa propre intégrité et de sa nature intrinsèque, constitue donc, ou devrait devenir, un vaste champ d'exploration pour les sciences sociales et pour la psychologie. Une personne qui se soumet volontiers aux forces de distorsion présentes dans la culture (c'est-à-dire un sujet conforme aux normes établies) peut parfois se révéler moins saine qu'un délinquant, un criminel ou un individu névrosé prouvant par ses réactions qu'il possède suffisamment de courage pour défendre son intégrité psychique.

De cette considération découle aussi ce qui, à première vue, ressemble à un paradoxe. L'éducation, la civilisation, la rationalité, la religion, la loi, le gouvernement ont généralement été interprétés comme autant d'instruments de restriction et de suppression des instincts. Mais si, comme nous le supposons, les instincts ont plus à redouter de la civilisation que celle-ci d'eux, il serait peut-être judicieux d'adopter la démarche inverse (si nous désirons produire des hommes meilleurs et des sociétés meilleures) ; peut-être une des fonctions de l'éducation, de la loi, de la religion etc., devrait-elle être au moins d'assurer, de favoriser et de promouvoir l'expression et la satisfaction des besoins instinctifs de sécurité, d'amour, d'estime et d'accomplissement de soi.

La résolution des dichotomies

La nature instinctive des besoins fondamentaux permet de résoudre et de transcender un certain nombre d'antagonismes philosophiques tels que l'opposition entre la biologie et la culture, l'inné et l'acquis, le subjectif et l'objectif, le singulier et l'universel. Et cela d'autant plus que les psychothérapies par le dévoilement, par l'exploration de soi et le développement personnel, les techniques d'« introspection » sont aussi une voie vers la découverte de sa nature biologique, objective, de son animalité et de son appartenance à l'espèce, c'est-à-dire de son Être.

La plupart des psychothérapeutes, de quelque école qu'ils ressortissent, sont persuadés qu'ils dévoilent ou libèrent une personnalité plus fondamentale, plus authentique et plus réelle à mesure qu'ils taillent dans la névrose pour parvenir à un cœur ou à un noyau qui était enfoui là depuis toujours, enseveli, caché, inhibé par les couches superficielles de la maladie. Horney (1950) utilise d'ailleurs une formule révélatrice, quand elle parle de traverser le pseudo-moi pour atteindre le moi véritable. Les expressions désignant l'accomplissement de soi soulignent également ce processus de réalisation ou d'actualisation de ce que la personne est déjà, bien qu'à l'état de potentialité. La quête de l'identité se rapproche étroitement de ce que l'on entend par « devenir ce que l'on est réellement » et par « fonctionner pleinement » ou devenir « pleinement humain », ou individué, ou authentiquement soi-même (Grof, 1975).

À l'évidence, la tâche essentielle ici est de s'éveiller à ce que l'on est biologiquement, de par son tempérament et de par sa constitution, en tant que membre d'une espèce singulière. C'est certainement ce but que poursuivent tous les courants de la psychanalyse – ils tentent d'aider le patient à prendre conscience de ses besoins, de ses pulsions, de ses émotions, de ses plaisirs et de ses peines.

Mais c'est une forme de phénoménologie de sa propre biologie interne, de son animalité et de son appartenance à l'espèce, une découverte de la biologie par l'expérimentation, ce que l'on pourrait nommer la biologie subjective, la biologie par l'introspection, la biologie vécue ou quelque chose de ce genre.

Cependant, tout ceci se ramène à la découverte subjective de ce qui est objectif, c'est-à-dire des caractéristiques de l'humanité propres à son espèce. Cela se résume à la découverte individuelle du général et de l'universel, une découverte personnelle de l'impersonnel ou du transpersonnel (et même du transhumain). En un mot, ce qui relève de l'instinct peut être étudié à la fois subjectivement et objectivement, par l'« introspection » et par l'observation plus extérieure du scientifique. La biologie n'est pas seulement une science objective ; c'est peut-être aussi une science subjective.

Et pour paraphraser quelque peu le poème d'Archibald MacLeish, nous pourrions dire :

Une personne ne signifie pas :
Une personne est.

CHAPITRE 5

La hiérarchie des besoins

Les besoins supérieurs et les besoins inférieurs ont des propriétés différentes, mais ils se ressemblent en ce que les besoins supérieurs, de même que les besoins inférieurs, doivent être inclus dans ce qui constitue la nature humaine fondamentale et innée. Ils ne sont pas différents de la nature humaine ou en contradiction avec elle ; ils en font partie. Du point de vue psychologique et philosophique, cela a des conséquences révolutionnaires. La majorité des civilisations, et les théories politiques, éducatives, religieuses etc., ont été fondées sur la conviction opposée. Dans l'ensemble, elles ont postulé que l'animal biologique et les aspects instinctifs de la nature humaine se limitaient strictement aux besoins physiologiques de nourriture, de sexe, etc. Les désirs supérieurs de vérité, d'amour, de beauté étant différents de ces besoins animaux de par leur nature intrinsèque. En outre, les intérêts semblaient antagonistes, s'excluant mutuellement et se livrant un combat perpétuel pour dominer. Dans cette perspective, toute culture, avec ses instruments, a vocation à défendre ce qui est supérieur contre ce qui est inférieur. Elle ne peut donc qu'être synonyme d'inhibition et de frustration, et se résume au mieux à une nécessité fâcheuse.

Les différences entre les besoins supérieurs et les besoins inférieurs

Les besoins fondamentaux s'organisent selon une hiérarchie bien établie, fondée sur le principe de prépondérance relative. Ainsi le besoin de sécurité est-il plus puissant que le besoin d'amour parce qu'il domine l'organisme de plusieurs manières vérifiables lorsque ces deux besoins ne sont pas satisfaits. En ce sens, les besoins physiologiques (eux-mêmes ordonnés en sous-hiérarchie) sont plus forts que les besoins de sécurité, lesquels l'emportent sur les besoins d'amour, qui à leur tour dominent les besoins d'estime, ces derniers étant plus puissants que ces besoins idiosyncrasiques que nous avons appelés les besoins d'accomplissement de soi.

Il s'agit d'une hiérarchie de choix ou de préférence. Mais c'est aussi une classification des besoins en fonction de leur niveau (du plus bas ou plus élevé) aux sens suivants :

1. *Le besoin supérieur correspond à un développement phylétique ou à développement ultérieur de l'évolution.* Nous partageons le besoin de nourriture avec tous les êtres vivants, le besoin d'amour avec (peut-être) les grands singes supérieurs, le besoin d'accomplissement de soi avec personne. Plus un besoin est élevé, plus il appartient en propre à l'espèce humaine.
2. *Les besoins supérieurs sont des développements ontogénétiques postérieurs.* Tout individu à sa naissance montre des besoins physiques et probablement aussi, sous forme rudimentaire, des besoins de sécurité (il est, par exemple, capable d'éprouver des sentiments de peur ou de surprise et se développe sans doute mieux quand le monde qui l'entoure lui offre suffisamment d'ordre et de régularité). Ce n'est qu'au bout de plusieurs mois de vie que l'on observe chez le nourrisson l'amorce de relations interpersonnelles et d'attachement

sélectif. Il faut plus longtemps encore pour voir le désir d'autonomie, d'indépendance, de réalisation, de respect et d'estime supplanter et primer les besoins de sécurité et d'amour parental. Quant à l'accomplissement de soi, Mozart lui-même a dû attendre d'avoir trois ou quatre ans.

3. *Plus le besoin est élevé, moins il est indispensable à la survie seule, plus sa satisfaction peut être différée dans le temps, et plus il tend à disparaître en permanence.* Les besoins supérieurs possèdent moins de capacité à dominer, à organiser et à mobiliser en leur faveur les réactions autonomiques et d'autres facultés de l'organisme (par exemple, on est plus facilement obnubilé, monomaniaque et désespéré par le manque de sécurité que de respect). La frustration des besoins supérieurs ne provoque pas de réaction de défense et d'urgence aussi désespérées que la frustration des besoins inférieurs. Le respect est un luxe pour qui a faim ou est en danger.
4. *Vivre au niveau des besoins supérieurs favorise l'efficacité biologique, la longévité, l'absence de maladie, un sommeil réparateur, l'appétit et ainsi de suite.* Les spécialistes de psychosomatique témoignent constamment que l'anxiété, la peur, le manque d'amour, la soumission à une domination, etc., ont tendance à entraîner des effets physiquement et psychologiquement indésirables. La satisfaction d'un besoin supérieur est à la fois une valeur de survie et une valeur de croissance.
5. *Les besoins supérieurs ont moins un caractère d'urgence subjective.* Ils sont moins perceptibles, moins impérieux, on les confond plus facilement avec d'autres besoins par le jeu de la suggestion, de l'imitation, par le fait de croyances erronées ou par habitude. Être capable de reconnaître ses propres besoins (c'est-à-dire de savoir ce que l'on veut vraiment) est une performance

psychologique considérable. Cela se vérifie doublement en ce qui concerne les besoins supérieurs.

6. *La satisfaction d'un besoin supérieur produit des effets subjectifs plus désirables, c'est-à-dire une joie plus profonde, la sérénité et une vie intérieure plus riche.* La satisfaction des besoins de sécurité provoque au mieux un sentiment de soulagement et de détente. En tout cas, elle ne peut provoquer l'extase, des expériences paroxystiques et le délire heureux de l'amour comblé, ou des effets tels que la sérénité, la compréhension, l'élévation de l'âme et ainsi de suite.
7. *La poursuite et la satisfaction des besoins supérieurs représentent une tendance générale vers la santé, un éloignement par rapport à la psychopathologie.* Cette affirmation a été démontrée dans le chapitre 3.
8. *Le besoin supérieur impose davantage de conditions préalables.* Ceci est vrai seulement dans le cas où des besoins prépondérants doivent être satisfaits avant qu'il ne puisse l'être. Il faut ainsi plus de quanta de satisfaction au besoin d'amour qu'au besoin de sécurité pour émerger à la conscience. De manière générale, la vie est plus complexe au niveau des besoins supérieurs. La recherche du respect et des honneurs impose l'intervention d'un plus grand nombre de gens, elle se joue sur une scène plus vaste, suppose un cheminement plus long, des moyens plus importants, des objectifs partiels, plus d'étapes intermédiaires et préliminaires que ne l'exige la quête de l'amour. On peut dire la même chose de cette dernière par rapport à la recherche de sécurité.
9. *Les besoins supérieurs nécessitent des conditions externes favorables pour être rendus possibles.* Un environnement de qualité (familial, économique, politique, éducatif, etc.) est indispensable pour permettre que les individus s'aiment au lieu de se contenter simplement de ne pas s'entre-tuer. Mais il faut d'excellentes

conditions pour que l'accomplissement de soi devienne possible.

10. *Les individus qui ont satisfait leurs besoins fondamentaux et leurs besoins supérieurs accordent généralement plus de valeur aux seconds.* Ces personnes sont davantage portées au sacrifice pour une satisfaction supérieure, et résistent mieux à la privation d'un besoin élémentaire. Par exemple, elles acceptent plus facilement de mener une vie d'ascète, de s'exposer au danger au nom d'un principe, de renoncer à l'aisance matérielle et au prestige pour parvenir à l'accomplissement de soi. Les individus qui ont connu les deux, tiennent généralement le respect de soi-même pour une expérience subjective de plus grande valeur que le fait d'avoir le ventre plein.
11. *Plus le niveau du besoin est élevé, plus le cercle de l'identification par amour s'élargit : plus le nombre de gens auxquels on s'identifie par amour s'accroît, et plus le degré moyen d'identification augmente.* L'identification par amour se définit en principe comme la fusion des besoins de deux ou de plusieurs sujets au sein d'une unique hiérarchie de prépondérances. Deux personnes qui s'aiment ne font aucune différence entre leurs propres besoins et ceux de l'autre. Le besoin de l'autre est mon besoin.
12. *La poursuite et la satisfaction des besoins supérieurs ont des conséquences civiques et sociales désirables.* Dans une certaine mesure, plus le besoin est élevé, moins il doit être égoïste. La faim est extrêmement égocentrique ; on ne la satisfait qu'en se donnant satisfaction à soi-même. À l'inverse, la quête de l'amour et du respect fait intervenir les autres. Qui plus est, elle passe par la satisfaction d'autrui. Les individus dont les besoins fondamentaux sont suffisamment comblés pour aspirer à l'amour et au respect (plutôt qu'à la nourriture et à la sécurité) tendent à développer

des qualités telles que la fidélité, l'amabilité et l'esprit civique, et à devenir de meilleurs parents, époux, enseignants, fonctionnaires, etc.

13. *La satisfaction des besoins supérieurs est plus proche de l'accomplissement de soi que l'est la satisfaction des besoins élémentaires.* Si l'on souscrit à la théorie de l'accomplissement de soi, cela constitue une différence importante. Cela signifie, en autres choses, que nous pouvons nous attendre à rencontrer chez les individus qui vivent au niveau des besoins supérieurs, un nombre et un degré élevés de qualités présentes chez les sujets accomplis.
14. *La poursuite et la satisfaction des besoins supérieurs conduisent à un individualisme plus grand, plus fort et plus authentique.* Il semble y avoir là une contradiction avec notre affirmation précédente selon laquelle l'existence vécue au niveau des besoins supérieurs signifie plus d'identification par amour, c'est-à-dire une socialisation plus importante. Ce constat logique s'accompagne d'une réalité bien concrète. De fait, on remarque chez les individus accomplis un plus grand amour pour l'humanité et simultanément un fort développement de l'idiosyncrasie. Nous voyons donc confirmée l'intuition de Fromm selon laquelle l'amour de soi (ou mieux, le respect de soi) se situe davantage en synergie qu'en opposition avec l'amour d'autrui. Son analyse de l'individualité, de la spontanéité et de la robotisation prend aussi toute sa pertinence (Fromm, 1941).
15. *Plus le niveau de besoin est élevé et plus la psychothérapie se révèle efficace : au niveau des besoins élémentaires, elle n'a aucun effet.* Aucune psychothérapie n'a le pouvoir de combler la faim.
16. *Les besoins physiologiques sont nettement plus localisés, plus tangibles et plus limités que les besoins supérieurs.* La faim et la soif sont à l'évidence de nature plus corporelle que l'amour, qui à son tour l'est davantage que

le respect. Par ailleurs, les sources de satisfaction de ces besoins sont plus concrètes ou observables que ne le sont celles qui permettent de combler des besoins supérieurs. Elles sont en outre plus limitées, en ce sens qu'une quantité plus petite suffit à satisfaire le besoin. On ne peut ingurgiter qu'une certaine quantité de nourriture, alors que les besoins de satisfaction liés à l'amour, au respect et à la connaissance sont presque infinis.

Les conséquences d'une hiérarchie des besoins

La reconnaissance du caractère instinctif et biologique des besoins supérieurs, de nature aussi biologique que le besoin de nourriture, entraîne de nombreuses conséquences qui ne peuvent toutes être citées ici.

1. La première est l'obligation d'admettre que la dichotomie entre le cognitif et le conatif est erronée et qu'elle doit être résolue. Les besoins de connaissance, de compréhension, d'une philosophie de la vie, d'un cadre de référence théorique, d'un système de valeurs, sont eux-mêmes une part conative ou impulsive de notre nature primitive et animale (nous sommes des animaux singuliers). Et puisque nous savons également que nos besoins ne sont pas totalement aveugles, qu'ils sont modifiés par la culture, par la réalité et par ce qui est possible, il s'ensuit que la cognition joue un rôle considérable dans leur développement. John Dewey n'affirme-t-il pas que l'existence et la définition mêmes d'un besoin dépendent de la prise en compte de la réalité, et de la possibilité ou de l'impossibilité de le satisfaire ?
2. Un grand nombre de problèmes philosophiques éternels doivent être envisagés sous un nouvel éclairage.

Certains sont même à considérer comme des pseudo-problèmes liés à des conceptions fausses de la motivation humaine. Ainsi, par exemple, de la distinction radicale que l'on effectue entre l'égoïsme et l'altruisme. Si nos besoins instinctifs, par exemple l'amour, fonctionnent de manière telle que nous éprouvons davantage de plaisir personnel « égoïste » à regarder nos enfants se régaler d'un plat succulent qu'à le déguster nous-mêmes, comment alors définirons-nous le terme « égoïste » et comment le différencierons-nous d'« altruiste » ? Les individus qui risquent leur vie pour la vérité sont-ils moins égoïstes que ceux qui la risquent pour de la nourriture, si le besoin de vérité est aussi animal que le besoin de nourriture ? Il va de soi que la théorie hédoniste mérite aussi d'être révisée si le plaisir animal, le plaisir égoïste, le plaisir personnel, peut indifféremment provenir de la satisfaction des besoins de nourriture, de sexe, de vérité, de beauté, d'amour ou de respect. Cela implique que l'hédonisme d'un besoin supérieur pourrait exister là où l'hédonisme d'un besoin fondamental disparaîtrait. L'opposition romantique-classique, l'antagonisme entre Dionysos et Apollon, doit certainement être repensée. Elle s'est, au moins sous certaines de ses formes, construite sur cette même dichotomie illégitime entre les besoins élémentaires d'essence animale et les besoins supérieurs non animaux ou anti-animaux. De même importe-t-il de revoir les concepts de rationnel et d'irrationnel, le contraste entre rationnel et impulsif, et la notion générale de vie rationnelle opposée à celle de la vie instinctive.

3. Le moraliste a de nombreuses leçons à tirer d'une étude attentive de la motivation humaine. Si nous ne considérons pas nos désirs les plus nobles comme des rênes destinées à freiner l'emballement du cheval mais plutôt comme le cheval lui-même, et si nos besoins

animaux sont envisagés comme participant de la même nature que nos besoins les plus élevés, comment pouvons-nous accepter l'idée d'une dichotomie stricte entre eux ? Comment pouvons-nous continuer à croire qu'ils pourraient être issus de sources différentes ? Par ailleurs, si nous admettons sans réserve que ces désirs nobles et bons naissent et se développent après que les besoins animaux fondamentaux ont été satisfaits, nous devrions moins insister sur la maîtrise de soi, l'inhibition, la discipline, etc., et parler davantage de spontanéité, de satisfaction et de choix librement décidé. L'opposition entre la voix sévère du devoir et l'irrésistible appel du plaisir est sans doute moins tranchée que nous le pensons. Au niveau suprême de l'existence (c'est-à-dire de l'Être), le devoir *est* plaisir, on aime son « travail », et il n'existe pas de différence entre le travail et le loisir.

4. Notre conception de la culture et notre relation à elle doit changer pour s'orienter vers la « synergie », selon le mot de Ruth Benedict (1970). La culture peut servir la satisfaction des besoins fondamentaux (Maslow, 1967, 1969b) au lieu de les inhiber. En outre, elle n'est pas seulement créée pour les besoins de l'homme mais par eux. La dichotomie culture-individu doit être invalidée. Soulignons moins leur opposition et insistons au contraire sur la possibilité de collaboration et de synergie.
5. L'idée que les désirs les plus nobles de l'humanité sont intrinsèques plutôt que fortuits et relatifs, a d'importantes conséquences pour la théorie des valeurs. Elle signifie, entre autres choses, qu'il n'est plus nécessaire ni désirable de déduire les valeurs d'une logique ou de les expliquer comme étant dictées par une autorité ou par des révélations. Contentons-nous simplement d'observer et d'étudier. La nature humaine porte en elle la réponse aux questions : comment puis-je être

bon ? comment puis-je être heureux ? comment puis-je être fécond ? L'organisme nous indique ce qui lui est nécessaire (et par conséquent ce qu'il privilégie) en tombant malade lorsqu'il est privé de ces valeurs et en se développant lorsqu'il est satisfait.

6. L'étude de ces besoins fondamentaux a montré qu'en dépit de leur nature en grande partie instinctive, ils présentent de considérables dissemblances par rapport à ce que l'on a pu observer chez les animaux inférieurs. À l'inverse de la conception ancienne des instincts supposés forts, mauvais et immuables, nous avons découvert contre toute attente que nos besoins fondamentaux, bien qu'instinctifs, sont faibles. Prendre conscience de nos désirs, savoir que nous avons soif et que nous avons besoin d'amour, de respect, de connaissance, de sagesse, d'accomplissement et ainsi de suite – représente un exploit psychologique. Et ce n'est pas tout, mais plus les besoins sont élevés, plus ils sont faibles, instables et fragiles. En fin de compte, ils ne sont pas mauvais mais plutôt neutres ou bons. Nous en arrivons à ce paradoxe que nos instincts humains, du moins ce qu'il en reste, sont si faibles qu'ils doivent être protégés contre la culture, contre l'éducation, contre l'apprentissage – en un mot, contre le risque d'être étouffés par l'environnement.
7. Nous devons considérablement faire évoluer notre vision des buts de la psychothérapie (et de l'enseignement, de l'éducation des enfants, de la formation de la personnalité saine en général). Pour nombre d'entre nous, ils se résument encore à l'acquisition d'instruments visant à inhiber et à contrôler les désirs intrinsèques. La discipline, la maîtrise, la répression sont les mots d'ordre d'un tel régime. Mais si la véritable thérapie consiste à faire voler en éclat les contrôles et les inhibitions, alors nous devons adopter de nouveaux mots clés, tels que spontanéité, libération, simplicité

naturelle, acceptation de soi, prise de conscience des pulsions, satisfaction des désirs, choix autonome. Si nos besoins intrinsèques deviennent dignes d'admiration au lieu de nous paraître détestables, nous désirerons certainement les libérer pour leur permettre de s'exprimer pleinement au lieu de les enfermer dans un carcan.

8. Si l'on admet que les instincts puissent être faibles, si l'on reconnaît le caractère instinctif des besoins supérieurs, et si la culture paraît plus puissante (et non moins) que les pulsions instinctives, et si les besoins fondamentaux s'avèrent bons plutôt que mauvais, alors on améliorera la nature humaine en encourageant les tendances instinctives de l'homme à s'exprimer et en promouvant des améliorations sociales. Tant il est vrai que le progrès culturel sera une occasion supérieure donnée à nos tendances biologiques internes de s'épanouir.
9. En découvrant que l'existence au niveau des besoins supérieurs peut devenir indépendante de la satisfaction des besoins inférieurs (et le cas échéant, des besoins supérieurs), nous avons peut-être résolu un vieux dilemme auquel se heurtent les théologiens. Ils se sont toujours efforcés de réconcilier la chair et l'esprit, l'ange et le démon – la noblesse et la bassesse inhérentes à l'organisme humain – mais aucun n'a trouvé de solution satisfaisante. L'autonomie fonctionnelle de l'existence au niveau des besoins supérieurs fournit peut-être un élément de réponse. Le besoin supérieur se développe seulement sur la base du besoin élémentaire, mais lorsqu'il est installé, il peut s'en affranchir *de manière relative* (Allport, 1955).
10. À la valeur de survie chère à Darwin, s'ajoute désormais l'hypothèse de l'existence de « valeurs de croissance ». Non seulement il est bon de survivre, mais il est également bon (préféré, choisi, salutaire pour l'organisme)

pour la personne de progresser vers une humanité plus complète, vers la réalisation de ses potentialités, vers une joie plus grande, vers la sérénité, vers des expériences paroxystiques, vers la transcendance, vers une connaissance plus riche et plus exacte de la réalité, et ainsi de suite. Il n'est plus nécessaire de présenter la viabilité et la survie seules comme critères prouvant de manière ultime que la pauvreté ou la guerre ou la domination ou la cruauté sont mauvaises plutôt que bonnes. Nous pouvons les considérer telles parce qu'elles dégradent également la qualité de la vie, de la personnalité, de la conscience, de la sagesse.

CHAPITRE 6

Le comportement non motivé

Dans ce chapitre, nous allons chercher à mieux comprendre une différenciation scientifiquement utilisable entre l'effort (faire, s'adapter, réaliser, tenter, vouloir) et l'être-devenir (exister, exprimer, croître, s'accomplir). Cette distinction familière aux cultures et aux religions orientales comme le taoïsme, est admise dans notre culture par des philosophes, des théologiens, des spécialistes de l'esthétique, du mysticisme, et de plus en plus par les « psychologues humanistes », les psychologues existentiels et d'autres penseurs.

La culture occidentale est en grande partie fondée sur la théologie judéochrétienne. Les États-Unis, en particulier, sont dominés par l'esprit pragmatique et puritain qui met l'accent sur le travail, la lutte et l'effort, la sobriété et le sérieux, et principalement sur le volontarisme[1]. À l'instar

1. « Les associations libres, les images superflues, les expériences oniriques, les explorations aléatoires, jouent un rôle dans le développement que n'ont pu justifier, à l'origine, aucun principe d'économie, aucune perspective d'utilité directe. Dans une culture mécaniste telle que la nôtre, ces activités importantes ont été soit sous-évaluées, soit négligées…

« Dès l'instant où nous nous débarrassons du préjugé inconscient du mécanisme, force est d'admettre que le "superflu" est aussi essentiel au développement humain que l'économique : que la beauté, par exemple, a aussi largement contribué à l'évolution que l'utile et ne peut être expliquée, ainsi que l'a tenté Darwin, simplement comme un procédé pratique utilisé en période de cour ou de fertilisation. En résumé, il est autant permis de concevoir la nature de manière mythologique, comme

d'autres institutions sociales, la science en général et la psychologie en particulier ne sont pas épargnées par ce climat culturel et ses retombées atmosphériques. La psychologie américaine, par association, est ultra-pragmatique, ultra-puritaine et ultra-volontariste. Ceci n'apparaît pas seulement dans ses effets et dans ses objectifs avoués, mais aussi dans ses lacunes, dans ce qu'elle ignore délibérément. Aucun manuel ne contient de chapitres traitant de l'amusement et de la gaieté, du loisir et de la méditation, de la paresse et de l'oisiveté, de l'activité gratuite, sans utilité ni but, de la création ou de l'expérience esthétique, de l'activité non motivée. Ce qui veut dire que la psychologie américaine s'occupe activement de la moitié de la vie seulement, en laissant de côté l'autre moitié – peut-être la plus importante !

Dans la perspective d'une analyse des valeurs, cela signifie que l'on privilégie les moyens sur les fins. Cette philosophie sous-tend presque toute la psychologie américaine (y compris les courants orthodoxe et révisionniste de la psychanalyse), qui néglige l'activité *per se* et l'expérience de finalité (qui n'aboutit à rien) en faveur de l'activité ciblée, efficace, d'adaptation, de changement, qui débouche sur quelque chose d'utile. Elle atteint concrètement son apogée dans l'ouvrage *Theory of Valuation* de John Dewey (1939), qui nie toute possibilité de finalité : les fins étant en elles-mêmes seulement des moyens vers d'autres moyens, puis vers d'autres moyens... et ainsi de suite (bien que dans un autre de ses écrits, l'auteur accepte de fait l'existence de finalités).

Dans la mesure où la psychologie moderne s'affirme résolument pragmatique, elle s'interdit d'aborder des

---

le poète qui recourt aux métaphores et aux rythmes, que de la voir sous la forme d'une mécanique subtile, s'efforçant d'économiser le matériau, de joindre les deux bouts, de fonctionner avec efficacité et à moindre coût. L'interprétation mécaniste est tout aussi subjective que la représentation poétique ; et dans une certaine mesure, chacune possède son utilité. » (Mumford, 1951, p. 35)

domaines qui méritent d'être étudiés. Dans sa prédilection pour les résultats concrets, pour la technologie et les moyens, elle nous renseigne peu, par exemple, sur la beauté, l'art, l'amusement, le jeu, l'émerveillement, la crainte respectueuse, la joie, l'amour, le bonheur, d'autres réactions et d'autres expériences de finalité « inutiles ». Elle n'est par conséquent d'aucun service à l'artiste, au musicien, au poète, au romancier, à l'humaniste, à l'esthète, au spécialiste de l'axiologie, au théologien, ou à tout individu concerné par la finalité ou par le plaisir. Ce qui conduit à accuser la psychologie d'offrir bien peu à l'homme moderne qui aspire désespérément à un système de valeurs et de finalités naturelles ou humanistes.

La distinction entre les composantes d'expression (non instrumentales) et d'adaptation (instrumentales, adaptatives, fonctionnelles, volontaristes) du comportement n'a pas encore été suffisamment exploitée en tant que fondement d'une psychologie des valeurs[1]. En explorant et en appliquant la différenciation entre l'expression et l'adaptation – qui est en même temps une différenciation entre le comportement « inutile » et le comportement « utile » –, nous pouvons élargir la portée de la psychologie à ces domaines.

La première partie de ce chapitre traite des différences entre l'expression et l'adaptation. La seconde partie étudie plusieurs exemples, qui sont davantage des comportements d'expression que d'adaptation, que l'on pourrait considérer comme des *comportements non motivés*.

1. Nous devons soigneusement éviter ici la stricte dichotomie ou/ou. La majorité des comportements participent à la fois de l'expression et de l'adaptation ; par exemple, dans l'acte de marcher interviennent le but et la manière. Et cependant nous ne voulons pas exclure, comme le font Allport et Vernon (1933), la possibilité théorique d'actes d'expression pure ou presque, tels que le fait de sautiller au lieu de marcher, de rougir, le geste gracieux, la mauvaise tenue, le fait de siffler, le rire d'un enfant joyeux, l'activité artistique privée qui n'est pas destinée à un public, le pur accomplissement de soi, et ainsi de suite.

Adaptation contre expression

Voici un résumé des points de divergence entre les comportements d'adaptation et les comportements d'expression :

- *Délibéré ou involontaire.* L'adaptation est par définition volontaire et motivée ; l'expression est souvent non motivée.
- *Le paradoxe de tenter de ne rien tenter.* L'adaptation implique un effort ; l'expression ne nécessite aucun effort dans la plupart des cas. L'expression artistique est bien entendu un cas de figure particulier et intermédiaire parce que l'on *apprend* à être spontané et expressif (si l'on y réussit). On peut *tenter* de se relâcher.
- *Déterminants externes et internes.* Le comportement d'adaptation est davantage déterminé par l'environnement extérieur et les variables culturelles ; l'expression est largement déterminée par l'état de l'organisme. En liaison avec cela, il existe une forte corrélation entre l'expression et la structure profonde de la personnalité. Il serait judicieux de remplacer le terme « tests de projection » par celui de « tests d'expression ».
- *Comportement appris ou non appris.* L'adaptation est le plus souvent apprise ; l'expression est le plus souvent non apprise ou libérée ou désinhibée.
- *Possibilité de contrôle.* L'adaptation est plus facilement maîtrisée (réprimée, supprimée, inhibée ou acculturée) ; l'expression est plus souvent non contrôlée et parfois même incontrôlable.
- *Effet sur l'environnement.* L'adaptation est généralement destinée à provoquer des changements dans l'environnement et y parvient le plus souvent ; l'expression n'a pas d'objectif spécifique. Les changements qu'elle induit dans l'environnement ne sont pas intentionnels.
- *Moyens et fins.* L'adaptation est un comportement de moyens, la finalité étant la réduction de la menace qui

pèse sur la satisfaction du besoin. L'expression est souvent une fin en soi.

- *Comportement conscient ou inconscient.* En règle générale, le comportement d'adaptation est conscient (bien qu'il puisse devenir inconscient) ; l'expression est plus souvent non consciente.

Comportement délibéré ou involontaire

Le comportement d'adaptation est toujours déterminé par des mobiles, des besoins, des buts, des desseins, des fonctions ou des objectifs. Il a pour raison d'être de réaliser quelque chose : on marche vers une destination, on fait les courses pour se procurer de la nourriture, on se rend à la poste pour envoyer une lettre, on construit des étagères pour ranger les livres dans la bibliothèque, ou on effectue le travail pour lequel on perçoit une rémunération. Le terme *adaptation* en soi (Maslow et Mittelman, 1951) indique que l'on fait face à un problème pour tenter de le résoudre ou tout au moins de le traiter. Il implique donc une référence à quelque chose qui se situe au delà ; il n'est pas refermé sur lui-même. Cette référence peut se rapporter à des besoins directs ou à des besoins élémentaires, à des moyens autant qu'à des fins, à un comportement induit par la frustration autant qu'à un comportement orienté vers un but.

Le comportement d'expression, tel que les psychologues l'ont envisagé jusqu'ici, est généralement non motivé, même si, bien entendu, il est déterminé. (C'est-à-dire, bien que le comportement d'expression possède de nombreux déterminants, la satisfaction d'un besoin n'est pas nécessairement l'un d'eux.) Il réfléchit, reflète, signifie ou exprime seulement un état de l'organisme. En fait, il représente le plus souvent *une partie* de cet état : la stupidité de l'imbécile, le sourire et la démarche vive de la personne en bonne santé, l'air bienveillant de l'individu affectueux et gentil, le rayonnement d'un visage harmonieux, la posture affaissée, le manque de tonus et l'expression désespérée du sujet dépressif, la manière d'écrire, de marcher, de se mouvoir, de sourire, de danser, ainsi de suite. Tous sont des comportements non volontaires. Ils ne visent aucun but, aucun objectif. Ils n'ont pas été adoptés en vue de satisfaire un besoin[1]. Ils constituent des épiphénomènes.

Le paradoxe de tenter de ne rien tenter

Alors que tout ce qui précède est vrai dans certaines limites, nous avons à résoudre un problème particulier, créé par ce qui ressemble à un paradoxe, le concept de l'expression de soi motivée. L'individu le moins naturel peut *tenter* de se montrer sincère, aimable, gentil ou même spontané. Tous ceux qui ont suivi une psychanalyse ou qui vivent au niveau des motivations supérieures savent ce qu'il en est.

Car c'est bien le problème fondamental qu'ils rencontrent. L'acceptation de soi et la spontanéité font partie de ce qui est le plus facile (par exemple chez les enfants en bonne santé) et aussi le plus difficile à acquérir (par exemple dans le cas des adultes qui se remettent en question et qui veulent s'améliorer, notamment ceux qui ont été ou qui sont encore névrosés). Pour quelques-uns, cela s'avère même totalement impossible ; dans certains types de névroses, par exemple, le sujet est un acteur qui ne possède pas de moi au sens habituel, mais qui dispose seulement d'un répertoire de rôles dans lequel il pioche.

Prenons deux exemples, l'un simple et l'autre complexe, destinés à montrer les contradictions (apparentes)

1. Cette affirmation est indépendante de toute formulation sur la théorie de la motivation. Elle peut par exemple s'appliquer à l'hédonisme simple ; nous pouvons la reformuler de la façon suivante : le comportement d'adaptation réagit à la louange ou au blâme, à la récompense ou à la sanction ; ce qui n'est pas ordinairement le cas du comportement d'expression, du moins tant qu'il reste expressif.

contenues dans le concept de spontanéité motivée, délibérée, de renoncement taoïste et de relâchement, comme avec des muscles noués ou avec les sphincters. La manière la plus désirable de danser, au moins pour l'amateur, est d'être spontané, souple, de réagir par automatisme au rythme de la musique et aux souhaits inconscients du partenaire. Les bons danseurs sont capables de se laisser aller, de devenir des instruments passifs façonnés par la musique et soumis à son jeu. Ils n'ont besoin de rien, ni désir, ni critique, ni direction, ni volonté. Au sens très réel et concret du terme, ils s'autorisent une passivité totale, même s'ils dansent jusqu'à l'épuisement. Cette spontanéité passive ou cet abandon consenti peut procurer certains des plus grands plaisirs de la vie, comme lorsqu'on se laisse emporter par les vagues ou dorloter, soigner, masser, coiffer, tailler la barbe, lorsqu'on s'abîme dans l'amour, ou comme une mère qui permet passivement à son bébé de sucer, de mordre et de se rouler sur elle. Mais peu de gens savent danser aussi bien. La plupart font des efforts, demandent à être guidés, maîtrisent leurs gestes, usent de leur volonté, écoutent attentivement le rythme de la musique, et par un acte conscient s'accordent à son tempo. Ce sont des danseurs médiocres, tant pour celui qui les observe que du point de vue subjectif, car ils n'éprouveront jamais le plaisir de la danse comme une expérience profonde d'oubli de soi et de renonciation volontaire à se contrôler, sauf s'ils parviennent à transcender la tentative et s'ils donnent libre cours à leur spontanéité.

Beaucoup de gens deviennent d'excellents danseurs sans formation particulière. Et cependant l'éducation peut intervenir là aussi de manière positive. Mais ce doit être une éducation différente, qui enseigne la spontanéité et la recherche de l'abandon, l'art d'être naturel, non volontaire, non critique et passif au sens taoïste du terme, en tentant de ne rien tenter. On doit « apprendre », dans ce dessein, à faire table rase des inhibitions, de la timidité, de la volonté, du contrôle, de l'acculturation et de la dignité. (« Lorsqu'un jour vous serez libéré de l'apparence, des désirs et des envies, alors vous avancerez de votre propre mouvement, sans vous préoccuper d'autre chose que d'avancer » – Lao-Tseu.)

L'étude de la nature de l'accomplissement de soi soulève des problèmes plus complexes. On peut dire des individus parvenus à ce degré de développement motivationnel, que leurs actions et que leurs créations se situent à un niveau élevé de spontanéité, d'absence de duplicité, d'ouverture, de sincérité, de nouveauté et par conséquent d'expression (l'« état tranquille » ainsi que nous pourrions l'appeler, en référence à Asrani). En outre, leurs motivations évoluent en termes de qualité dans des proportions telles, et elles sont si différentes des besoins habituels de sécurité ou d'amour ou de respect, qu'elles mériteraient d'être désignées par un nom différent. (J'ai proposé le terme *métabesoins* pour décrire les motivations des individus accomplis.)

Si l'on nomme besoin le désir d'amour, l'aspiration qui pousse à s'accomplir devrait porter un autre nom que celui de besoin parce qu'elle possède plusieurs caractéristiques différentes. La plus pertinente, pour ce qui concerne notre propos, étant que l'amour, le respect et les autres besoins peuvent être considérés comme des qualités externes qui font défaut à l'organisme et dont il a par conséquent besoin. L'accomplissement de soi n'est pas un manque ou une déficience en ce sens. Ce n'est pas quelque chose d'extrinsèque dont l'organisme a besoin pour sa santé, comme par exemple un arbre a besoin d'eau. L'accomplissement de soi est croissance intrinsèque de ce qui est déjà dans l'organisme, ou plus exactement de ce qui *est* l'organisme lui-même. À l'instar de l'arbre qui ne peut croître sans les nutriments, le soleil et l'eau fournis par l'environnement, l'homme a besoin de la sécurité, de l'amour et du respect qu'apporte l'environnement social. Mais dans un cas comme dans l'autre, c'est là que commence le développement véritable (c'est-à-dire de l'individualité). Tous les arbres ont besoin de l'éclat du soleil et tous les êtres humains ont besoin d'amour, et cependant, une fois rassasié de ces éléments de base indispensables, chaque arbre, chaque être humain, se développe selon son mode, de manière unique, en utilisant ces ressources universelles pour ses propres desseins. En un mot, le développement s'effectue de l'intérieur plutôt que de l'extérieur, et paradoxalement le mobile le plus élevé est d'être non motivé et de s'abstenir de tout effort, c'est-à-dire de se conduire de manière purement expressive. Ou, pour l'exprimer autrement, l'accomplissement de soi est motivé par la croissance au lieu d'être motivé par la déficience. C'est une seconde naïveté, une innocence sage, un « état tranquille ».

On peut tenter de s'engager dans la direction de l'accomplissement de soi en résolvant les problèmes mineurs préalables à la motivation. Ce faisant, on recherche consciemment et délibérément la spontanéité. Ainsi, aux niveaux les plus élevés du développement humain, la distinction entre l'adaptation et l'expression, comme nombre de dichotomies psychologiques, est résolue et transcendée, et la tentative mène vers la non-tentative[1].

1. Gordon Allport souligne avec force et à juste titre qu'« être » est aussi exigeant et actif que lutter. Ses affirmations nous conduiraient à opposer lutter-pour-compenser-des-déficiences et lutter-pour-l'accomplissement-de-soi au lieu de lutter pour être. Cette correction permet également de corriger l'impression trop facilement acquise qu'« être », les réactions non motivées et l'activité sans objet sont plus faciles, demandent moins d'énergie et d'effort que de faire face aux problèmes externes. Que cette interprétation *dolce far niente* de l'accomplissement de soi est trompeuse ressort on ne peut plus clairement d'exemples de développement de soi acquis par la lutte, comme dans le cas de Beethoven.

Déterminants externes et internes

Le comportement d'adaptation est à l'évidence davantage tributaire de déterminants externes que le comportement d'expression. Il représente le plus souvent une réponse fonctionnelle à une urgence, à un problème ou à un besoin dont la résolution ou la satisfaction dépend du monde physique et/ou culturel. En fin de compte, ainsi que nous l'avons vu, il n'est rien d'autre qu'une tentative visant à compenser des déficiences internes par des moyens de satisfaction externes.

Le comportement d'expression s'oppose au comportement d'adaptation en ce qu'il est plus exclusivement déterminé par le caractère (voir cidessous). Nous pouvons dire que le comportement d'adaptation est essentiellement l'interaction du caractère avec le monde non psychique, s'ajustant l'un à l'autre par effet de réciprocité ; l'expression est essentiellement un épiphénomène ou un dérivé de la nature de la structure du caractère. Chez le premier, on voit se conjuguer les lois du monde physique et du caractère interne ; dans le second, on détecte principalement les lois de la psychologie et du caractère. Le contraste entre l'art figuratif et l'art abstrait en offre une remarquable illustration.

Plusieurs corollaires en découlent : (1) Il est certain que, si l'on souhaite connaître la structure du caractère, il s'avère préférable d'étudier l'expression plutôt que le comportement d'adaptation. Notre vaste expérience des tests projectifs (d'expression) permet d'en témoigner. (2) En référence à l'éternel débat sur la nature de la psychologie et sur la meilleure manière d'aborder son étude, nous pouvons affirmer que le comportement d'adaptation, d'ajustement, orienté vers un but, motivé, n'est pas le seul comportement qui existe. (3) Notre distinction peut être mise en relation avec la question de la continuité ou de la discontinuité de la psychologie avec les autres sciences. En principe, l'étude du monde naturel devrait nous permettre de comprendre le comportement d'adaptation mais nous serait d'une aide limitée en ce qui concerne le comportement d'expression. Ce dernier semble être plus purement d'ordre psychologique, il obéit probablement à ses propres règles et à ses propres lois et par conséquent mérite d'être observé en direct au lieu d'être étudié à travers les sciences physiques et naturelles.

Comportement appris ou non appris

Le comportement d'adaptation idéal est bien évidemment appris, alors que le comportement d'expression idéal est non appris. Avoir le sentiment d'être sans défense ne s'acquiert pas, pas plus que l'apparence de la bonne santé, ou le fait de paraître idiot ou en colère, alors que nous apprenons à monter les étagères d'une bibliothèque, à rouler à bicyclette ou à nous habiller. La différence apparaît clairement dans les déterminants des réactions aux tests d'aptitude d'une part et de Rorschach d'autre part. Le comportement d'adaptation tend également à disparaître faute d'être récompensé ; alors que l'expression persiste souvent sans récompense ou renforcement. L'un est conditionné par la satisfaction, ce qui n'est pas le cas de l'autre.

Possibilité de contrôle

La différence de détermination en fonction de déterminants internes ou de déterminants externes s'exprime également par une sensibilité variable au contrôle conscient ou inconscient (inhibition, répression, suppression). L'expression spontanée est très difficile à gérer, à modifier, à dissimuler, à maîtriser ou à influencer de quelque manière que ce soit. Par définition, les termes d'expression et de contrôle sont antithétiques. Cela se vérifie y compris dans l'expression de soi motivée que nous avons évoquée ci-dessus, dans la mesure où elle constitue l'aboutissement d'une série d'efforts pour apprendre précisément à ne pas se contrôler.

On ne peut contrôler durablement son écriture, sa manière de danser, de chanter, de parler ou ses réactions émotionnelles. Il est impossible de surveiller ou de critiquer constamment ses propres réactions. Tôt ou tard, la fatigue, la distraction, les errements de la pensée ou le relâchement de l'attention affaiblissent le contrôle, et les déterminants du caractère plus profonds, moins conscients, plus automatiques, prennent le dessus (Allport, 1961). L'expression n'est pas un comportement volontaire, au sens complet du terme. Elle ne suppose pas d'effort, c'est là un autre aspect de cette différence. Alors que le comportement d'adaptation est en principe fondé sur l'effort. (Encore une fois, l'artiste représente un cas particulier.)

Une mise en garde s'impose néanmoins. On commet fréquemment l'erreur de penser que la spontanéité et l'expressivité sont toujours positives, tandis que toute forme de contrôle paraît mauvaise et indésirable. Ce n'est pas le cas. Certes, la plupart du temps, l'expressivité apporte davantage d'agrément, de joie, elle semble plus sincère, plus facile, etc., que la maîtrise de soi, et en ce sens elle est plus désirable pour le sujet lui-même et pour ceux qui sont en relation avec lui, ainsi que l'a montré Jourard (1968). Et cependant, la maîtrise de soi, ou l'inhibition, possède plusieurs implications, dont certaines hautement souhaitables et saines, qui vont bien au-delà de ce qui est nécessaire pour vivre en bonne intelligence avec le monde externe. Le contrôle n'est pas synonyme de frustration ou de renoncement à satisfaire un besoin fondamental. Ce que j'appellerais « les contrôles apollinisants » *ne* remettent *pas* en cause la satisfaction des besoins ; ils en rehaussent au contraire le prix par l'assouvissement différé (par exemple dans la relation sexuelle), par la grâce du geste (dans l'acte de danser, de nager), par la recherche de l'esthétique (dans la préparation des aliments et des boissons), par l'application à choisir le mot juste (dans la rédaction d'un sonnet), par le cérémonial, la sacralisation, la dignité, par le soin mis à accomplir une tâche au lieu de se contenter simplement de l'effectuer.

Et puis aussi – il n'est pas inutile de le répéter encore et toujours – il y a le fait que les individus sains ne sont pas seulement expressifs. Ils doivent être capables de se monter expressifs quand ils le désirent. Ils doivent être capables de se laisser aller. Ils doivent être capables d'abandonner toute maîtrise d'eux-mêmes, toute inhibition, toute défense lorsqu'ils l'estiment souhaitable. Mais ils doivent aussi savoir se maîtriser, retarder leurs plaisirs, se montrer polis, éviter de blesser, garder le silence, refréner leurs pulsions. Ils doivent être selon les cas dionysiaques ou apolliniens, stoïques ou épicuriens, capables d'expression ou d'adaptation, maîtrisés ou libérés, extravertis ou secrets, ils doivent pourvoir s'amuser et être sérieux, prévoir l'avenir et vivre dans le présent. Les individus sains ou accomplis sont par essence polyvalents ; ils ont conservé davantage de capacités humaines que l'individu moyen. Ils disposent d'un arsenal plus vaste de réponses et de moyens pour atteindre la limite suprême de l'humanité complète ; c'est-à-dire qu'ils possèdent *toutes* les capacités humaines.

Effet sur l'environnement

Le comportement d'adaptation naît de la tentative de changer le monde, et il parvient à ce but avec plus ou moins de succès. Le comportement d'expression, à l'inverse, est souvent dépourvu d'effet sur l'environnement. Et lorsqu'il l'influence, ce n'est ni prémédité, ni délibéré, ni intentionnel ; c'est inconscient.

Prenons l'exemple d'une personne engagée dans un dialogue. L'échange répond à un objectif précis : il s'agit par exemple d'un vendeur qui cherche à convaincre un client et qui a consciemment, et de son propre aveu, entamé la discussion dans ce but. Mais son style oratoire peut paraître à son insu hostile ou snob ou méprisant et faire échouer la transaction. Ainsi les aspects expressifs du comportement peuvent-ils avoir un effet sur l'environnement, mais on notera que le vendeur ne cherchait pas à obtenir cet effet, qu'il ne voulait pas se montrer hautain ou agressif et n'avait d'ailleurs pas conscience de donner cette impression. Les effets de l'expression sur l'environnement, dans la mesure où ils s'exercent réellement, sont non motivés, non délibérés, ce sont des épiphénomènes.

Moyens et fins

Le comportement d'adaptation est toujours instrumental, il constitue toujours un moyen en vue d'une finalité motivée. Inversement, tout comportement visant le moyen comme fin (sauf, comme indiqué précédemment, lorsqu'on renonce volontairement au comportement d'adaptation), doit être un comportement d'adaptation.

D'autre part, les diverses formes de comportement expressif, ou bien n'ont rien à faire des moyens ou des fins (par exemple le style d'écriture), ou bien se rapprochent de comportements qui constituent en eux-mêmes des finalités (par exemple, chanter, flâner, peindre, ou improviser au piano)[1].

1. Dans notre culture excessivement pragmatique, la mentalité instrumentale peut même envahir les expériences de finalités : l'amour (« c'est un acte normal »), le sport (« bénéfique à la digestion »), la relaxation (« améliore le sommeil »), le beau temps (« bon pour les affaires »), la lecture (« il faut que je me tienne au courant de ce qui se passe »), l'affection (« voulez-vous avoir un enfant névrosé ? »), la gentillesse (« aide à faire passer la pilule »), la science (« défense nationale ! »), l'art (« a réellement amélioré la publicité américaine »), l'amabilité (« permet d'obtenir ce que l'on veut »).

Comportement conscient ou inconscient

Dans ses formes les plus pures, l'expression est inconsciente, ou tout au moins n'est pas totalement consciente. Nous ignorons tout de notre manière de marcher, de nous tenir, de sourire ou de rire. Nous n'en prenons conscience qu'à travers les films, les enregistrements sonores, les caricatures ou les imitations. Mais ces prises de conscience relèvent de l'exception ou sont, au moins, non caractéristiques. Les actes d'expression conscients – choisir des vêtements, des meubles, une coiffure – sont considérés comme des cas particuliers, inhabituels ou intermédiaires. Alors que l'adaptation peut se révéler, et est de fait, un comportement totalement conscient. Lorsqu'elle est inconsciente, elle apparaît comme exceptionnelle ou inusitée.

Les comportements d'expression

L'expression peut être qualifiée de relativement non motivée et non délibérée, par opposition à l'adaptation, laquelle est à la fois motivée et orientée vers un but précis. Il existe de nombreux comportements relativement non motivés, dont nous allons brièvement présenter quelques exemples. Observons tout d'abord qu'ils constituent des domaines de la psychologie peu explorés – un excellent exemple, pour l'homme de science, de la manière dont une vision limitée de la vie crée un univers limité. Pour le charpentier qui n'est *que* charpentier, le monde est fait de bois.

Être

Les comportements d'expression ont tendance à se manifester lorsque les individus sont eux-mêmes, se développent, croissent et mûrissent, ne vont pas ailleurs (au sens, par exemple de grimper dans l'échelle sociale), ne font pas d'effort au sens classique de se mettre à l'épreuve et de chercher à atteindre un autre état que celui dans lequel ils se trouvent[1]. À titre de point de départ d'une réflexion sur le fait d'être, ni plus ni moins, le concept d'*attente* nous semble pertinent. Le chat qui se dore au soleil n'attend pas davantage que l'arbre attend. L'attente implique du temps perdu, non calculé, vide de signification pour l'organisme, et elle est le sous-produit d'une attitude face à l'existence trop exclusivement axée sur les moyens. Cette attitude est d'ailleurs le plus souvent une réponse stupide, inefficace et peu rentable, puisque (1) l'impatience n'apporte en général rien de bon, y compris du point de vue de l'efficacité, et (2) les expériences de moyens et les comportements de moyens peuvent également être goûtés, savourés et appréciés pour eux-mêmes et, pour ainsi dire, sans coût supplémentaire. Un voyage, par exemple, peut représenter soit une expérience de finalité agréable, soit une irrémédiable perte de temps. L'éducation est un autre exemple. De même en va-t-il pour les relations interpersonnelles en général.

On trouve ici également une certaine inversion du concept de temps gâché. Pour l'individu utilitariste, déterminé, pressé de réduire le besoin, le temps perdu est celui qui ne permet pas de réaliser quelque chose et qui ne sert aucun but. Si cette conception possède sa légitimité, pouvons-nous néanmoins suggérer qu'il serait tout aussi légitime de considérer comme du temps gâché, le temps qui ne s'accompagne pas d'une expérience de finalité, c'est-à-dire qui n'est pas source de plaisir ? « Le temps perdu à éprouver du plaisir n'est pas du temps perdu. » « Il est des choses qui ne sont pas indispensables mais qui peuvent cependant être essentielles. »

Des exemples tels que la promenade, le canotage, le golf montrent que notre culture ne considère pas les expériences de finalité pour elles-mêmes. On loue généralement ces activités parce qu'elles fournissent à ceux qui les

1. Le chapitre 11, « Les individus accomplis : une étude de la santé psychique », reprend cette observation et la développe.

pratiquent l'occasion de se rapprocher de la nature, d'aller au soleil, de se trouver dans un environnement agréable. Ce faisant, ce qui *devrait constituer* des activités de finalité non motivées et des expériences de finalité, est replacé dans le cadre du pragmatisme, de la recherche du but, de la réalisation, afin d'apaiser la conscience occidentale.

L'art

La création artistique peut être relativement motivée (lorsqu'elle tente de communiquer, de susciter des émotions, de montrer, d'avoir un impact sur une autre personne) ou relativement non motivée (lorsqu'elle est plus expressive que communicative, intrapersonnelle plutôt qu'interpersonnelle). Le fait que l'expression puisse entraîner des effets interpersonnels imprévus (gain secondaire) n'entre pas en ligne de compte ici.

L'important, cependant, est la question : « Existe-t-il un *besoin* d'expression ? » Si tel est le cas, alors l'expression artistique, ainsi que les phénomènes de catharsis et de libération, sont aussi motivés que le besoin de nourriture ou d'amour. Nous avons indiqué à diverses reprises, au cours des chapitres précédents, que l'évidence nous imposera bientôt d'admettre l'idée qu'un besoin traduit en action des mobiles nés dans l'organisme. Qu'il en résulte des paradoxes, cela apparaît clairement dans la mesure où *tout* besoin ou *toute* capacité est un mobile et cherche par conséquent à s'exprimer. Devrait-on alors en parler comme d'un mobile ou d'un besoin distinct ou plutôt le considérer comme une caractéristique universelle de *tout* mobile ?

Nous n'avons pas à prendre position dès maintenant en faveur de l'une ou l'autre de ces alternatives, sachant que notre seul objectif est de montrer qu'elles sont *toutes* négligées. Celle qui se révélera la plus féconde imposera d'accepter (1) la catégorie de la non-motivation ou (2) une refonte considérable de l'ensemble de la théorie de la motivation.

La question de l'expérience esthétique revêt également de l'importance pour l'individu cultivé. Cette expérience s'accompagne d'une richesse et d'une valeur telles pour un si grand nombre de gens qu'ils en viennent à mépriser et à dédaigner toute théorie psychologique qui la nie ou l'ignore, quelles que soient les raisons scientifiques justifiant ce déni. La science doit prendre en compte *toute* la réalité et ne pas se contenter de parcelles appauvries et anémiques de celle-ci. Le fait que la réponse esthétique soit inutile et sans but précis et que nous ne sachions rien de ses motivations, si toutefois elles existent au sens habituel, témoigne seulement de l'indigence de notre psychologie officielle.

La perception esthétique, elle aussi, peut être considérée en termes cognitifs comme relativement non motivée par comparaison avec les cognitions ordinaires[1]. La perception taoïste, désintéressée, des multiples facettes d'un phénomène (qui porte moins sur son utilité que sur son efficacité à générer des expériences de finalité) est une caractéristique de la perception esthétique[2].

---

1. Dans le chapitre 17, « Stéréotype et connaissance véritable », nous voyons que la perception catégorisée est au mieux partiale : ce n'est pas tant l'examen de tous les attributs d'un objet qu'une classification de l'objet sur la base de ces quelques attributs qui sont utiles pour nous, pertinents pour nos préoccupations, et satisfaisant ou menaçant un besoin.

2. « Le cerveau sert à effectuer ce choix : il actualise les souvenirs utiles, il maintient dans le sous-sol de la conscience ceux qui ne serviraient à rien. On en dirait autant de la perception. Auxiliaire de l'action, elle isole, *dans l'ensemble de la réalité, ce qui nous intéresse ; elle nous montre moins les choses mêmes que le parti que nous en pouvons tirer*. Par avance elle les classe, par avance elle les étiquette ; nous regardons à peine l'objet, il nous suffit de savoir à quelle catégorie il appartient. Mais, de loin en loin, par un accident heureux, des hommes surgissent dont les sens ou la conscience sont moins adhérents à la vie. La nature a oublié d'*attacher leur faculté de percevoir à leur faculté d'agir*. Quand ils regardent une chose, *ils la voient pour elle, et non plus pour eux. Ils ne perçoivent plus simplement en vue d'agir ; ils perçoivent pour percevoir, – pour rien, pour le plaisir*. Par un certain côté d'eux-mêmes, soit par leur conscience soit par un de leurs sens, ils naissent *détachés ;* et, selon que ce détachement est celui de tel

L'appréciation

L'expérience esthétique n'est pas la seule que l'organisme reçoit passivement et qui lui procure du plaisir. On peut difficilement dire de ce plaisir lui-même qu'il est motivé ; il serait plutôt la finalité ou le but d'une activité motivée, l'épiphénomène de la satisfaction d'un besoin.

L'expérience mystique, l'expérience de la crainte respectueuse, du ravissement, de l'émerveillement, du mystère et de l'admiration sont toutes de riches expériences subjectives d'ordre esthétique et d'ordre passif, des expériences qui se frayent un chemin dans l'organisme, qui le submergent comme le fait la musique. Elles sont aussi des expériences de finalité, suprêmes plutôt qu'instrumentales, sans aucune influence sur le monde externe. Tout ceci se vérifie également pour le loisir lorsqu'il est correctement défini (Pieper, 1964).

Il est peut-être approprié de mentionner ici deux plaisirs suprêmes : (1) le plaisir fonction et (2) le plaisir de vivre tout simplement (bioplaisir, expérience exaltante). Nous les observons tout particulièrement chez l'enfant qui répète inlassablement le talent qu'il vient d'acquérir, dans la pure délectation procurée par ce qui fonctionne de manière lisse et sans accroc. La danse constitue peut-être aussi un bon exemple. Il en va de même du plaisir basique de vivre, toute personne malade ou souffrant de dyspepsie ou de nausées peut témoigner de la réalité de ce plaisir biologique suprême (cette expérience exaltante) qui est un effet collatéral non motivé, non recherché du fait d'être en vie et en bonne santé.

---

ou tel sens, ou de la conscience, ils sont peintres ou sculpteurs, musiciens ou poètes. C'est donc bien une vision plus directe de la réalité que nous trouvons dans les différents arts ; et *c'est parce que l'artiste songe moins à utiliser sa perception qu'il perçoit un plus grand nombre de choses*. » (Henri Bergson, « La perception du changement », 1911, in *La pensée et le mouvant*. Souligné par A. Maslow.)

Le jeu

Le jeu peut être soit un comportement d'expression, soit un comportement d'adaptation, ou les deux à la fois (voir page 95), comme le confirment aujourd'hui les écrits sur la thérapie et sur le diagnostic du jeu. C'est cette conclusion que l'on retiendra vraisemblablement par rapport aux diverses théories de la fonction, du but et de la motivation du jeu élaborées jusqu'ici. Dans la mesure où rien ne nous empêche de reprendre la dichotomie adaptation-expression à propos des animaux, nous pouvons aussi raisonnablement tabler sur des interprétations plus utiles et plus réalistes du jeu animal. Pour ouvrir ce nouveau champ de recherche, il suffit d'admettre la possibilité que le jeu puisse être sans objet, non motivé, un phénomène qui relève de l'être plutôt que de l'effort, une finalité plutôt qu'un moyen. On peut probablement en dire de même du rire, de l'hilarité, de la gaieté, de l'amusement, de la joie, de l'extase, de l'euphorie, etc.

L'expression intellectuelle

L'expression intellectuelle – l'idéologie, la philosophie, la théologie, la connaissance, etc. – est aussi un domaine qui a résisté aux outils de la psychologie officielle. Nous supposons que cela s'explique en partie parce que, depuis Darwin et Dewey, on a généralement conçu la pensée comme instrument de résolution des problèmes, c'est-à-dire comme étant fonctionnelle et motivée. Dans la vie adéquate de l'individu sain, la pensée, à l'instar de la perception, peut être réception ou production passive et spontanée, une expression heureuse, sans effort, non motivée de la nature et de l'existence de l'organisme, une manière de *laisser arriver* les choses au lieu de les faire advenir, un exemple d'être au même titre que le parfum d'une fleur ou les pommes sur l'arbre.

DEUXIÈME PARTIE

Psychopathologie et normalité

CHAPITRE 7

Les origines de la pathologie

La conception de la motivation esquissée jusqu'ici fournit des indications importantes pour la compréhension des origines de la psychopathologie, ainsi que de la nature de la frustration, du conflit et de la menace.

Presque toutes les théories qui se proposent d'expliquer comment naît la psychopathologie et comment elle perdure reposent principalement sur les conceptions de la frustration et du conflit que nous allons maintenant aborder. Certains types de frustration déclenchent une pathologie, ce n'est pas le cas pour d'autres. Certains conflits provoquent le même effet, alors que d'autres demeurent sans conséquence. Nous verrons qu'il s'avère indispensable de recourir à la théorie des besoins fondamentaux pour démêler cette énigme.

Privation et menace

Il est facile, dans le débat sur la frustration, de tomber dans le piège qui consiste à segmenter l'être humain ; on a encore tendance à dire que la bouche ou l'estomac sont frustrés, ou de parler d'un besoin frustré. Nous devons toujours nous rappeler qu'un être humain est frustré dans son intégralité et jamais seulement dans une partie de lui-même.

Cela étant acquis, il importe de faire la différence entre la privation et la menace pour la personnalité. Selon les définitions traditionnelles, la frustration est simplement le fait de ne pas obtenir ce que l'on désire, l'interférence avec un souhait ou avec une satisfaction. Cette définition ne rend pas compte de la distinction entre une privation qui est sans importance pour l'organisme (facilement substituable, avec peu d'effets consécutifs sérieux) et, d'autre part, une privation qui constitue en même temps une menace pour la personnalité, c'est-à-dire pour les objectifs de vie de l'individu, son système de défense, l'estime de lui-même, l'accomplissement de soi – les besoins fondamentaux. Nous soutenons que seule la privation *menaçante* est assortie de la multitude d'effets (en général indésirables) communément attribués à la frustration.

Un objet-but peut revêtir deux significations pour un individu. Il a d'abord sa signification intrinsèque, et il peut aussi posséder une valeur seconde, symbolique. Ainsi, telle fillette privée du cornet de glace dont elle avait envie peut avoir simplement perdu un cornet de glace. Un autre enfant, cependant, privé de son cornet de glace peut avoir perdu non seulement une satisfaction sensorielle, mais se sentir également privé de l'amour de sa mère parce que celle-ci a refusé de le lui acheter. Pour le second enfant, le cornet de glace n'a pas seulement une valeur intrinsèque mais peut aussi être porteur de valeurs psychologiques. Être seulement privé d'un cornet de glace en tant que tel signifie probablement peu de chose pour un individu sain, et on est alors fondé à se demander si l'on doit désigner du même nom, frustration, ce qui caractérise d'autres privations plus menaçantes. Ce n'est que lorsqu'un objet-but représente l'amour, le prestige, le respect ou d'autres besoins fondamentaux, qu'en être privé provoque les effets négatifs ordinairement attribués à la frustration en général.

Il est possible de démontrer très clairement cette double signification d'un objet-but chez certains groupes d'animaux et dans certaines situations. Par exemple, lorsque deux singes se situent dans une relation de domination-soumission, un morceau de nourriture est (1) un moyen d'apaiser la faim et aussi (2) un symbole du statut de domination. Par conséquent, si l'animal en état de subordination tente de ramasser la nourriture, il est immédiatement attaqué par l'animal dominant. Si, cependant, il est capable de priver la nourriture de sa valeur symbolique, alors le dominant le laissera la manger. Ce qu'il peut obtenir aisément par un geste d'obéissance, c'est-à-dire de présentation sexuelle, au moment où il s'approche de la nourriture ; comme s'il voulait dire : « Je ne veux cette nourriture que pour combler ma faim, je n'ai pas l'intention de défier ta domination. Je te reconnais le statut de dominant. » De la même manière, nous pouvons recevoir la critique qu'émet un ami de deux façons. En général, l'individu moyen réagit en se sentant attaqué et menacé (ce qui semble justifié dans la mesure où la critique est souvent une attaque). Il se hérisse et répond avec colère. Mais s'il est assuré que cette critique n'est pas une attaque ou un rejet de sa personne, non seulement il l'écoutera mais il l'accueillera avec reconnaissance. Si cette personne a eu mille occasions de vérifier que son ami l'aime et la respecte, la critique n'est rien d'autre qu'une critique, elle ne constitue ni une attaque ni une menace (Maslow, 1936, 1940b).

L'omission de cette distinction a provoqué d'inutiles remous au sein des cercles psychiatriques. On ne cesse de poser cette question récurrente : la privation sexuelle donne-t-elle inévitablement lieu à tous ou à certains des multiples effets de la frustration, tels que l'agressivité ou la sublimation ? Nous savons aujourd'hui que, dans de nombreux cas, l'abstinence sexuelle ne produit pas d'effets psychopathologiques. Dans d'autres, cependant, elle provoque des conséquences négatives. Quel facteur détermine la nature des effets ? L'étude clinique de sujets non névrosés indique clairement que la privation sexuelle ne devient sévèrement pathogène que lorsque l'individu la ressent comme un rejet de la part du sexe opposé, une infériorité, un manque de valeur, de respect, une forme d'isolement ou une entrave volontaire à un besoin fondamental. La privation sexuelle est supportée sans difficulté majeure par les individus pour lesquels elle ne revêt pas ce type d'implications.

Les inévitables privations de l'enfance sont aussi considérées comme sources de frustration. Le sevrage, l'apprentissage de la propreté, celui de la marche, en fait chaque étape d'ajustement est envisagée comme ne pouvant être franchie sans contrainte imposée à l'enfant. Là aussi, la distinction entre la simple privation et la menace pour la personnalité nous impose la prudence. L'observation d'enfants totalement assurés de l'amour et du respect de leurs parents a montré que les privations, la discipline et les punitions peuvent être supportées avec une étonnante facilité. Il y a peu d'effets de frustration lorsque ces privations ne sont pas considérées par l'enfant comme un danger pour sa personnalité fondamentale, ses principaux objectifs de vie ou ses besoins.

De ce point de vue, il s'ensuit que le phénomène de frustration menaçante est plus étroitement lié à d'autres situations de menace qu'à la simple privation. Les effets classiques de la frustration naissent aussi plus fréquemment à la suite d'autres types de menaces – traumatisme, conflit, accident cérébral, maladie grave, danger physique réel, imminence de la mort, humiliation ou souffrance extrême.

Ceci nous incite à poser finalement l'hypothèse que la frustration, en tant que concept unique, est peut-être moins utile que les deux concepts qui la recoupent : (1) la privation de besoins non fondamentaux et (2) la menace pour la personnalité, c'est-à-dire pour les besoins fondamentaux ou les différents systèmes d'adaptation qui y sont associés. La privation implique beaucoup moins que ce qui est généralement sous-entendu dans le concept de frustration ; la menace implique beaucoup plus. La privation n'est pas psychopathogène ; la menace l'est.

Conflit et menace

Le concept de conflit peut se recouper avec celui de la menace comme nous venons de le voir en ce qui concerne la frustration. Nous allons étudier les différents types de conflit.

Le choix à l'état pur est un conflit au sens le plus simple. Chaque être humain effectue au quotidien une multitude de choix de ce type. Nous noterons la différence entre ce choix et un autre type de choix que nous analyserons ultérieurement. Le premier suppose de choisir entre deux voies qui mènent à un même but, celui-ci s'avérant relativement peu important pour l'organisme. La réaction psychologique à cette situation de choix n'est pratiquement jamais d'ordre pathologique. En fait, la plupart du temps, il n'existe aucune impression subjective de conflit.

Il existe une autre forme de conflit lorsque le but en soi est important mais que l'on dispose de plusieurs alternatives pour l'atteindre. Le but lui-même n'est pas en danger. Son degré d'importance dépend, bien entendu, de l'appréciation de chaque organisme pris individuellement. Ce à quoi l'un attache de la valeur peut sembler trivial à l'autre. Une fois la décision prise, l'apparente sensation de conflit s'efface. Si le but revêt une importance capitale, il est vrai que l'obligation de choisir entre deux ou plusieurs voies pour parvenir à la même fin engendre un conflit intense.

Le conflit assorti d'une menace se distingue fondamentalement des deux types précédemment décrits. Nous sommes encore dans une situation de choix, mais il s'agit de choisir entre deux buts différents, l'un et l'autre de nature cruciale. La réaction de choix en jeu ici ne résout pas le conflit, puisque la décision impose de renoncer à quelque chose d'aussi nécessaire que ce qui est choisi. Le renoncement à un but essentiel ou à la satisfaction d'un besoin est source de menace et, même lorsque le choix est parachevé, les effets menaçants persistent. En un mot, ce choix n'a d'autre résultat que d'entraver la satisfaction d'un besoin fondamental. Ce qui s'avère pathogène.

Le conflit catastrophique équivaut à une menace pure, caractérisée par l'absence d'alternative ou de possibilités de choix. Tous les choix sont, à part égale, catastrophiques ou menaçants dans leurs effets, ou bien il ne reste qu'une seule possibilité et celle-ci constitue une menace terrifiante. Cette situation ne mérite le nom de situation de conflit que par extension de la signification du terme. Il suffit pour s'en convaincre de prendre l'exemple d'un homme sur le point d'être exécuté, ou de l'animal contraint d'opter pour un choix dont il sait qu'il est lié à une punition et qui ne lui laisse aucune possibilité de fuir, d'attaquer ou d'adopter un comportement de substitution, comme c'est le cas dans les expériences sur les névroses animales (Maier, 1939).

Du point de vue de la psychopathologie, nous devons parvenir une conclusion identique à celle qui se rapportait à l'analyse de la frustration. On distingue deux formes de situations de conflit ou de réactions conflictuelles, celles qui sont non menaçantes et celles qui recèlent une menace. Les conflits non menaçants n'ont aucune importance dans la mesure où ils ne sont pas habituellement pathogènes, à la différence des conflits de type menaçant qui ont très souvent des effets pathogènes[1]. Là encore, il semblerait

1. La menace n'est pas toujours pathogène ; il existe des manières saines de la gérer, tout autant que des solutions névrotiques et psycho-

que lorsque nous disons d'un sentiment de conflit qu'il est générateur de symptômes, nous ferions mieux de parler de menace ou de conflit menaçant, puisqu'il existe des types de conflit qui ne provoquent pas de symptômes. Certains ont au contraire un effet de renforcement sur l'organisme.

Nous pouvons dès lors procéder à une reclassification de nos concepts dans le champ global de la psychopathogenèse. Nous pouvons évoquer en premier la privation et en second le choix, et les considérer tous les deux comme non pathogènes et par conséquent comme des concepts dénués d'intérêt pour le spécialiste de la psychopathologie. Le seul concept qui ait de l'importance n'est ni le conflit ni la frustration mais leur caractéristique pathogène essentielle, en l'occurrence la menace qui met en péril ou atteint effectivement les besoins fondamentaux et l'accomplissement de soi.

La définition individuelle de la menace

La théorie dynamique générale et diverses découvertes empiriques prouvent la nécessité d'une définition individuelle de la menace. Une situation ou une menace ne s'adresse pas seulement aux besoins fondamentaux communs à l'espèce mais concerne aussi l'organisme individuel qui y est confronté. On a souvent défini la frustration et le conflit essentiellement en fonction de situations externes, au lieu de prendre en compte la réaction interne de l'organisme ou sa perception face à ces situations externes.

---

tiques. En outre, une situation menaçante en apparence ne provoque pas nécessairement un sentiment de menace psychologique chez un individu donné. Un bombardement ou un danger mortel peut ne pas être plus menaçant qu'un sarcasme, une rebuffade, la défection d'un ami, la maladie de son propre enfant ou une injustice à l'encontre de quelqu'un qui vous est totalement étranger et qui habite à des milliers de kilomètres. À cela s'ajoute que la menace peut avoir une action de renforcement.

Rappelons que la situation traumatique et le sentiment du traumatisme ne sont pas la même chose ; une situation traumatique *peut* être mais *n'est pas* toujours psychologiquement menaçante. Elle peut en fait avoir une portée éducative et agir comme renforçateur quand elle est correctement gérée.

Comment saurons-nous que l'organisme perçoit une situation comme une menace ? Chez l'être humain, il est assez facile de le déterminer en employant une technique apte à décrire l'ensemble de la personnalité, comme par exemple la psychanalyse. Ces techniques nous permettent de savoir ce dont la personne a besoin, ce qui lui manque et ce qui la met en danger. Les adultes sains sont en général moins menacés par les situations externes que les adultes moyens ou névrosés. Rappelons que cette santé de l'adulte, si elle est due à l'absence de menace pendant l'enfance ou aux menaces surmontées avec succès, résiste de mieux en mieux avec les années ; ainsi, rien ne peut mette en péril la masculinité de l'homme *totalement* sûr de lui. De même, une femme à laquelle on retire tout amour ne se sentira pas menacée pourvu qu'elle ait été aimée pendant toute son existence et si elle se sent aimable et digne d'être aimée. Nous retrouvons là encore le principe d'autonomie fonctionnelle.

Un dernier point en relation avec la théorie dynamique nous impose de considérer le sentiment de menace en soi comme une stimulation dynamique donnant lieu à d'autres réactions. Aucune description de la menace dans un organisme n'est complète à moins de savoir aussi ce qu'induit le sentiment de la menace, quels actes il suggère à l'individu et de quelle manière l'organisme réagit. Dans la théorie des névroses, il est bien entendu indispensable de comprendre à la fois la nature du sentiment de menace et la manière dont l'organisme y réagit.

Le traumatisme et la maladie comme menace

Il nous semble important d'indiquer que le concept de menace comporte des phénomènes qui n'entrent pas dans la catégorie du conflit ni de la frustration tels que nous les avons décrits. Certaines maladies graves peuvent être psychopathogènes. Une personne qui a subi une crise cardiaque se comporte très souvent comme si elle se trouvait sous l'emprise d'une menace. L'expérience de la maladie ou de l'hospitalisation chez les jeunes enfants a fréquemment l'effet d'une menace directe, indépendamment des privations qui y sont liées.

À ces effets menaçants qui ne relèvent ni du conflit ni de la frustration, s'ajoute le traumatisme grave. Toute personne victime d'un accident sérieux peut en conclure qu'elle ne maîtrise plus son destin et que la mort la guette à tout instant. Face à un monde devenu dangereux et qui les écrase, certains individus semblent perdre confiance dans leurs capacités, y compris les plus fondamentales. Les traumatismes moins violents, bien entendu, n'entraînent pas de réponses aussi intenses. On attend ce type de réaction le plus souvent de la part de sujets que leur structure caractérielle prédispose à la menace.

L'imminence de la mort, quelles qu'en soient les causes, peut également (mais cela n'est pas nécessaire) nous plonger dans un état de menace par la simple raison que nous perdons toute confiance élémentaire en nous-mêmes. Lorsque nous ne réussissons plus à contenir la situation, lorsque le monde exige trop de nous, lorsque nous ne sommes plus maître de notre destin, lorsque l'univers échappe à notre contrôle et que nous perdons tout pouvoir sur nous-mêmes, nous pouvons alors parler de sentiments de menace. D'autres types de situations sur lesquelles « nous ne pouvons agir » sont également vécus comme tels. La douleur extrême en fait certainement partie, tant il est vrai que nous sommes désarmés devant elle.

Ce concept pourrait sans doute être élargi à des phénomènes que l'on classe normalement dans une autre catégorie. Par exemple, pour un enfant, une stimulation intense à laquelle on ne s'attendait pas, le fait d'être abandonné sans avertissement, de perdre pied, tout ce qui est inexpliqué ou inhabituel, le bouleversement de sa routine ou de son rythme, peuvent être considérés comme des menaces plus que comme de simples sources d'émotion.

Évoquons aussi ce qui se situe au centre de la menace elle-même, à savoir la privation ou l'échec ou le danger pour les besoins fondamentaux (humiliation, rejet, isolement, perte de prestige, perte de force) ; tous ces aspects sont directement menaçants. Auxquels s'ajoute la mauvaise utilisation ou la non-utilisation des capacités, qui nuit à l'accomplissement de soi. Enfin, la mise en péril des métabesoins ou des valeurs de l'Être peut provoquer un sentiment de menace pour l'individu doté d'une maturité supérieure.

L'inhibition de l'accomplissement de soi comme menace

Nous sommes d'accord avec Goldstein (1939, 1940) pour considérer la plupart des expériences individuelles de la menace comme autant de situations qui inhibent ou qui risquent d'inhiber le développement vers l'ultime accomplissement de soi. Cette insistance sur les dommages présents et à venir n'est pas sans conséquences. Citons, à titre d'exemple, la conception révolutionnaire de Fromm de la conscience « humaniste » en tant que perception de la déviation de la voie qui mène à la croissance ou à l'accomplissement de soi. Cette formulation met particulièrement en relief le relativisme et donc l'inadéquation de la conception freudienne du surmoi.

Le parallélisme établi entre la *menace* et l'*inhibition de la croissance* crée la possibilité d'une situation subjectivement non menaçante sur le moment, mais susceptible de le devenir ou d'inhiber la croissance ultérieurement. Des enfants réclament une satisfaction immédiate qui va les contenter, les calmer ou les rendre reconnaissants mais qui inhibe leur croissance. C'est la soumission des parents à l'enfant qui produit le psychopathe gâté.

La source de la pathologie

L'identification de la psychopathogenèse à un développement imparfait engendre un autre problème lié à son caractère moniste. Nous avons sous-entendu que toutes les maladies ou presque naissent d'une même source ; la nature de la psychopathogenèse est plus unitaire que multiple. Mais alors d'où proviennent les syndromes d'affections distinctes ? Peut-on parler de psychopathogenèse mais aussi de psychopathologie unitaire ? Se peut-il que des affections, distinctes du point de vue médical, soient en réalité des réactions superficielles et idiosyncrasiques à une maladie globale plus profonde, comme le revendiquait Horney (1937) ? Le test S-I de sécurité-insécurité (Maslow, 1952) était élaboré à partir d'un postulat analogue et semble jusqu'à présent avoir fort bien réussi en permettant d'identifier les patients qui souffrent d'une affection psychologique globale plutôt que d'hystérie ou d'hypocondrie ou de névrose d'anxiété spécifique.

Notre propos, ici, se borne à indiquer que cette théorie de la psychopathogenèse débouche sur des problèmes et sur des hypothèses non négligeables, que nous ne tenterons pas d'explorer. Il nous paraît suffisant, pour le moment, de souligner ses possibilités unificatrices et simplificatrices.

Résumé

En résumé, peut être ressenti comme menaçant, au sens où nous l'entendons, tout ce qui suit : la mise en péril ou l'échec réel des besoins fondamentaux et des métabesoins (y compris de l'accomplissement de soi) ou des conditions sur lesquelles ils reposent, la menace contre l'existence elle-même, l'atteinte à l'intégrité globale de l'organisme, la menace contre l'intégration de l'organisme, la perte de la maîtrise élémentaire du monde par l'organisme et la menace contre les valeurs suprêmes.

Quelle que soit la manière dont nous définissons la menace, il existe un aspect que nous ne devons jamais ignorer. Toute définition ultime, indépendamment des éléments qu'elle contient, doit être reliée aux buts, aux valeurs ou aux besoins fondamentaux de l'organisme. Ce qui signifie que toute théorie de la psychopathogenèse, en retour, doit se fonder directement sur la théorie de la motivation.

CHAPITRE 8

L'esprit de destruction est-il instinctif ?

En apparence, les besoins fondamentaux (motifs, pulsions, mobiles) ne sont ni mauvais ni coupables. Il n'y a rien de mal à vouloir et à avoir besoin de nourriture, de sécurité, d'appartenance et d'amour, de reconnaissance sociale et d'estime de soi, et d'accomplissement de soi. Au contraire, la plupart des individus dans la majorité des cultures les tiennent – dans le respect des formes locales – pour des désirs souhaitables et dignes d'être cultivés. Dans notre grande prudence scientifique, nous dirions encore qu'ils sont neutres plutôt que négatifs. Ceci est vrai de toutes, ou de presque toutes, les capacités propres à l'espèce humaine que nous connaissons (la faculté de raisonner dans l'abstrait, de maîtriser la grammaire d'une langue, d'élaborer des philosophies, etc.) et des différences de constitution (activité ou passivité, mésomorphie ou ectomorphie, niveau d'énergie faible ou élevé, etc.). Quant aux métabesoins d'excellence, de vérité, de beauté, de justice, de simplicité, il est impossible, dans notre culture comme dans la plupart des cultures connues, d'affirmer qu'ils sont intrinsèquement mauvais ou néfastes ou coupables.

La matière première de l'humanité et de l'appartenance à l'espèce humaine, par conséquent, n'explique pas en soi le mal considérable que nous voyons à l'œuvre dans le monde, dans l'histoire de l'homme et en chacun de nous. Bien sûr, nous en savons assez pour attribuer une bonne partie de ce que nous appelons le mal à la maladie physique et psychique, à l'ignorance et à la bêtise, à l'immaturité, à des conditions sociales défavorables et à la carence des institutions. Mais nous ne prétendons pas être assez savants pour en évaluer l'étendue. Nous savons que l'on peut réduire le mal par la santé et la thérapie, par la connaissance et la sagesse, par la maturité chronologique et psychologique, par des systèmes et des institutions politiques, économiques et sociaux adéquats. Mais dans quelle proportion ? Les mesures prises auront-elles le pouvoir de réduire le mal à zéro ? Certes, nos connaissances sont aujourd'hui suffisantes pour réfuter l'idée que la nature humaine est, dans son essence, *principalement*, *biologiquement*, *fondamentalement* mauvaise, coupable, malveillante, féroce, cruelle ou meurtrière. Mais nous n'osons pas affirmer qu'il n'existe dans l'absolu *aucune* tendance instinctive au mal. Il est parfaitement clair que nos connaissances ne nous autorisent pas à formuler une telle affirmation et qu'il existe des preuves pour la contredire. En tout cas, il paraît tout aussi évident que cette connaissance est à notre portée et que ces questions peuvent être explorées dans le cadre d'une science humaniste qui élargirait son champ d'investigation de manière appropriée (Maslow, 1966 ; Polanyi, 1958).

Ce chapitre offre un aperçu de la réflexion empirique sur un sujet crucial situé au centre de ce que l'on a nommé le bien et le mal. S'il ne prétend pas à l'exhaustivité, il rappelle que notre connaissance de la destructivité a réellement progressé, même si elle n'est pas encore parvenue au point d'offrir des conclusions définitives.

Les animaux

Tout d'abord, on remarque chez certaines espèces animales une sorte d'agressivité primaire qui ne se vérifie pas chez tous les animaux, ni même pour la majorité d'entre eux, mais chez quelques-uns. Certains animaux, apparemment, tuent simplement pour tuer et se montrent agressifs sans raison extérieure observable. Un renard lâché dans un poulailler peut tuer plus de poules qu'il est capable d'en manger, et tout le monde connaît l'histoire du chat qui joue avec la souris. Les cerfs et d'autres animaux ongulés en rut recherchent le combat et vont jusqu'à délaisser leur compagne pour s'y adonner. Chez beaucoup d'animaux, y compris dans les races supérieures, l'avancée en âge se traduit par un regain de violence qui s'explique par leur constitution, et certains animaux auparavant paisibles se mettent à attaquer sans provocation. Dans plusieurs espèces, l'animal ne tue pas uniquement pour se nourrir.

Une célèbre étude sur les rats de laboratoire montre qu'il est possible d'inculquer la sauvagerie, l'agressivité ou la férocité de la même façon que l'on éduque à certaines caractéristiques physiques. La tendance à la violence, au moins en ce qui concerne ces animaux et probablement aussi dans d'autres espèces, peut être un déterminant du comportement primairement hérité. Ceci est corroboré par la découverte que les glandes adrénales des rats sauvages et violents sont plus développées que celles des sujets plus apprivoisés et plus doux. D'autres espèces, bien entendu, peuvent être éduquées par les généticiens en vue de l'objectif inverse, pour obtenir de la douceur, de la docilité, une totale absence d'agressivité. Ces exemples et ces observations nous permettent d'avancer et d'accepter la plus simple des explications possibles, à savoir que le comportement en question provient d'une motivation *ad hoc*, qu'il existe un instinct héréditaire prédisposant à ce type même de comportement.

Cependant, d'autres exemples de férocité primaire en apparence ne résistent pas à une analyse approfondie. L'agressivité peut être provoquée de plusieurs manières et par diverses situations chez les animaux comme chez les êtres humains. Il existe par exemple un déterminant que l'on appelle la territorialité (Ardrey, 1966), illustré notamment par les oiseaux qui installent leur nid sur le sol. Dès que le lieu de la nidation est choisi, ils attaquent tous les autres oiseaux qui se risquent à l'intérieur de leur périmètre. Ils s'en prennent exclusivement aux envahisseurs, laissant les autres en paix. Ce n'est pas une offensive générale, elle ne vise que ceux qui violent leur territoire. Certaines espèces agressent tout animal, même s'il est issu de la même espèce, qui n'a pas l'odeur ou l'apparence du groupe ou du clan. Les singes hurleurs, par exemple, forment une sorte de corporation fermée. Tout autre singe hurleur qui tente de s'infiltrer dans le groupe est repoussé bruyamment. Mais s'il rôde suffisamment longtemps autour du groupe, il finit par s'intégrer et attaque, à son tour, tout étranger qui s'approche.

Les études sur les animaux supérieurs mettent en évidence une corrélation étroite entre l'attaque et la domination. Elles sont trop complexes pour que nous les reprenions en détail ici ; précisons simplement que la domination et l'agression qui en découle parfois possèdent une valeur fonctionnelle ou une valeur de survie pour l'animal. Sa place dans la hiérarchie de domination est en partie conditionnée par les succès que son agressivité lui permet de remporter, et elle détermine à son tour la quantité de nourriture qu'il recevra, s'il aura ou non une compagne et d'autres satisfactions biologiques. Dans la quasi-totalité des cas, ces animaux ne manifestent de cruauté que lorsqu'il s'avère nécessaire d'asseoir ou de renverser un statut de domination. Je ne suis pas certain que cette loi se vérifie pour d'autres espèces. Mais je soupçonne que la territorialité, l'offensive contre les étrangers, la protection jalouse des femelles, l'attaque du faible ou du malade, et d'autres phénomènes que l'on explique par une agressivité instinctive ou par la cruauté, sont en fait davantage motivés par le désir de dominer que par une motivation spécifique d'agression pour l'agression ; il s'agit sans doute plus d'un comportement de moyen que d'un comportement de finalité.

Lorsque l'on étudie les primates infra-humains, on découvre que l'agression est moins primaire qu'induite et réactive, qu'elle devient de plus en plus fonctionnelle et constitue une réaction compréhensible et rationnelle à un ensemble de motivations, de forces sociales et de déterminants situationnels directs. Et quand on arrive au chimpanzé, cet animal qui, de tous les animaux, est le plus proche de l'homme, on ne décèle aucun comportement susceptible de témoigner de près ou de loin d'agression gratuite. Ces animaux se montrent si aimables, si coopératifs et si amicaux, notamment dans leur jeune âge, que dans certains groupes on ne trouve aucune trace d'agression cruelle motivée par quelque raison que ce soit. On observe quelque chose de semblable chez les gorilles.

Je dirais ici que l'ensemble de l'argumentation qui va de l'animal à l'homme doit susciter le doute. À supposer que l'on accepte cette argumentation, on doit en conclure, en raisonnant à partir des animaux les plus proches des hommes, qu'ils prouvent quasiment le contraire de ce qui est généralement admis. Si les humains héritent de l'animal, il s'agit probablement en majeure partie d'un héritage anthropoïde, or les singes anthropoïdes donnent plutôt des preuves de coopération que d'agression.

Cette erreur illustre une forme de pensée pseudoscientifique que l'on peut au mieux décrire comme un centrisme animal injustifié. La procédure idéale pour commettre ce type d'erreur consiste d'abord à élaborer une théorie ou à formuler une idée reçue, et à extraire de l'ensemble de la gamme de l'évolution l'animal susceptible d'illustrer la démonstration. Deuxièmement, on doit délibérément refuser de considérer le comportement des animaux qui ne s'intègrent pas à la théorie. Pour prouver que la destructivité est un instinct, il vaut mieux choisir le loup et laisser de côté le lapin. Troisièmement, il faut oublier que l'on observe clairement des tendances au développement si l'on étudie l'ensemble de l'échelle phylétique du bas vers le haut au lieu de sélectionner certaines espèces préférées. Car, à mesure que l'on s'élève dans l'échelle animale, les appétits prennent une importance croissante et la faim pure diminue. Par ailleurs, on note une variabilité plus importante ; la période entre la fertilisation et l'âge adulte tend, à quelques exceptions près, à s'allonger ; et, ce qui est sans doute le plus significatif, les réflexes, les hormones et les instincts deviennent des déterminants mineurs et sont de plus en plus remplacés par l'intelligence, l'apprentissage et la détermination sociale.

Les animaux nous apportent plusieurs enseignements qui peuvent se résumer ainsi : premièrement, l'argumentation qui part de l'animal pour aller vers l'homme est toujours une tâche délicate et impose les plus grandes précautions ; deuxièmement, une tendance primaire et héréditaire à l'agressivité cruelle et destructrice peut être identifiée dans certaines espèces animales, mais dans des cas moins nombreux qu'on ne le croie généralement. Elle est totalement absente chez certaines espèces. Troisièmement, une analyse précise de certains exemples de comportement agressif chez les animaux révèle qu'il s'agit de réactions secondaires, dérivées, provoquées par des déterminants variés, et non de l'expression d'un instinct d'agression à proprement parler. Quatrièmement, à mesure que l'on s'élève dans l'échelle phylétique et que l'on se rapproche de l'homme, la preuve d'un supposé instinct d'agression primaire s'affaiblit pour disparaître totalement lorsque l'on arrive aux grands singes. Cinquièmement, si l'on étudie attentivement les grands singes, nos plus proches parents parmi tous les animaux, on ne détecte pas ou peu de preuves d'agressivité primaire, mais on trouve au contraire de l'amitié, de la coopération et même de l'altruisme. Le dernier point important, enfin, est notre tendance à soupçonner des mobiles, lorsque tout ce que nous connaissons est un comportement. Les spécialistes du comportement animal s'accordent maintenant à dire que la plupart des carnivores tuent leur proie pour se nourrir et non par sadisme, à peu près dans le même esprit que nous nous procurons des biftecks pour les manger et non pour le plaisir de tuer. Cela signifie donc que nous devons désormais mettre en doute ou rejeter toute argumentation sur l'évolution expliquant que notre nature animale nous pousse à l'agressivité ou à la destructivité pour elles-mêmes.

Les enfants

Les observations, les recherches expérimentales et les découvertes sur les enfants ressemblent parfois à une sorte de méthode projective, à une tache d'encre de Rorschach sur laquelle peut être projetée l'hostilité des adultes. On entend beaucoup parler d'égoïsme inné et de destructivité innée chez les enfants, et on lit plus d'articles à ce propos que sur l'esprit de coopération, la gentillesse, la sympathie, etc. En outre, les études qui existent sur ces sujets, bien que rares, ont été généralement ignorées. Les psychologues et les psychanalystes ont souvent considéré l'enfant en bas âge comme un petit diable, né avec le péché originel et la haine au cœur. Ce portrait sans complaisance est faux, très certainement. Je dois reconnaître qu'il existe un regrettable manque de matériau scientifique dans ce domaine. Mon jugement se fonde donc sur quelques recherches excellentes, notamment celles de Lois Murphy (1937) traitant de la sympathie chez les enfants.

Quoi qu'il en soit, ces maigres preuves semblent suffisantes pour jeter le doute sur une conception qui fait des enfants des petits animaux fondamentalement hostiles, agressifs, destructeurs, auxquels on inculque un minimum de bonté par la discipline et la punition.

L'expérience et l'observation indiquent que les enfants normaux semblent en fait souvent hostiles, destructeurs et égoïstes d'une manière primitive, ainsi que d'aucuns l'ont affirmé. Mais ils se montrent aussi parfois, et peut-être aussi souvent, généreux, coopératifs et altruistes d'une manière tout aussi primitive. Selon le principe central qui détermine la fréquence relative des deux types de comportement, il semblerait que l'enfant qui souffre d'insécurité, dont les besoins de sécurité, d'amour, d'appartenance et d'estime de soi sont en danger, voire directement menacés, soit celui qui manifeste un égoïsme extrême, de la haine, de l'agressivité et de la destructivité. Chez les enfants fondamentalement aimés et respectés de leurs parents, on devrait trouver moins de destructivité et, selon moi, tout tend à prouver qu'on rencontre *de fait* moins de destructivité chez eux. Ce qui conduit à envisager l'hostilité comme une réaction, un instrument ou une défense, et non comme un instinct.

Lorsque l'on regarde un bébé en bonne santé, aimé et bien soigné, disons jusqu'à l'âge d'un an ou un peu plus, on ne voit en lui rien qui puisse évoquer le mal, le péché originel, le sadisme, la méchanceté, le plaisir de blesser, la destruction, l'hostilité pour l'hostilité ou la cruauté délibérée. Au contraire, l'observation attentive et soutenue démontre l'inverse. Presque toutes les caractéristiques de la personnalité constatées chez les individus accomplis, tout ce qui paraît digne d'amour, admirable et enviable, se retrouve chez les tout petits-enfants – c'est-à-dire à l'exception de la connaissance, de l'expérience et de la sagesse. L'une des raisons pour lesquelles les bébés suscitent autant d'attirance et d'amour doit résider en ceci qu'ils sont dépourvus de mal visible, de haine ou de malveillance au cours de la première ou des deux premières années de leur vie.

Quant à la destructivité, je doute fortement qu'elle se produise chez les enfants normaux en tant qu'expression primaire d'une simple pulsion destructrice. Tout exemple de destructivité peut être analysé comme une dynamique pour peu que l'on se donne la peine de l'étudier attentivement. L'enfant qui démonte la pendule n'a pas l'impression de commettre un acte destructeur, il examine la pendule. Si l'on veut évoquer une pulsion primaire dans ce cas, il serait préférable de parler de curiosité plutôt que de destruction. De nombreux exemples qui, aux yeux de la mère affolée, passent pour de la destruction, ne sont pas simplement affaire de curiosité mais représentent une activité, un jeu, une manière de tester ses capacités et ses talents, parfois même une véritable création comme lorsqu'une petite fille découpe le dossier méticuleusement préparé par son père pour le transformer en jolis petits papiers. Je doute que les jeunes enfants soient volontairement destructeurs par plaisir. On retiendra certaines pathologies à titre d'exception possible : par exemple, l'épilepsie et la post-encéphalite. Et même dans ces cas que l'on nomme pathologiques, on ignore si l'acte de destruction ne constitue pas une réaction en réponse à des menaces d'une quelconque nature.

La rivalité au sein d'une fratrie représente un cas particulier qui appelle de nombreuses interrogations. Un enfant âgé de deux ans peut se montrer dangereusement agressif vis-à-vis de son petit frère qui vient de naître. L'hostilité s'exprime parfois directement et de manière naïve. On peut raisonnablement expliquer cette attitude par le fait qu'un enfant de deux ans n'a tout simplement pas la faculté de penser que sa mère est capable d'aimer *deux* enfants à la fois. Il ne blesse pas le nouveau-né pour le plaisir de blesser mais pour conserver l'amour de sa mère.

La personnalité psychopathe représente un autre cas dans lequel l'agression paraît souvent non motivée, c'est-à-dire semble perpétrée de manière gratuite. Il est opportun de rappeler ici un principe que Ruth Benedict (1970) fut la première à énoncer alors qu'elle tentait de comprendre pourquoi les sociétés confiantes pouvaient s'engager dans la guerre. Elle expliquait que les individus confiants et sains ne se montrent ni hostiles ni agressifs envers leurs frères au sens large, auxquels ils peuvent s'identifier. En revanche tous ceux qui *ne sont pas* considérés comme des êtres humains sont éliminés sans autre forme de procès et sans la moindre culpabilité par ces mêmes individus sains, gentils, aimants, comme s'il s'agissait d'insectes perturbateurs ou d'animaux que l'on tue pour se nourrir.

Il est utile, lorsqu'on veut comprendre les psychopathes, de postuler qu'ils n'établissent pas d'identifications fondées sur l'amour avec d'autres êtres humains et peuvent donc blesser ceux-ci, voire les tuer, sans états d'âme, sans haine et sans plaisir, comme ils suppriment des animaux devenus nuisibles. Certaines réactions enfantines, cruelles en apparence, sont probablement liées à cette même absence d'identification typique de l'enfant qui n'a pas atteint une maturité suffisante pour s'inscrire dans des relations interpersonnelles.

Nous terminerons par des considérations d'ordre sémantique qui revêtent une importance certaine. Pour l'exprimer de manière aussi succincte que possible, nous dirons que l'agressivité, l'hostilité et la destructivité sont des mots d'adultes. Ils possèdent pour ces derniers une signification qui ne recouvre *rien* pour des enfants, et ne devraient donc pas être employés sans rectification et redéfinition préalables.

Prenons un exemple : des enfants de deux ans peuvent jouer côte à côte, en toute indépendance, sans qu'existe de relation entre eux. Lorsqu'un acte d'agressivité ou d'égoïsme se produit, il n'est pas de même nature que celui qui oppose deux enfants âgés de dix ans ; il peut survenir en dehors de toute prise de conscience de l'autre. Si l'un des enfants tente d'arracher de force son jouet à l'autre, il agit comme s'il s'agissait pour lui d'extraire un objet coincé dans une boîte plutôt que mû par l'agressivité égoïste de l'adulte.

Ainsi du nourrisson auquel on retire le téton de la bouche et qui se met à hurler de rage, ou de l'enfant de trois ans qui frappe sa mère lorsqu'elle vient de le punir, ou de l'enfant de cinq ans en colère qui vocifère : « Je voudrais que tu meures », ou du garçonnet de deux ans qui malmène constamment son petit frère nouveau-né. Dans aucun de ces cas, nous ne devrions traiter l'enfant comme un adulte, ni interpréter sa réaction comme s'il s'agissait de celle d'un adulte.

La plupart de ces comportements, replacés dans le cadre de référence de l'enfant, doivent être acceptés comme la manifestation d'une réaction. En d'autres termes, ils sont davantage motivés par la déception, le sentiment de rejet, de solitude, la crainte de perdre l'estime ou la protection (c'est-à-dire la perspective ou le fait de voir ses besoins contrariés), que par un désir inhérent ou acquis de blesser ou de haïr. Que cette explication par la réaction s'applique à *la totalité* des comportements destructeurs ou seulement à la majorité d'entre eux, l'état de nos connaissances – ou plutôt de nos lacunes – ne nous autorise pas à l'affirmer.

L'anthropologie

L'ethnologie vient au secours du débat sur les données comparatives. L'étude, même hâtive, du matériau à notre disposition prouverait au lecteur intéressé que, dans les cultures primitives existantes, l'hostilité, l'agressivité ou la destructivité varient selon des extrêmes allant de zéro à presque cent pour cent. Des peuples tels que les Arapesh sont si doux, si amicaux, si pacifiques qu'ils éprouvent les plus grandes difficultés à trouver dans leurs rangs un homme qui possède assez d'affirmation de soi pour organiser leurs cérémonies. À l'autre extrême se situent les Chuckchi et les Dobu, si imprégnés de haine que l'on se demande ce qui les retient de s'entre-tuer mutuellement. Ces descriptions s'appliquent bien entendu aux comportements observés de l'extérieur. Elles ne préjugent pas des pulsions inconscientes qui leur sont sous-jacentes et qui *peuvent* se révéler différentes de ce que nous *voyons*.

À l'évidence, les êtres humains ne sont pas nécessairement aussi agressifs et destructeurs que l'individu moyen dans la société américaine, et *a fortiori* dans d'autres parties du monde. L'anthropologie apporte la preuve que chez les êtres humains, la destructivité, la malveillance ou la cruauté sont très probablement une conséquence secondaire, une réaction à ce qui menace ou contrecarre les besoins fondamentaux de l'homme.

L'expérience clinique

Si l'on se réfère à l'expérience ordinaire relatée dans les traités de psychothérapie, la violence, la colère, la haine, les désirs de destruction, les pulsions de vengeance et d'autres sentiments du même ordre existent chez pratiquement tout le monde, de manière visible ou sous-jacente. Les thérapeutes expérimentés refusent de prendre au sérieux quelqu'un qui affirme ne jamais avoir éprouvé de haine. Ils supposent simplement que cette personne a supprimé ou refoulé son sentiment. Ils s'attendent à le trouver présent en chacun de nous.

Cependant on constate également en thérapie que le fait de parler librement de ses pulsions violentes (sans les traduire en actes) tend à les purger, à en réduire la fréquence et à en éliminer les aspects irréalistes et névrotiques. L'aboutissement global d'une thérapie réussie (ou d'une croissance et d'une maturation parvenues à leur terme) se rapproche de ce que l'on observe chez les sujets accomplis : (1) ces derniers ressentent nettement moins souvent que les individus moyens des sentiments d'hostilité, de haine, de violence, de malveillance, d'agressivité destructrice ; (2) ils ne *perdent* pas leur colère ou leur agressivité, mais leur sentiment se transforme en indignation, en affirmation de soi, en résistance aux manœuvres d'exploitation des autres, en colère contre l'injustice, c'est-à-dire que l'agressivité malsaine évolue vers une agressivité saine ; (3) les personnes plus accomplies semblent moins effrayées par leur propre colère et par leur agressivité, elles sont capables de s'y laisser aller avec moins de réticences quand il leur arrive de les exprimer. La violence n'admet pas qu'un seul contraire mais deux. L'opposé de la violence peut être moins de violence, ou le contrôle de sa propre violence, ou des efforts pour être non violent. *Ou* il peut être l'opposition entre une violence saine et une violence malsaine.

Ces « données » ne résolvent pas pour autant le problème, et il est intéressant d'apprendre que Freud et ses disciples fidèles considèrent que la violence est instinctive, alors que Fromm, Horney et d'autres non freudiens concluent qu'elle ne relève pas du tout de l'instinct.

Endocrinologie et génétique

Quiconque aurait l'intention de réunir toutes les connaissances sur les origines de la violence devrait également explorer les données répertoriées par les endocrinologues. Là encore, la situation est relativement simple en ce qui concerne les animaux inférieurs. Nul ne doute que les hormones sexuelles et que les hormones adrénales et pituitaires conditionnent l'agressivité, la domination, la passivité et la férocité. Mais dans la mesure où les glandes endocrines se déterminent mutuellement, certaines de ces données sont très complexes et requièrent une connaissance approfondie. Il en va de même de l'espèce humaine, dont les caractéristiques s'avèrent d'une extrême complexité, laquelle ne devrait pas nous inciter à les négliger pour autant. On observe également que les hormones mâles jouent un rôle dans l'assurance, dans la prédisposition et l'aptitude au combat, et ainsi de suite. Il est prouvé que l'adrénaline et la non-adrénaline ne sont pas sécrétées dans les mêmes proportions suivant les individus, et que ces substances chimiques influencent notre propension à lutter au lieu de fuir, etc. La nouvelle science interdisciplinaire de la psychoendocrinologie nous apportera sans doute d'autres lumières sur ce sujet.

Bien entendu, la génétique, l'étude des chromosomes et des gènes eux-mêmes, prend toute sa pertinence ici. Ainsi, la mise en évidence du fait que les mâles munis d'un double chromosome mâle (une double dose d'hérédité mâle) tendent à agir avec une violence incontrôlable, rend caduque en soi toute théorie purement environnementaliste. Dans la plus pacifique des sociétés, où règnent des conditions sociales et économiques idéales, il se trouvera toujours *un certain nombre* d'individus violents pour la simple raison qu'ils sont constitués ainsi. De cette découverte naît cette question amplement débattue mais non encore résolue : le mâle, notamment l'adolescent de sexe masculin, aurait-il besoin d'une certaine violence, de quelque chose ou de quelqu'un à combattre, avec lequel entrer en conflit ? Certaines preuves vont dans le sens de cette affirmation, non seulement en ce qui concerne les adultes humains mais aussi les bébés, y compris les bébés singes. Laissons aux chercheurs de demain le soin de décider dans quelle mesure cette caractéristique est, ou non, intrinsèquement déterminée.

Considérations théoriques

Ainsi que nous l'avons vu, selon une conception largement répandue, le désir de détruire ou de blesser est un comportement secondaire ou dérivé plutôt qu'une motivation primaire. On entend par là que, chez l'être humain, le comportement hostile ou destructeur est presque toujours la conséquence attendue d'une raison précise, une réaction à un état de choses, un résultat plutôt qu'une source originale. À l'opposé se situe une théorie selon laquelle la destructivité est le produit direct et primaire, global ou partiel, d'un certain instinct de destruction.

Dans un tel débat, la seule distinction essentielle que l'on puisse établir est celle qui existe entre la motivation et le comportement. Le comportement est déterminé par de nombreuses forces, dont la motivation interne n'est qu'un élément. Je préciserai brièvement que toute théorie sur la détermination du comportement doit inclure au minimum l'étude des déterminants suivants : (1) la structure de la personnalité, (2) les pressions culturelles et (3) la situation ou le champ immédiats. En d'autres termes, l'analyse de la motivation interne ne représente que l'une des trois composantes majeures intervenant dans l'étude des principaux déterminants du comportement. En gardant ces considérations présentes à l'esprit, je peux reformuler ma question ainsi : comment le comportement destructeur est-il déterminé ? Et encore : l'unique déterminant du comportement destructeur correspond-il à une motivation héritée, prédéterminée, *ad hoc* ? Ces interrogations fournissent elles-mêmes une réponse immédiate en se fondant sur un *a priori* fondamental. Ni l'ensemble de toutes les motivations possibles, ni, à plus forte raison, un instinct particulier, n'ont le pouvoir de déterminer en eux-mêmes l'occurrence de l'agression ou de la destructivité. La culture intervient généralement, et il importe également de prendre en compte la situation immédiate ou le champ dans lequel s'exprime le comportement.

Le problème peut aussi être posé différemment. Chez l'être humain, le comportement destructeur relève de causes si multiples qu'il en devient ridicule de parler d'un instinct de destruction unique. Les exemples présentés ci-dessous l'attestent.

La destruction peut se produire de manière fortuite, comme lorsque l'on balaie quelque chose qui se trouve sur le chemin du but que l'on cherche à atteindre. Une fillette qui veut saisir un jouet situé à distance ne remarque pas qu'elle piétine d'autres jouets qui jonchent son passage (Klee, 1951).

Elle peut advenir en tant que réaction concomitante à une menace capitale. Ainsi toute menace qui risque de contrecarrer des besoins fondamentaux, ou qui met en danger le système de défense ou d'adaptation, tout ce qui constitue un péril pour le mode de vie global de l'individu engendre une réaction d'anxiété-hostilité, ce qui signifie qu'un comportement hostile, agressif ou destructeur est très souvent à attendre dans de telles réactions. Il s'agit finalement d'un comportement défensif, d'une contre-attaque plutôt que d'une attaque pour l'attaque.

Tout dommage à l'organisme, toute perception d'une détérioration organique, provoque sans doute chez la personne peu sûre d'elle de semblables sentiments de menace, et laisse présager un comportement destructeur, comme dans de nombreux cas d'atteintes cérébrales lorsque le patient essaie avec frénésie de restaurer l'estime de soi défaillante par diverses tentatives désespérées.

Une autre raison au comportement agressif, que l'on néglige habituellement ou que l'on ne sait pas formuler avec exactitude, est la vision autoritaire de l'existence. Si les individus vivaient *réellement* dans une jungle peuplée d'animaux divisés en deux catégories, ceux qui sont capables de les dévorer et ceux qu'ils pourraient dévorer, l'agression deviendrait une chose sensée et logique. Les personnes que l'on dit autoritaires ont sans doute tendance à considérer le monde comme une jungle. En accord avec le principe selon lequel l'attaque est la meilleure des défenses, elles se montrent promptes à en découdre, à frapper, à détruire sans mobile apparent, et cette réaction paraît inexplicable tant que l'on ne comprend pas qu'il s'agit d'une manière d'anticiper une attaque éventuelle. Il existe d'ailleurs plusieurs autres formes connues d'hostilité à visée défensive.

Les réactions sado-masochistes ont été remarquablement bien analysées, et l'on sait désormais qu'une agression simple en apparence peut en réalité receler une dynamique d'une extrême complexité. Celle-ci rend l'idée d'un supposé instinct d'hostilité par trop simpliste. Le désir exacerbé d'exercer un pouvoir sur les autres renvoie à des mécanismes analogues. L'analyse de Horney (1939) a clairement mis en évidence que, dans ce domaine également, le recours à l'explication par l'instinct s'avère inopérant. La Seconde Guerre mondiale nous a enseigné que l'attaque perpétrée par l'agresseur et la défense mise en œuvre par la victime injustement agressée ne sont pas du même ressort du point de vue psychologique.

Cette liste pourrait s'allonger indéfiniment. Je cite ces quelques exemples dans l'intention de démontrer que le comportement destructeur a très souvent valeur de symptôme, qu'il peut résulter de plusieurs facteurs. L'approche dynamique, au sens véritable du terme, se doit de prendre en compte le fait que ces comportements, pour similaires qu'ils paraissent, n'en découlent pas moins d'origines différentes. Dans la psychologie dynamique, le psychologue n'est pas une caméra ou un appareil qui se contente d'enregistrer. Il ou elle cherche autant à connaître la cause des évènements que leur déroulement.

La destructivité est-elle instinctive ou apprise ?

Nous pourrions nous référer à des données historiques, sociologiques, à des études sur le management, à la sémantique, aux pathologies médicales de toutes sortes, à la politique, à la mythologie, à la psychopharmacologie et à bien d'autres sources. Mais point n'est besoin d'explorer plus avant pour affirmer que les interrogations figurant au début du présent chapitre sont des questions *empiriques* et à ce titre trouveront leur conclusion dans de futures recherches. Certes, l'intégration de données issues de domaines aussi divers impose une collaboration entre chercheurs, elle la rend même peut-être indispensable. En tout cas, cet échantillonnage libre de données disponibles devrait suffire à nous inciter à rejeter la dichotomie extrême du noir ou blanc, avec *d'un côté* le destin façonné par l'instinct, l'hérédité, la biologie, et *de l'autre* l'environnement, les forces sociales, l'apprentissage. Les polémiques qui ont longtemps opposé l'hérédité à l'environnement ne sont pas encore éteintes, bien qu'elles n'aient plus aucune raison de subsister. À l'évidence, il existe de multiples déterminants à la destructivité. Nous savons aujourd'hui que la culture, l'apprentissage et l'environnement en font partie. Il n'est pas avéré mais demeure néanmoins probable que la biologie joue un rôle essentiel, dont nous ne pouvons déterminer la nature. À tout le moins, nous devons accepter le fait inéluctable que la violence fait partie de l'essence de l'homme, non seulement parce que les besoins fondamentaux sont irrémédiablement condamnés à être occasionnellement frustrés mais aussi dans la mesure où l'espèce humaine est constituée de telle sorte que la violence, la colère, la vengeance sont les conséquences habituelles de ces frustrations.

En fin de compte, il ne s'avère pas indispensable de trancher en faveur de la toute-puissance de l'instinct ou de la suprématie de la culture. La position défendue dans ce chapitre transcende cette dichotomie et rend ce choix superflu. L'hérédité ou la biologie n'ont ni l'une ni l'autre de valeur absolue ; tout est une question de degré, d'influence mineure ou majeure. Dans l'être humain, la coexistence de déterminants biologiques et héréditaires est prouvée, mais ceux-ci n'apparaissent que faiblement chez la plupart des individus et sont étouffés par des forces acquises par la culture. Ils sont peu accentués et ne subsistent qu'à l'état de fragments, de résidus et de parcelles d'instincts, contrairement à ce que l'on observe chez les animaux inférieurs. Les êtres humains ne possèdent pas d'instincts mais ils disposent de restes d'instincts, de besoins instinctifs, de capacités et de potentialités intrinsèques. Par ailleurs, l'expérience clinique et personnologique permet de supposer que ces tendances instinctives peu prononcées sont bonnes, désirables et saines plutôt que mauvaises ou néfastes, que l'ambition de les sauver de l'anéantissement est à la fois réalisable et valable, et qu'elle représente l'une des fonctions capitales de toute culture qui se prétendrait bonne.

CHAPITRE 9

La psychothérapie comme modèle de bonne relation humaine

Il semble étrange que les psychologues expérimentaux ne se soient pas tournés vers l'étude de la psychothérapie comme vers une mine d'or non exploitée. À l'issue d'une psychothérapie réussie, les patients perçoivent différemment, pensent différemment, apprennent différemment. Leurs mobiles changent, de même que leurs émotions. C'est la meilleure technique que nous ayons jamais eue à notre disposition pour révéler la nature profonde des individus par opposition à leur personnalité superficielle. Leurs relations interpersonnelles et leur attitude vis-à-vis de la société sont transformées. Leur caractère (ou leur personnalité) évolue à la fois superficiellement et en profondeur. On observe même que leur apparence se modifie, que leur santé physique s'améliore, et ainsi de suite. Dans certains cas, on assiste à une augmentation du quotient intellectuel. Et cependant, le terme *psychothérapie* ne figure pas même dans l'index de la plupart des ouvrages sur l'apprentissage, la perception, la pensée, la motivation, la psychologie sociale, la psychologie physiologique et ainsi de suite.

Prenons un exemple : nul ne doute que la théorie de l'apprentissage bénéficierait, c'est le moins que l'on puisse dire, de l'étude des effets sur l'apprentissage de forces thérapeutiques telles que le mariage, l'amitié, l'association libre, l'analyse de la résistance, la réussite professionnelle, sans parler de la tragédie, du traumatisme, du conflit et de la souffrance.

L'étude des relations psychothérapeutiques simplement en tant que sous-exemple des relations sociales ou interpersonnelles, c'est-à-dire en tant que branche de la psychologie sociale, fait apparaître un autre ensemble de problèmes non résolus tout aussi importants. Nous savons maintenant décrire au moins trois types de relations entre le patient et le thérapeute, le mode autoritaire, le mode démocratique et le laisser-faire, chacun ayant son utilité propre en fonction de la situation. Ils correspondent précisément aux trois manières dont fonctionnent les relations sociales dans les clubs d'enfants et dans les styles d'hypnose, dans les diverses théories politiques, dans la relation mère-enfant (Maslow, 1957) et dans les formes d'organisation sociale chez les primates infra-humains (Maslow, 1940a).

Toute étude sérieuse des objectifs et des buts de la thérapie se doit de pointer rapidement l'inadéquation de la théorie actuelle de la personnalité, de remettre en question l'orthodoxie scientifique fondamentale voulant que les valeurs n'aient pas leur place dans la science, de révéler les limites des notions médicales de santé, de maladie, de thérapie et de soin, et de démontrer clairement que notre culture manque encore d'un système de valeurs qui soit exploitable. Il n'est pas surprenant que ce problème effraie les gens. Et nous pourrions citer bien d'autres exemples prouvant que la psychothérapie est une branche importante de la psychologie générale.

Nous pouvons dire que la psychothérapie agit selon sept axes principaux : (1) par l'expression (poursuite de l'acte jusqu'à son terme, libération, catharsis) ; (2) par la satisfaction des besoins fondamentaux (soutien, réassurance, protection, amour, respect) ; (3) par la suppression de la menace (protection, conditions sociales, politiques et économiques favorables) ; (4) par l'amélioration de la compréhension intuitive, de la connaissance et de la compréhension ; (5) par la suggestion ou l'autorité ; (6) par l'attaque directe des symptômes, comme dans les diverses thérapies comportementales ; et (7) par l'accomplissement de soi positif, l'individuation ou la croissance. Pour les besoins plus généraux de la théorie de la personnalité, cela représente aussi toutes les manières dont la personnalité change en empruntant des directions validées par la culture et la psychiatrie.

Nous nous proposons tout particulièrement ici de relever certaines des corrélations existant entre les données de la thérapie et la théorie de la motivation telle que nous l'avons esquissée. Nous verrons que la satisfaction des besoins fondamentaux représente une étape majeure (peut-être *la plus* importante) du parcours qui mène à l'objectif ultime de toute thérapie, à savoir l'accomplissement de soi.

Nous montrerons également que ces besoins fondamentaux sont généralement satisfaits *seulement par d'autres êtres humains*, et que la thérapie doit donc essentiellement se dérouler sur une base interpersonnelle. Les besoins fondamentaux dont la satisfaction constitue le fondement des traitements thérapeutique (par exemple la sécurité, l'appartenance, l'amour et le respect) ne peuvent être satisfaits qu'à travers d'autres individus.

Je me permets de préciser que ma propre expérience se résume presque entièrement aux thérapies brèves. Ceux qui ont surtout fait l'expérience de la thérapie psychanalytique (plus profonde) concluront sans doute que la découverte intuitive plutôt que la satisfaction des besoins est *le* remède important. Tout simplement parce que les sujets gravement atteints sont incapables d'accepter ou d'assimiler la satisfaction des besoins fondamentaux, tant qu'ils n'ont pas renoncé à leur interprétation infantile du moi et des autres et tant qu'ils ne réussissent pas à percevoir et à admettre la réalité personnelle et interpersonnelle telle qu'elle est.

Nous pourrions poursuivre l'argumentation en soulignant que la thérapie par la prise de conscience vise précisément à faciliter l'acceptation de bonnes relations interpersonnelles et de la satisfaction des besoins qui en est la conséquence. La prise de conscience n'est efficace qu'à partir du moment où ces changements de motivation se produisent. Cependant la reconnaissance provisoire d'une différenciation grossière entre la thérapie par la satisfaction des besoins, qui est simple et brève, et la thérapie par la prise de conscience, plus longue, plus profonde, plus laborieuse, possède une valeur heuristique considérable. Ainsi que nous le verrons, la satisfaction des besoins est possible dans de nombreuses situations non techniques, telles que le mariage, l'amitié, la coopération ou l'enseignement. Ceci ouvre une voie théorique vers une extension beaucoup plus large de la compétence thérapeutique à tous types de thérapeutes non professionnels. Jusqu'à présent, la thérapie par la prise de conscience est sans conteste une technique pour laquelle une solide formation s'avère indispensable. L'analyse sans concession des conséquences théoriques de cette dichotomie entre la thérapie non-professionnelle et la thérapie technique se révélera utile à divers égards.

Il est également possible de hasarder l'opinion que, bien que les thérapies par la prise de conscience, plus profondes, fassent intervenir d'autres principes, nous les comprenons mieux, elles aussi, si nous choisissons comme point de départ l'étude des effets de la privation et de la satisfaction des besoins fondamentaux de l'homme. Ceci s'oppose à la pratique actuelle qui consiste à expliquer les thérapies plus courtes par tel ou tel courant de la psychanalyse (ou autre thérapie par la prise de conscience). Cette démarche a conduit à isoler la psychothérapie et la croissance personnelle du reste de la théorie psychologique, à en faire un champ d'étude se suffisant plus ou moins à lui-même et gouverné par des lois spéciales ou autochtones, qui ne s'appliquent qu'à lui. Le présent chapitre rejette catégoriquement de telles implications et participe de la conviction qu'il n'existe pas de lois *ad hoc* en psychothérapie. Que notre pratique soit inspirée de l'inverse n'est pas seulement dû au fait que la majorité des thérapeutes professionnels ont plutôt bénéficié d'une formation médicale que psychologique, mais également à l'étrange aveuglement des psychologues expérimentaux quant aux répercussions des phénomènes de psychothérapie sur leur propre image de la nature humaine. En résumé, nous pouvons affirmer que, non seulement la psychothérapie doit s'enraciner dans une théorie générale solide de la psychologie, mais aussi que la théorie de la psychologie doit s'élargir d'elle-même pour se situer en adéquation avec cette responsabilité. En conséquence, nous aborderons tout d'abord les phénomènes thérapeutiques qui sont plus simples pour consacrer la fin de ce chapitre au thème de la prise de conscience.

Psychothérapie et satisfaction des besoins

Nous connaissons de nombreux faits qui, associés, rendent impossible une théorie de la psychothérapie qui soit (1) purement cognitive ou (2) purement impersonnelle, mais qui n'en sont pas moins compatibles avec la théorie de la satisfaction des besoins et avec une approche interpersonnelle de la thérapie et de la croissance.

La médecine chamanique

La psychothérapie a toujours existé là où il y avait une société. Le chaman, l'homme-médecin, la sorcière, le sage du village, le prêtre, le gourou, et plus près de nous dans les civilisations occidentales le médecin, ont toujours été capables de pratiquer dans certains cas ce que nous appelons aujourd'hui une psychothérapie. Il est vrai que les grands chefs religieux et les institutions sociales tenaient leur validation de leur capacité à traiter non seulement des psychopathologies grossières et spectaculaires, mais aussi celles de caractère plus insidieux, ainsi que les problèmes liés aux valeurs morales. Les explications qu'ils fournissaient pour justifier leurs réalisations ne présentent aucun point commun et ne méritent pas d'être retenues. Nous devons accepter le fait qu'en dépit de leur réussite, ils ne savaient ni *pourquoi* ni *comment* ils réussissaient.

Les écarts entre les théories et les résultats

Ce décalage entre la théorie et la pratique existe encore aujourd'hui. Les diverses écoles de psychothérapie sont en désaccord les unes avec les autres, parfois de manière très violente. Et cependant, tout psychologue clinicien rencontre, après un certain temps de pratique, des patients qui ont été guéris par des représentants de chacune de ces écoles de pensée. Dans leur gratitude, ces patients font l'apologie de l'une ou de l'autre des théories. Mais on peut tout aussi facilement recueillir des témoignages d'échec à mettre au crédit de chacun de ces courants. Et pour ajouter à la confusion, j'ai vu des patients guéris par des médecins ou par des psychiatres lesquels, à ma connaissance, n'avaient jamais suivi la moindre formation à ce que l'on pourrait appeler la psychothérapie (sans parler des instituteurs, des pasteurs, des infirmières, des dentistes, des travailleurs sociaux et de bien d'autres personnes).

Nous pouvons certes critiquer ces divers courants théoriques en invoquant la science et la connaissance empirique, et les classer selon une hiérarchie stricte fondée sur leur validité relative. Et nous pouvons espérer pouvoir à l'avenir disposer de statistiques fiables montrant que telle formation théorique offre un pourcentage de guérison ou de croissance supérieur à telle autre, quand bien même aucune des deux ne réussit ou n'échoue à cent pour cent.

Pour l'instant, cependant, nous devons accepter le fait que des résultats puissent dans une certaine mesure être obtenus indépendamment d'une théorie ou, pourquoi pas, sans théorie du tout.

Des résultats obtenus par des techniques diverses

À l'intérieur même d'une école de pensée, par exemple la psychanalyse freudienne classique, il est notoire et communément admis qu'il existe des différences considérables d'un analyste à un autre, non seulement en ce qui concerne la compétence telle qu'on la définit habituellement, mais aussi en termes d'efficacité des soins. Certains analystes brillants, qui enseignent et écrivent avec talent, qui sont reconnus pour leur savoir et qui sont recherchés en tant que professeurs, conférenciers et formateurs de futurs analystes, échouent trop souvent à guérir leurs patients. Alors que d'autres, qui ne publient pas ou qui ne font jamais de découvertes, réussissent la plupart du temps à guérir les leurs. Il existe sans doute une corrélation positive entre l'excellence intellectuelle et la faculté de guérir les patients, mais l'exception mérite d'être expliquée.

La personnalité du thérapeute

L'histoire a connu plusieurs cas célèbres de maîtres d'une école de pensée thérapeutique, excellents thérapeutes au demeurant, qui échouaient à transmettre leur art aux étudiants. S'il s'agissait seulement d'une question de théorie, de contenu ou de connaissance, et si la personnalité du thérapeute n'avait vraiment aucune incidence, les étudiants auraient dû réussir aussi bien ou mieux que leur professeur ; il leur suffisait pour cela d'être intelligents et travailleurs.

L'amélioration sans « thérapie »

C'est une expérience relativement commune à tout thérapeute quel qu'il soit, de rencontrer un patient pour la première fois, de discuter avec lui de détails pratiques (par exemple le déroulement des séances, les horaires), et de l'entendre rapporter, ou de constater une amélioration dès le second entretien. Rien, de ce qui avait été dit ou fait lors de la séance précédente ne laissant présager une telle issue. On observe parfois des résultats thérapeutiques sans que le thérapeute ait proféré le moindre mot. Ainsi, cette étudiante venue me consulter à propos d'un problème personnel. Au bout d'une heure, après s'être exprimée *sans que je prenne une seule fois la parole*, elle avait trouvé la solution à ses difficultés, me remercia chaleureusement pour mon aide, et s'en alla.

L'effet thérapeutique des expériences de la vie

Pour les patients suffisamment jeunes et dont le cas n'est pas trop sérieux, la plupart des expériences classiques que l'on fait dans la vie peuvent avoir un effet thérapeutique au sens le plus complet du terme. Un mariage heureux, la réussite dans une profession qui convient, un cercle d'amis sincères, la paternité ou la maternité, les urgences auxquelles on se trouve confronté et les difficultés surmontées – il m'est arrivé de voir tout cela provoquer de profonds changements de caractère, entraîner la disparition des symptômes et ainsi de suite, sans l'assistance d'un thérapeute. On pourrait effectivement supposer que des conditions de vie favorables constituent les agents thérapeutiques parmi les plus efficaces qui soient, et que la psychothérapie technique se résume souvent à donner au patient le moyen d'en tirer parti. De nombreux psychanalystes ont remarqué une amélioration chez leurs patients pendant les périodes d'interruption de l'analyse et également lorsque celle-ci était terminée.

Des traitements réussis par des thérapeutes sans formation

Le plus déconcertant est peut-être l'étrange situation qui prévaut aujourd'hui, dans laquelle la majeure partie des cas est traitée ou tout au moins prise en charge par des gens qui n'ont jamais été formés à devenir thérapeutes ou qui y ont été mal préparés. La formation de la plupart des titulaires d'un diplôme de psychologie dans les années 1920 et 1930 était limitée, parfois même au point d'être stérile (et le demeure encore aujourd'hui dans une moindre mesure). Les étudiants, qui venaient à la psychologie parce qu'ils aimaient les êtres humains et qu'ils voulaient les comprendre et les aider, se retrouvaient plongés dans un climat étrange, presque mystique, où ils passaient le plus clair de leur temps à se pencher sur les phénomènes de sensation, les ramifications du réflexe conditionné, le lapsus et les pérégrinations de rats blancs à travers des labyrinthes. À cela s'ajoutait une formation aux méthodes d'expérimentation et aux statistiques, plus utile certes, mais néanmoins naïve et limitée sur le plan philosophique.

Et cependant, pour le profane, un psychologue restait un psychologue, le destinataire des questions cruciales de l'existence, un technicien qui était censé savoir pourquoi on divorce, pourquoi la haine se développe, ou pourquoi certains deviennent psychotiques. Souvent les psychologues se débrouillaient pour fournir la meilleure réponse possible. C'était particulièrement vrai dans les petites villes et dans les villes où l'on n'avait jamais vu de psychiatre ni entendu parler de la psychanalyse. La seule alternative au psychologue était la tante préférée, le médecin de famille ou le pasteur. Des psychologues sans formation avaient ainsi la possibilité de soulager leur conscience coupable. Mais ils pouvaient aussi s'efforcer d'acquérir la formation nécessaire.

Nous tenons néanmoins à préciser que ces tâtonnements maladroits donnaient des résultats, au grand étonnement des jeunes psychologues. Ces derniers étaient préparés aux échecs, qu'ils rencontraient d'ailleurs fréquemment, mais comment expliquer ces réussites dont ils n'osaient rêver ?

Ces phénomènes se rencontrent moins souvent chez le thérapeute professionnel que chez le profane. Bien entendu, certains psychiatres refusent purement et simplement d'y ajouter foi. Mais ils peuvent facilement être vérifiés et confirmés, dans la mesure où ils représentent une expérience partagée par bien des psychologues et des travailleurs sociaux, sans parler des pasteurs, des éducateurs et des médecins.

Résumé

Comment expliquer ces phénomènes ? À mon sens, nous ne pouvons les comprendre qu'avec l'aide d'une théorie de la motivation interpersonnelle. Ce qui importe ici, n'est pas ce qui était dit ou fait consciemment mais bien ce qui était fait et perçu inconsciemment. Dans tous les cas cités, le thérapeute s'intéressait aux patients, il se souciait d'eux et tentait de les aider, leur prouvant par là même qu'ils avaient une valeur aux yeux d'au moins un individu. Dans la mesure où le thérapeute était perçu comme une personne plus sage, plus âgée, plus forte ou plus saine, les patients pouvaient se sentir davantage en sécurité et protégés, et par conséquent moins vulnérables et moins anxieux. L'écoute, l'absence de réprobation, l'encouragement à la sincérité, l'acceptation et l'approbation même après des révélations coupables, la douceur et l'amabilité, le sentiment donné au patient qu'il a quelqu'un de son côté, tous ces éléments ajoutés aux facteurs mentionnés ci-dessus contribuaient à produire chez les patients l'impression inconsciente d'être aimés, protégés et respectés. Or, comme nous l'avons indiqué, ce sont des satisfactions de besoins fondamentaux.

À l'évidence, si nous complétons les déterminants thérapeutiques mieux connus (suggestion, catharsis, prise de conscience et plus récemment thérapies comportementales, etc.) en assignant un rôle plus important à la satisfaction des besoins fondamentaux, nous parviendrons à une explication plus riche que si nous nous limitons aux seuls processus connus. Pour certains phénomènes thérapeutiques, probablement les cas les moins graves, la satisfaction des besoins est la seule explication possible. Les autres cas, plus sérieux, qui s'expliquent par des techniques thérapeutiques, prennent un éclairage nouveau lorsqu'on leur ajoute comme déterminant les satisfactions des besoins fondamentaux, ce qui se produit presque automatiquement dans le cas de bonnes relations interpersonnelles.

Les bonnes relations humaines

Toute analyse exhaustive des relations interpersonnelles (par exemple l'amitié, le mariage, etc.) révèle (1) que la satisfaction des besoins fondamentaux est *exclusivement* interpersonnelle et (2) que les satisfactions de ces besoins sont précisément celles que nous venons de décrire comme constituant des remèdes thérapeutiques fondamentaux, en l'occurrence la sécurité, l'amour, l'appartenance, le sentiment de sa propre valeur et l'estime de soi.

Dans l'analyse des relations humaines, nous devrions nous trouver inévitablement confrontés à la nécessité et à la possibilité de distinguer les bonnes des mauvaises relations. Cette différenciation peut être établie en fonction du degré de satisfaction des besoins fondamentaux apporté par la relation. Une relation – amitié, mariage, relation parent-enfant – serait donc définie (de manière schématique) comme psychologiquement bonne dans la mesure où elle conforte ou améliore l'appartenance, la sécurité et l'estime de soi (et finalement l'accomplissement de soi), et mauvaise selon qu'elle n'aboutit pas à ce résultat.

Ces satisfactions, ni les arbres, ni les montagnes, ni même les chiens ne les apportent. Seul un autre être humain est susceptible de nous garantir totalement le respect, la protection et l'amour, et ce n'est qu'aux autres êtres humains que nous pouvons les donner pleinement. C'est précisément tout cela qu'échangent les bons amis, les fiancés, les bons parents et leurs enfants, les bons éducateurs et leurs élèves. Telles sont les satisfactions que nous recherchons dans de bonnes relations humaines, quelque forme qu'elles prennent. Et ces satisfactions représentent la condition *sine qua non* de la production de bons êtres humains, laquelle à son tour constitue le but suprême (sinon immédiat) de toute psychothérapie.

Notre système de définitions aurait alors pour conséquences profondes (1) que la psychothérapie n'est pas dans son fondement une relation unique, car certaines de ses qualités fondamentales se retrouvent dans *toutes* les « bonnes » relations humaines, et (2) que, s'il en est ainsi, cet aspect de la psychothérapie doit être soumis à une critique plus sévère que celle dont il a bénéficié jusqu'ici quant à sa nature de bonne ou de mauvaise relation humaine interpersonnelle[1]. De même que les éléments majeurs dans la solidité d'une amitié peuvent

1. Ces conclusions sont plus facilement acceptables si nous nous limitons pour le moment aux cas les moins graves qui peuvent directement recevoir de l'amour et du respect (qui sont une majorité dans notre population, je pense). La question des satisfactions des besoins névrotiques et de leurs conséquences devra être envisagée ultérieurement en raison de sa grande complexité.

être totalement inconscients sans que leur valeur en soit pour autant diminuée, ces mêmes qualités peuvent être inconscientes dans une relation thérapeutique sans que leur influence s'en trouve amoindrie. Ceci ne contredit pas le fait incontestable qu'une pleine conscience de ces qualités avec une orientation volontaire et consciente de leur utilisation accroîtrait considérablement leur valeur.

Les amitiés : aimer et être aimé

En choisissant les bonnes amitiés (entre deux époux, entre parents et enfants, ou de personne à personne) en tant que paradigme des bonnes relations interpersonnelles et en les examinant attentivement, nous découvrons qu'elles offrent beaucoup plus de satisfactions que les relations évoquées ci-dessus. La sincérité mutuelle, la confiance, l'honnêteté et l'absence de défense peuvent toutes être considérées comme ayant, outre leur valeur nominale, une valeur expressive supplémentaire de libération cathartique (voir chapitre 6). Une amitié profonde permet aussi l'expression d'un certain degré de passivité, de relaxation, de puérilité et de folie saines ; puisqu'il n'y a pas de danger et que nous sommes aimés et respectés pour nous-mêmes et non pour la façade que nous affichons ou le rôle que nous jouons, nous pouvons être ce que nous sommes vraiment, faibles quand nous nous sentons faibles, protégés quand nous sommes désorientés, infantiles lorsque nous voulons abandonner les responsabilités de l'âge adulte. En outre, une relation vraiment bonne améliore la prise de conscience, y compris au sens freudien, car le bon ami ou le bon conjoint est celui qui se sent suffisamment libre pour offrir ce qui équivaut à une interprétation analytique.

Nous n'avons pas encore suffisamment évoqué ce que l'on pourrait appeler la valeur éducative d'une bonne relation humaine au sens large. Nous n'éprouvons pas seulement l'envie d'être en sécurité ou d'être aimé, mais aussi celle de savoir toujours davantage, d'être curieux, d'ouvrir tous les emballages et toutes les portes. Outre ces désirs, nous devons également prendre en compte nos aspirations philosophiques fondamentales à structurer le monde, à le comprendre dans toute sa profondeur et à lui donner un sens. Si une belle amitié ou une relation parent-enfant apporte beaucoup dans ce domaine, ces désirs sont ou devraient être satisfaits jusqu'à un certain degré dans une bonne relation thérapeutique.

Enfin, il serait bien de dire un mot du fait évident (et par conséquent négligé) qu'il est tout aussi suave d'aimer que d'être aimé[1]. Le désir manifeste d'affection est aussi sévèrement inhibé dans notre culture que le désir sexuel et les pulsions d'hostilité – peut-être même davantage (Suttie, 1935). L'expression franche de l'affection n'est autorisée que dans un nombre extraordinairement restreint de relations, peut-être dans trois seulement – le couple parent-enfant, le couple grand-parent-petit-enfant, et chez les gens mariés et les fiancés – et même dans ces cas nous savons avec quelle facilité elle peut être étouffée et mêlée de gêne, de culpabilité, d'attitude défensive, de faux-semblant et de lutte pour la domination.

On ne souligne pas assez qu'une relation thérapeutique permet, voire encourage, l'expression verbale sincère des pulsions d'amour et d'affection. Dans ce cadre seulement (comme dans les divers groupes de « développement personnel ») elles semblent aller de soi et être même attendues, et dans ce cadre seulement elles sont consciemment expurgées de leurs additifs malsains et ensuite, ainsi purifiées, utilisées pour le meilleur des usages. De tels faits

1. Nous sommes particulièrement frappés par cette omission dans la littérature sur la psychologie de l'enfant. « L'enfant a besoin d'être aimé », « L'enfant se comporte comme il faut pour conserver l'amour de ses parents » etc. pourraient tout aussi bien se lire : « L'enfant a besoin d'aimer », « L'enfant se comporte comme il faut, *parce qu'il* aime ses parents » et ainsi de suite.

montrent sans ambiguïté la nécessité de réévaluer les concepts freudiens de transfert et de contre-transfert. Ces concepts sont nés d'une étude de la maladie et se révèlent trop limités pour traiter de la santé. Ils doivent être élargis pour inclure le sain et l'infirme, le rationnel et l'irrationnel.

La relation thérapeute-patient : une condition préalable de la thérapie

Il existe au moins trois qualités de relation humaine différentes, le type dominant-subordonné, le rapport égalitaire et la distance ou le laisser-faire. On les retrouve dans plusieurs domaines, notamment dans la relation thérapeute-patient.

Le thérapeute peut se considérer comme le décideur actif, le patron de son patient, ou entretenir avec lui une relation de partenaires qui œuvrent à une tâche commune, ou enfin se transformer en reflet calme et impassible du patient, sans jamais s'engager ni se rapprocher humainement de lui, et en restant détaché. C'est cette dernière solution que recommandait Freud, mais les deux autres types de relation prévalent aujourd'hui, même si la seule marque de sentiment normal permise à l'analysant est le contretransfert, c'est-à-dire la relation irrationnelle, pathologique.

Cependant, si la relation entre le thérapeute et le patient n'est qu'un moyen par lequel le patient obtient le remède thérapeutique qui lui est nécessaire – de même que l'eau est le moyen par lequel le poisson trouve ses objets-besoins – elle ne doit pas être considérée en soi, mais à la lumière du moyen qui semble le plus adapté à la pathologie du patient. Nous devons nous garder de privilégier une forme de relation à l'exclusion des autres. Il n'y a pas de raison que toutes les trois, et d'autres qui restent encore à découvrir, ne figurent pas dans l'arsenal du bon thérapeute.

S'il est vrai, comme nous venons de le voir, que le patient moyen retire les plus grands bénéfices d'une relation de partenariat chaleureuse, amicale, démocratique, il y a trop de patients pour lesquels elle ne constitue pas l'ambiance la plus indiquée et il n'est donc pas justifié de l'ériger en règle. On le vérifie très souvent dans les cas graves de névroses chroniques stabilisées.

Certaines personnalités plus autoritaires qui assimilent la gentillesse à de la faiblesse ne doivent pas être autorisées à développer une forme de mépris à l'égard du thérapeute. Il peut être souhaitable pour le bien du patient de tenir fermement les rênes et de fixer des limites précises à la permissivité. Les rankiens ont souligné cet aspect dans leurs débats sur les limites de la relation thérapeutique.

D'autres, qui ont appris à considérer l'affection comme un traquenard et un piège, reculent avec angoisse devant tout ce qui est autre chose que de la distance. Celui qui se sent profondément coupable peut *exiger* un châtiment. L'impétueux et la personnalité autodestructrice ont besoin de consignes positives qui les empêchent de se nuire à eux-mêmes de manière irréparable.

Mais on ne peut admettre la moindre exception à la règle qui veut que les thérapeutes devraient avoir la conscience la plus claire possible de la relation qu'ils forment avec leur patient. Sachant qu'ils tendent spontanément à privilégier un mode de relation par rapport aux autres en fonction de leur caractère, ils devaient être capables de s'imposer une discipline dès que le bien du patient est en jeu.

En tout état de cause, lorsque la relation est mauvaise, globalement ou pour le patient en particulier, on peut douter de l'efficacité des autres ressources de la psychothérapie. En grande partie parce que la relation peut ne pas s'établir ou tourner court rapidement. Dans le cas où le patient poursuit avec un partenaire qui suscite chez lui de l'aversion, du ressentiment, de l'anxiété, il risque de perdre son temps à le défier, à se défendre contre lui, et de considérer que son but principal est de *dé*plaire au thérapeute.

En résumé, même si la formation d'une bonne relation humaine n'est pas une finalité mais plutôt un moyen vers une fin, elle représente néanmoins une condition préalable de la psychothérapie, nécessaire ou hautement souhaitable, en ce qu'elle constitue en général le meilleur moyen de fournir les solutions psychologiques ultimes dont tous les êtres humains ont besoin.

La thérapie : une formation aux relations humaines

Ce point de vue a d'autres implications intéressantes. Si la psychothérapie consiste, dans son essence suprême, à donner à l'être humain malade les qualités qu'il aurait dû recevoir d'autres bonnes relations humaines, on en revient à définir le sujet en souffrance psychologique comme un individu qui n'a jamais bénéficié de relations suffisamment bonnes avec les autres. Ceci ne contredit pas notre définition précédente des malades comme des gens qui n'ont pas suffisamment bénéficié d'amour, de respect, etc., puisqu'ils ne peuvent les recevoir que d'autres personnes. Bien que ces définitions aient l'air de tautologies, chacune nous mène dans une direction différente et nous ouvre les yeux sur différents aspects de la thérapie.

Cette seconde définition de la maladie situe la relation psychothérapeutique dans une autre perspective. La plupart des gens voient en elle une mesure désespérée, un ultime recours, et, dans la mesure où ce sont principalement des sujets malades qui s'y engagent, elle a fini par être considérée elle-même comme bizarre, anormale, malade, inhabituelle, comme une nécessité malheureuse semblable à la chirurgie, y compris par les thérapeutes eux-mêmes.

Ce n'est certainement pas avec cet état d'esprit que l'on s'engage dans d'autres relations bénéfiques telle que le mariage, l'amitié ou le partenariat. Pourtant, au moins en théorie, la psychothérapie est autant assimilable à une relation d'amitié qu'à une intervention chirurgicale. Elle devrait par conséquent être envisagée comme une relation souhaitable, saine, voire dans une certaine mesure et à divers égards comme une des relations *idéales* entre les êtres humains. Théoriquement, on devrait y aspirer, s'y engager avec ardeur. Voilà ce qui *devrait* se passer si l'on se réfère aux considérations précédentes. Dans la réalité, cependant, nous savons que ce n'est pas toujours le cas. Cette contradiction est reconnue mais elle n'est pas totalement expliquée par la nécessité pour l'individu névrosé de s'accrocher à la maladie. Elle provient également d'un malentendu sur la nature fondamentale des relations thérapeutiques, qui n'est pas seulement le fait des patients mais dont de nombreux thérapeutes portent aussi la responsabilité. Les patients potentiels sont plus facilement disposés à s'engager dans une thérapie lorsqu'on leur fournit une argumentation qui s'apparente à celle qui vient d'être développée ci-dessus au lieu de s'en tenir à des explications plus traditionnelles.

Une définition interpersonnelle de la thérapie permet en outre de la définir en partie comme une préparation à l'art d'établir une bonne relation humaine (chose que ne peut réussir un névrosé chronique sans aide spéciale), de prouver que cela est possible, de découvrir combien cela est plaisant et fructueux. Il serait alors à espérer que le patient forme des liens d'amitiés chaleureux et profonds avec les autres, par une sorte de transfert. À n'en pas douter, il ou elle recevrait alors tous les remèdes psychologiques indispensables que nous obtenons, pour la plupart, de nos amis, de nos enfants, de notre conjoint, de nos collègues. De ce point de vue, la thérapie peut encore se définir d'une autre manière, à savoir comme le fait de préparer les patients à établir eux-mêmes les bonnes relations humaines que tous les êtres humains désirent et dans lesquelles les individus relativement sains trouvent une partie des bienfaits psychologiques dont ils ont besoin.

Il découle des considérations précédentes que, dans l'idéal, les patients et les thérapeutes devraient se choisir les uns les autres et qu'en outre ce choix ne devrait pas s'effectuer exclusivement en fonction de la réputation, du montant des honoraires, de la formation technique, de la compétence, ainsi de suite, mais tenir compte également de l'inclination éprouvée mutuellement. On pourrait facilement démontrer en toute logique que cela réduirait au moins la durée de traitement nécessaire, rendrait celui-ci plus facile à la fois pour le patient et pour le thérapeute, permettrait de se rapprocher de la cure idéale, et rendrait l'expérience dans son ensemble plus gratifiante pour tous les deux. Cette conclusion a pour corollaire que leur culture, leur niveau d'intelligence, leurs expériences, leurs conceptions religieuses et politiques, leurs valeurs et ainsi de suite, devraient idéalement présenter plutôt des similitudes que des différences.

Il ressort de tout ceci que la personnalité, ou la structure du caractère, des thérapeutes représente un point, sinon déterminant, du moins important. Ils doivent pouvoir s'engager facilement dans la relation humaine idéalement bonne qu'est la psychothérapie. Qui plus est, ils doivent en être capables avec toutes sortes d'interlocuteurs différents, ou même avec tous les êtres humains. Ils doivent se montrer bienveillants et chaleureux, et se sentir suffisamment sûrs d'eux-mêmes pour pouvoir respecter d'autres humains. Ils devraient être fondamentalement démocrates, au sens psychologique de considérer les autres êtres humains essentiellement avec respect, simplement parce qu'ils sont humains et uniques. En un mot, ils devraient être stables du point de vue émotionnel et posséder une saine estime d'eux-mêmes. Enfin, *dans l'idéal*, ils devraient bénéficier de conditions de vie satisfaisantes, afin de ne pas se laisser absorber par leurs propres problèmes. Ils devraient connaître un bonheur conjugal sans nuages, jouir d'une certaine aisance financière, être entourés d'amis fidèles, aimer la vie et, de manière générale, être capables de savourer les joies de l'existence.

En fin de compte, tout cela nous conduirait peut-être à envisager l'éventualité (que les psychanalystes ont repoussée prématurément) d'une poursuite des relations sociales entre le thérapeute et le patient à l'issue du traitement ou même au cours de celui-ci.

La vie quotidienne comme thérapie

Dans la mesure où nous avons élargi et généralisé la portée des finalités dernières de la psychothérapie et des traitements spécifiques qui aboutissent à leur concrétisation, nous nous sommes logiquement engagés à abolir le cloisonnement qui sépare la psychothérapie des autres formes de relations humaines et des expériences de la vie. Ces expériences et ces relations vécues par les individus ordinaires, qui les aident à progresser vers les finalités dernières de la psychothérapie technique, méritent tout à fait la dénomination de psychothérapie, quand bien même elles se produisent en dehors du cabinet de consultation et sans le concours d'un thérapeute professionnel. Il s'ensuit que l'étude de la psychothérapie est en grande partie celle des miracles quotidiens réalisés par un bon mariage, de bonnes amitiés, de bons parents attentionnés, un bon travail, de bons professeurs et ainsi de suite. De cette constatation pourrait découler le théorème selon lequel la psychothérapie technique devrait, plus qu'elle ne l'a fait jusqu'à présent, s'attacher à guider les patients sur la voie de ces relations thérapeutiques dès que le patient est capable de les accepter et de les gérer.

En aucun cas nous ne devons, en tant que professionnels, craindre de confier à des profanes ces outils psychothérapeutiques majeurs que sont la protection, l'amour et le respect des autres êtres humains. Car en dépit de leur puissance évidente, ces outils ne présentent aucun danger. D'habitude, nous ne blessons pas quelqu'un parce que nous l'aimons et le respectons (à l'exception des névrosés occasionnels, qui se trouvent de toute façon déjà en piteux état). Il est justifié de penser que l'attention, l'amour et le respect constituent dans la majorité des cas des forces bénéfiques et non malfaisantes.

Cela étant acquis, nous devons être fermement convaincus non seulement que toute personne qui est un bon être humain, est potentiellement un thérapeute qui s'ignore, mais aussi conclure que nous devons accepter cette aptitude, l'encourager et l'enseigner. Les principes de ce que nous pourrions appeler la psychothérapie non professionnelle pourraient être inculqués dès l'enfance à n'importe quel être humain. L'une des missions évidentes de la psychothérapie publique (comme on parle de santé publique et de médecine privée) est précisément d'enseigner ces vérités, de les diffuser à grande échelle, de s'assurer que chaque éducateur, chaque parent et dans l'idéal chaque être humain ait la possibilité de les comprendre et de les mettre en œuvre. Les êtres humains ont toujours recherché conseil et appui auprès de ceux qu'ils respectent et qu'ils aiment. Il n'y a aucune raison pour que ce phénomène historique ne soit pas reconnu, formalisé et encouragé par l'ensemble des psychologues et du clergé. Les hommes doivent se rendre compte qu'en menaçant, en humiliant, en blessant sans raison, en asservissant ou en rejetant un autre être humain, ils deviennent des forces génératrices de psychopathologie, quel que soit le pouvoir de nuisance de ces forces. Qu'ils prennent également conscience que toute personne aimable, serviable, correcte, tolérante, affectueuse et chaleureuse est une force psychothérapeutique, aussi humble soit-elle.

L'auto-thérapie

En corollaire à cette théorie, nous émettons l'hypothèse que l'auto-thérapie a des pouvoirs mais aussi des limites plus importantes qu'on ne l'a généralement admis. Si tous les êtres humains apprennent à déceler leurs manques, à identifier leurs désirs fondamentaux et à déchiffrer grossièrement les symptômes liés à la non-satisfaction de ces désirs, ils peuvent consciemment tenter de combler ces manques. Nous pouvons tout aussi bien dire que, selon cette théorie, la plupart des êtres humains disposent sans le savoir d'une grande capacité à corriger eux-mêmes les nombreuses difficultés d'adaptation qui sont monnaie courante dans notre société. L'amour, la sécurité, le sentiment d'appartenance et le respect apportés par les autres représentent quasiment une panacée en ce qui concerne les problèmes d'adaptation et les troubles mineurs de la personnalité. Dès lors que les individus savent qu'ils ont besoin d'amour, de considération, de respect de soi-même, etc., ils s'appliquent consciemment à satisfaire ce besoin. Personne ne niera qu'il est préférable et plus efficace de chercher consciemment à combler un manque que de tenter inconsciemment de le compenser.

Mais si cet espoir est à la portée d'un grand nombre de gens et qu'ils disposent, plus qu'ils ne le croient possible, de l'opportunité d'effectuer une auto-thérapie, certains problèmes imposent néanmoins de solliciter l'aide d'un thérapeute professionnel. Ainsi, dans les cas de troubles du caractère importants ou dans les névroses existentielles, il est indispensable de comprendre clairement les forces qui ont généré, précipité et alimenté le désordre avant de prétendre obtenir une amélioration. C'est alors qu'il faut exploiter tous les outils favorisant la prise de conscience, des outils pour lesquels il n'existe à ce jour aucun substitut et qui ne sont utilisables pour le moment que par les thérapeutes professionnels qualifiés. Dès que le cas diagnostiqué est grave, le conseil du profane, la sagesse de la bonne grand-mère, se révèlent neuf fois sur dix totalement inopérants en termes de guérison définitive. C'est ici que l'auto-thérapie trouve ses limites[1].

La thérapie de groupe

Notre approche de la psychothérapie implique enfin un plus grand respect des thérapies de groupe ainsi que des groupes thérapeutiques et d'autres formes de thérapie. Nous avons si puissamment insisté sur le fait que la psychothérapie et le développement personnel se ramènent à une relation interpersonnelle, que ce seul *a priori* devrait nous inciter à penser qu'il pourrait être bénéfique de passer du face-à-face au groupe élargi. Si l'on conçoit la thérapie classique comme une société miniature idéale de deux personnes, alors la thérapie de groupe peut être considérée comme une société miniature idéale de dix personnes. Il existe déjà une solide motivation à expérimenter la thérapie de groupe, en cela qu'elle permet un gain de temps et d'argent et une offre psychothérapeutique plus large pour un plus grand nombre de gens. En outre, les données empiriques dont nous disposons maintenant

1. Depuis que ces lignes ont été écrites, sont parus les ouvrages passionnants d'Horney (1942) et de Farrow (1942) sur l'auto-thérapie. Selon eux, des individus peuvent, par leurs propres efforts, atteindre le type – mais non le degré – de prise de conscience obtenu dans l'analyse avec un professionnel. Ce que ne nient pas la majorité des analystes, mais qu'ils considèrent impraticable, compte tenu de la volonté, de la patience, du courage et de la ténacité exigés des patients. On trouve quelque chose de semblable, je crois, dans de nombreux livres sur le développement personnel. Ils peuvent certainement rendre service mais on ne peut s'attendre à obtenir des changements conséquents sans l'aide d'un professionnel ou d'un « guide », gourou, leader, etc.

indiquent que la thérapie de groupe et que les groupes thérapeutiques sont suivis de résultats que la psychothérapie individuelle n'obtient pas. Nous savons tous combien il est facile de se défaire de son sentiment d'unicité, d'isolement, de culpabilité ou de péché quand on découvre que les autres membres du groupe sont faits de la même étoffe, que leurs buts, leurs conflits, leurs satisfactions et leurs déceptions, leurs pensées secrètes et leurs impulsions sont aussi le lot commun de la société considérée au sens large. Cette découverte diminue les effets psychopathogènes de ces conflits et de ces désirs sous-jacents.

La pratique quotidienne confirme en outre une autre réalité thérapeutique. Dans la psychothérapie individuelle, les patients apprennent à établir une bonne relation humaine avec au moins une personne – le thérapeute. Ils espèrent ensuite être capables de conserver cette aptitude dans toutes leurs relations sociales. Tantôt ils réussissent, tantôt ils échouent. Dans la thérapie de groupe, ils apprennent non seulement à établir cette bonne relation avec au moins une personne, mais ils s'y exercent également sous le regard du thérapeute avec tout un groupe d'individus. Globalement, les résultats fournis par les expérimentations réalisées, à défaut de nous surprendre, sont certainement encourageants.

Ces données empiriques et les conclusions nées de la théorie devraient inciter à approfondir les recherches sur la psychothérapie de groupe, non seulement parce qu'elle offre des perspectives prometteuses pour la psychothérapie technique, mais aussi parce qu'elle est riche d'enseignements en ce qui concerne la psychologie générale et la théorie sociale au sens large.

Il en va de même pour les groupes thérapeutiques, les groupes de rencontres de base, la formation à la sensibilité et tous les autres types de rassemblements, groupes de développement personnel ou séminaires ou ateliers d'éducation affective. Bien que radicalement différents dans leurs processus, on peut néanmoins dire qu'ils visent les objectifs de toutes les psychothérapies, c'est-à-dire l'accomplissement de soi, l'humanité complète, la pleine utilisation des potentialités de l'individu et de l'espèce, etc. À l'instar de chacune de ces psychothérapies, ils peuvent réaliser des miracles lorsqu'ils sont guidés par des responsables dignes de ce nom. Mais nous possédons maintenant une expérience suffisante pour savoir qu'ils peuvent aussi se révéler inutiles ou nuisibles lorsqu'ils sont placés entre des mains incompétentes. D'où la nécessité d'une étude sérieuse. Cette conclusion n'a pas de quoi surprendre, elle vaut aussi pour les chirurgiens et pour tous les professionnels de la santé. Nous n'avons pas davantage résolu le problème de savoir précisément *comment* la personne non avertie ou l'amateur choisit le thérapeute idoine (ou le médecin, ou le dentiste, le gourou, le guide, ou le professeur) et évite l'incompétent.

La société adéquate

Qu'est-ce qu'une société adéquate ?

De la même manière que nous avons défini les bonnes relations humaines, nous pouvons étudier les conséquences d'une définition (désormais) classique de la société bonne ou adéquate, en tant que société qui offre à ses membres le maximum de possibilités de devenir des êtres humains sains et accomplis. Cela signifie en retour que la société adéquate est celle qui organise ses institutions de manière à promouvoir, encourager, récompenser et générer un maximum de bonnes relations humaines et un minimum de mauvaises relations humaines. Les définitions et les descriptions précédentes auraient pour corollaire que la société adéquate est synonyme de société psychologiquement saine, alors que la société mauvaise (non adéquate) est une société psychologiquement malade, ce qui à son tour implique d'un côté la satisfaction des besoins fondamentaux et de l'autre l'étouffement des besoins fondamentaux (c'est-à-dire pas assez d'amour, d'affection, de protection, de respect, de confiance et de vérité, et trop d'hostilité, d'humiliation, de peur, de mépris et de domination).

Soulignons que les pressions sociales et institutionnelles *favorisent* les effets thérapeutiques ou pathogènes (les facilitent, les rendent plus profitables, plus probables, leur apporte des gains primaires et secondaires plus importants). Elles ne les *déterminent* pas dans l'absolu, ni ne les rendent absolument inévitables. Nous possédons suffisamment de connaissances sur l'ensemble de la personnalité tant dans les sociétés simples que dans les sociétés complexes pour prendre en compte, d'une part, la plasticité et la résilience de la nature humaine et, d'autre part, l'étrange entêtement de la structure déjà formée du caractère chez les individus d'exception, qui permet à ceux-ci de résister aux pressions sociales ou même de les mépriser (voir chapitre 11). L'anthropologue semble toujours trouver une personne aimable dans une société cruelle, un individu combatif au sein d'une société pacifique. Nous en savons désormais suffisamment pour ne pas rendre la société responsable de tous les maux de l'humanité, à la Jean-Jacques Rousseau, et pour ne pas se prendre à espérer que tous les êtres humains puissent acquérir le bonheur, la santé et la sagesse grâce aux seules améliorations sociales.

Quant à notre propre société, nous pouvons l'examiner selon divers points de vue, tous utiles au regard de l'objectif choisi. Nous pouvons par exemple dresser une sorte de moyenne de notre société ou de toute autre et la qualifier d'assez malade, d'extrêmement malade et ainsi de suite. Cependant, il nous serait plus utile d'évaluer et de comparer entre elles les forces qui provoquent la maladie et celles qui favorisent la santé. Il apparaît clairement que notre société oscille entre les unes et les autres en un équilibre instable, penchant tantôt d'un côté, tantôt de l'autre. Il n'existe aucune raison de ne pas mesurer et de ne pas soumettre ces forces à l'expérimentation.

Si nous laissons ces considérations générales pour nous tourner vers la psychologie individuelle, nous nous trouvons tout d'abord confrontés au problème de l'interprétation subjective de la culture. De ce point de vue, nous pouvons parfaitement dire des sujets névrosés que, *pour eux*, la société est malade, parce qu'ils ne voient en elle que danger, menace, attaque, égoïsme, humiliation et froideur. Alors que leurs voisins, face à cette même culture et aux mêmes personnes, trouveront la société saine. Ces conclusions ne se contredisent pas en termes de psychologie. Toutes deux peuvent exister psychologiquement. Ainsi toute personne profondément malade vit-elle subjectivement dans une société malade. En reliant cette affirmation à notre discussion précédente sur la relation psychothérapeutique, nous arrivons à la conclusion que la thérapie peut être définie comme la tentative d'établir une société adéquate en miniature. Cette formulation s'applique également lorsque la société est considérée comme malade par une large majorité de ses membres. Nous devons ici nous garder d'un subjectivisme excessif. La société qui est malade pour le patient malade est aussi mauvaise dans un sens plus objectif (y compris pour l'individu sain), ne serait-ce que parce qu'elle produit des individus névrosés.

Comment la société agit-t-elle sur la nature humaine ?

En théorie, alors, du point de vue social, la psychothérapie se résume à lutter contre les pressions et les tendances d'une société malade. Ou plus généralement, indépendamment du degré global de santé ou de maladie de la société, la thérapie revient à combattre les forces génératrices de maladie au niveau de l'individu. Elle tente, pour ainsi dire, de renverser la vapeur, de tout retourner de l'intérieur, d'être révolutionnaire ou radicale au sens étymologique absolu. Tous les psychothérapeutes, alors, luttent ou devraient lutter contre les forces psychopathogènes sur un terrain limité plutôt qu'à grande échelle, et si ces forces sont fondamentales et primaires, cela revient à dire qu'ils luttent en réalité contre leur société.

Clairement, si la pratique de la psychothérapie pouvait s'étendre de manière spectaculaire, si, au lieu de traiter quelques dizaines de patients par an, les psychothérapeutes s'adressaient à plusieurs millions de patients chaque année, alors ces forces subtiles qui combattent la nature de notre société deviendraient visibles à l'œil nu. Que la société changerait, nul n'en doute. Tout d'abord se manifesteraient des changements, ici ou là, dans la teneur des relations humaines, favorisant des qualités telles que l'hospitalité, la générosité, la courtoisie et ainsi de suite, mais lorsque des individus en nombre suffisant deviendraient plus accueillants, plus généreux, plus courtois, plus sociaux, alors nous aurions l'assurance qu'ils imposeraient également des changements juridiques, politiques, économiques et sociologiques (Mumford, 1951). Il se peut que le développement rapide des groupes thérapeutiques, des groupes de rencontre et autres groupes et séminaires de « développement personnel » puisse avoir des effets perceptibles sur la société.

Il nous semble qu'aucune société, aussi adéquate fût-elle, ne saurait éradiquer complètement la maladie. Si les menaces ne proviennent pas d'autres êtres humains, elles viendront de la nature, de la mort, de la frustration, de la maladie, voire du simple fait de vivre en société, qui, tout en nous procurant des avantages, nous oblige à modifier la manière de satisfaire nos désirs. N'ayons garde d'oublier que la nature humaine elle-même est source de mal, si ce n'est par méchanceté innée, alors par ignorance, stupidité, peur, difficulté de communication, maladresse, etc. (voir chapitre 8).

Ce réseau d'interrelations terriblement complexe favorise l'incompréhension et les erreurs d'interprétation. À titre de mise en garde, sans me lancer dans un long développement, j'invite le lecteur à se référer à un article rédigé à l'intention des étudiants de mon séminaire sur la psychologie sociale de l'Utopie (1968b). Il souligne l'aspect empirique, ce qui est accessible (par opposition aux divagations irréalistes), et insiste aussi sur la nécessité de formuler des jugements gradués au lieu de l'alternative ou/ou. La problématique posée est définie par les interrogations suivantes : quelle société adéquate la nature humaine permet-elle ? Quelle bonne nature humaine la société adéquate permet-elle ? Quelle bonne nature humaine pouvons-nous espérer compte tenu des limites inhérentes à la nature humaine que nous connaissons déjà ? Quelle société adéquate pouvons-nous espérer en tenant compte des difficultés inhérentes à la nature de la société elle-même ?

D'après ce que je peux en juger, l'être humain parfait n'est pas possible ni même concevable, mais les êtres humains sont largement plus perfectibles que ne le pensent la majorité des gens. Quant à la société parfaite, elle me semble relever d'un fol espoir, si l'on tient compte de la quasi-impossibilité de réussir parfaitement un mariage, une amitié ou une relation parent-enfant. Si le pur amour est difficile à réaliser dans un couple, au sein d'une famille, d'un groupe, que dire lorsqu'il s'agit de deux cents millions d'individus ? De trois milliards ? Et cependant il est clair que les couples, les groupes et les sociétés, bien qu'imparfaits, sont perfectibles et qu'ils peuvent s'échelonner du meilleur au pire.

Par ailleurs, j'ai le sentiment que nous en savons suffisamment sur l'amélioration des couples, des groupes et des sociétés pour rejeter la probabilité de changements rapides ou faciles. Améliorer une seule personne – de manière durable – peut exiger des années de travail thérapeutique, et là encore le principal critère d'« amélioration » est que le travail réalisé permet au sujet de s'atteler à la longue tâche de s'améliorer lui-même ou elle-même. L'accomplissement instantané dans un grand moment de conversion ou de fulgurance ou d'éveil *existe*, mais il est extrêmement rare et il vaut mieux ne pas compter dessus. Les psychanalystes ont depuis longtemps appris à ne pas se fier exclusivement à la prise de conscience intuitive, et ils insistent désormais sur la « perlaboration », un effort long, répété, pénible, lent, d'exploitation et d'application des intuitions. En Orient, les maîtres et les guides spirituels expliquent aussi que l'amélioration exige souvent l'effort d'une vie entière. Cette idée s'insinue lentement dans l'esprit des responsables les plus réfléchis et les plus rigoureux des groupes thérapeutiques, des groupes de rencontres de base, des groupes de développement personnel, d'éducation affective, etc., qui renoncent enfin, non sans peine, à la théorie du « Big Bang » de l'accomplissement.

Toutes les affirmations dans ce domaine devraient être formulées en termes de degrés relatifs comme dans les exemples suivants. (1) Plus la société sera saine dans son ensemble, moins la psychothérapie individuelle sera nécessaire puisqu'il y aura de moins en moins d'individus malades. (2) Plus la société sera saine dans son ensemble, plus il sera probable qu'un individu malade puisse être aidé ou soigné sans intervention thérapeutique technique, c'est-à-dire par les expériences d'une bonne vie. (3) Plus la société sera saine dans son ensemble, plus il sera facile au thérapeute de soigner le patient puisqu'il sera d'autant plus probable que la simple thérapie par la satisfaction des besoins soit acceptée par le patient. (4) Plus la société sera saine dans son ensemble, plus il sera facile à la thérapie par la prise de conscience de soigner, compte tenu du soutien apporté par les nombreuses expériences d'une vie bonne, de relations interpersonnelles épanouissantes, etc., par l'absence relative de guerre, de chômage, de pauvreté et d'autres influences sociopathogènes. À l'évidence, on pourrait décliner des dizaines de propositions analogues facilement vérifiables.

Ce mode de formulation qui établit une relation entre la maladie individuelle, la thérapie individuelle et la nature de la société est nécessaire si l'on veut résoudre un paradoxe pessimiste souvent énoncé ainsi : comment la santé ou l'amélioration de la santé est-elle possible dans une société malade qui est à l'origine de la mauvaise santé ? Certes le pessimisme que renferme ce dilemme se trouve contredit par la présence même d'individus accomplis et par l'existence de la psychothérapie qui prouve sa possibilité en existant réellement. Il est utile, y compris dans ce cas, d'avancer une théorie expliquant comment cela est possible, ne serait-ce que pour ouvrir l'ensemble de la question à l'étude empirique.

La psychothérapie professionnelle

Les techniques

À mesure que la maladie progresse, les bénéfices liés à la satisfaction des besoins sont de moins en moins perceptibles. Dans cette progression linéaire, on arrive au point où (1) la satisfaction des besoins fondamentaux n'est plus même recherchée ou désirée, car l'organisme y a renoncé en faveur de la satisfaction des besoins névrotiques, et où (2) même lorsqu'elle est offerte au patient, celui-ci n'est plus en état d'en profiter. Il ne sert à rien de lui donner de l'affection, car il ou elle en a peur, s'en méfie, l'interprète mal et finit par la refuser.

C'est à ce moment précis que la thérapie professionnelle (la prise de conscience) devient non seulement nécessaire mais irremplaçable. Aucune autre thérapie ne suffit, ni la suggestion, ni la catharsis, ni le traitement des symptômes, ni la satisfaction des besoins. En somme, au-delà de cette limite nous pénétrons, pour ainsi dire, dans un autre pays – un territoire soumis à ses propres lois, un territoire sur lequel l'ensemble des principes repris dans ce chapitre cessent de s'appliquer à moins d'être modifiés et adaptés.

Les différences entre les thérapies techniques et les thérapies « profanes » non professionnelles, sont nombreuses et considérables. Les développements de la psychologie au cours de ce siècle, à commencer par les découvertes révolutionnaires de Freud, d'Adler et d'autres penseurs, ont fait évoluer la psychothérapie, transformant un art inconscient en une science consciemment appliquée. On dispose maintenant d'outils psychothérapeutiques qui ne sont pas automatiquement accessibles à tout homme de bonne volonté mais réservés à ceux qui possèdent les capacités intellectuelles suffisantes et qui ont été spécialement formés à leur utilisation. Ces techniques artificielles ne sont ni spontanées, ni inconscientes. Elles peuvent être enseignées de manière à être relativement indépendantes de la structure du caractère du psychothérapeute.

Nous ne mentionnerons ici que la plus importante, la plus révolutionnaire de ces techniques : celle qui conduit les patients à la prise de conscience, c'est-à-dire qui fait remonter jusqu'au niveau de la conscience les désirs inconscients, les pulsions, les inhibitions et les pensées (analyse génétique, analyse du caractère, analyse de la résistance, analyse du transfert). C'est principalement cet outil qui donne au psychothérapeute professionnel qui possède également la personnalité idoine, un avantage considérable sur l'individu doté simplement d'une personnalité adéquate mais qui ne maîtrise pas les techniques du professionnel.

Comment la prise de conscience s'opère-t-elle ? Jusqu'à présent, la plupart, pour ne pas dire toutes les techniques destinées à la faire émerger n'ont pas beaucoup progressé au-delà de celles élaborées par Freud. Les associations libres, l'interprétation des rêves et l'interprétation du sens caché des comportements quotidiens sont les chemins qu'empruntent majoritairement les thérapeutes pour aider leurs patients dans l'exploration consciente d'eux-mêmes. Il existe d'autres alternatives mais elles demeurent accessoires. Les techniques de relaxation et les diverses techniques qui induisent une sorte de dissociation qu'elles exploitent ensuite, ne sont pas aussi importantes que ce que l'on nomme les techniques freudiennes, quoiqu'elles mériteraient d'être plus utilisées qu'elles ne le sont aujourd'hui.

Dans certaines limites, ces techniques sont à la portée de quiconque possède une intelligence normale et se montre disposé à suivre une formation appropriée délivrée dans les instituts de psychiatrie et de psychanalyse, les départements universitaires de psychologie clinique, etc. Bien entendu, comme nous pourrions nous y attendre, il existe des différences individuelles qui conditionnent l'efficacité de leur utilisation. Parmi toutes les personnes qui étudient la thérapie par la prise de conscience, certaines possèdent une intuition plus fine que d'autres. On peut donc supposer que les individus qui possèdent ce que nous avons appelé la personnalité adéquate, sauront mieux utiliser ces techniques que le thérapeute dont la personnalité ne répond pas à cette caractéristique. Tous les instituts de psychanalyse recrutent d'ailleurs leurs étudiants en fonction de profils de personnalité précis.

L'autre nouveauté et la grande découverte que nous devons à Freud est la reconnaissance pour le psychothérapeute de la nécessité de se comprendre lui-même. Si cet impératif de prise de conscience de la part du psychothérapeute est admis par les psychanalystes, il n'est pas partagé par les psychothérapeutes d'autres obédiences. Ce qui est une erreur. Suivant la théorie que nous avons exposée ici, toute force susceptible d'améliorer la personnalité du thérapeute fait de lui, par là même, un meilleur thérapeute. La psychanalyse ou toute autre forme de thérapie en profondeur du thérapeute *peut* contribuer à ce résultat. Si elle ne réussit pas toujours, elle aide au moins le thérapeute à prendre conscience de ce qui risque de le menacer, des principaux axes de conflit et de frustration à l'intérieur de lui-même. De ce fait, lorsque les thérapeutes traitent leurs patients, ils sont capables d'anticiper la présence de ces forces en eux et de les corriger. En en prenant conscience, ils peuvent les maîtriser.

Dans le passé, comme nous l'avons expliqué, la structure du caractère des thérapeutes comptait davantage que leurs théories, elle avait même un impact plus important que les techniques utilisées. Mais cela devient de moins en moins vrai avec la sophistication de la thérapie technique. Dans l'image globale du bon thérapeute, la structure du caractère perd de sa primauté, et cette tendance est appelée à se confirmer à l'avenir, alors que la formation, l'intelligence, les techniques et les théories gagnent en importance, et un jour, nous en avons la certitude, elles seront prépondérantes. Nous avons évoqué la sagesse des anciens en tant que technique de psychothérapie, premièrement parce que ces derniers étaient à l'époque les seuls thérapeutes existants, et deuxièmement parce qu'aujourd'hui comme demain ils conserveront leur rôle de psychothérapeutes non professionnels. Cependant il ne semble plus approprié ni justifié de jouer à pile ou face pour décider s'il est préférable de consulter un pasteur ou un psychanalyste. Le psychothérapeute professionnel compétent a définitivement laissé loin derrière lui l'homme de bonne volonté guidé par son intuition.

Il est à prévoir que bientôt, surtout si la société s'améliore, nous ne rechercherons plus le psychothérapeute professionnel pour la réassurance, le soutien et la satisfaction des besoins qu'il nous apporte, parce que nous obtiendrons tout cela des autres êtres humains. Nous le consulterons pour les pathologies sur lesquelles la thérapie par la satisfaction ou la thérapie par la libération sont impuissantes, et qui nécessitent la mise en œuvre de techniques professionnelles que le thérapeute non professionnel ne sait pas manier.

Par un curieux paradoxe, ces théories pourraient aussi aboutir à la conclusion inverse. Si des individus relativement sains sont si sensibles à la thérapie, il paraît envisageable de consacrer davantage de temps à appliquer une thérapie aux sujets les plus sains, de préférence aux sujets les moins sains, pour la raison évidente qu'il est plus judicieux de faire progresser dix personnes par an plutôt qu'une seule, surtout quand ces personnes occupent elles-mêmes des positions thérapeutiques clés (par exemple en tant que professeurs, travailleurs sociaux et médecins). C'est d'ailleurs ce qui se passe déjà dans une certaine mesure. Les psychanalystes confirmés et les analystes existentiels consacrent une portion considérable de leur temps à former, à éduquer et à analyser les jeunes thérapeutes. Il est désormais courant qu'un thérapeute enseigne à des médecins, à des travailleurs sociaux, à des psychologues, à des infirmières, à des pasteurs et à des éducateurs.

Prise de conscience et satisfaction des besoins

Avant de terminer sur le sujet de la thérapie par la prise de conscience, il serait opportun de résoudre la dichotomie qui a existé jusque-là entre la prise de conscience et la satisfaction des besoins. La prise de conscience purement cognitive ou rationaliste (froide, connaissance privée d'émotion) est une chose ; la prise de conscience organismique en est une autre. La prise de conscience totale souvent évoquée par les freudiens est une reconnaissance du fait que la connaissance seule de ses propres symptômes, même complétée par la connaissance de leur origine et de leur rôle dynamique dans l'économie du psychisme, n'est pas toujours suffisante en soi pour entraîner la guérison. Une expérience émotionnelle doit intervenir simultanément, un second vécu de l'expérience, une catharsis, une réaction. En d'autres termes, la prise de conscience complète n'est pas seulement d'ordre cognitif, c'est aussi une expérience émotionnelle.

On pourrait subtilement arguer du fait que la prise de conscience est souvent la satisfaction d'un besoin conatif, ou l'expérience d'une frustration, le sentiment réel d'être aimé ou abandonné, ou méprisé, ou rejeté, ou protégé. L'émotion dont parlent les analystes est alors plus à prendre comme la réaction de celui qui réalise, par exemple, que son père l'aimait vraiment après tout, au moment où il revit une expérience vieille de vingt ans qu'il avait jusqu'alors réprimée ou mal interprétée, ou de celle qui se rend compte, en revivant l'émotion appropriée, qu'elle détestait sa mère qu'elle avait toujours cru aimer.

Cette riche expérience, à la fois cognitive, émotionnelle et conative, nous pouvons l'appeler prise de conscience organismique. Et si nous avions étudié en premier les expériences *émotionnelles* ? À nouveau, nous devrions élargir davantage l'expérience pour y inclure des éléments conatifs, et nous nous retrouverions en fin de compte à parler d'émotion organismique ou holiste, et ainsi de suite. De même en ce qui concerne l'expérience conative ; elle s'élargirait également à une expérience non cognitive de l'organisme tout entier. À l'étape finale, on comprendrait alors qu'il n'existe pas de différence entre la prise de conscience organismique, l'émotion organismique et la conation organismique, si ce n'est l'angle d'approche de celui qui étudie, et les dichotomies d'origine apparaîtraient clairement comme des artefacts d'une approche trop atomiste du sujet.

CHAPITRE 10

Différentes approches de la normalité et de la santé

Les mots *normal* et *anormal* recouvrent tant de significations différentes qu'ils en ont perdu tout sens. Aujourd'hui, les psychologues et les psychiatres ont fortement tendance à remplacer ces termes très généraux par les concepts spécifiques auxquels ils renvoient. C'est ce que nous allons faire dans ce chapitre.

On a généralement tenté de définir la normalité en termes statistiques ou culturels ou médico-biologiques. Ce ne sont cependant que des définitions *formelles*, celles des cénacles, ou des définitions du dimanche et non de tous les jours. La signification informelle véhiculée par le mot est tout aussi précise que ces définitions de professionnels. La plupart des gens ont quelque chose de différent à l'esprit lorsqu'ils demandent : « Qu'est-ce qui est normal ? » Pour la plupart d'entre eux, y compris pour les professionnels quand ils oublient leur profession, c'est une question de valeurs, qui concerne ce à quoi nous devrions accorder de la valeur, ce qui est bon et mauvais pour nous, ce qui devrait nous préoccuper, ce à propos de quoi nous devrions nous sentir coupables ou vertueux. Je choisis d'interpréter l'intitulé de ce chapitre à la fois dans le sens où l'entend le non-professionnel et dans celui que lui donne le professionnel. J'ai l'impression que la plupart des experts de ce domaine font de même, bien qu'ils refusent le plus souvent de l'admettre. On débat longuement de ce qu'il faudrait entendre par normal et trop peu de ce que cela signifie *vraiment* en contexte, dans la conversation courante. Dans mon activité de thérapeute, j'ai toujours interprété la question de la normalité et de l'anormalité du point de vue de l'interlocuteur plutôt que de celui du spécialiste. Lorsqu'une mère me demandait si son enfant était normal, je comprenais qu'elle voulait savoir si elle avait raison de s'inquiéter ou non, si elle devait modifier sa manière de contrôler le comportement de son enfant ou si elle devait au contraire le laisser faire et ne pas s'en préoccuper. Lorsqu'à l'issue d'une conférence certains m'interrogeaient sur la normalité et l'anormalité en matière de comportement sexuel, j'interprétais leur question de la même manière et leur suggérais souvent par ma réponse de « s'inquiéter » ou de « ne pas s'inquiéter ».

Selon moi, la véritable raison de l'actuel regain d'intérêt pour ce problème de la part des psychanalystes, des psychiatres et des psychologues est le sentiment qu'il s'agit de *la* grande question des valeurs. Lorsque Erich Fromm, par exemple, traite de la normalité, il se place du point de vue de ce qui est bien, de la désirabilité et des valeurs. Et nombre d'autres auteurs lui ont emboîté le pas dans ce domaine. Ce travail a représenté et représente toujours un effort louable d'élaborer une psychologie des valeurs susceptible de servir de guide à l'individu lambda et de cadre de référence théorique aux professeurs de philosophie et aux autres spécialistes.

J'irai encore plus loin. Un grand nombre de ces psychologues reconnaissent de plus en plus volontiers que tout cet effort constitue (pour la plupart d'entre eux) une tentative de faire ce que les religions officielles ont voulu faire sans y parvenir, c'est-à-dire d'offrir aux hommes des clés pour comprendre la nature humaine dans ses rapports avec elle-même, avec les autres, avec la société en général et avec le monde tout entier, un cadre de référence qui leur permettrait de savoir quand ils doivent se sentir coupables et quand ils ne le doivent pas. En d'autres termes, nous travaillons à l'élaboration d'une sorte d'éthique scientifique. Je souhaite ardemment que les suggestions contenues dans ce chapitre apparaissent comme une démarche allant dans cette direction.

Les concepts classiques

Avant d'aborder ce sujet important, examinons toutes les tentatives techniques de description et de définition de la normalité qui n'ont pas abouti.

Les moyennes statistiques

Les études statistiques du comportement humain dressent un état des lieux et décrivent ce qui existe dans la réalité, et sont censées ne pas contenir d'évaluation. Heureusement, la plupart des individus, y compris les hommes de science, ne sont pas suffisamment forts pour résister à la tentation de se fier à la moyenne, au plus commun, au plus fréquent, particulièrement dans notre culture qui exerce une telle influence sur l'homme de la rue. L'excellent rapport Kinsey sur la sexualité est par exemple très utile pour l'information brute qu'il apporte. Mais le Dr Kinsey et d'autres auteurs ne peuvent s'empêcher de parler de ce qui est normal (au sens de souhaitable). Dans notre société, la moyenne veut que nous ayons une vie sexuelle malade, pathologique (du point de vue psychiatrique). Ce qui ne rend pas cela pour autant souhaitable ou sain. Nous devons apprendre à dire moyenne quand nous voulons dire moyenne.

Prenons un autre exemple, celui de la table des normes de développement des bébés de Gesell, qui est sans doute de la plus grande utilité aux scientifiques et aux médecins. Mais la majorité des mères s'inquiètent si leur bébé se situe au-dessous de la moyenne pour le développement de la marche ou la capacité à boire à la tasse, comme si cela était de mauvais augure ou avait de quoi effrayer. À l'évidence, lorsque nous avons défini la moyenne, nous devons encore nous poser la question : « La moyenne est-elle souhaitable ? »

Les conventions sociales

Le mot *normal* est souvent employé de manière inconsciente comme synonyme de *traditionnel* ou *habituel* ou *conventionnel*, et sert en général à avaliser la tradition. Je me rappelle l'émoi suscité par les femmes qui fumaient lorsque j'ai débuté mes études. La doyenne avait déclaré que ce n'était pas normal et avait donc interdit la cigarette dans l'enceinte de l'université. À l'époque, il n'était pas normal, non plus, que des étudiantes portent le pantalon et se tiennent par la main en public. Ce que voulait en réalité dire la doyenne, c'est que « cela ne correspond pas à la tradition », ce qui était vrai et qu'elle traduisait par « c'est anormal, maladif, intrinsèquement pathologique », ce qui était faux. Quelques années plus tard, les traditions évoluèrent et elle fut démise de ses fonctions parce qu'alors, ses manières à elle n'étaient plus considérées comme « normales ».

Il existe une variante de cet usage qui consiste à revêtir la tradition de l'alibi théologique. Des livres prétendument sacrés sont censés fixer des normes de comportement, mais le scientifique n'accorde pas plus d'attention à ces traditions qu'aux autres.

Les normes culturelles

Nous dirons enfin que les principes édictés par la culture pour définir ce qui est normal, souhaitable, bon ou sain, sont tout aussi obsolètes. Les anthropologues nous ont certes rendu un immense service en nous faisant tout d'abord prendre conscience de notre ethnocentrisme. En tant que culture, nous nous sommes efforcés d'établir au rang de critères absolus et valables pour toute l'espèce toutes sortes d'habitudes culturelles locales, comme le fait de porter des caleçons ou de consommer de la vache plutôt que du chien. L'étendue et les progrès de la connaissance ethnologique ont rendu caduques une bonne partie de ces notions, et on reconnaît maintenant les dangers de l'ethnocentrisme. Personne ne s'arroge plus le droit de parler au nom de l'espèce tout entière à moins d'être capable de s'élever au-dessus de sa propre culture ou de prendre ses distances avec elle, et de prouver ainsi sa capacité à juger l'espèce humaine en tant qu'espèce et non en tant que groupe local.

L'adaptation passive

On trouve une variante de cette erreur dans la notion d'individu bien adapté. Le lecteur non averti sera sans doute intrigué de découvrir à quel point les psychologues sont hostiles à cette idée en apparence banale et sensée. Car chacun souhaite que son ou ses enfants soient bien adaptés et intégrés à un groupe, qu'ils soient populaires, admirés et aimés par leurs pairs. Toute la question est de savoir : adaptés, mais à *quel* groupe ? Les nazis, les criminels, les délinquants, les toxicomanes ? Populaires auprès de qui ? Admirés par qui ? Dans la merveilleuse nouvelle de H.G. Well « Le pays des aveugles », où tout le monde est aveugle, celui qui voit est inadapté.

L'adaptation signifie l'ajustement passif de soi-même à sa propre culture, à l'environnement extérieur. Mais qu'en est-il dans une culture malade ? Ou, pour choisir un autre exemple, nous apprenons peu à peu à ne plus considérer que les jeunes délinquants sont nécessairement mauvais ou indésirables selon les critères psychiatriques. Chez les enfants, le crime, la délinquance et le comportement répréhensible peuvent, dans certains cas, du point de vue psychiatrique et biologique, représenter une révolte *légitime* contre l'exploitation, l'injustice et l'iniquité.

L'ajustement est un processus plus passif qu'actif ; il atteint son apogée chez l'individu qui est capable de trouver le bonheur sans individualité, chez le fou ou le prisonnier bien adapté.

Cet environnementalisme poussé à l'extrême suppose que l'être humain est infiniment souple et malléable et que la réalité ne change pas. C'est le règne du *statu quo* et du fatalisme. Et c'est faux aussi. Les êtres humains *ne sont pas* infiniment malléables et la réalité *peut* être modifiée.

L'absence de maladie

Dans l'usage médico-clinique, qui relève d'une tradition complètement différente, le terme *normal* s'applique à l'absence de lésion, de maladie ou de dysfonctionnement manifeste. Le médecin qui, à l'issue d'un examen minutieux, n'a pas identifié de cause physique au mal-être du patient déclarera que ce dernier est normal, même si la souffrance perdure. Il veut dire en fait : « Techniquement, je ne peux expliquer ce qui ne va pas chez vous. »

Le praticien rompu à la psychologie, le psychosomaticien, n'en reste pas là et utilise moins souvent le terme normal. De fait, nombre de psychanalystes vont jusqu'à affirmer que personne n'est normal, signifiant par là que personne n'est totalement épargné par la maladie. En d'autres termes, personne n'est sans tare. Certes, mais cela nous est d'un maigre secours au regard du problème d'éthique qui nous préoccupe.

De nouveaux concepts

Comment ces différentes conceptions que nous avons appris à rejeter seront-elles remplacées ? Le nouveau cadre de référence dont traite le présent chapitre se situe encore au stade du développement et de la construction. Ses contours sont encore flous et il n'existe actuellement aucune donnée irréfutable pour l'étayer. Il se caractérise plutôt comme un concept ou comme une théorie en gestation qui laisse présager la direction qu'emprunteront les développements futurs.

En ce qui concerne l'avenir de l'idée de normalité, je prévois et je table plus particulièrement sur l'élaboration prochaine d'une sorte de théorie globale de la santé psychique, à l'échelon de l'espèce, qui s'appliquera à tous les êtres humains indépendamment de leur culture et de l'époque dans laquelle ils vivent. Elle concernera à la fois la théorie et la pratique. Cette nouvelle forme de pensée est imposée par des faits nouveaux, des données récentes sur lesquelles nous reviendrons.

Drucker (1939) a défendu la thèse que l'Europe occidentale, depuis le début de la chrétienté, a été dominée par quatre concepts ou modèles successifs à respecter dans la recherche du bonheur individuel et du bien-être. Chacun de ces concepts ou de ces mythes a présenté à l'individu un certain type d'idéal, et partait en général du principe qu'il fallait impérativement suivre cet idéal pour atteindre le bonheur individuel et le bien-être. Le Moyen Âge a proposé à l'homme l'idéal spirituel, la Renaissance celui de l'humaniste. Puis avec la montée en puissance du capitalisme et du marxisme, est venu le règne de l'*homo economicus*. Il faudrait aussi mentionner plus près de nous, et notamment dans les pays fascistes, le mythe parallèle et similaire de l'homme héroïque (au sens nietzschéen).

Il semble aujourd'hui que tous ces mythes ont échoué et qu'ils laissent la place à un autre idéal qui mûrit lentement dans l'esprit des penseurs et des chercheurs les plus progressistes, et qui s'épanouira probablement dans une ou deux décennies ; il s'agit du concept de l'individu psychiquement sain, ou de la personne eupsychique, qui est aussi en réalité l'homme « naturel ». Ce concept devrait marquer notre époque aussi profondément que les précédents.

Permettez-moi maintenant de décrire brièvement, et dans un premier temps de manière dogmatique, l'essence de cette conception nouvellement développée de l'individu psychiquement sain. On trouve tout d'abord la conviction fortement enracinée et qui prime tout le reste, que les êtres humains possèdent une nature fondamentale qui leur est propre, une sorte de colonne vertébrale de leur structure psychologique susceptible d'être traitée et étudiée par analogie avec leur nature physique, et qu'ils ont des besoins, des capacités et des tendances en partie d'origine génétique, certains étant caractéristiques de toute l'espèce humaine, au-delà des clivages culturels, et d'autres propres à chaque individu. Ces besoins fondamentaux sont apparemment bons ou neutres plutôt que mauvais. Deuxièmement, la santé complète et le développement normal et souhaitable supposent d'accomplir cette nature, d'exploiter pleinement ces potentialités et de progresser vers la maturité en écoutant ce que dicte cette nature essentielle, cachée, secrète, à peine perceptible, en croissant de l'intérieur au lieu de se laisser façonner par l'extérieur. En troisième lieu, il apparaît clairement aujourd'hui que la psychopathologie provient majoritairement de la négation ou de la frustration ou de la perversion de la nature humaine essentielle[1].

---

1. À première vue, cette conception rappelle certaines idées d'Aristote et de Spinoza sur le passé. En vérité, nous devons avouer que cette nouvelle conception offre beaucoup de points communs avec les philosophies anciennes. Mais il nous faut également souligner que nous connaissons mieux la véritable nature de l'être humain qu'Aristote et Spinoza. Nous pouvons être d'accord avec Aristote lorsqu'il postulait que la vie adéquate

Selon ce concept, qu'est-ce qui est bon ? Tout ce qui mène à cette croissance souhaitable vers l'accomplissement de la nature humaine intérieure. Qu'est-ce qui paraît mauvais ou anormal ? Tout ce qui frustre ou entrave ou nie la nature humaine fondamentale. Qu'est-ce qui est psychopathologique ? Tout ce qui bouleverse ou gêne ou dévie le processus d'accomplissement de soi. Qu'est-ce que la psychothérapie ou la thérapie ou la croissance, quelle qu'en soit la forme ? Tout moyen qui permet à la personne de retrouver le chemin de l'accomplissement de soi et de la croissance en accord avec ce que lui dicte sa nature profonde.

Ce que nous pouvons devenir

S'il me fallait résumer en une seule expression le contraste entre les conceptions classiques de la normalité et celle qui est sur le point d'émerger, je dirais que la différence essentielle réside dans le fait que nous pouvons désormais voir non seulement ce que sont les humains mais aussi ce qu'ils

consistait à vivre selon la véritable nature de l'homme, mais nous devons ajouter qu'il ne connaissait pas suffisamment cette véritable nature. Tout ce qu'Aristote pouvait faire en définissant cette nature fondamentale, ou le dessein constitutif de la nature humaine, était de regarder autour de lui, d'étudier les individus, d'observer à quoi ils ressemblaient. Mais si l'on se contente de considérer les êtres humains superficiellement, ce qui était précisément la seule chose qu'Aristote pouvait faire, on doit forcément en déduire ce qui équivaut à une conception statique de la nature humaine. La seule chose qu'Aristote avait le pouvoir de faire, était de construire une image du bon individu dans sa propre culture et à cette époque particulière. Vous vous souvenez que, dans sa conception de la vie adéquate, Aristote acceptait totalement le fait de l'esclavage et qu'il commettait l'erreur fatale de supposer que, parce qu'un homme était un esclave, il était tel de par sa nature fondamentale et qu'il était par conséquent bon pour lui d'être esclave. Ceci révèle dans toute son étendue la faiblesse de l'observation superficielle lorsqu'on entreprend de bâtir une conception de ce qu'est le bon individu ou l'individu normal ou l'individu en bonne santé.

peuvent devenir. En d'autres termes, nous ne percevons pas seulement la surface ou les réalités, mais également les potentialités. Nous connaissons mieux, aujourd'hui, ce qui demeure dissimulé chez l'homme, ce qui est supprimé, ignoré et invisible. Nous sommes devenus capables d'évaluer la nature fondamentale des humains d'après leurs possibilités, leurs ressources potentielles et leur développement le plus abouti, au lieu de nous fier exclusivement à l'observation extérieure de ce qui se passe à un moment donné. Cette approche se résume à ceci : l'Histoire a pratiquement toujours décrié la nature humaine.

Nous avons un autre avantage sur Aristote, celui d'avoir appris de ces mêmes spécialistes de la psychologie dynamique que l'on ne peut parvenir à l'accomplissement de soi par la seule démarche intellectuelle ou rationnelle. Vous vous souvenez que, dans sa hiérarchie des capacités humaines, Aristote plaçait la raison au sommet. De cela procéda inévitablement l'idée que la raison s'opposait, luttait et était en conflit avec la nature humaine émotionnelle et instinctive. Mais l'étude de la psychopathologie et de la psychothérapie nous a enseigné à modifier radicalement notre image de l'organisme psychologique pour respecter équitablement la raison, l'émotion et la composante conative ou désirante ou motivationnelle de notre nature. De surcroît, nos observations d'individus sains nous ont convaincu que ces aspects ne sont pas contradictoires, qu'ils ne sont pas nécessairement antagonistes mais peuvent coexister en synergie. La personne saine est faite d'une seule pièce, intégrée, pourrions-nous dire. C'est l'individu névrosé qui est en désaccord avec lui-même ; chez lui la raison lutte contre les émotions. Ce clivage a non seulement entraîné une méconnaissance et une mauvaise définition de la vie émotionnelle et du conatif, mais il nous a permis de comprendre enfin que la conception de la raison léguée par le passé est confuse et fausse. Erich Fromm expliquait : « La raison, en devenant un garde destiné à surveiller son prisonnier, la nature humaine, est devenue elle-même captive et, de ce fait, les deux aspects de la nature humaine, la raison et l'émotion, ont été amoindris » (Fromm, 1947). Nous devons admettre avec Fromm que l'accomplissement de soi ne se réalise pas seulement à travers des actes de pensée mais plutôt par l'accomplissement de la personnalité humaine tout entière, laquelle comprend l'expression active non seulement des capacités intellectuelles mais aussi de celles qui relèvent de l'émotion et de l'instinct.

Dès lors qu'on sait avec certitude ce que les humains *peuvent* être dans certaines conditions que nous avons appris à appeler bonnes, dès lors qu'ils sont heureux, sereins, qu'ils s'acceptent eux-mêmes, sans culpabilité, et qu'ils ne sont en paix avec eux-mêmes que dans l'accomplissement et le devenir de ce qu'ils peuvent être, il est possible et raisonnable de parler du bien et du vrai, du mal et du faux, de ce qui est souhaitable et de ce qui n'est pas souhaitable.

Le philosophe professionnel objectera peut-être : « Comment pouvez-vous prouver qu'il est préférable d'être heureux que malheureux ? » Cette question trouve, elle aussi, une réponse concrète, car si nous observons des êtres humains dans des situations de choix suffisamment larges, nous découvrons qu'ils – *eux-mêmes* et non l'observateur – choisissent spontanément d'être heureux plutôt que malheureux, à l'aise plutôt que mal à l'aise, sereins plutôt qu'angoissés. En un mot, les êtres humains préfèrent la santé à la maladie, toutes choses étant égales par ailleurs (sous réser ve qu'ils puissent choisir *eux-mêmes* de ne pas être trop malades et que les conditions de choix soient celles que nous décrirons par la suite).

C'est également une réponse à la conception philosophique classique qui oppose les valeurs de moyens aux valeurs de fins, et que nous connaissons tous (*si* vous voulez atteindre la finalité x, vous *devez* employer le moyen y : « Vous devez prendre des vitamines si vous voulez vivre plus longtemps »). Nous abordons aujourd'hui cette proposition de manière différente. Nous savons *concrètement* ce que veut l'espèce humaine – l'amour, la sécurité, l'absence de douleur, le bonheur, la longévité, la connaissance, etc. Nous pouvons dès lors affirmer, non pas : « Si vous désirez être heureux, alors... » mais : « Si vous êtes un membre sain de l'espèce humaine, alors... »

Tout ceci se vérifie empiriquement au sens même où nous disons qu'un chien préfère la viande à la salade ou que le poisson rouge a besoin d'eau fraîche ou que les fleurs s'épanouissent mieux au soleil. J'insiste sur le fait qu'il s'agit ici d'observations d'ordre descriptif et scientifique et non purement normatives.

Ce que nous *pouvons* être = ce que nous devrions être, mais constitue une formule bien supérieure à *devrions être*. Notez que, dans une perspective descriptive et empirique, *devrions* s'avère totalement hors de propos, comme si s'agissant des fleurs ou des animaux nous demandions ce qu'ils *devraient* être. Quel sens a cette obligation (ou ce *devrait*) ici ? Que *devrait* devenir un chaton ? La réponse à cette question et la problématique dans laquelle elle s'inscrit valent aussi pour les petits de l'homme.

Une autre façon d'exprimer ceci avec plus de force est de dire qu'il est aujourd'hui possible de distinguer simultanément ce qu'une personne *est* et ce qu'elle *pourrait* être. Nous savons tous que la personnalité de l'homme est organisée en strates, ou profondeurs. Ce qui est inconscient et ce qui est conscient coexistent, même s'ils se contredisent. L'un *est* (en un sens) ; l'autre *est* également (dans un autre sens plus profond) et *pourrait* un jour remonter à la surface, devenir conscient, et puis *être* dans *ce premier* sens.

Dans ce cadre de référence, on peut comprendre que des individus qui adoptent un comportement mauvais peuvent pourtant au fond d'eux-mêmes être aimants. S'ils parviennent à réaliser cette potentialité de l'espèce, ils deviennent des individus plus sains et, en ce sens particulier, plus normaux.

La différence majeure entre les hommes et tous les autres êtres réside en ceci que leurs besoins, leurs préférences et leurs résidus d'instincts sont *faibles* et non forts, équivoques et non dénués d'ambiguïté, qu'ils laissent de la place pour le doute, l'incertitude et le conflit, qu'ils sont trop facilement étouffés et masqués par la culture, par l'apprentissage, par les préférences d'autres individus. Nous sommes si habitués depuis toujours à penser que les instincts sont univoques, faciles à reconnaître, forts et puissants (tels qu'ils existent chez les animaux) que nous n'avons jamais envisagé la possibilité d'instincts *faibles*.

Nous possédons *réellement* une nature, une structure, une vague ossature de tendances et de capacités instinctives, mais la découvrir par nous-mêmes est une tâche difficile et ambitieuse. Être naturel et spontané, savoir ce que l'on est et ce que l'on veut vraiment, est un aboutissement supérieur et rare auquel on ne parvient pas souvent, et qui exige de longues années de courage et d'effort.

La nature humaine constitutive

Résumons brièvement. Nous avons vu que l'essence ou la nature intérieure des hommes ne se borne pas simplement à leur anatomie et à leur physiologie, mais comprend également leurs besoins fondamentaux, leurs aspirations et leurs capacités psychologiques. Et deuxièmement, que cette nature intérieure n'est généralement pas manifeste, ni facile à percevoir, mais plutôt secrète et frustrée, faible plutôt que forte.

Et comment savons-nous que ces besoins et ces potentialités constitutionnelles *sont* sa nature constitutive ? Des douze preuves distinctes et des techniques de différenciation exposées dans le chapitre 4 (voir également Maslow, 1965a), nous ne reprendrons ici que les quatre principales. Tout d'abord, la frustration de ces besoins et de ces capacités est psychopathogène (c'est-à-dire qu'elle rend l'individu malade). Deuxièmement, leur satisfaction favorise le développement d'une personnalité saine (elle est eupsychogène), alors que la satisfaction des besoins névrotiques n'entraîne pas le même effet. Elle rend les individus plus sains et meilleurs. Troisièmement, dans de libres conditions de choix, ils se manifestent spontanément en tant que choix. Quatrièmement, ils sont directement observables chez les individus relativement sains.

Si nous voulons différencier les besoins fondamentaux des autres besoins, nous ne pouvons pas considérer uniquement l'introspection des besoins conscients, voire la description des besoins inconscients, parce que, du point de vue phénoménologique, les besoins névrotiques et les besoins constitutifs peuvent être ressentis de la même façon. Ils exigent tous d'être satisfaits, ils monopolisent la conscience, et leurs qualités introspectées ne diffèrent pas suffisamment les unes des autres pour permettre à l'auteur de l'introspection de les différencier, excepté peut-être à la fin de la vie et rétrospectivement (comme dans le cas d'Ivan Ilitch chez Tolstoï), ou dans des moments d'intuition particulière.

Non, il nous faut disposer d'une autre variable extérieure avec laquelle établir une corrélation et en fonction de laquelle varier. De fait, cette autre variable a été le continuum névrose-santé. Nous sommes maintenant fermement convaincus que l'agressivité mauvaise est plutôt d'ordre réactif que fondamental, davantage un effet qu'une cause, parce qu'un individu méchant s'améliore par la psychothérapie, qu'il devient moins vicieux ; et parce que, lorsqu'une personne en bonne santé devient malade, elle tend vers *plus* d'hostilité, *plus* de venin, *plus* de méchanceté.

En outre, nous savons que la satisfaction des besoins névrotiques n'apporte pas la santé au même titre que la satisfaction des besoins fondamentaux inhérents à la nature de l'homme. Le fait d'accorder du pouvoir aux névrosés, tout le pouvoir qu'ils souhaitent, ne les rend pas pour autant moins névrosés et ne suffit pas à combler totalement leur besoin névrotique de pouvoir. Quel que soit le niveau de satisfaction apporté, leur faim reste inassouvie (parce qu'ils se trouvent constamment à la recherche de quelque chose d'autre). En matière de santé, la satisfaction ou la frustration d'un besoin névrotique fait peu de différence.

Il en va tout autrement des besoins fondamentaux tels que la sécurité ou l'amour. Leur satisfaction apporte la santé, il est possible de les assouvir complètement, leur frustration provoque la maladie.

Cela semble également se vérifier en ce qui concerne des potentialités individuelles telles que l'intelligence ou la tendance à l'activité. (Les seules données que nous possédons à ce sujet sont des données cliniques.) Cette tendance agit comme un besoin qui demande à s'accomplir. S'il est satisfait, l'individu se développe harmonieusement ; s'il est frustré et bloqué, divers troubles, que nous connaissons encore mal, se développent immédiatement.

La technique sans doute la plus probante à cet égard est l'observation directe des individus qui sont *totalement* sains. Nos connaissances actuelles nous permettent de sélectionner des personnes *relativement* saines. Sachant qu'il n'existe pas de spécimens parfaits, il est néanmoins avéré, par exemple, que l'étude du radium relativement concentré nous apporte davantage de connaissance que celle du radium relativement dilué.

L'expérience rapportée dans le chapitre 11 a démontré qu'il serait possible à *un scientifique* d'analyser et de décrire la normalité au sens de l'excellence, de la perfection, de la santé idéale et de l'accomplissement des possibilités humaines.

Différencier ce qui est constitutif de ce qui est accidentel

Le dessein constitutif de la nature humaine le mieux étudié est le besoin d'amour. Il illustre à lui seul les quatre critères évoqués ci-dessus qui permettent de différencier ce qui est inhérent et universel dans la nature humaine de ce qui est accidentel et spécifique.

1. Presque tous les thérapeutes affirment que, lorsque l'on retrace la genèse d'une névrose, on découvre très souvent à l'origine une privation d'amour au cours des premières années d'existence. Plusieurs études semi-expérimentales ont confirmé cette observation chez des nourrissons et des bébés, à tel point que la privation radicale d'amour est considérée comme dangereuse y compris pour la vie de l'enfant en bas âge. Ce qui veut dire que la privation d'amour mène à la maladie.
2. Ces maladies, dans la mesure où elles n'ont pas atteint le stade où elles deviennent irréversibles, peuvent être soignées, nous le savons maintenant, notamment chez les jeunes enfants, par l'affection et l'attention aimante. Même dans la psychothérapie adulte et dans l'analyse de cas plus graves, il existe désormais de solides raisons de croire que l'un des effets de la thérapie est de permettre au patient de recevoir et d'exploiter les bienfaits de l'amour qui guérit. D'innombrables preuves témoignent en outre de la corrélation entre l'affection reçue dans l'enfance et la bonne santé à l'âge adulte. Ces données s'ajoutent à l'idée générale selon laquelle l'amour est un besoin essentiel au développement harmonieux de l'être humain.

3. Les enfants placés en situation de libre choix, et dans la mesure où ils ne sont pas encore faussés et pervertis, préfèrent l'affection à l'absence d'affection. Nous ne disposons pas d'expériences pour le prouver, mais nous possédons un nombre impressionnant de données cliniques et plusieurs données ethnologiques à l'appui de cette conclusion. L'observation courante selon laquelle les enfants préfèrent le professeur, le parent, l'ami affectueux, au professeur, au parent ou à l'ami hostile ou froid, illustre cette affirmation. Les pleurs des petits enfants nous indiquent qu'ils préfèrent l'affection au manque d'affection, comme par exemple dans le cas des enfants balinais. L'adulte de Bali n'a pas autant besoin d'amour que l'adulte américain. Les enfants balinais apprennent par d'amères expériences à ne pas réclamer d'amour ni à en attendre. Mais ils détestent le dressage auquel on les soumet ; ils ne cessent de pleurer tandis qu'on leur apprend à ne pas quémander d'amour.
4. En fin de compte, que nous apprend la description des adultes en bonne santé ? Que pratiquement tous (mais pas tous) ont vécu une existence placée sous le signe de l'amour, ont aimé et été aimés. Et qu'ils sont en outre devenus des adultes aimants. Finalement et paradoxalement, ils ont moins besoin d'amour que l'individu moyen, sans doute parce qu'ils en ont reçu suffisamment.

Le parallèle avec n'importe quelle autre maladie due à une déficience confirme la plausibilité et l'évidence de ces propositions. Supposons qu'un animal manque de sel. Premièrement, cela entraîne une pathologie. Deuxièmement, un supplément de sel absorbé par le corps guérit ou améliore les maux. Troisièmement, un rat blanc ou un homme souffrant d'un manque de sel, s'il en a le choix, préférera des aliments très salés, c'est-à-dire qu'il consommera d'inhabituelles quantités de sel et, dans le cas de l'homme, manifestera un désir subjectif pour le sel et indiquera qu'il en apprécie particulièrement le goût. Quatrièmement, nous constatons que les organismes sains ayant déjà absorbé suffisamment de sel n'en ont pas un désir ou un besoin particulier.

Nous pouvons par conséquent affirmer ceci : si un organisme a besoin de sel pour être en bonne santé et éviter la maladie, il a besoin d'amour pour les mêmes raisons. En d'autres termes, l'organisme est ainsi constitué qu'il a besoin de sel et d'amour, de la même manière que les voitures sont conçues pour avoir besoin d'huile et d'essence.

À plusieurs reprises nous avons parlé de bonnes conditions, de permissivité et ainsi de suite. Il s'agit des conditions d'observation particulières, si souvent nécessaires dans le cadre du travail scientifique et qui constituent l'équivalent de la formule : « Ceci est vrai dans telle et telle circonstance. »

Les conditions de la santé

Abordons maintenant la question des conditions qui favorisent la révélation de notre nature authentique, afin de voir ce que la psychologie dynamique moderne a à nous offrir sur le sujet.

S'il résulte de ce que nous avons affirmé que l'organisme possède une nature intrinsèque propre, aux contours vagues, il est parfaitement clair que cette nature intérieure est délicate, subtile et ne s'impose pas avec force comme chez les animaux inférieurs que n'effleure pas le moindre doute quant à ce qu'ils sont, ce qu'ils veulent et ce qu'ils refusent. Les besoins humains d'amour, de connaissance ou d'une philosophie sont faibles et fragiles plutôt qu'affirmés et sans équivoque ; ils murmurent au lieu de crier. Et leur murmure est facilement étouffé.

Pour savoir ce que sont les êtres humains et ce dont ils ont besoin, il est indispensable d'établir des conditions susceptibles de favoriser l'expression de ces besoins et de ces capacités, et de les encourager en les rendant possibles. Ces conditions se résument en général à la permission de satisfaire et d'exprimer le besoin. Comment connaissons-nous les aliments les plus adaptés aux souris blanches sur le point de mettre bas ? Nous laissons à celles-ci le libre choix parmi un large éventail de possibilités et nous leur permettons de manger ce qu'elles veulent, à n'importe quel moment, selon les quantités et les modalités qu'elles déterminent elles-mêmes. Nous savons qu'il est préférable pour les bébés d'être sevrés à la demande, c'est-à-dire quand c'est *préférable* pour eux. Comment le déterminons-nous ? Nous ne pouvons évidemment pas interroger le bébé, et nous avons appris à ne plus demander conseil au pédiatre de l'ancienne école. Nous lui présentons donc un choix ; nous le laissons décider lui-même. Nous lui offrons à la fois des aliments liquides et solides. Si le mets solide l'attire, il va spontanément se détacher du sein. De manière analogue, nous avons appris aux enfants à nous indiquer s'ils ont besoin d'amour, de protection, de respect ou de contrôle en établissant un climat fondé sur l'acceptation, la permission, la satisfaction. Nous avons appris que cette atmosphère de libre choix est propice à la psychothérapie, qu'elle s'avère même à long terme la seule à adopter. Le libre choix dans une vaste gamme de possibilités a prouvé sa validité dans diverses situations sociales, lorsqu'il s'agit par exemple de choisir un compagnon de chambre dans les institutions de délinquants, d'opter pour tel professeur ou tel cours à l'université, de sélectionner les membres d'équipage dans un bombardier et ainsi de suite. (Je laisse de côté la question épineuse mais vitale de la frustration *désirable*, de la discipline, des limites imposées à la satisfaction. Je souhaite simplement préciser que si la permissivité constitue un atout précieux dans le cadre de notre expérimentation, elle n'est pas forcément suffisante en soi dès lors qu'il s'agit d'apprendre à respecter les autres et à prendre en compte *leurs* besoins ou ce qui pourra être nécessaire à l'avenir.)

Par conséquent, dans la perspective de favoriser l'accomplissement de soi ou la santé, l'environnement approprié (en théorie) est celui qui offre les matières premières pour s'effacer ensuite et se placer en retrait, afin de laisser l'organisme (moyen) exprimer lui-même ses souhaits et ses exigences et effectuer ses propres choix (en n'oubliant pas qu'il lui arrive fréquemment de les différer, d'y renoncer en faveur d'autres, etc., et que les *autres* individus ont eux aussi des demandes et des désirs).

Environnement et personnalité

Une autre question importante s'impose à nous qui tentons de comprendre cette nouvelle conception de la normalité et ses relations avec l'environnement. Du point de vue théorique, la santé parfaite nécessiterait un monde parfait pour être possible et durable. Dans la réalité, il ne semble pas que les choses se passent exactement de cette façon.

Il *est* possible de trouver des individus extrêmement sains dans notre société, laquelle se situe pourtant très loin de la perfection. Sans être parfaits, ce sont les meilleures personnes que l'on puisse aujourd'hui imaginer. Il se peut qu'à notre époque et dans notre culture, nous ne sachions pas encore à quel degré de perfection les hommes sont capables d'accéder.

En tout cas, la recherche a marqué une avancée en découvrant que les individus peuvent être plus sains, encore plus sains que la culture dans laquelle ils grandissent et vivent. C'est possible, essentiellement parce que les individus sains ont la capacité de se détacher de leur environnement, ce qui revient à dire qu'ils obéissent davantage à leurs lois internes qu'aux pressions externes.

Notre culture est suffisamment démocratique et pluraliste pour permettre aux individus de suivre leur tempérament, aussi longtemps que leur comportement n'est ni trop menaçant, ni effrayant. Les individus sains ne se démarquent pas des autres ; ils ne se distinguent ni par des vêtements originaux, ni par leurs manières, ni par leur attitude. Leur liberté est tout *intérieure*. Aussi longtemps qu'ils demeurent indépendants de l'approbation ou de la désapprobation d'autrui, et qu'ils se préoccupent principalement de rester en accord avec eux-mêmes, on peut les considérer comme psychologiquement autonomes, c'est-à-dire relativement indépendants de la culture. La tolérance et la liberté des goûts et des opinions semblent être leurs préceptes clés.

En résumé, les résultats de nos recherches indiquent que, si un environnement adéquat favorise des personnalités saines, cette relation est loin d'être parfaite, et qu'en outre, la définition de l'environnement adéquat doit évoluer pour inclure les forces spirituelles et psychologiques au même titre que les forces matérielles et économiques.

L'utopie psychologique

J'ai eu le plaisir de travailler à la description imaginaire d'une Utopie psychologique, dont tous les membres seraient psychiquement sains. Je lui ai donné le nom d'Eupsychie. D'après ce que nous savons des individus sains, pourrions-nous prédire le type de culture dans laquelle ils évolueraient si mille familles saines émigraient dans une région désertique où elles auraient la possibilité de se forger leur propre destin ? Quelle forme d'éducation choisiraient-elles ? Quel système économique ? Quelle forme de sexualité ? Quelle religion ?

Je ne peux m'avancer en ce qui concerne certains domaines – l'économie en particulier. Mais pour d'autres, je n'ai pas le moindre doute. Je suis certain, notamment, qu'il s'agirait d'un groupe anarchiste (philosophiquement parlant), d'une culture taoïste mais aimante, dans laquelle tout le monde (y compris les jeunes) aurait plus de libre choix que nous n'en avons d'habitude, et dans laquelle les besoins fondamentaux et les métabesoins seraient mieux respectés qu'ils ne le sont dans notre société. Personne n'interviendrait dans la vie des autres comme nous le faisons, ni ne s'arrogerait le droit d'imposer des opinions, des religions, des philosophies ou des goûts vestimentaires, culinaires ou artistiques. En un mot, les habitants de l'Eupsychie tendraient à adopter une approche plus taoïste, non intrusive, orientée vers la satisfaction des besoins fondamentaux (dans la mesure du possible), ne les frustrant que dans certaines conditions que je n'ai pas entrepris de décrire ; ils se montreraient plus honnêtes les uns avec les autres que nous ne le sommes, et ils ménageraient à chacun de larges possibilités de libre choix. Ils seraient moins prompts que nous à contrôler, à faire preuve de violence, de mépris ou de suffisance. Ces conditions réunies permettraient aux strates de la nature humaine les plus profondément enfouies de se révéler plus complètement.

Je dois souligner que les êtres humains adultes forment une catégorie à part. La situation de libre choix ne fonctionne pas pour tout le monde – mais seulement pour les individus sans tare. Les sujets malades, névrosés, effectuent de mauvais choix : ils ne savent pas ce qu'ils veulent et, même dans le cas contraire, ils manquent de courage pour effectuer le bon choix. Lorsque nous parlons du libre *choix* chez les êtres humains, nous nous référons à des adultes sains ou à des enfants qui n'ont pas encore été déformés ou pervertis. Les travaux expérimentaux sur le libre choix ont en grande partie été réalisés sur des animaux. Nous avons également beaucoup appris sur cette question au niveau clinique par l'analyse des processus psychothérapeutiques.

La nature de la normalité

Revenons maintenant à notre question initiale, la nature de la normalité, que nous avons définie comme l'excellence suprême à laquelle nous sommes capables de parvenir. Cet idéal ne constitue pas un objectif hors d'atteinte situé très loin de nous, mais il est au contraire à l'intérieur de nous, bien réel mais dissimulé, une potentialité plutôt qu'une réalité.

Par ailleurs, cette conception de la normalité, je le précise, est plus découverte qu'inventée ; elle est fondée sur des conclusions empiriques plutôt que sur des espoirs ou des souhaits. Elle implique un système de valeurs rigoureusement naturaliste qui est susceptible d'être élargi par d'autres recherches empiriques sur la nature humaine. De telles recherches devraient nous fournir les réponses à ces questions de toujours : « Comment puis-je être un être de bien ? » « Comment puis-je mener une bonne existence ? » « Comment puis-je être fécond ? » « Heureux ? » « En paix avec moi-même ? » Si notre organisme nous indique ce dont il a besoin – et par conséquent ce qui a de la valeur – en tombant malade et en s'affaiblissant lorsqu'il est privé de ces valeurs, il nous dit par là même ce qui est bénéfique pour lui.

Un dernier point. Les concepts clés de la nouvelle psychologie dynamique sont la spontanéité, la libération, le naturel, le choix autonome, l'acceptation de soi, la prise de conscience des désirs, la satisfaction des besoins fondamentaux. Ils étaient autrefois le contrôle, l'inhibition, la discipline, l'instruction, le façonnage, en vertu du principe que les profondeurs de la nature humaine sont dangereuses, maléfiques, prédatrices et voraces. L'enseignement, la culture familiale, l'éducation des enfants et l'acculturation en général participaient d'un processus destiné à maîtriser les forces sombres tapies à l'intérieur de nous.

Vous noterez à quel point les conceptions idéales de la société, de la loi, de l'éducation et de la famille diffèrent dans ces deux théories sur la nature humaine. Dans un cas, on voit à l'œuvre des forces de contrôle et de contrainte ; dans l'autre, tout n'est que satisfaction et accomplissement. Je dois de nouveau souligner qu'il existe deux formes de restriction et de contrôle. Dans l'une, la peur des besoins fondamentaux provoque leur frustration. Dans l'autre (les contrôles apollinisants), par exemple quand on retarde le moment de l'orgasme, quand on adopte de bonnes manières à table, quand on nage avec adresse, on *rehausse* la satisfaction des besoins fondamentaux. Bien sûr, ceci n'est qu'une opposition simpliste, de type ou bien/ou bien. Aucune de ces conceptions n'est totalement juste ou totalement fausse. Il est cependant utile d'opposer des idéaux afin d'aiguiser nos perceptions.

En tout cas, si ce principe d'identification de la normalité à la santé idéale tient, nous serons obligés de modifier non seulement nos conceptions de la psychologie humaine mais aussi nos théories de la société.

TROISIÈME PARTIE

L'accomplissement de soi

CHAPITRE 11

Les individus accomplis : une étude de la santé psychique

L'étude qui sera reprise dans ce chapitre est originale à plus d'un titre. Elle n'a pas été programmée comme une recherche classique ; elle ne répondait pas à un projet social mais à une initiative personnelle, motivée par ma propre curiosité et destinée à apporter une solution à divers problèmes d'ordre personnel, moral, éthique et scientifique. J'ai surtout cherché à en tirer des leçons et à me conforter moi-même au lieu de prouver ou de démontrer quoi que ce soit aux autres[1].

Contre toute attente, cependant, mes observations se sont révélées si riches d'enseignement pour moi, et si chargées d'implications passionnantes, qu'il me semble équitable d'en offrir aux autres une sorte de compte rendu en dépit de leurs défauts méthodologiques.

Par ailleurs, le problème de la santé psychique me semble si pressant que *toute* suggestion, *toute* donnée, aussi controversée soit-elle, possède une valeur heuristique considérable. Ce type de recherche est en principe si difficile – supposant en quelque sorte un dépassement de

1. L'étude de Maslow sur les individus accomplis constituait une recherche personnelle sans caractère officiel qu'il a poursuivie tout au long de sa vie. [N.d.É.]

soi-même par rapport aux règles que l'on se fixe – que si nous devions attendre de disposer de données classiques fiables, il nous faudrait patienter éternellement. Selon moi, l'essentiel est de ne pas craindre les erreurs, de plonger, de faire de son mieux, en espérant apprendre suffisamment des fautes que l'on commet pour les corriger finalement. Pour le moment, la seule alternative qui ait été choisie est tout simplement de refuser de considérer le problème. En conséquence, quel que soit l'usage qu'il trouvera, l'exposé qui suit est présenté avec toutes les excuses dues aux partisans de l'exactitude au sens traditionnel, de la validité, de l'échantillonnage et ainsi de suite.

L'étude

Les sujets et les méthodes

Les sujets ont été choisis dans mon cercle de connaissances et d'amis personnels, et également parmi des personnalités publiques et des figures historiques. En outre, dans une première étude qui portait sur la jeunesse, j'ai sélectionné trois mille étudiants, mais n'ai retenu qu'un seul thème exploitable dans l'immédiat et une dizaine ou une vingtaine d'autres susceptibles d'être étudiés ultérieurement (« la croissance positive »).

La conclusion que j'en ai tirée est que l'accomplissement de soi tel que je l'avais observé chez mes sujets plus âgés n'était peut-être pas possible dans notre société pour les êtres jeunes en développement.

J'ai donc lancé une étude portant sur un panel de jeunes étudiants *relativement* sains, en collaboration avec E. Raskin et D. Freedman. Nous avons arbitrairement décidé de retenir le un pour cent d'étudiants les plus sains. Cette étude, que nous avions prévu d'échelonner sur plus de deux ans, a dû être interrompue avant son achèvement, mais même en l'état, elle se révéla très instructive sur le plan clinique.

Nous espérions également utiliser pour notre démonstration des personnages de romans ou d'œuvres dramatiques, mais ne pûmes en trouver aucun dans notre culture ou de notre époque qui fût susceptible de convenir (en soi une découverte qui mérite réflexion).

La première définition clinique en fonction de laquelle nous acceptions ou refusions les sujets comportait deux éléments, l'un positif, l'autre négatif. Le critère négatif était l'absence de névrose, de personnalité psychopathe, de psychose ou de tendances fortes dans ces directions. Une maladie qui pouvait être d'ordre psychosomatique était examinée et suivie de près. Chaque fois que cela s'avérait possible, nous utilisions les tests de Rorschach. Mais ils permettaient plus de déceler une psychopathologie masquée que d'identifier les individus sains. En tant que critère de sélection positif, nous avions retenu la manifestation concrète chez le sujet de l'accomplissement de soi, un syndrome alors encore difficile à décrire avec précision. Pour les besoins de cet exposé, nous le définirons brièvement comme l'usage et l'exploitation complets de ses propres talents, de ses capacités, de ses potentialités, etc. Les individus concernés donnent l'impression de s'épanouir et d'atteindre l'excellence dans tout ce qu'ils sont capables de réaliser, nous rappelant l'exhortation de Nietzsche : « Deviens ce que tu es ! » Ils ont acquis ou sont sur le point d'accéder à leur pleine maturité. Leurs potentialités peuvent être d'ordre idiosyncrasiques ou liées à l'espèce tout entière.

Ce critère suppose aussi la satisfaction présente ou passée des besoins fondamentaux de sécurité, d'appartenance, d'amour, de respect et de fierté de soi, ainsi que des besoins cognitifs de connaissance et de compréhension, ou, dans certains cas, la conquête de ces besoins. En d'autres termes, tous nos sujets se sentaient en sécurité, sereins, acceptés, aimés et capables d'aimer, dignes de respect et respectés, et ils avaient défini leurs propres orientations philosophiques, religieuses ou axiologiques. Il reste encore à déterminer si cette satisfaction fondamentale est une condition suffisante ou seulement nécessaire de l'accomplissement de soi.

De manière générale, la technique de sélection employée était celle de l'*itération*, utilisée précédemment dans les études sur les syndromes d'estime de soi et de sécurité dans la personnalité, tels qu'ils sont décrits dans le chapitre 18. Elle consiste en bref à partir de l'état non technique des croyances personnelles ou culturelles, à collationner les diverses applications et définitions élargies du syndrome, puis à le définir plus en détail, toujours en fonction de son application réelle (ce que l'on pourrait appeler le stade lexicographique), en éliminant toutefois les incohérences logiques et factuelles que l'on trouve généralement dans les définitions populaires.

Sur la base de la définition populaire corrigée, on sélectionne ensuite les premiers groupes de sujets, un groupe dans lequel la qualité existe à un niveau élevé, un groupe chez lequel elle est faiblement présente. Ils sont étudiés avec le plus grand soin d'après une analyse clinique et, en fonction des données enregistrées, la définition populaire corrigée est à nouveau modifiée. On obtient ainsi la première définition clinique. D'après cette nouvelle définition, on opère une seconde sélection parmi le groupe d'origine, certains sujets sont retenus, d'autres remerciés, et l'on fait appel à de nouveaux venus. Puis ce deuxième niveau de groupe est à son tour étudié cliniquement et, dans la mesure du possible, de manière expérimentale et statistique, ce qui entraîne une modification, une correction et un enrichissement de la première définition clinique, à partir desquels on sélectionne un troisième groupe de sujets et ainsi de suite. C'est ainsi qu'un concept populaire, à l'origine vague et non scientifique, peut devenir de plus en plus exact, de plus en plus opérationnel et par conséquent plus scientifique.

Certes, des considérations pratiques, extérieures, théoriques peuvent intervenir dans ce processus d'autocorrection en spirale. Au début de l'étude, par exemple, l'usage populaire s'est avéré d'une exigence si irréaliste qu'aucun être humain n'aurait pu correspondre à la définition. Nous avons dû cesser d'exclure un sujet potentiel simplement à cause de ses marottes, de ses erreurs ou de ses maladresses ; ou, pour l'exprimer autrement, nous ne pouvions utiliser la perfection comme critère de sélection, puisque aucun sujet n'était parfait.

Nous nous sommes heurtés à une autre difficulté de même ordre, à savoir le fait de ne pouvoir dans tous les cas disposer de l'information fiable et complète qui est indispensable au travail clinique. Certains sujets, en apprenant le but de l'étude, devenaient timides, se renfermaient, réduisaient l'entreprise à néant en ne la prenant pas au sérieux, ou abandonnaient purement et simplement. En conséquence de quoi, depuis cette première expérience, nous étudions les sujets plus âgés de manière indirecte, je dirais presque à leur insu. Seuls les plus jeunes pouvant être analysés directement.

Dans la mesure où nos sujets étaient des personnes en vie dont nous n'étions pas autorisés à divulguer le nom, deux desiderata, voire deux impératifs du travail scientifique classique, devenaient impossibles à réaliser : en l'occurrence la possibilité de répéter l'expérience et de rendre publiques des données susceptibles de donner lieu à des conclusions. Ces problèmes ont été partiellement résolus par l'inclusion de figures publiques et historiques, et par l'étude additionnelle de jeunes gens et d'enfants, qui pouvait éventuellement être utilisée aux fins de publication.

Les sujets avaient été divisés en plusieurs catégories[1] :

- LES CAS :

  Sept certains et deux contemporains hautement probables (interviewés).

  Deux personnages historiques certains (Lincoln pendant ses dernières années et Thomas Jefferson).

  Sept personnalités publiques et historiques hautement probables (Albert Einstein, Eleanor Roosevelt, Jane Addams, William James, Albert Schweitzer, Aldous Huxley et Baruch Spinoza).

- LES CAS PARTIELS :

  Cinq contemporains qui ne répondaient pas à tous les critères mais qui méritaient néanmoins d'être étudiés[2].

La collecte et la présentation des données

Les données ici proviennent moins de la collecte habituelle de faits spécifiques et discrets que de l'élaboration lente d'une impression globale ou holiste, du type de celle que nous pouvons avoir de nos amis et de nos connaissances. Il était rarement possible de créer une situation, de poser des questions incisives ou d'effectuer des tests avec mes sujets plus âgés (alors que cela s'avérait possible et se faisait avec les sujets plus jeunes). Les contacts étaient

---

1. Voir également Bonner (1961, p. 97), Bugental (1965, p. 264-276), et le manuel et la bibliographie du test POI sur l'accomplissement de soi de Shostrom (1963, 1968).

2. Les cas potentiels ou possibles qui ont été proposés ou étudiés par d'autres étaient G.W. Carver, Eugène V. Debs, Thomas Eakins, Fritz Kreisler, Goethe, Pablo Casals, Martin Buber, Danilo Dolci, Arthur E. Morgan, John Keats, David Hilbert, Arthur Waley, D.T. Suzuki, Adlai Stevenson, Sholom Aleichem, Robert Browning, Ralph Waldo Emerson, Frederick Douglass, Joseph Schumpeter, Bob Benchley, Ida Tarbell, Harriet Tubman, George Washington, Karl Muenzinger, Joseph Haydn, Camille Pissarro, Edward Bibring, George William Russell (A.E.), Pierre Renoir, Henry Wadsworth Longfellow, Peter Kropotkin, John Altgeld, Thomas More, Edward Bellamy, Benjamin Franklin, John Muir et Walt Whitman.

fortuits et s'effectuaient dans le cadre de la vie sociale classique. Les amis et connaissances étaient interrogés chaque fois que cela s'avérait possible.

Le nombre limité de sujets et le caractère incomplet des données sur plusieurs d'entre eux nous interdisent de présenter des données quantitatives : nous proposerons donc un ensemble d'impressions pour ce qu'elles valent.

Les observations

L'analyse holiste de l'ensemble des impressions laisse apparaître chez les individus accomplis les caractéristiques suivantes dans la perspective d'études cliniques et expérimentales ultérieures : la perception de la réalité, l'acceptation, la spontanéité, le centrage sur les problèmes, la solitude, l'autonomie, la faculté d'émerveillement, les expériences paroxystiques, le sentiment de parenté avec tous les hommes, l'humilité et le respect, les relations interpersonnelles, l'éthique, les moyens et les fins, l'humour, la créativité, la résistance à l'inculturation, les imperfections, les valeurs, et la résolution des dichotomies.

La perception de la réalité

Cette capacité s'est révélée pour la première fois dans l'aptitude à détecter le simulé, le faux et le malhonnête dans la personnalité, et en général dans celle de juger les gens correctement et avec efficacité. Lors d'une expérience informelle avec un groupe d'étudiants, il apparut clairement que les étudiants les plus sécurisés (les plus sains) évaluaient leurs enseignants avec davantage de précision que leurs compagnons moins sécurisés, c'est-à-dire ceux qui obtenaient les scores élevés au test S-I (Maslow, 1952).

Au cours de l'étude, on nota que cette capacité s'appliquait aussi à d'autres sphères de l'existence – en fait, à *toutes* celles qui étaient sous observation. Dans l'art et la musique, dans les activités intellectuelles, dans les questions scientifiques, en politique et dans les affaires publiques, ce groupe semblait capable de distinguer des réalités confuses ou complexes plus aisément et avec plus de précision que d'autres personnes. Une étude informelle montra ainsi que leur prévision de l'avenir en fonction des données du présent était plus juste, parce qu'elle était moins influencée par leurs souhaits, leurs désirs, l'anxiété, la peur ou par un optimisme ou un pessimisme généralisé lié au caractère.

On parla tout d'abord à leur sujet de goût ou de jugement sûr, l'implication étant relative et non absolue. Mais pour plusieurs raisons (dont certaines seront détaillées ci-dessous) il apparut clairement qu'il était préférable de parler de perception (non de goût) de quelque chose qui était là dans l'absolu (une réalité, non un faisceau d'opinions). Il est à espérer que cette conclusion – ou cette hypothèse – sera un jour testée expérimentalement.

S'il en est ainsi, on ne pourra jamais assez souligner son importance. Selon Money-Kyrle (1944), un psychanalyste anglais, les individus névrosés ne sont pas *relativement* mais *absolument* inefficients, simplement parce qu'ils ne perçoivent pas le monde réel avec autant de précision ou d'efficacité que les personnes saines. Les névrosés ne sont pas seulement malades sur le plan émotionnel, ils sont aussi déficients sur le plan du cognitif, ils raisonnent *faux* ! Si la santé et la névrose sont, respectivement, des perceptions correctes et incorrectes de la réalité, les propositions de faits et les propositions de valeur fusionnent dans ce domaine, et, en principe, les propositions de valeur devraient alors être concrètement démontrables au lieu de n'être que des questions de goût ou des exhortations. Pour ceux qui se sont affrontés à ce problème, il apparaîtra clairement que nous tenons là le fondement partiel d'une véritable science des valeurs et par conséquent de l'éthique, des relations sociales, de la politique, de la religion et ainsi de suite.

Il est très possible que l'inadaptation ou même la névrose extrême perturbent suffisamment la perception pour affecter l'acuité de la perception de la lumière, du toucher ou de l'odeur. Mais il est *probable* que l'on réussisse à démontrer cet effet sur la perception qui ne concerne pas ce qui est purement physiologique. Il s'ensuivrait, comme dans des expériences récentes, que les effets sur la perception du besoin, du désir ou du préjugé seraient moins prégnants chez les individus sains que chez les personnes malades. Des observations *a priori* renforcent l'hypothèse que cette supériorité dans la perception de la réalité engendre une capacité supérieure à raisonner, à percevoir la vérité, à tirer des conclusions, à être logique et à être efficient sur le plan cognitif en général.

Un aspect particulièrement impressionnant et instructif de cette relation supérieure à la réalité sera longuement traité dans le chapitre 13. On a découvert que les individus accomplis différenciaient plus facilement que les autres l'authentique, le concret et l'idéographique du générique, de l'abstrait et du classifié. Ils vivent donc plus dans le monde réel de la nature que dans l'univers des concepts, des abstractions, des attentes, des croyances et des stéréotypes forgés par les hommes et que la plupart des gens confondent avec le monde. Ils sont donc beaucoup plus aptes à percevoir ce qui existe réellement au lieu de le voir à travers le prisme de leurs propres souhaits, de leurs espoirs ou de leurs peurs, de leurs inquiétudes ou de leurs théories et convictions personnelles, ou à travers les croyances de leur groupe culturel. Ce que Herbert Read a appelé fort justement l'« œil innocent ».

La relation à l'inconnu semble être un sujet prometteur qui jette une nouvelle passerelle entre la psychologie théorique et la psychologie clinique. Nos sujets sains ne ressentent aucune menace, aucune frayeur face à l'inconnu, étant en cela très différents de l'individu moyen. Ils l'acceptent, ils y sont à l'aise et se montrent souvent plus attirés par lui que par le connu. Non seulement ils tolèrent sans difficulté l'ambigu et le non-structuré (Frenkel-Brunswik, 1949) ; mais ils l'aiment. Cette déclaration d'Einstein en témoigne : « La plus belle chose dont nous puissions faire l'expérience est le mystérieux. Il est la source de tout art et de toute science. »

Ces individus, il est vrai, sont des intellectuels, des chercheurs et des scientifiques, de sorte que le déterminant majeur ici est la puissance intellectuelle. Et cependant nous savons tous que nombre de scientifiques, dotés d'un QI impressionnant, par timidité, esprit traditionnel, peur ou autre défaut de caractère, se limitent à ce qui est connu, le polissant, l'arrangeant et le réorganisant, le classifiant, le bricolant, au lieu de se lancer dans des découvertes, comme ils sont censés le faire.

Dans la mesure où les individus sains ne redoutent pas l'inconnu, ils ne perdent pas de temps à vouloir exorciser les esprits, éviter les cimetières ou se protéger contre des dangers imaginaires. Ils n'ignorent pas délibérément l'inconnu, ne le nient ni ne le fuient, ils n'essaient pas de le transformer en quelque chose de connu ni de l'organiser, de le dichotomiser ou de le classifier prématurément. Ils ne s'accrochent pas au familier, leur quête de la vérité ne procède pas d'un besoin dramatique de certitude, de sécurité, de défini et d'ordre, comme nous le voyons à l'exagération chez les patients de Goldstein (1939) souffrant de traumatisme cérébral ou chez ceux atteints de névrose obsessionnelle compulsive. Lorsque la situation objective l'exige, ils sont parfaitement capables de se montrer désordonnés, débraillés, anarchiques, chaotiques, vagues, suspicieux, incertains, indéfinis, approximatifs, inexacts ou imprécis (tous comportements qui s'avèrent souhaitables à certains moments en science, dans les arts ou dans la vie en général).

Il arrive ainsi que le doute, l'hésitation, l'incertitude, et l'obligation qui en découle de suspendre sa décision, ce qui pour certains équivaut à une torture, peuvent constituer un défi agréablement stimulant, un moment phare de l'existence plutôt qu'un épisode déprimant.

L'acceptation

Beaucoup des qualités personnelles qui apparaissent en surface et semblent tout d'abord diverses et sans rapport les unes avec les autres, peuvent s'interpréter comme les manifestations ou les dérivés d'une attitude unique fondamentale, à savoir une absence relative de culpabilité excessive, de honte paralysante et d'anxiété grave ou extrême. Ce comportement s'oppose directement à celui de l'individu névrosé que l'on peut systématiquement caractériser comme étant paralysé par la culpabilité et/ou la honte et/ou l'anxiété. Dans notre culture, l'individu normal se sent lui aussi inutilement coupable ou honteux à propos de trop de choses et éprouve une anxiété sans fondement dans de nombreuses situations. Nos sujets sains n'ont aucune difficulté à s'accepter eux-mêmes et leur propre nature sans plainte ni chagrin, ni même, à vrai dire, sans songer outre mesure à la question.

Ils sont capables d'accepter leur propre nature humaine avec stoïcisme, y compris dans ses failles, dans ses défauts par rapport à une image idéale, sans réel souci. Il serait faux de les taxer de suffisance. Disons plutôt qu'ils prennent les fragilités et les péchés, les faiblesses et les malveillances de la nature humaine dans cet esprit vierge d'*a priori* avec lequel on accepte les caractéristiques de la nature. On ne se plaint pas de l'eau parce qu'elle est mouillée, ni de la dureté des rochers, ni des arbres parce qu'ils sont verts. De même que les enfants ouvrent sur le monde des yeux écarquillés et portent sur lui un regard dépourvu de critique, d'exigence, innocent, notant et considérant simplement ce qui s'y passe sans rien remettre en question ni réclamer qu'il en soit autrement, les individus accomplis se contentent de considérer la nature humaine en eux-mêmes et chez les autres. Il ne faut pas confondre cela avec de la résignation, bien qu'on l'observe chez nos sujets, notamment face à la maladie et à la mort.

Ces remarques reprennent sous une autre forme ce que nous avons déjà décrit : à savoir que la personne accomplie perçoit la réalité avec plus de clarté ; nos sujets envisagent la nature humaine *telle qu'elle est* et non en fonction de leurs préférences. Leurs yeux voient ce qui se trouve devant eux et non à travers des lunettes qui déforment ou façonnent ou colorent la réalité (Bergson, 1944).

Le premier niveau de l'acceptation qui se manifeste le plus clairement est ce que l'on appelle le niveau animal. Les individus accomplis sont de bons animaux, généreux dans leurs désirs, ils profitent de la vie sans regret, sans honte et sans s'excuser. Ils semblent posséder un appétit solide et égal pour la nourriture ; ils dorment à merveille ; ils bénéficient d'une sexualité qui ne connaît pas d'inhibition non justifiée et vivent de la même façon toutes les impulsions d'ordre physiologique. Ils ont la faculté de s'accepter non seulement à ces niveaux inférieurs, mais aussi à tous les niveaux ; par exemple celui de l'amour, de la sécurité, de l'appartenance, de l'honneur et de l'estime de soi. Ils les acceptent tous, sans s'interroger sur leur valeur, simplement parce qu'ils accueillent l'œuvre de la nature au lieu de lui reprocher de ne pas avoir construit les choses selon un schéma différent. Cela se traduit par une absence relative des dégoûts et des aversions rencontrés chez les individus moyens et notamment les névrosés, tels que le refus de certains aliments, la répulsion pour les produits du corps, pour les odeurs et les fonctions corporelles.

En relation étroite avec l'acceptation de soi et d'autrui, on remarque (1) leur absence d'attitude défensive, de ruse protectrice ou de pose, et (2) leur mépris pour ce type d'artifices chez les autres. Les phrases toutes faites, la duplicité, l'hypocrisie, l'effronterie, l'apparence, le fait de jouer un jeu, la façade des conventions : tous ces travers n'existent pas chez eux. Dans la mesure où ils réussissent à vivre à l'aise avec leurs propres défauts, ils finissent par les percevoir, surtout à la fin de leur vie, non plus comme des failles, mais simplement comme des caractéristiques personnelles neutres.

Ce n'est pas un manque absolu de culpabilité, de honte, de tristesse, d'anxiété ou d'attitude défensive ; mais plutôt l'absence de la culpabilité non nécessaire ou névrotique (car irréaliste), et ainsi de suite. Les processus animaux (c'est-à-dire l'acte sexuel, la miction, la grossesse, la menstruation, le vieillissement, etc.) font partie de la réalité et doivent être acceptés en tant que tels.

Ce dont les individus sains se sentent réellement coupables (ou honteux, angoissés, tristes ou remplis de regrets) ce sont (1) les défauts susceptibles d'être corrigés (par exemple la paresse, l'inconscience, l'emportement, le manque d'égard pour autrui) ; (2) les traces récalcitrantes d'un mal-être psychologique (par exemple les préjugés, la jalousie, l'envie) ; (3) les habitudes qui, bien que relativement indépendantes de la structure du caractère, peuvent s'avérer puissantes ; ou (4) les défauts propres à l'espèce ou à la culture ou au groupe dans lequel ils s'inscrivent. De manière générale, il semblerait que les individus sains ressentent violemment les écarts entre ce qui est et ce qui pourrait ou devrait être (Adler, 1939 ; Fromm, 1947 ; Horney, 1950).

La spontanéité

Les individus accomplis peuvent tous être décrits comme des êtres spontanés dans leur comportement et plus encore dans leur vie intérieure, leurs pensées, leurs impulsions et ainsi de suite. Leur attitude se caractérise par la simplicité et le naturel, et par l'absence d'affectation ou d'effort pour paraître. Cela ne signifie pas qu'ils adoptent en permanence un comportement contraire aux conventions. S'il nous fallait dénombrer les occasions dans lesquelles des individus accomplis ont agi en opposition aux règles, le décompte serait peu élevé. Leur originalité n'est pas superficielle mais essentielle ou intérieure. Ce sont leurs impulsions, leurs pensées et leur conscience qui se révèlent si peu conventionnelles, si spontanées et naturelles. Comprenant que le monde dans lequel ils vivent ne pourrait comprendre ou accepter leur manière d'être, et dans la mesure où ils n'éprouvent pas le besoin de blesser ou d'affronter les autres pour des futilités, ils se soumettent avec un haussement d'épaule amusé et de bonne grâce aux cérémonies et aux rituels imposés par la tradition. C'est ainsi que j'ai vu un homme accepter un honneur dont il se moquait et qu'il méprisait en privé, au lieu d'en faire toute une affaire et de blesser ceux qui croyaient lui faire plaisir.

Que le respect des conventions soit pour eux comme un manteau léger qu'ils ôtent sans regret, se voit au fait qu'ils permettent rarement aux usages de les gêner ou de les freiner dans la réalisation de ce qu'ils tiennent pour important ou pour vital. C'est en de tels moments que leur liberté à l'égard des conventions transparaît, et elle est plus authentique que celle affichée par la vie de bohème ou la rébellion à l'autorité, qui transforment des peccadilles en montagne et qui contestent le moindre règlement comme s'il s'agissait d'une question de portée mondiale.

On observe cette même attitude intérieure lorsqu'ils s'absorbent dans quelque chose qui touche de près l'un de leurs intérêts fondamentaux. Ils peuvent alors abandonner d'un cœur léger toutes sortes de règles de comportement auxquelles ils obéissent en d'autres circonstances ; comme s'ils avaient un effort conscient à faire pour suivre les conventions ; comme s'ils étaient conformistes volontairement et à dessein.

En fin de compte, ce schéma de comportement extérieur peut être abandonné sans difficulté lorsqu'ils se trouvent en compagnie de gens qui n'exigent pas ou n'attendent pas d'eux une attitude traditionnelle. On voit qu'ils considèrent cette maîtrise obligée du comportement comme un fardeau dans la préférence qu'ils affichent pour la compagnie de personnes qui leur permettent d'être plus libres, plus naturels et spontanés, et qui les libèrent de ce qu'ils considèrent parfois comme une conduite imposée.

Consécutivement à cette particularité et en corrélation avec elle, ces individus possèdent un code éthique relativement autonome et personnel. L'observateur distrait pourrait parfois les considérer comme des individus sans morale puisqu'il leur arrive de déroger non seulement aux usages mais aussi aux lois lorsque la situation semble l'exiger. Or c'est tout le contraire. Ce sont les personnes les plus morales qui soient, même si leur éthique ne coïncide pas nécessairement avec celle de leur entourage. Cette observation sert à mieux comprendre que la morale ordinaire de l'individu moyen obéit largement à des conventions au lieu de représenter un code de conduite véritable (par exemple un comportement fondé sur des principes fondamentalement intégrés par la personne, qui sont perçus comme vrais).

En raison de cette prise de distance par rapport aux usages et à l'hypocrisie ordinaires, aux mensonges et aux incohérences de la vie en société, ils se sentent parfois comme des espions ou des exilés en terre étrangère et se conduisent donc comme tels.

Je ne voudrais pas donner à croire qu'ils s'efforcent de dissimuler ce qu'ils sont réellement. Il leur arrive de se laisser aller délibérément, dans un sursaut de colère contre la rigidité ou l'aveuglement des conventions. Ils peuvent, par exemple, tenter de prévenir ou de protéger quelqu'un contre une attaque ou une injustice, ou ils peuvent parfois trouver les émotions qui jaillissent au fond d'eux-mêmes si agréables ou si extatiques qu'il leur semble presque sacrilège de les réprimer. À ces moments-là, j'ai remarqué qu'ils ne se sentent ni anxieux, ni coupables, ni honteux de l'impression qu'ils donnent à l'observateur extérieur. Ils expliquent alors que le comportement qu'ils adoptent d'habitude est uniquement motivé par l'absence d'enjeux importants ou parce qu'ils savent qu'une attitude contraire de leur part heurterait ou embarrasserait les autres.

La facilité avec laquelle ils entrent dans la réalité, leur rapport privilégié à une acceptation et à une spontanéité proches de celles de l'animal et de l'enfant supposent une prise de conscience supérieure de leurs impulsions, de leurs désirs, de leurs opinions et de leurs réactions subjectives en général (Fromm, 1947 ; Rand, 1943 ; Reik, 1948). L'analyse clinique de cette aptitude confirme sans ambiguïté l'opinion, par exemple, de Fromm (1941) selon laquelle l'individu moyen, normal, parfaitement adapté, ne possède souvent pas la moindre idée de ce qu'il est, de ce qu'il veut, de ce que sont ses propres opinions.

Ces observations ont abouti à la découverte d'une différence essentielle entre les individus accomplis et les autres ; à savoir que leur motivation n'est pas seulement quantitativement mais aussi qualitativement différente de celle des gens ordinaires. Nous devrons probablement élaborer une nouvelle psychologie de la motivation à leur sujet, une sorte de métamotivation ou de motivation de croissance, à la place de la motivation de déficience. Il sera peut-être utile d'établir une distinction entre le fait de vivre et de *se préparer à vivre*. Le concept de motivation classique ne devrait s'appliquer qu'aux individus non accomplis. Nos sujets ne luttent plus au sens traditionnel du terme, ils se développent. Ils s'efforcent de se développer pour atteindre la perfection, et de croître pleinement selon leur propre style. La motivation des individus ordinaires est un effort perpétuel en vue de satisfaire les besoins fondamentaux dont ils ne peuvent se passer. Alors que les sujets accomplis, en fait, ne connaissent pas de manque ; et cependant ils sont animés de désirs. Ils travaillent, ils font des efforts et ils sont ambitieux, même si ce n'est pas au sens habituel du terme. Pour eux, la motivation signifie croissance du caractère, expression du caractère, maturation et développement ; en un mot, accomplissement de soi. Ces individus accomplis pourraient-ils être plus humains, plus spécifiques de la nature originale de l'espèce, plus proches du type de l'espèce au sens taxinomique ? Devrait-on juger une espèce biologique d'après ses spécimens infirmes, tordus, partiellement développés, ou en fonction de ceux qui ont été surdomestiqués, mis en cage et enrégimentés ?

Le centrage sur le problème

Nos sujets focalisent en général leur attention sur des problèmes qui se situent à l'extérieur d'eux-mêmes. D'après la terminologie en vigueur, on dirait qu'ils sont centrés sur le problème et non centrés sur leur moi. Ils ne constituent pas un problème pour eux-mêmes et ne s'intéressent d'ailleurs pas particulièrement à leur propre personne (par opposition à la volonté d'introspection que l'on rencontre d'ordinaire chez les individus non sécurisés). Ces personnes ont en général une mission dans la vie, une tâche à accomplir, un problème en dehors d'elles-mêmes, qui mobilise l'essentiel de leurs énergies (Bühler & Massarik, 1968 ; Frankl, 1969).

Il ne s'agit pas forcément d'une tâche qui aurait leur préférence ou qu'ils éliraient d'eux-mêmes, mais plutôt d'une responsabilité, d'un devoir ou d'une obligation. À cet égard, nous emploierons l'expression « une mission qu'ils doivent remplir » à la place de « une mission qu'ils veulent effectuer ». Le but poursuivi n'a rien de personnel ou d'égoïste, il concerne plutôt le bien de l'humanité en général, d'une nation en général ou de personnes de leur famille.

À quelques exceptions près, nous pouvons dire que nos sujets se préoccupent de questions fondamentales et éternelles que nous qualifions de philosophiques ou d'éthiques. Ces individus vivent dans le cadre de référence le plus large possible. Ils ne laissent jamais l'arbre leur cacher la forêt. Ils œuvrent à l'intérieur d'un système de valeurs généreuses et non mesquines, universelles et non locales, et qui se situent plus dans la continuité que dans l'instant. En un mot, ces personnes sont toutes, dans un sens ou dans l'autre et en dépit de leur modestie, des philosophes.

Bien entendu, cette attitude a de multiples conséquences au quotidien. L'un des symptômes que l'on rencontre le plus communément (la grandeur, l'absence de mesquinerie, de trivialité ou de petitesse) en fait partie. Cette impression de se situer au-dessus des petites choses, sur un horizon plus vaste, d'avoir une vision plus large, de vivre dans un cadre de référence plus ambitieux, sous l'éternité de l'espèce (*sub specie aeternitatis*), revêt une importance considérable tant sur le plan social qu'interpersonnel ; elle semble apporter une certaine sérénité et une absence de souci quant aux préoccupations immédiates, qui rendent la vie plus facile non seulement pour ces personnes elles-mêmes mais aussi pour leur entourage.

La solitude

Il s'est avéré que tous mes sujets peuvent vivre en solitaire sans aucun dommage et sans souffrance. Bien plus, la quasi-totalité d'entre eux *apprécient* la solitude et l'intimité dans des proportions supérieures à l'individu moyen.

Ils ont souvent la faculté de se tenir au-dessus de la mêlée, de demeurer intacts, imperméables à ce qui met les autres en émoi. Ils n'éprouvent aucune difficulté à rester à distance, en retrait, dans le calme et la sérénité ; ce qui leur permet de recevoir les malheurs qui les frappent en réagissant moins violemment que l'individu lambda. Ils paraissent capables de conserver leur dignité dans un environnement et dans des situations dégradants. Cette faculté provient peut-être de leur tendance à s'en tenir exclusivement à leur propre interprétation de la situation au lieu de prendre en compte ce que pensent et ressentent les autres. Leur réserve risque néanmoins de dégénérer en austérité et en froideur.

Leur détachement peut être mis en relation avec d'autres qualités. Il est notamment possible de dire de mes sujets qu'ils sont plus objectifs (dans *tous* les sens du terme) que les individus moyens. Nous avons vu qu'ils sont davantage centrés sur le problème que sur le moi. Ceci demeure vrai, y compris lorsque le problème a trait à eux-mêmes, à leurs souhaits, à leurs motifs, leurs espoirs ou leurs aspirations. Ils possèdent alors la capacité de se concentrer à un niveau que personne d'autre n'atteint. Leur concentration intense produit des phénomènes annexes tels que la distraction, la faculté d'oublier et de s'abstraire de l'environnement. Ou encore, la capacité à dormir d'un sommeil profond, de conserver son appétit, de réussir à sourire et à rire au milieu des problèmes, des soucis et des responsabilités.

Dans les relations avec la plupart des gens, leur détachement peut créer des troubles et des problèmes. Les interlocuteurs « normaux » l'interprètent aisément comme de la froideur, du snobisme, un manque de cœur, de l'inimitié voire de l'hostilité. Par contraste, la relation d'amitié entre des individus ordinaires est plus dépendante, plus exigeante, plus affamée de réassurance, de compliment, de soutien, de chaleur et d'exclusivité. Il est vrai que les individus accomplis n'ont pas besoin des autres au sens classique du terme. Mais dans la mesure où le fait d'être désiré ou regretté constitue l'essence même de l'amitié, il est évident que le détachement n'est pas volontiers accepté par les individus moyens.

L'autonomie est également synonyme d'auto-décision, d'auto-gouvernement, de se conduire en agent actif, responsable, auto-discipliné, décideur, au lieu d'être un pion qui joue passivement le jeu d'autrui, d'être fort plutôt que faible. Mes sujets se déterminent eux-mêmes, prennent leurs propres décisions, s'engagent d'eux-mêmes et sont responsables d'eux-mêmes et de leur destin. Ils possèdent une qualité subtile, que les mots ne peuvent décrire, mais qui est cependant fondamentale. Ils m'ont appris à considérer comme profondément malade, anormal ou faible ce que j'avais toujours pris comme normalement humain ; le fait que trop de gens ne se créent pas leur propre opinion mais se laissent imposer celles qui sont fabriquées par les vendeurs, les publicitaires, les parents, les faux prophètes, la télévision, les journaux et ainsi de suite. Ils se laissent manipuler comme des pions au lieu de se comporter en individus libres de leurs mouvements et autonomes. Ils en arrivent à se sentir impuissants, faibles et totalement conditionnés ; ce sont des proies pour les prédateurs, des pleurnichards mous, au lieu de personnes responsables qui se déterminent elles-mêmes. Les conséquences de cette non-responsabilité en termes d'autonomie des choix politiques et économiques sont claires ; c'est une calamité. La société démocratique de libre choix a besoin de citoyens qui agissent d'eux-mêmes, de décideurs, de sélectionneurs qui se déterminent eux-mêmes, d'agents autonomes, d'hommes ayant leur libre arbitre.

Les expériences extensives menées par Asch (1956) et par McClelland (McClelland, 1961, 1964 ; McClelland & Winter, 1969) nous permettent de supposer que les individus aptes à se déterminer eux-mêmes représentent environ de cinq à trente pour cent de notre population en fonction des circonstances. En ce qui concerne mes sujets accomplis, ils sont cent pour cent à agir par eux-mêmes.

Je terminerai par une affirmation qui troublera certainement un grand nombre de théologiens, de philosophes et de scientifiques : les personnes accomplies possèdent davantage de « libre arbitre » et sont moins « déterminées » que les individus moyens. Quelque définition que l'on donne du *libre arbitre* et du *déterminisme*, dans le cadre de notre investigation, ce sont des réalités empiriques. En outre, ce sont des concepts qui admettent des degrés de variation ; ce ne sont en aucun cas des blocs entiers à prendre ou à laisser.

L'autonomie

L'une des caractéristiques des personnes accomplies, qui dans une certaine mesure recoupe largement ce que nous avons décrit précédemment, est leur relative indépendance vis-à-vis de l'environnement physique et social. Dans la mesure où ils sont mus par une motivation de croissance plutôt que par une motivation fondée sur les déficiences, les sujets accomplis ne dépendent, pour leurs satisfactions fondamentales, ni du monde extérieur, ni des autres, ni de la culture, ni des moyens vers des fins, ni généralement des satisfactions extrinsèques. Ils dépendent au contraire, pour leur propre développement et pour leur croissance continue, de leurs potentialités et de leurs ressources latentes. À l'instar de l'arbre qui a besoin des rayons du soleil, d'eau et de nourriture, la plupart des gens ont besoin d'amour, de sécurité et de la satisfaction d'autres besoins élémentaires que seul l'extérieur peut leur fournir. Mais dès qu'ils ont obtenu satisfaction, dès que leurs déficiences intérieures ont été comblées par des sources de satisfaction extérieures, se pose la véritable question du développement humain, c'est-à-dire de l'accomplissement de soi.

Cette indépendance par rapport à l'environnement crée une stabilité relative face aux traumatismes, aux chocs, aux privations, aux frustrations et autres difficultés de l'existence. Ces individus conservent une forme de sérénité dans des situations qui en pousseraient d'autres au suicide ; on les a aussi qualifiés de « réservés ».

Les individus motivés par la déficience *doivent* avoir les autres à leur disposition, puisque la satisfaction de leurs principaux besoins (l'amour, la sécurité, le respect, le prestige, l'appartenance) ne peut venir que d'autres êtres humains. Alors que les individus motivés par la croissance peuvent au contraire se sentir *gênés* par les autres. Les déterminants de la satisfaction et de la vie adéquate sont pour eux d'ordre interne, intérieurs à l'individu, et ne relèvent pas du social. Ces personnes ont acquis suffisamment de force pour ne plus attendre de satisfecit des autres et pour se passer de leur affection. Les honneurs, la position sociale, les récompenses, la popularité, le prestige et l'amour pèsent moins pour eux que le développement et la croissance internes (Huxley, 1944 ; Northrop, 1947 ; Rand, 1943 ; Rogers, 1961). Rappelons-nous néanmoins que la meilleure technique connue, même si ce n'est pas la seule, pour atteindre ce degré d'indépendance par rapport à l'amour et au respect, est d'avoir soi-même reçu dans le passé beaucoup d'amour et de respect.

La faculté d'émerveillement

Les individus accomplis ont la capacité fabuleuse d'apprécier encore et encore, avec fraîcheur et naïveté, les bienfaits fondamentaux de la vie, avec admiration, plaisir, émerveillement et même extase, quand bien même ces expériences sont devenues fades pour les autres – ce que C. Wilson a appelé l'« esprit de nouveauté » (1969). Ainsi, pour eux, chaque coucher de soleil a la magnificence du tout premier, chaque fleur, même la millionième, est belle à en couper le souffle. Le millième bébé tient autant du miracle que le premier bébé rencontré. Tel homme se félicite toujours de son bonheur conjugal au bout de trente ans de mariage et s'étonne de la beauté de sa femme qui a soixante ans comme il le faisait quarante ans plus tôt. À leurs yeux, le quotidien le plus banal devient enthousiasmant, excitant et extatique. Ces sentiments intenses ne sont pas constants ; ils surviennent occasionnellement mais toujours au moment le plus inattendu. On peut traverser un fleuve en ferry une dizaine de fois et, au onzième voyage, se sentir envahi par le souvenir de l'éblouissement et de l'ivresse éprouvés la première fois (Eastman, 1928).

Tout le monde n'est pas touché par la même forme de beauté. Certains apprécient surtout la nature. D'autres sont émus par la beauté des enfants, et quelques esthètes par la grande musique ; mais on peut affirmer sans se tromper que ces expériences fondamentales sont sources d'exaltation, d'inspiration et de force. Aucun d'entre eux ne retire cette même intensité, par exemple, de la fréquentation d'une discothèque, de la fortune qu'il possède ou de sa participation à une soirée mondaine.

On peut y ajouter une autre expérience singulière. Plusieurs de mes sujets ressentent dans l'acte sexuel, plus particulièrement lors de l'orgasme, un plaisir qui n'est pas seulement passager mais qui leur apporte une sorte de force et de régénérescence que d'autres retirent de la musique ou de la nature. Je reviendrai plus longuement sur ce point dans la section consacrée à l'expérience mystique.

Il est probable que cette intense richesse de l'expérience subjective est un autre aspect de la relation étroite à la réalité en soi, dans sa dimension concrète et son authenticité, telle que nous l'avons décrite ci-dessus. Ce que nous appelons l'affadissement de l'expérience résulte peut-être du classement ou de l'étiquetage d'une expérience riche dans une catégorie ou une rubrique donnée, dès lors qu'elle a cessé d'être intéressante ou utile ou menaçante ou pertinente pour le moi (Bergson, 1944).

Je suis également convaincu que l'habitude des bienfaits reçus est un des plus importants générateurs non intentionnels du mal, de la tragédie, de la souffrance. Nous sous-évaluons ce que nous tenons pour acquis, et nous sommes prompts à échanger notre droit d'aînesse pour un misérable plat de lentilles, quitte à être poursuivis par le regret, le remords, le mépris de nous-mêmes. Nous aimons et nous apprécions malheureusement plus nos épouses, nos maris, nos enfants, nos amis lorsqu'ils ont quitté cette terre que lorsque nous les avons à notre disposition. Il en va de même de la santé physique, des libertés politiques, du bien-être économique ; nous n'apprenons leur véritable valeur qu'après les avoir perdus.

Les études d'Herzberg sur les facteurs d'« hygiène » dans l'industrie (1966), les observations de Wilson sur « St Neot's margin »[1] (1967, 1969), et ma propre analyse des « plaintes et de leur niveau » (1965b) montrent que la vie pourrait être notablement améliorée si nous savions faire le compte de nos bienfaits à l'instar des individus accomplis, et si nous étions en permanence conscients et reconnaissants de notre bonne fortune.

Les expériences paroxystiques

Ces expressions subjectives appelées expériences mystiques, si magistralement décrites par William James (1958), constituent une expérience relativement banale pour nos sujets, à l'exception de quelques-uns. Les émotions puissantes relatées dans la section précédente s'imposent avec tant de force, et sont parfois si bouleversantes et si généralisées à l'individu tout entier, qu'elles méritent

1. L'expression « tolérance de Saint-Neot » vient de ce que Colin Wilson l'a ressentie en traversant la ville de Saint-Neot. Il s'agit en fait de la tolérance à l'indifférence. [N.d.T.]

le nom d'expériences mystiques. Mon attention et mon intérêt pour cette question ont d'abord été éveillés par certains de mes sujets qui décrivaient leurs orgasmes en des termes vaguement familiers, dont je me suis souvenu qu'ils avaient été utilisés par divers écrivains pour décrire ce qu'ils appelaient l'expérience mystique. On y retrouvait les mêmes impressions d'horizons sans limite s'ouvrant sur une vision, le sentiment d'être à la fois plus puissant mais aussi plus démuni que jamais auparavant, le sentiment d'immense extase et d'émerveillement et de crainte mêlée de respect, la perte de la notion du temps et de l'espace, avec, finalement, la conviction que quelque chose d'extrêmement important et précieux était survenu, de telle sorte que le sujet est dans une certaine mesure transformé et renforcé dans sa vie quotidienne par ces expériences.

Il est primordial de dissocier cette expérience de toute référence théologique ou surnaturelle, quand bien même les deux ont été liées depuis des millénaires. Dans la mesure où cette expérience est une expérience naturelle qui se situe entièrement dans le champ d'application de la science, je l'appelle l'expérience paroxystique.

Nos sujets nous apprennent aussi que de telles expériences peuvent survenir à des degrés d'intensité divers. La littérature théologique a généralement postulé une différence qualitative, absolue, entre l'expérience mystique et toutes les autres expériences. Dès qu'elle est dissociée de toute référence surnaturelle et étudiée comme un phénomène naturel, il devient possible de placer l'expérience mystique sur une suite quantitative qui va d'intense à modéré. Nous découvrons alors que l'expérience mystique modérée se produit chez un grand nombre, peut-être chez la plupart des individus, et que dans le cas des individus favorisés, elle survient fréquemment, peut-être même chaque jour.

À l'évidence, l'expérience mystique aiguë ou l'expérience paroxystique est une intensification considérable de *n'importe quelle* expérience dans laquelle il y a perte de soi ou transcendance du moi, comme dans la focalisation sur un problème, l'intense concentration, l'intense expérience sensuelle, ou l'oubli de soi et l'intense jouissance de la musique ou de l'art.

Depuis le début de cette étude en 1935, je me suis appliqué à souligner les différences entre les « paroxystes » et les « non-paroxystes » plus que je ne l'avais fait à l'origine. Il s'agit très probablement d'une différence de degré ou de quantité, en tout cas elle est considérable. Certaines de ses conséquences ont été exposées en détail dans Maslow (1969b). S'il me fallait la résumer brièvement, je dirais que les individus accomplis non paroxystes paraissent jusqu'ici être des gens pragmatiques, efficaces, des mésomorphes vivant dans le monde et y réussissant parfaitement. Les paroxystes semblent vivre dans le royaume de l'Être ; de la poésie ; de l'esthétique ; des symboles ; de la transcendance ; d'une sorte de « religion » mystique, personnelle, non institutionnelle ; et des expériences de finalité. Je prédis que cela se révélera être l'une des « différences de classe » caractérologiques cruciales, notamment pour la société, parce que les individus accomplis non paroxystes « seulement sains » sont probablement les pionniers, les hommes politiques, les travailleurs qui vivent dans la société, les réformateurs, les croisés, tandis que les paroxystes transcendants paraissent plus doués pour la poésie, la musique, les philosophies et les religions.

Le sentiment de parenté avec tous les hommes

Les sujets accomplis éprouvent un profond sentiment d'identification, de sympathie et d'affection pour les êtres humains en général. Ils se sentent proches d'eux et liés à eux, comme si tous les hommes étaient les membres d'une même famille. Chacun éprouve pour ses frères et sœurs de l'affection, même s'ils sont fous, faibles ou parfois méchants. On leur pardonne plus facilement qu'aux étrangers. Ceci explique que les individus accomplis soient animés d'un réel désir d'aider la race humaine.

Si on ne possède pas une vision suffisamment globale et à long terme, il est impossible de ressentir ce sentiment d'identification avec l'humanité. Les individus accomplis sont en fin de compte très différents des autres dans leurs pensées, leurs impulsions, leurs comportements et leurs émotions. D'une certaine manière, ils sont comme des étrangers en territoire inconnu. Peu de gens les comprennent réellement, en dépit de l'amour ou de l'amitié qu'ils leur portent. Ils sont souvent attristés, exaspérés et même ulcérés par les défauts de l'individu moyen, et si ceux-ci ne sont d'ordinaire rien de plus qu'un simple désagrément, il arrive parfois qu'ils tournent à la tragédie. Malgré leur éloignement à certains moments, ils n'en ressentent pas moins une parenté latente avec ces créatures qu'ils doivent considérer, si ce n'est avec de la condescendance, du moins avec la conscience qu'ils réussissent mieux qu'elles, qu'ils voient des choses qui leur échappent, et que la vérité qui leur apparaît si clairement demeure voilée et cachée à la majorité des gens.

L'humilité et le respect

Tous mes sujets sans exception peuvent être appelés démocrates au sens le plus profond du terme. Je l'affirme sur la base d'une analyse précédente des structures du caractère autoritaire et démocratique (Maslow, 1943), qui est trop complexe pour être présentée ici ; je décrirai donc brièvement certains aspects de cette attitude. Ces individus manifestent toutes les caractéristiques extérieures de la démocratie. Ils peuvent ressentir et témoigner de l'amitié à toute personne dont le caractère les agrée, sans se soucier de sa classe, de son éducation, de ses convictions politiques, de sa race ou de la couleur de sa peau. En fait, ils ne semblent pas même avoir conscience de ces différences qui sont si évidentes et si importantes pour l'individu moyen.

Cette qualité n'est pas qu'apparente, elle reflète un sens de la démocratie profondément ancré en eux. Ils pensent, par exemple, qu'il est toujours possible d'apprendre des autres s'ils ont quelque chose à enseigner – indépendamment de ce qu'ils sont par ailleurs. Dans la relation d'apprentissage, ils ne cherchent pas à se prévaloir d'une dignité extérieure, d'un statut ou du prestige de l'âge, etc. On pourrait dire de mes sujets qu'ils partagent tous une qualité voisine d'une certaine forme d'humilité. Tous ont conscience de leurs limites par rapport à ce qu'ils pourraient connaître et ce que les autres savent. Forts de cela, ils n'ont aucune réticence à se montrer respectueux et même humbles devant ceux qui peuvent leur apprendre quelque chose qu'ils ne connaissent pas ou qui détiennent un talent qu'ils ne possèdent pas. Ils témoignent ce respect sincère vis-à-vis du charpentier qui maîtrise son métier ou de quiconque excelle au maniement de ses outils ou dans la pratique de son art.

Il importe d'effectuer une distinction rigoureuse entre ce sentiment démocratique et un manque de discrimination dans les goûts, un égalitarisme sans discernement qui met tous les humains sur le même plan. Ces personnes, qui forment elles-mêmes une élite, choisissent leurs amis parmi l'élite, mais il s'agit d'une élite fondée sur le caractère, les compétences et le talent plutôt que sur la naissance, la race, le sang, le nom, la famille, l'âge, la jeunesse, la célébrité ou le pouvoir.

Il existe aussi chez eux, plus profonde et plus complexe, la tendance difficilement explicable d'accorder du respect à *n'importe quel* être humain, pour cette seule raison qu'il est humain ; nos sujets semblent cependant refuser de franchir un certain seuil, même à l'égard des vauriens, dans l'humilité, dans la volonté de déroger de son rang, dans le dépouillement de sa propre dignité. Et cela correspond à leur sens affirmé de ce qui est juste et de ce qui est faux, du bien et du mal. Ils sont plutôt *plus* que moins susceptibles de lutter contre les êtres malfaisants et les comportements mauvais. Ils sont largement moins ambivalents, confus ou velléitaires à propos de leur colère que les individus moyens.

Les relations interpersonnelles

Les individus accomplis vivent des relations interpersonnelles plus authentiques et plus profondes que d'autres adultes (mais pas nécessairement plus profondes que celles des enfants). Ils ont une capacité de fusion, d'amour, d'identification totale, d'abolition complète des frontières du moi, plus grande que ce que les autres croient possible. Ces relations sont cependant marquées par certaines caractéristiques. J'ai tout d'abord observé que les autres partenaires de la relation sont plus sains et plus proches de l'accomplissement de soi que la moyenne, et souvent *beaucoup plus* proches. Il s'agit là d'une forme d'élitisme, si l'on considère la faible proportion de ces individus dans la population globale.

Ce phénomène et certains autres ont pour conséquence que les individus accomplis cultivent ces relations particulièrement profondes avec un nombre limité de personnes. Le cercle de leurs amis est plutôt restreint. Ceux qu'ils aiment aussi intensément ne se comptent pas par milliers. On peut en partie l'expliquer par le fait que la relation avec un individu de ce type impose que l'on y consacre du temps. La dévotion n'est pas l'affaire d'un instant. Un de mes sujets l'exprimait ainsi : « Je n'ai pas le temps d'avoir de nombreux amis. D'ailleurs, personne ne l'a, si on veut qu'ils soient de *véritables* amis. » Cette dévotion exclusive peut exister et coexiste en fait avec une chaleur humaine, une bienveillance, une affection et une amitié (telles que nous les avons définies précédemment) qu'ils diffusent généreusement autour d'eux. Ils se montrent aimables ou au moins patients à l'égard de presque tout le monde. Ils éprouvent une tendresse particulière pour les enfants et sont facilement touchés par eux. À leur manière particulière, ils aiment ou plutôt ils éprouvent de la compassion pour toute l'humanité.

Cet amour n'entraîne cependant pas un manque de discrimination. Ces personnes sont capables (et ne se privent d'ailleurs pas) de juger avec réalisme et sans ménagement ceux qui le méritent, et particulièrement les hypocrites, les prétentieux, les arrogants ou les gens imbus d'eux-mêmes. Mais leurs relations en face à face, y compris avec ces derniers, ne traduisent pas de jugement négatif. Un de mes sujets disait en guise d'explication : « Après tout, la plupart des gens ne réussissent pas très bien, mais ils *auraient* pu. Ils commettent toutes sortes d'erreurs stupides et finissent par être malheureux et par ne plus savoir comment ils en sont arrivés là, alors qu'ils étaient partis avec de bonnes intentions. Ceux qui ne sont pas sympathiques le paient généralement en étant profondément malheureux. Ils méritent plus de pitié que de reproches. »

L'explication la plus rapide serait de dire que leurs réactions d'hostilité aux autres sont (1) justifiées et (2) pour le bien de la personne mise en cause ou pour celui de quelqu'un d'autre. En d'autres termes, selon Fromm, leur hostilité ne dépend pas de leur caractère, elle est réactionnelle ou situationnelle.

Tous les sujets sur lesquels je possède des données partagent une autre caractéristique qui mérite d'être évoquée ici, à savoir qu'ils attirent un cortège d'admirateurs, d'amis, de disciples ou de fidèles. La relation entre l'individu et son ou ses admirateurs est unilatérale. Ces derniers exigent davantage que ce que notre sujet est disposé à accorder. Et, de plus, ces marques de dévotion peuvent se révéler plutôt gênantes, perturbantes voire déplaisantes pour la personne accomplie, car elles dépassent souvent les limites ordinaires. Lorsqu'il y est contraint et forcé, le sujet accompli se plie avec gentillesse et amabilité à ce type de relations, mais il cherche à les éviter aussi courtoisement que possible.

L'éthique

À ma connaissance, aucun de mes sujets ne témoignait de la moindre incertitude quant à la différence qu'il établissait entre le bien et le mal dans sa vie de tous les jours. Qu'ils se soient ou non exprimés sur cette question, ils montraient rarement au quotidien le chaos, la confusion, l'incohérence ou le conflit que l'on rencontre chez les individus moyens en matière de choix éthiques. Ce que l'on peut aussi exprimer ainsi : ces individus sont rigoureusement moraux, ils ont des règles d'éthique précises, ils font ce qui est bien et ne font pas ce qui est mal. Inutile de le préciser, leurs notions de ce qui est moral et de ce qui est immoral, du bien et du mal, ne correspondent pas toujours aux règles conventionnelles.

Il existe une autre manière d'exprimer la qualité que je m'efforce de décrire, suggérée par le Dr David Levy, quand il indiquait que plusieurs siècles auparavant ils auraient été désignés comme des hommes qui suivent le chemin de Dieu ou comme des hommes de Dieu. Quelques-uns affirment croire en Dieu, mais voient dans ce Dieu un concept métaphysique plus qu'une figure personnelle. Si la religion n'est définie qu'en termes sociocomportementaux, alors ce sont des êtres religieux, y compris les athées. Mais si l'on utilise le terme religion de manière plus traditionnelle, en soulignant l'élément surnaturel et l'orthodoxie institutionnelle (l'usage certainement le plus commun), notre réponse sera très différente, car peu d'entre eux sont des hommes religieux en ce sens.

Les moyens et les fins

Les individus accomplis se conduisent la plupart du temps comme si, pour eux, les moyens et les fins étaient clairement distincts. Ils sont en général davantage orientés vers les finalités que vers les moyens, ceux-ci étant incontestablement subordonnés aux fins. Ce constat pèche cependant par son extrême simplicité. Nos sujets compliquent la situation en considérant souvent comme des finalités en soi, des expériences et des activités qui pour d'autres représentent seulement des moyens. Ils ont tendance à apprécier en soi, et dans l'absolu, le fait d'agir ; le voyage leur procure autant de plaisir que le fait d'être arrivé à destination. Ils ont la faculté de transformer l'activité la plus triviale et la plus routinière en occupation agréable, en danse ou en jeu. Wertheimer indiquait que les enfants sont pour la plupart si créatifs qu'ils peuvent transformer une routine banale, des expériences mécaniques et vaines (par exemple, dans l'une de ses expériences, il s'agissait de transporter des livres d'une bibliothèque à une autre) en un jeu structuré et divertissant, en effectuant la tâche selon un système de leur invention ou en suivant un certain rythme.

L'humour

L'une de nos premières découvertes, facile à faire, parce qu'elle est commune à tous mes sujets, établissait que leur sens de l'humour diffère des critères classiques de l'humour. Ils ne s'amusent pas de ce que l'individu moyen trouve drôle. L'humour cruel (faire rire aux dépens de quelqu'un) ou l'humour de supériorité (se moquer de l'infériorité de quelqu'un) ou l'humour de rébellion contre l'autorité (l'obscénité, les plaisanteries œdipiennes, de mauvais goût) ne déclenchent pas leur hilarité. Leur conception de l'humour se rapproche plus de la philosophie que d'autre chose. C'est aussi l'humour du réel car il consiste pour une large part à tourner en dérision les êtres humains en général lorsqu'ils agissent de manière insensée, ou qu'ils oublient leur place dans l'univers, ou qu'ils veulent se grandir en dépit de leur petitesse. Ils n'hésitent pas à se moquer d'eux-mêmes, mais sans masochisme et sans intention burlesque. L'humour de Lincoln en est une excellente illustration. Lincoln n'a sûrement jamais fait de plaisanterie susceptible de blesser qui que ce fût ; la plupart de ses bons mots avaient une signification et possédaient une autre fonction que celle de déclencher simplement le rire. Ses plaisanteries étaient une forme d'éducation, mais agréable, à la manière des paraboles et des fables.

Du point de vue quantitatif, on peut dire de nos sujets qu'ils cherchent moins souvent à faire de l'humour que la moyenne de la population. Les jeux de mots, les facéties, les remarques spirituelles, les réparties piquantes, le persiflage, sont plus rares chez eux que le trait spirituel, philosophique, destiné à provoquer le sourire plus que le rire, qui est intrinsèque à la situation au lieu de s'y ajouter, qui est plutôt spontané que préparé, et qui très souvent ne peut être répété. Il ne serait pas surprenant que les individus moyens, accoutumés aux recueils d'histoires drôles et au rire gras, tiennent nos sujets pour des gens sérieux et graves.

Cet humour embrasse tout ; la situation de l'homme, son orgueil, le sérieux, l'affairement, l'agitation, l'ambition, la course à la réussite, même des calculs peuvent paraître amusants, humoristiques, voire désopilants. Je l'ai un jour constaté par moi-même dans une salle remplie d'« art cinétique », qui ressemblait à une parodie de l'existence humaine, avec le bruit, le mouvement, le tumulte, les va-et-vient qui ne mènent nulle part. Il arrive de rencontrer cette attitude dans le travail, qui d'une certaine manière est un jeu et qui, tout en étant pris au sérieux, devient matière à plaisanter.

La créativité

C'est une caractéristique partagée par toutes les personnes étudiées ou observées (voir le chapitre 13, « La créativité des individus accomplis »). Elle n'admet aucune exception. Chacun manifeste d'une façon ou d'une autre une forme particulière de créativité ou d'originalité ou d'inventivité dotée de traits spécifiques. Ceux-ci seront mieux compris à la lumière du développement qui suivra. Cette forme de créativité ne ressemble pas à celle d'un Mozart, fondée sur un talent exceptionnel. Nous devons à cet égard avouer que ceux que l'on appelle les génies disposent d'une faculté qui nous échappe. Tout ce que l'on peut dire à leur égard, c'est qu'ils semblent dotés d'un instinct et d'une capacité qui peuvent avoir peu de rapport avec le reste de leur personnalité et qui sont, à l'évidence, innés. Ce type de talent n'entre pas dans notre propos, dans la mesure où il ne repose pas sur la santé psychique ou sur la satisfaction des besoins élémentaires. La créativité de l'individu accompli est plus proche de la créativité naïve et universelle des enfants qui n'ont pas encore été gâtés. Elle semble constituer une caractéristique essentielle de la nature humaine commune – une potentialité que tous les êtres humains possèdent dès leur naissance. La plupart d'entre eux la perdent par inculturation, mais certains paraissent conserver cette manière directe, vierge d'*a priori* et ingénue d'aborder la vie, ou s'ils l'ont perdue, comme la majorité de leurs congénères, ils la retrouvent ultérieurement. Santayana appelait cela la « seconde naïveté », une dénomination tout à fait pertinente.

Chez un certain nombre de nos sujets, cette créativité n'emprunte pas les formes traditionnelles de l'écriture, de la composition ou de la production d'objets artistiques, elle se manifeste de manière beaucoup plus modeste. Étant l'expression d'une personnalité saine, elle se projette en quelque sorte sur le monde ou marque de son empreinte toute activité dans laquelle s'engage l'individu. En ce sens, il existe des cordonniers, des charpentiers ou des employés de bureau créatifs. Tout acte peut être effectué dans un état d'esprit, une attitude, inspiré par la nature de la personnalité de l'auteur. On peut même *voir* avec créativité, comme le font les enfants.

Nous isolons cette qualité pour les besoins du débat, comme si elle se différenciait des caractéristiques décrites précédemment ou de celles que nous verrons par la suite, mais cela ne correspond pas à la réalité. Peut-être en parlant ici de créativité, sommes-nous simplement en train d'envisager sous un autre angle, en l'occurrence du point de vue des conséquences, ce que nous avons décrit ci-dessus comme une originalité, une pénétration et une efficacité supérieures de la perception. Ces personnes semblent voir le vrai et le réel plus aisément. C'est précisément cela qui les rend créatifs aux yeux des autres hommes plus limités.

En outre, ainsi que nous l'avons vu, ces individus sont moins inhibés, moins renfermés, moins dépendants, en un mot moins inculturés. En termes plus positifs, nous dirons qu'ils sont plus spontanés, plus naturels, plus humains. Cela aussi aurait comme conséquence ce quelque chose que les autres nomment la créativité. Si nous supposons, ainsi que les études sur les enfants nous y autorisent, que tous les hommes ont été spontanés autrefois et le sont peut-être encore au fond d'eux-mêmes, mais que leur spontanéité profonde se dissimule sous une strate d'inhibitions superficielles mais puissantes, alors cette spontanéité doit être contrôlée pour apparaître si rarement au grand jour. S'il n'existait pas de forces contraignantes, nous pourrions espérer voir cette forme de créativité particulière se manifester en chaque être humain (Anderson, 1959 ; Maslow, 1958).

La résistance à l'inculturation

Les individus accomplis ne sont pas bien adaptés (au sens naïf d'approbation par la culture et d'identification avec elle). Si d'une certaine façon ils assimilent la culture dans laquelle ils vivent, on peut néanmoins dire que, dans un sens profond et significatif, ils résistent à l'inculturation et conservent un certain détachement intérieur par rapport à leur environnement culturel. Dans la mesure où la littérature sur les rapports entre la culture et la personnalité a rarement traité de la résistance au façonnage par la culture, et si, comme l'a clairement indiqué Riesman (1950), la trace résiduelle est particulièrement importante pour la société américaine, nos maigres données ne sont pas à négliger.

Dans l'ensemble, la relation entre ces individus sains et leur culture nettement moins saine est de nature complexe ; elle est faite entre autres, des éléments suivants.

1. Ils respectent tous scrupuleusement les conventions en ce qui concerne les choix vestimentaires, le langage, l'alimentation, les usages en vigueur dans notre culture. Et pourtant ils ne sont pas *vraiment* conventionnels ou à la mode ou élégants ou encore chics. Ils expriment l'intime conviction que les manières d'agir imposées par les usages et les coutumes ont une importance relative, qu'une règle en vaut une autre et que, si elles rendent la vie plus faciles, elles ne méritent pas que l'on s'y oppose. Nous retrouvons là la tendance générale de ces sujets à accepter de plein gré un état de chose qu'ils estiment sans importance ou impossible à changer ou qui ne les concerne pas directement en tant qu'individus. Dans la mesure où le choix des chaussures ou la coiffure ou la politesse ou la manière de se conduire

dans une soirée ne leur semblent pas d'un intérêt primordial, ils se contentent le plus souvent de réagir par un simple haussement d'épaules. Pour eux, ce ne sont pas des questions de portée morale. Mais dans la mesure également où cette acceptation tolérante des usages n'équivaut pas à une approbation chaleureuse avec identification, leur soumission aux conventions est superficielle et artificielle, elle s'efface devant la franchise, la sincérité, le souci de conserver son énergie pour des motifs plus ambitieux, et ainsi de suite. Au besoin, lorsque l'obéissance à la tradition s'avère trop ennuyeuse ou trop coûteuse, le respect apparent se révèle pour ce qu'il est en réalité, un comportement de surface dont on se débarrasse aussi facilement que l'on se défait d'un manteau.

2. Aucun d'eux ne peut être défini comme rebelle à l'autorité au sens strict du terme, ou au sens où l'adolescence est rebelle. Ils ne manifestent aucune impatience active, aucun sursaut de colère, aucun mécontentement chronique, durable, vis-à-vis de la culture, aucune volonté de la transformer rapidement, même s'ils se laissent fréquemment aller à des accès d'indignation provoqués par l'injustice. L'un de ces sujets, rebelle dans sa jeunesse, qui avait été syndicaliste à l'époque où cette fonction comportait des dangers, a renoncé par dégoût et désespoir. Résigné face à la lenteur du changement social (dans cette culture et à cette époque données), il s'est finalement tourné vers l'éducation des jeunes. Tous les autres témoignent de ce que l'on pourrait appeler un souci serein et perpétuel de l'amélioration de la culture qui me semble impliquer une acceptation de la lenteur du changement, de la nécessité et de l'opportunité incontestée de ce changement. Mais ce n'est pas un manque de combativité. Lorsqu'un changement rapide devient possible ou lorsqu'il faut de la résolution et du courage, on les trouve présents

chez ces individus. Même s'ils ne forment pas un groupe radical au sens classique du terme, je pense qu'ils pourraient très facilement le devenir. Ce sont premièrement des intellectuels (rappelons-nous qui les a sélectionnés), dont la majorité possède déjà une mission et a le sentiment de contribuer à améliorer le monde. Deuxièmement, ce sont des gens réalistes qui n'ont pas l'intention de consentir de lourds sacrifices en vain. En cas de situation grave, il est probable qu'ils abandonneraient leur activité pour une action sociale radicale (par exemple la résistance clandestine au nazisme en Allemagne ou en France). Le combat en soi ne semble pas leur faire peur, ils redoutent plutôt son inefficacité. Au cours de nos entretiens, mes sujets ont à plusieurs reprises affirmé leur désir de profiter de la vie et d'avoir du bon temps. Une revendication qui paraît incompatible avec une volonté de rébellion féroce à temps plein. En outre, ils jugent le sacrifice disproportionné par rapport aux bénéfices attendus. La plupart d'entre eux ont connu dans leur jeunesse des épisodes de lutte, d'impatience, d'enthousiasme et, dans la majorité des cas, ils ont appris que la foi dans un changement rapide n'était pas garantie. Le groupe qu'ils formaient s'est résolu à tenter d'améliorer la culture de l'intérieur, par un effort de chaque jour, dans l'acceptation, la sérénité et la joie, au lieu de la rejeter en bloc et de la combattre de l'extérieur.

3. On observe chez la majorité d'entre eux un sentiment intérieur de détachement par rapport à la culture, qui n'est pas nécessairement conscient mais qui se révèle dans les débats sur la culture américaine dans son ensemble, lors de comparaisons avec d'autres cultures, et dans le fait qu'ils donnent souvent l'impression de pouvoir se dresser contre elle comme s'ils n'en faisaient pas totalement partie. Ce mélange variable d'affection, d'approbation, d'hostilité, de critique, indiquait qu'ils

élisent dans la culture américaine ce qui leur semble bénéfique et qu'ils en rejettent les aspects qu'ils estiment négatifs. En un mot, ils en pèsent le pour et le contre, ils la testent, ils en explorent la saveur, avant de se décider. C'est certainement très différent de la soumission passive au façonnement par la culture dont témoignent par exemple les sujets ethnocentriques dans les nombreuses études sur les personnalités autoritaires. C'est également différent du rejet total de ce qui est, après tout, une culture relativement bonne, c'est-à-dire en comparaison d'autres cultures qui *existent* réellement, et non de paradis idéaux imaginaires (ou, pour reprendre le slogan figurant sur un badge, du « Nirvana, *maintenant* ! »). Le détachement par rapport à la culture s'exprime aussi chez nos sujets accomplis par la distance qu'ils mettent entre eux et les autres, par leur penchant pour la solitude, que nous avons décrit ci-dessus, et par leur besoin pratiquement nul d'habitude et de connu.

4. Pour ces raisons comme pour d'autres, on peut les qualifier de personnes autonomes, c'est-à-dire guidées par les lois de leur propre caractère plutôt que par celles de la société. En ce sens, ils ne sont pas seulement ou simplement Américains, mais aussi, plus largement que les autres, membres de l'espèce humaine dans son ensemble. Prétendre qu'ils se situent au-dessus ou au-delà de la culture américaine prêterait à confusion si l'on prenait ces mots au pied de la lettre, car après tout ils parlent américain, agissent en Américains, ont un caractère américain, et ainsi de suite. Et cependant, si nous les comparons aux individus sur-socialisés, robotisés ou ethnocentriques, nous sommes irrésistiblement tentés de postuler que ce groupe n'est pas simplement une autre sous-culture, mais un groupe moins inculturé, moins vidé de sa substance, moins façonné. Cela implique d'envisager

ce groupe en termes de gradation et de positionnement sur un continuum allant de l'acceptation relative au détachement relatif vis-à-vis de la culture. Si ce postulat tient, il conduit au moins à l'hypothèse suivante : ces individus de cultures différentes, qui se détachent de leur propre culture, devraient non seulement être moins dépendants du caractère national mais aussi avoir entre eux davantage de points communs qu'avec les membres moins développés de leur propre société.

À la question éternelle : « Est-il possible d'être un homme bon ou sain dans une culture imparfaite ? » répond l'observation selon laquelle il *est effectivement* possible à des individus relativement sains de se développer dans la culture américaine. Ils y parviennent grâce à une combinaison complexe d'autonomie intérieure et d'acceptation extérieure qui dure aussi longtemps que la culture tolère cette forme de prise de distance par rapport à l'identification totale à la culture.

Ce n'est certes pas la santé idéale. Notre société imparfaite impose clairement des inhibitions et des contraintes à nos sujets. Dans la mesure où ils doivent tenir leurs options secrètes, dans cette mesure-là, leur spontanéité est freinée et certaines de leurs potentialités ne se réalisent pas. Et puisque seuls de rares privilégiés peuvent atteindre la santé dans notre culture (ou peut-être dans toute culture quelle qu'elle soit), ceux qui y parviennent sont isolés dans leurs propres rangs et se révèlent moins spontanés et moins accomplis[1].

---

1. Je suis redevable au Dr Tamara Dembo pour sa coopération sur ce sujet.

Les imperfections

L'erreur la plus commune aux romanciers, aux poètes et aux essayistes est de dresser un portrait moral si flatteur des êtres humains qu'ils en deviennent caricaturaux et que personne n'a envie de leur ressembler. Le désir individuel de perfection, la culpabilité et la honte de ses propres défauts sont projetés sur divers personnages, dont l'individu moyen exige plus qu'il ne peut donner lui-même. Ainsi, les éducateurs et les prêtres passent-ils souvent pour des gens privés de joie de vivre, qui ne connaissent ni désirs prosaïques ni faiblesses. Je suis convaincu que la plupart des romanciers qui se sont essayés à décrire de bons individus (en bonne santé) ont suivi ce schéma, les emprisonnant dans un carcan, les assimilant à des marionnettes ou à des projections irréelles d'idéaux tout aussi irréels, au lieu de les montrer comme les individus solides, chaleureux, bons vivants qu'ils sont réellement. Nos sujets partagent nombre des petites faiblesses humaines. Eux aussi ont leurs manières idiotes, dispendieuses ou inconséquentes. Ils peuvent se révéler ennuyeux, obstinés, irritants. Ils tombent comme les autres dans le piège de la vanité superficielle, de l'orgueil, du manque d'objectivité à l'égard leurs propres réalisations, de leur famille, de leurs amis et de leurs enfants. Et les éclats de colère ne sont pas rares.

Nos sujets affichent parfois une intransigeance excessive et inattendue. N'oublions pas que ce sont des individus dotés d'une forte personnalité. Quand le cas l'exige, ils témoignent d'une froideur chirurgicale dont sont incapables les gens ordinaires. L'homme qui vient de découvrir les malversations d'un ami en lequel il avait placé sa confiance, n'hésite pas à lui retirer brutalement son amitié, sans apparemment en éprouver le moindre chagrin. Une femme mariée à quelqu'un qu'elle n'aimait pas prit la décision de divorcer et le fit avec une détermination qui ressemblait presque à de la dureté. Certains se remettent avec une telle rapidité de la perte d'un être cher qu'on pourrait les croire sans cœur.

Nous pouvons citer un exemple supplémentaire lié à leur faculté de s'absorber dans un univers impersonnel. Dans leur concentration, dans leur intérêt fasciné, dans leur focalisation intense sur un phénomène ou un problème, ils en arrivent à s'absenter mentalement, à perdre le sens de l'humour et à oublier la politesse la plus élémentaire. Dans ce genre de situation, ils marquent sans ambiguïté leur désintérêt absolu pour les conversations de salon, les échanges de banalités, les mondanités et autres formes de relations sociales ; ils peuvent alors s'exprimer ou se comporter de manière déroutante, choquante, insultante ou blessante. Les autres effets négatifs (tout au moins du point de vue des autres) du détachement ont été évoqués ci-dessus.

Leur gentillesse peut aussi les conduire à commettre des erreurs, telles que se marier par pitié, s'engager dans des relations trop étroites avec des névrosés, des raseurs ou des malheureux chroniques, pour ensuite s'en repentir, ou encore se laisser temporairement dominer par des vauriens, ou se montrer généreux à l'excès et encourager ainsi des parasites et des psychopathes.

Nous avons enfin indiqué qu'ils *ne sont pas à l'abri* de la culpabilité, de l'anxiété, de la tristesse, de l'autopunition, de la lutte intérieure et du conflit. Le fait qu'il ne s'agisse pas de phénomènes d'origine névrotique est peu pris en compte par la majorité de nos contemporains (y compris les psychologues), qui ont donc tendance à les considérer comme des individus psychiquement malades.

La leçon que j'en ai retirée me semble digne d'intérêt pour nous tous. Il n'existe pas d'êtres humains parfaits ! On rencontre des personnes qui sont bonnes, très bonnes même, en fait extraordinaires. Il existe réellement des créateurs, des prophètes, des sages, des saints, des pionniers, des visionnaires. Cette constatation ne peut que nous inspirer de l'espoir quant à l'avenir de l'espèce, même si ces individus constituent une exception et ne se comptent pas par milliers. Et cependant ils peuvent aussi être ennuyeux, irritants, agités, égoïstes, en colère ou déprimés. Si nous ne voulons pas être déçus par la nature humaine, nous devons d'abord renoncer à nos illusions sur elle.

Les valeurs

Les individus accomplis ont un système de valeurs qui trouve son fondement dans leur acceptation philosophique de la nature du moi, de la nature humaine, des éléments de la vie sociale, et de la nature et de la réalité physique. Ces valeurs d'acceptation conditionnent une bonne partie de leurs jugements de valeur habituels. Ce qu'ils approuvent, ce qu'ils récusent, ce à quoi ils sont fidèles, ce qu'ils refusent ou qu'ils valident, ce qui leur déplaît ou leur convient, tout cela peut souvent être compris comme participant de cette acceptation première.

Ce fondement est automatiquement (et universellement) présent chez tous les sujets accomplis et favorisé par leurs dynamiques intrinsèques (de sorte qu'à cet égard, au moins, la nature humaine dans son développement complet peut être universelle et transcender les cultures) ; ces mêmes dynamiques donnant aussi naissance à d'autres déterminants. On trouve parmi ceux-ci (1) le rapport facile à la réalité ; (2) le sentiment de parenté avec tous les autres hommes ; (3) l'état de satisfaction par rapport aux besoins fondamentaux, dont découlent, comme autant d'épiphénomènes, plusieurs conséquences en termes de surplus, de richesse, d'abondance ; (4) la distinction caractéristique des moyens et des fins, et ainsi de suite (voir ci-dessus).

Une des principales conséquences de leur attitude à l'égard du monde – qui en même temps la valide – est la diminution ou la disparition dans de nombreuses sphères de leur vie des conflits et des différends, de l'ambivalence et de l'incertitude des choix. À l'évidence, ce que l'on nomme généralement la moralité est en grande partie un épiphénomène de la non-acceptation ou de l'insatisfaction. Beaucoup de problèmes perdent de leur substance et se dissolvent dans l'atmosphère d'acceptation païenne. Le problème n'est pas résolu pour autant mais il devient évident qu'il n'y a jamais eu de problème en soi, mais seulement un problème-créé-par-un-individu-malade, comme jouer aux cartes, danser, porter des jupes courtes, se découvrir (dans certaines églises) ou *ne pas* se découvrir (dans d'autres), boire du vin, ou manger certaines viandes et pas d'autres, ou les consommer certains jours précis en excluant les autres. Non seulement ces futilités perdent de leur poids ; mais le processus se poursuit à un niveau supérieur, par exemple au niveau des relations entre les sexes, des attitudes envers le corps et son fonctionnement, et de la confrontation avec la mort elle-même.

L'application de cette découverte à des niveaux plus profonds a suggéré à l'auteur de ces lignes que ce qui constitue la morale, l'éthique et les valeurs n'est qu'un simple produit dérivé de la psychopathologie dominante de la moyenne. Nombre de conflits, de frustrations, de menaces (qui imposent le type de choix dans lequel la valeur est exprimée) s'évaporent ou se résolvent pour les individus accomplis, de la même façon par exemple que les désaccords à propos du fait de danser. Pour eux, l'antagonisme entre les sexes, irréductible en apparence, cesse d'être un conflit et devient une collaboration agréable. Les intérêts adverses des adultes et des enfants se révèlent en fin de compte moins opposés qu'on ne le pensait. Comme pour les différences entre les sexes et les générations, il en va de même des différences naturelles, des différences entre les classes et les castes, des différences politiques, des différences de rôles, des différences religieuses, et ainsi de suite. Comme chacun sait, ce sont là des terrains propices au développement de l'anxiété, de la peur, de l'hostilité, de l'agressivité, du comportement défensif et de la jalousie. Ce n'est pourtant pas une *nécessité*, comme en témoigne la réaction de nos sujets qui s'écarte le plus souvent de ce modèle. Ils se réjouissent plus des différences qu'ils ne les redoutent.

Dans la relation professeur-étudiant prise comme paradigme, nos sujets professeurs se conduisaient de manière non névrotique, en abordant simplement la situation différemment, par exemple, comme une collaboration agréable et non comme un conflit de volontés, d'autorité, de dignité et ainsi de suite ; en remplaçant l'autorité factice – aisément et inévitablement menacée – par la simplicité naturelle, qui n'est pas facilement menacée ; en renonçant à prétendre à l'omniscience et à la toute-puissance ; par l'absence d'autoritarisme menaçant l'étudiant ; par le refus de considérer les étudiants comme des individus engagés dans une compétition entre eux ou avec l'enseignant ; par le refus de se conformer au stéréotype du professeur ; par l'effort de conserver les mêmes qualités de réalisme qu'un plombier ou qu'un charpentier ; tout cela créant dans la classe une atmosphère exempte de suspicion, de prudence, de réaction de défense, d'hostilité et d'anxiété. Les réponses à la menace tendent aussi à disparaître dans les couples, les familles et dans les autres situations interpersonnelles où la menace elle-même est réduite.

Les principes et les valeurs de l'individu désespéré et de la personne en bonne santé psychique doivent être différents au moins à certains égards. L'un et l'autre ont des perceptions (des interprétations) profondément différentes du monde physique, du monde social et de l'univers psychique intime, dont l'organisation et l'économie dépendent en partie du système de valeurs propre à l'individu. Les gens dont les besoins fondamentaux ne sont pas satisfaits voient le monde comme un endroit dangereux, une jungle, un territoire ennemi peuplé par (1) ceux qu'ils peuvent dominer et (2) ceux qui peuvent les dominer. Leurs systèmes de valeurs sont ceux de la nécessité, comme ceux de tout habitant de la jungle, dominé et organisé par ses besoins inférieurs, tout particulièrement les besoins animaux et les besoins de sécurité. Les individus satisfaits dans leurs besoins fondamentaux représentent un cas différent. De par l'abondance dont ils bénéficient, ils peuvent se permettre de tenir ces besoins et leurs satisfactions pour acquis, et de se consacrer à des gratifications supérieures. Ce qui signifie que leurs systèmes de valeurs sont différents, en fait ils *doivent* être différents.

À son échelon suprême, le système de valeurs de l'individu accompli est totalement unique et révélateur de sa structure, de son caractère, de son idiosyncrasie. Ceci doit être vrai par définition, car l'accomplissement de soi est accomplissement d'un soi, et il n'existe pas deux soi qui se ressemblent. Il n'y a qu'un Renoir, qu'un Brahms, qu'un Spinoza. Nos sujets possèdent beaucoup de choses en commun, ainsi que nous l'avons vu, et cependant ils sont en même temps plus complètement individualisés, plus indubitablement eux-mêmes, moins susceptibles d'être confondus avec d'autres que n'importe quel groupe témoin moyen pourrait l'être. En un mot, ils se ressemblent en étant simultanément très différents les uns des autres. Ils sont plus complètement individuels que n'importe quel groupe jamais décrit, et cependant aussi plus complètement socialisés, plus identifiés avec l'humanité que tout autre groupe qui ait été décrit. Ils sont plus proches *à la fois* de leur qualité d'espèce et de leur individualité unique.

La résolution des dichotomies

À ce stade de notre exposé, nous nous autorisons à généraliser et à souligner une conclusion théorique majeure née de l'étude des individus accomplis. À plusieurs endroits dans ce chapitre – ainsi que dans d'autres chapitres – nous avons conclu que les polarités ou les oppositions ou les dichotomies du passé n'étaient telles que *pour les individus moins sains*. Chez les individus en bonne santé, ces dichotomies se résolvaient, les polarités disparaissaient, et de nombreuses oppositions, que l'on croyait intrinsèques, fusionnaient et s'alliaient pour former une unité. Voir également Chenault (1969).

Ainsi l'opposition séculaire entre le cœur et la tête, la raison et l'instinct, la cognition et la conation disparaissent-elles chez les sujets sains, où ils deviennent plus synergiques qu'antagonistes et où le conflit entre eux s'estompe parce qu'ils tiennent le même discours et aboutissent à la même conclusion. En un mot, chez ces individus, les désirs entretiennent d'excellents rapports avec la raison. La phrase de saint Augustin : « Aime Dieu et fais ce que tu veux » peut facilement être adaptée ainsi : « Sois en bonne santé et tu pourras avoir confiance en tes désirs. »

La dichotomie entre l'égoïsme et l'altruisme s'efface complètement chez les individus en bonne santé car, en principe, tout acte est *en même temps* égoïste et altruiste. Nos sujets sont simultanément guidés par la spiritualité et très païens et sensuels au point même où la sexualité devient une *voie* vers la spiritualité et le « religieux ». Le devoir ne peut pas davantage être opposé au plaisir que le travail au loisir, quand le devoir *est* le plaisir et que le travail *est* le loisir, et quand les gens qui remplissent leur devoir et sont vertueux recherchent simultanément leur plaisir et sont heureux. Si les individus qui possèdent une forte identification sociale sont eux-mêmes aussi les plus individualistes, quel est l'intérêt de la polarité ? Si le plus mûr est en même temps le plus enfantin ? Et si les personnes les plus éthiques et les plus morales sont aussi les plus attirées par la luxure et les plus animales ?

Ces conclusions valent également pour les oppositions douceur-dureté, concret-abstrait, acceptation-rébellion, moi-social, adaptation-inadaptation, détachement des autres-identification aux autres, grave-facétieux, dionysiaque-apollinien, introverti-extraverti, intense-superficiel, sérieux-frivole, conformiste-original, mystique-réaliste, actif-passif, masculin-féminin, désir-amour et Éros-Agapè. Chez ces personnes, le ça, le moi et le surmoi œuvrent en collaboration et en synergie ; ils ne se font pas la guerre et ne se nourrissent pas d'un désaccord fondamental comme dans le cas des individus névrosés. De même le cognitif, l'impulsif et l'émotionnel se fondent en une unité organismique et en une interpénétration non aristotélicienne. Le supérieur et l'inférieur ne se situent pas en opposition mais en accord l'un avec l'autre, et on découvre que des milliers de dilemmes philosophiques admettent plusieurs alternatives ou paradoxalement ne sont pas du tout des dilemmes. Si la guerre entre les sexes se révèle ne pas être une lutte entre adultes mûrs mais seulement le signe d'une croissance avortée et entravée, qui alors voudrait encore prendre parti ? Qui choisirait la psychopathologie délibérément et en connaissance de cause ? Est-il indispensable de choisir entre la femme bonne et la mauvaise, comme si les deux s'excluaient mutuellement, alors que nous savons qu'une femme vraiment en bonne santé est simultanément les deux à la fois ?

En ceci, comme à d'autres égards, les individus sains sont si différents des sujets moyens, non seulement en degrés mais en nature, qu'ils génèrent deux formes de psychologies différentes. Il devient de plus en plus évident que l'étude de spécimens malsains, immatures, rabougris, bancals, ne peut que donner une psychologie et une philosophie bancales. L'étude des sujets accomplis doit constituer la base d'une science plus universelle de la psychologie.

CHAPITRE 12

L'amour chez les individus accomplis

Il est étonnant de voir la carence des sciences expérimentales sur le sujet de l'amour. D'autant plus étrange est le silence des psychologues car on pourrait penser que ce thème entre tout particulièrement dans le champ de leur recherche. C'est à n'en pas douter un autre exemple du penchant inavouable des théoriciens qui préfèrent se consacrer à ce qu'ils savent faire plutôt qu'à ce qu'ils devraient faire, comme ce marmiton un peu benêt de ma connaissance qui ouvrit toutes les boîtes de conserves de l'hôtel le même jour parce qu'il maniait *si bien* l'ouvre-boîtes.

Je dois avouer que je comprends mieux cela maintenant que je me suis moi-même attelé à cette tâche. C'est un sujet extraordinairement difficile à traiter, quelle que soit la tradition dans laquelle on s'inscrit. Et cela triplement en ce qui concerne la tradition scientifique. Dans ce domaine, nous nous trouvons en quelque sorte au poste le plus avancé d'un terrain inconnu, à un point où les techniques classiques de la psychologie orthodoxe sont de peu d'utilité.

Notre devoir ici est clair. Nous *devons* comprendre l'amour ; nous devons être capables de l'enseigner, de le créer, de le prédire, sinon le monde sera livré à l'hostilité et à la suspicion. Tout ce qui concerne la recherche, les sujets et les découvertes majeures a été détaillé dans le chapitre précédent. La question que nous nous posons maintenant est de savoir ce que les individus accomplis nous apprennent sur l'amour et la sexualité.

L'ouverture

Theodor Reik (1957) a défini l'absence d'anxiété comme l'une des caractéristiques de l'amour. On l'observe de manière particulièrement évidente chez les individus sains. Il est peu question chez eux de tendance vers la spontanéité de plus en plus complète, d'abandon des défenses, de renoncement à des rôles, d'effort et de lutte dans la relation amoureuse. Au cours de la relation, on voit s'établir une intimité, une sincérité et une expression de soi croissante, qui à leur apogée constituent un phénomène rare. Ces personnes avouent qu'avec l'être aimé elles peuvent enfin être elles-mêmes, se sentir naturelles : « Je peux dénouer mes cheveux. » Cette honnêteté va jusqu'à s'autoriser à ne rien dissimuler au partenaire de ses erreurs, de ses faiblesses et de ses défauts physiques et psychologiques.

Si j'en crois mes sujets, l'une des satisfactions les plus profondes dans une relation d'amour saine est qu'elle permet la plus grande spontanéité, le plus grand naturel, le plus grand abandon des défenses et de la protection contre la menace. Il n'est plus nécessaire d'être sur ses gardes, de dissimuler, d'essayer d'impressionner, d'être tendu, de surveiller ses paroles et ses actes, de supprimer ou de réprimer. Mes sujets rapportent qu'ils peuvent être eux-mêmes sans avoir le sentiment qu'il existe des exigences ou des attentes à leur égard ; ils peuvent se sentir psychologiquement (et aussi physiquement) nus en sachant qu'ils continuent à être aimés et désirés et en sécurité. Ces conclusions trouvent leur confirmation dans la grande liberté avec laquelle ils manifestent leur hostilité et expriment leur colère, et dans leur besoin réduit de politesse conventionnelle l'un avec l'autre.

Aimer et être aimé

Mes sujets étaient aimés et aimaient, et ils continuent à être aimés et à aimer. Chez tous (ou presque tous) les sujets sur lesquels nous disposions de données, cela incitait à conclure (toutes choses étant égales par ailleurs) que la santé psychique a pour origine l'amour plutôt que la privation d'amour. Même si l'on admet que l'ascèse représente une voie possible et que la frustration a des effets bénéfiques, il n'en demeure pas moins que la satisfaction des besoins fondamentaux semble être la précondition habituelle ou le fondement de la santé dans notre société. Cela paraît vrai non seulement de l'amour que l'on reçoit mais aussi de celui que l'on donne.

On peut dire de nos sujets accomplis qu'ils aiment et qu'ils sont *vraiment* aimés. Pour certaines raisons, il serait préférable de préciser qu'ils ont la capacité d'aimer et d'*être aimés.* (Malgré les apparences, cette phrase n'est pas la répétition de la précédente.) Ce sont des faits cliniquement observables, tout à fait officiels et que l'on peut facilement confirmer ou infirmer.

Menninger (1942) relève de manière pénétrante que les êtres humains veulent *réellement* s'aimer les uns les autres mais ne savent pas comment s'y prendre. Cette remarque se vérifie moins dans le cas des individus sains. *Eux,* au moins, savent aimer et le font librement et aisément et naturellement et sans se laisser emprisonner dans des conflits ou des menaces ou des inhibitions.

Mes sujets employaient cependant le mot amour avec prudence et circonspection. Ils l'appliquaient à quelques élus plutôt qu'au grand nombre, tendant à établir une distinction tranchée entre le fait d'aimer quelqu'un ou seulement de l'aimer bien ou d'éprouver de l'amitié ou de la bienveillance ou un sentiment de familiarité pour cette personne. Le mot amour désigne pour eux un sentiment intense, et non une émotion tiède ou la marque d'un vague intérêt.

La sexualité

La nature singulière et complexe de la sexualité dans la vie amoureuse des individus accomplis est riche d'enseignements pour nous. Les choses ne sont pas simples ; elles se présentent comme un entrelacs de fils à démêler. Je ne prétends pas non plus disposer d'une grande abondance de données sur ce sujet. Les gens ne se livrent le plus souvent qu'avec réticence. Dans l'ensemble, cependant, leur vie sexuelle, pour ce que j'en connais, est caractéristique et peut être décrite de sorte à fournir des hypothèses, à la fois positives et négatives, sur la nature de la sexualité et sur la nature de l'amour.

On peut d'ores et déjà affirmer que la sexualité et l'amour peuvent être et sont le plus souvent intrinsèquement liés l'un à l'autre chez les individus en bonne santé. Même s'il est vrai que ce sont des concepts séparables et qu'il faut se garder de les confondre (Reik, 1957 ; Suttie, 1935), on observe néanmoins que, dans la vie des êtres sains, ils tendent à se rejoindre et à fusionner. De fait, nous pouvons également dire qu'ils deviennent moins séparables et moins distinguables l'un de l'autre dans la vie des sujets que nous avons étudiés. De manière générale, les hommes et les femmes accomplis ne recherchent pas la sexualité pour elle-même ou seulement pour la satisfaction qu'elle procure. Je ne suis pas certain que mes données me permettent d'affirmer qu'ils préfèrent renoncer à l'acte sexuel quand il ne s'accompagne pas d'affection, mais je connais de nombreux exemples de refus ou de rejet d'une relation sexuelle sans amour ou affection.

Chez les individus accomplis, l'orgasme revêt à la fois plus et moins d'importance que pour les individus moyens. Il représente souvent une expérience profonde et presque mystique, et pourtant l'abstinence est plus facilement tolérée. Il ne s'agit ni d'un paradoxe ni d'une contradiction. C'est un phénomène qui participe de la théorie dynamique de la motivation. Aimer à un niveau supérieur rend les besoins inférieurs et leurs frustrations ou leurs satisfactions moins importants, moins centraux, plus négligeables. Mais cela décuple aussi le plaisir que procure leur satisfaction.

La sexualité peut être la source d'un plaisir extrême, plus intense que pour l'individu moyen, tout en ne jouant pas un rôle prépondérant dans leur philosophie de la vie. C'est quelque chose que l'on savoure avec délice, une chose qui va de soi, à partir de laquelle on peut construire, qui est aussi indispensable que l'eau ou la nourriture, et qui procure autant de jouissance ; mais dont la satisfaction ne devrait pas avoir plus d'importance que cela. Je pense qu'une telle attitude résout le paradoxe apparent de la personne accomplie qui jouit plus intensément de sa sexualité que l'individu moyen, tout en lui accordant une importance relative dans son existence.

En corollaire à cette attitude complexe vis-à-vis de la sexualité, soulignons le fait que l'orgasme peut apporter des expériences mystiques et cependant, à d'autres moments, être vécu avec légèreté. Ce qui signifie que le plaisir sexuel de l'individu accompli peut être très intense ou pas intense du tout. Il y a là un contraste avec l'attitude romantique selon laquelle l'amour est une extase divine, un transport, une expérience mystique. Il est vrai qu'il peut aussi être un plaisir délicat plutôt qu'intense, une chose gaie et frivole au lieu d'une expérience sérieuse et profonde, ou encore un devoir neutre. Ces personnes ne vivent pas toujours aux plus hauts sommets – elles vivent en général à un niveau d'intensité plus normal, et profitent avec enjouement et légèreté de leur sexualité comme d'une expérience amusante, agréable, plaisante et excitante, au lieu de sombrer dans les profondeurs les plus intenses de l'émotion extatique.

Les individus accomplis éprouvent moins de réticences que les autres à avouer leurs attirances sexuelles. Pour autant que je puisse en juger, ils ont une relation plutôt facile avec le sexe opposé, acceptant naturellement le phénomène d'attirance sans pour autant lui accorder une attention particulière.

J'ai découvert une autre caractéristique dans l'attitude vis-à-vis de la sexualité des individus accomplis ; ils n'effectuent pas de distinction nette entre les rôles et les personnalités des deux sexes. C'est-à-dire qu'ils ne partent pas du principe que la femme est passive et l'homme actif, qu'il s'agisse de sexe ou d'amour ou de quoi que ce soit d'autre. Ils sont tous si assurés de leur masculinité ou de leur féminité qu'ils adoptent volontiers certains aspects culturels du rôle du sexe opposé. Il est particulièrement intéressant de noter qu'ils pouvaient se montrer des acteurs passifs ou actifs tant dans l'acte sexuel que dans les manifestations d'amour physique, quel que soit leur sexe. Le fait d'embrasser ou d'être embrassé, d'être positionné dessus ou dessous dans l'acte sexuel, de prendre l'initiative, d'être calme et de recevoir l'amour, d'exciter ou d'être excité – tous ces comportements se retrouvaient chez les deux sexes. Les comptes rendus indiquaient qu'ils les adoptaient alternativement. Les partenaires considéraient comme un défaut de se limiter à une attitude purement passive ou active dans la relation sexuelle. Les deux formes ayant chacune leur attrait pour les individus accomplis.

Cela confirme la thèse selon laquelle l'amour érotique et l'amour agapéen sont différents mais se rejoignent néanmoins chez les êtres les meilleurs. D'Arcy postule deux formes d'amour, qui sont essentiellement masculine ou féminine, active ou passive, centrée sur soi ou centrée sur l'autre, et il est vrai que pour la majorité des gens elles semblent se contredire et s'opposer. Mais il en va différemment des sujets en bonne santé. Chez eux, les dichotomies sont résolues, et l'individu devient à la fois actif et passif, égoïste et altruiste, masculin et féminin, autocentré et généreux.

La transcendance du moi

Un des aspects majeurs d'une bonne relation amoureuse est ce que l'on peut appeler l'identification au besoin de l'autre, ou la fusion des hiérarchies des besoins fondamentaux des deux personnes en une hiérarchie unique. Le partenaire ressent les besoins de l'autre comme s'il s'agissait des siens propres et a de ce fait l'impression que ses propres besoins appartiennent dans une certaine mesure à l'autre. Le moi s'élargit pour englober deux personnes, et d'une certaine manière les deux partenaires deviennent du point de vue psychologique une seule entité, une seule personne, un seul moi.

Les théories sur la relation amoureuse, l'altruisme, le patriotisme, etc., ont fait une large place à la transcendance de l'ego. Une approche moderne de cette tendance au niveau technique nous est offerte par l'excellent ouvrage d'Angyal (1965), dans lequel l'auteur propose différents exemples d'une tendance vers ce qu'il nomme l'homonomie, et qu'il oppose à la tendance à l'autonomie, à l'indépendance, à l'individualité et ainsi de suite. De nombreuses preuves cliniques et historiques confirment qu'Angyal avait raison d'exiger que la psychologie systématique s'intéresse davantage à ces diverses tendances au dépassement des frontières du moi. En outre, il semble que le besoin de transcender ces frontières soit un besoin au même titre que nous avons des besoins de vitamines et de minéraux, c'est-à-dire que s'il n'est pas satisfait la personne tombe malade d'une manière ou d'une autre. Selon moi, la relation amoureuse saine est l'un des exemples les plus satisfaisants et les plus complets de transcendance de l'ego (voir aussi Harper, 1966 ; Maslow, 1967).

L'amusement et la gaieté

La vie sexuelle et amoureuse des gens en bonne santé, même si elle atteint fréquemment des pics d'extase, peut aussi néanmoins être comparée aux jeux des enfants et des chiots. Elle est joyeuse, remplie d'humour et enjouée. Ce n'est surtout pas un effort ; c'est fondamentalement un amusement et un délice, ce qui est tout autre chose.

Le respect d'autrui

Tous les auteurs sérieux qui ont écrit sur l'amour sain ou idéal ont souligné l'affirmation de l'individualité de l'autre, le désir ardent de croissance de l'autre, le respect fondamental de son individualité et de sa personnalité. On en trouve la confirmation dans l'observation des individus accomplis qui possèdent la faculté rare de se sentir heureux plutôt que menacés par les réussites de leur partenaire. Ils le respectent véritablement dans un sens profond et essentiel qui a de très nombreuses implications.

Le respect pour une autre personne reconnaît celle-ci en tant qu'entité indépendante et en tant qu'individu distinct et autonome. Les sujets accomplis n'exploitent pas avec désinvolture, ne contrôlent pas ou ne méprisent pas les désirs de l'autre. Ils accordent à celui/celle qu'ils respectent une dignité fondamentale que rien ne peut diminuer, et ne l'humilient pas sans nécessité. Cela vaut non seulement pour les relations entre les adultes mais aussi pour les rapports entre les individus accomplis et les enfants. Ils sont capables, plus que n'importe qui d'autre dans notre culture, de traiter un enfant avec respect.

Un aspect amusant de cette relation respectueuse entre les sexes est qu'elle est fréquemment interprétée exactement à l'inverse, comme un manque de respect. Par exemple, nous savons parfaitement qu'une bonne partie des prétendus signes de respect pour les dames est en fait le reliquat d'un passé peu glorieux à cet égard, et peut-être même aujourd'hui les témoignages inconscients d'un profond mépris pour les femmes. Des habitudes culturelles telles que se lever quand une femme pénètre dans une pièce, offrir un siège à une dame, l'aider à enlever son manteau, s'effacer devant elle avant de sortir, lui donner le meilleur et le premier choix en tout – tout cela suggère dynamiquement et historiquement l'idée que la femme est faible et ne peut prendre soin d'elle-même, et qu'il faut la protéger comme on le fait pour les faibles et les incapables. Généralement les femmes qui se respectent elles-mêmes accueillent ces marques de respect avec circonspection, sachant pertinemment qu'elles peuvent signifier exactement le contraire de ce qu'elles paraissent. Les hommes accomplis qui tendent vraiment et fondamentalement à respecter et à aimer les femmes en tant que partenaires et égales, en tant que compagnes et êtres humains complets, au lieu de voir en elles des membres faibles de l'espèce, se montrent plus facilement décontractés et libres et familiers et impolis, du moins par rapport aux usages établis.

L'amour comme gratification en soi

Le fait que l'amour ait de nombreux effets positifs ne signifie pas qu'il est motivé par ces effets ou que les gens tombent amoureux *dans le but* d'en bénéficier. L'amour tel qu'on le rencontre chez les individus accomplis est plutôt synonyme d'admiration spontanée, de crainte respectueuse réceptive et non exigeante et semblable au plaisir que l'on éprouve face à un beau tableau. On parle trop dans la littérature psychologique de récompenses et d'intentions, de renforcements et de gratifications, et pas suffisamment de ce que nous pouvons appeler les expériences de finalités (par opposition aux expériences de moyens) ou de respect craintif devant le beau qui est en soi sa propre récompense.

L'admiration et l'amour chez mes sujets existent le plus souvent en soi, ils n'exigent pas de récompenses et ne visent aucun objectif, ils sont vécus concrètement et généreusement pour eux-mêmes.

L'admiration ne demande rien et ne reçoit rien. Elle ne vise aucun objectif et est totalement gratuite. Elle est plus passive qu'active et se rapproche de la réception pure au sens taoïste. Ceux qui ressentent une crainte respectueuse ne font rien ou n'ajoutent rien à leur expérience ; c'est plutôt celle-ci qui leur fait quelque chose. Ils observent et regardent d'un œil innocent, à l'instar d'un enfant qui n'est ni d'accord, ni en désaccord, qui n'approuve ni ne désapprouve, mais qui, fasciné par la qualité intrinsèque de l'expérience qui attire son attention, la laisse simplement advenir et accomplir ses effets. L'expérience peut être comparée à la passivité *ardente* avec laquelle nous nous laissons rouler par les vagues juste pour le plaisir qui y est lié ; ou peut-être mieux, à l'intérêt non subjectif, respectueux et craintif, à l'appréciation sans projet de la lente progression du coucher du soleil. Il y a peu de chose que l'on puisse projeter dans un coucher de soleil. En ce sens nous ne nous projetons pas nous-mêmes dans l'expérience, nous ne cherchons pas à la façonner comme nous le faisons dans le test de Rorschach. Elle ne signifie rien, ni ne symbolise quoi que ce soit ; nous n'avons pas été récompensés ou contraints de l'admirer. Elle n'a rien à voir avec le lait ou la nourriture ou tout autre besoin du corps. Nous pouvons contempler avec plaisir un tableau sans vouloir le posséder, un massif de roses sans avoir envie de les cueillir, un beau bébé sans être tenté de le kidnapper, un oiseau sans avoir l'intention de le mettre en cage, de même une personne peut en admirer une autre et se réjouir de sa compagnie d'une manière non active, non exigeante. Bien sûr, le respect craintif et l'admiration coexistent avec d'autres tendances dans la formation des relations entre les individus ; ils ne sont *pas les seuls* à intervenir dans le jeu mais ils en font définitivement partie.

Cette observation a entre autres conséquences de nous placer en contradiction avec la plupart des théories sur l'amour, car la majorité des théoriciens pensent en effet que l'amour résulte plus d'un effet d'*incitation* que d'un effet d'*attraction*. Freud (1930) évoque une sexualité dont le but est inhibé, Reik (1957) parle d'un pouvoir dont le dessein est inhibé, et un grand nombre d'auteurs invoquent l'insatisfaction de soi qui nous oblige à créer la projection d'une hallucination, un partenaire irréel (parce que surestimé).

Mais il apparaît clairement que les individus sains tombent amoureux de la même façon que l'on se met à aimer la grande musique – on éprouve de l'admiration, on se laisse submerger par elle et on finit par l'aimer. C'est ainsi, bien qu'il n'y ait eu au préalable aucun besoin de se laisser submerger par la grande musique. Dans un de ses cours, Horney définissait l'amour non névrotique comme le fait de considérer l'autre en soi, comme une finalité et non comme un moyen vers une fin. Le résultat est que l'on se réjouit, que l'on admire, que l'on est enchanté, que l'on contemple et que l'on apprécie au lieu d'exploiter. Saint Bernard notait avec pertinence : « L'amour est seul suffisant par lui-même. L'amour est seul agréable par lui-même et pour lui-même. L'amour est à soi-même son mérite et sa récompense. Il ne cherche hors de soi, ni raison, ni avantage. J'aime parce que j'aime, j'aime pour aimer »[1] (Huxley, 1944).

L'amour altruiste

La littérature théologique offre de nombreuses conclusions qui vont dans le même sens. La distinction entre l'amour divin et l'amour humain reposait souvent sur l'idée que l'admiration désintéressée et l'amour altruiste ne pouvaient être qu'une faculté surhumaine et non de nature humaine. Bien entendu, nous ne souscrivons pas à cela ; les êtres humains les meilleurs, pleinement accomplis, témoignent de caractéristiques qui autrefois passaient pour des prérogatives surnaturelles.

Selon moi, on comprend mieux ces phénomènes en les replaçant dans le cadre des diverses théories exposées dans les chapitres précédents. Considérons tout d'abord ce qui différencie la motivation par la déficience de la motivation de croissance. J'ai indiqué que les êtres accomplis peuvent se définir comme des personnes qui ne sont plus motivées par les besoins de sécurité, d'appartenance, d'amour, de considération et d'estime de soi, parce que ces besoins *ont déjà été satisfaits*. Pourquoi alors un individu qui a satisfait son besoin d'amour tombe-t-il amoureux ? Certainement pas pour les raisons qui motivent un individu privé d'amour, qui devient amoureux parce qu'il a besoin et soif d'amour, parce qu'il en manque et qu'il doit compenser cette carence pathogène.

Les sujets accomplis n'ont aucun manque grave à combler, et on doit donc considérer qu'ils sont libres de croître, de mûrir, de se développer, en un mot, de s'épanouir et de réaliser leur nature supérieure au niveau individuel et à

1. Sermon 83 sur le *Cantique des cantiques*, § 4. [N.d.T.]

celui de l'espèce. Ils éprouvent de l'amour parce qu'ils sont aimants, de la même façon qu'ils sont gentils, honnêtes et naturels, c'est-à-dire parce qu'il est dans leur nature de faire preuve de spontanéité, comme un homme fort est fort sans le vouloir, comme une rose diffuse un parfum, comme un chat est gracieux ou un enfant puéril. Ces épiphénomènes sont aussi peu motivés que l'est la croissance physique ou la maturation psychologique.

On trouve peu de tension, d'effort, d'acharnement dans la manière d'aimer des êtres accomplis qui surpasse de beaucoup celle des individus moyens. En langage philosophique, c'est tout autant une question d'être que de devenir, et on peut l'appeler l'amour ontique, c'est-à-dire l'amour pour l'Être de l'autre.

Le détachement et l'individualité

Il peut à première vue sembler paradoxal que les individus accomplis conservent un degré d'individualité, de détachement et d'autonomie apparemment incompatible avec le type d'identification et d'amour que j'ai décrit. Mais ce n'est un paradoxe qu'en apparence. Ainsi que nous l'avons vu, les tendances au détachement, à l'identification au besoin de l'autre et à l'établissement d'interrelations profondes avec une autre personne peuvent coexister chez le sujet accompli. Les gens accomplis sont, il est vrai, à la fois les plus individualistes et les plus altruistes et sociaux, et les plus aimants de tous les êtres humains. Nous avons probablement placé à tort ces qualités aux extrémités opposées d'un même continuum, et nous devrons rectifier cette erreur. Ces qualités vont de pair et la dichotomie est résolue chez les individus accomplis.

Nous trouvons dans nos sujets un égoïsme sain, un grand respect de soi-même, un refus de consentir des sacrifices sans raison valable.

Ce que nous observons dans la relation amoureuse est la fusion d'une immense capacité à aimer et d'un profond respect de l'autre et de soi-même. On ne peut pas dire de ces personnes qu'elles ont *besoin* l'une de l'autre au sens traditionnel du terme, comme on le voit chez les amants ordinaires. Elles peuvent être extrêmement proches et cependant s'éloigner l'une de l'autre lorsque les circonstances l'exigent sans pour autant s'effondrer. Elles ne s'agrippent pas l'une à l'autre, ne sont ni enchaînées, ni prisonnières de leurs liens. Elles donnent réellement l'impression de jouir de leur compagnie réciproque mais accepteraient sans difficulté une longue séparation ou la mort, en demeurant fortes malgré tout. Au sein de la relation amoureuse la plus intense et la plus extatique, ces individus restent eux-mêmes et demeurent en fin de compte maîtres d'eux-mêmes, conservant leurs propres règles de vie tout en s'appréciant intensément l'un et l'autre.

À l'évidence, si cette découverte se confirme, elle imposera de réviser ou tout au moins d'élargir la définition de l'amour idéal ou sain dans notre culture. Nous l'avons habituellement défini comme la fusion totale des ego et l'annulation de la séparation, le renoncement à l'individualité plutôt que son accentuation. Si cette observation est juste, il s'avère cependant que l'individualité est renforcée, que l'ego fusionne en un certain sens avec un autre ego, mais que dans un autre sens il en demeure distinct et conserve son propre pouvoir. Les deux tendances, d'une part la transcendance de l'individualité, d'autre part son accentuation et son renforcement, doivent être envisagés en cohésion et non en contradiction l'une avec l'autre. Et cela implique que la transcendance du moi passe nécessairement par l'affirmation de son identité.

CHAPITRE 13

La créativité des individus accomplis[1]

J'ai été contraint de réviser mes idées sur la créativité il y a environ quinze ans, lorsque j'ai commencé à étudier des sujets qui étaient positivement sains, hautement évolués et mûrs : accomplis. L'évolution qu'elles ont connue depuis devrait sans doute se poursuivre. Il s'agit donc ici du témoignage de cette progression qui possède un intérêt non seulement compte tenu de la spécificité du sujet traité, mais aussi parce qu'il a inauguré un changement dans ma conception de la psychologie et de ce qu'elle devrait être.

Les idées préconçues

Il m'a fallu renoncer à ce stéréotype selon lequel la santé, le génie, le talent et la productivité étaient synonymes les uns des autres. Une large proportion de mes sujets, bien que sains et créatifs dans un certain sens que je décrirai, *n'étaient pas* productifs au sens traditionnel du terme, ne

1. Quatre ans après la première publication de *Motivation and Personality,* Maslow s'exprimait sur la créativité et l'accomplissement de soi lors d'un symposium sur la créativité organisé par la Michigan State University. Ce chapitre est une version qui n'a jamais été éditée d'une conférence donnée le 28 février 1958 à East Lansing, Michigan. Des titres ont été ajoutés par souci de clarté. [N.d.É.]

possédaient ni talent, ni génie, n'étaient ni des poètes ni des compositeurs ni des inventeurs ni des artistes ou des intellectuels créatifs. Et à l'évidence, certains des plus grands talents de l'humanité n'étaient probablement pas psychiquement sains, tel Wagner par exemple, ou Van Gogh, Degas ou Byron. Il est clair que certains l'étaient, et que d'autres ne l'étaient pas. J'ai dû très tôt parvenir à la conclusion que le grand talent est non seulement plus ou moins indépendant de la bonté, de la santé de la personnalité, mais également que notre connaissance sur ce sujet est limitée. On sait, par exemple, que le talent pour la musique et les mathématiques relève plus de l'hérédité que de l'acquis. Il paraissait évident dès lors que la santé et le talent représentaient des variables distinctes, dont on ne pouvait déterminer s'ils étaient faiblement ou non corrélés. Et aujourd'hui, nous devons tout autant admettre que la psychologie sait peu de chose de ce talent singulier qui se manifeste dans le génie. Je n'irai pas plus loin et me concentrerai sur cette forme de créativité largement répandue qui constitue l'héritage universel de tout être humain dès sa naissance, et qui se chevauche avec la santé psychique. En outre, j'ai rapidement découvert qu'à l'instar de la plupart des gens, j'avais inconsciemment limité la créativité aux réalisations des hommes dans certains domaines traditionnels. C'est-à-dire que j'ai inconsciemment supposé que *chaque* peintre menait une existence créative, *chaque* poète, *chaque* compositeur. Les théoriciens, les artistes, les scientifiques, les inventeurs, les écrivains pouvaient être créatifs. Personne d'autre ne possédait cette faculté. Vous en étiez ou bien vous étiez exclu, tout ou rien, comme si la créativité était la prérogative unique de certaines professions.

De nouveaux modèles

Ces idées préconçues ont volé en éclat grâce à plusieurs de mes sujets. Par exemple, une femme qui n'avait pas fait d'études, pauvre et mère au foyer à plein-temps, ne pratiquait aucune de ces activités dites créatives et était cependant une merveilleuse cuisinière, mère, épouse et maîtresse de maison. Malgré ses ressources financières limitées, la décoration de sa maison était raffinée. C'était une parfaite hôtesse. Ses repas ressemblaient à des banquets. Le choix du linge de maison, des couverts, de la vaisselle et de l'ameublement témoignaient d'une grande sûreté de goût. Dans tous ces domaines, elle se montrait originale, novatrice, ingénieuse, surprenante, inventive. Je ne pouvais que la définir comme une personne éminemment créative. Elle et d'autres comme elle m'ont convaincu qu'un potage de premier ordre recèle davantage de trésors de créativité qu'un tableau de second ordre, et plus généralement que la cuisine ou le métier de parent ou la décoration d'un intérieur peuvent faire appel à la créativité, ce qui n'est pas forcément le cas de la poésie, qui pourrait manquer de créativité.

Une autre, parmi mes sujets, se dévouait à ce que l'on devrait appeler le service social au sens le plus large ; elle pansait les blessures, aidait les malmenés de la vie, non seulement personnellement mais aussi dans un cadre collectif. L'une de ses « créations » était une organisation qui secourait beaucoup plus de gens qu'elle n'aurait pu le faire à titre individuel.

Un autre de mes sujets était psychiatre, un clinicien « pur » qui n'avait jamais publié ni élaboré la moindre théorie ou effectué la moindre recherche, mais qui s'épanouissait dans une activité quotidienne qui visait à aider d'autres individus à se trouver. Cet homme traitait chaque patient comme s'il eût été unique au monde, sans jargon, sans attentes ou idées préconçues, avec innocence et naïveté et cependant avec une grande sagesse, à la manière taoïste. Chaque patient était un être humain unique et représentait un problème inédit à appréhender et à résoudre. Les succès qu'il avait remportés dans des cas difficiles validaient sa pratique « créative » (plutôt que stéréotypée ou orthodoxe). D'un autre, j'ai appris que bâtir l'organisation d'une entreprise pouvait être une activité créative. Un joueur de rugby m'a enseigné qu'un essai parfait avait la même qualité esthétique qu'un sonnet et pouvait être réalisé avec la même inspiration. En d'autres termes, j'ai appris à appliquer l'adjectif *créatif* (et *esthétique*) non seulement aux productions mais aussi aux gens de manière caractérologique, et aux activités, aux processus et aux attitudes. Et, qui plus est, j'en suis arrivé à l'utiliser pour de nombreuses productions autres que les poèmes, les théories, les romans, les expériences ou les tableaux acceptés et validés par les conventions et auxquels je l'avais jusqu'alors réservé.

La créativité de l'accomplissement de soi

Il m'a paru nécessaire de distinguer « la créativité du talent spécifique » de « la créativité de l'accomplissement de soi », qui émanait plus directement de la personnalité, qui s'observait plus largement dans le cours ordinaire de l'existence, et qui ne se révélait pas seulement à travers des productions visibles et spectaculaires, mais aussi de maintes façons, par une certaine forme d'humour, une tendance à tout accomplir avec créativité : par exemple enseigner et ainsi de suite.

La perception

Un des aspects essentiels de la créativité de l'accomplissement de soi semble être une forme particulière de capacité à percevoir, illustrée par l'enfant du conte qui était seul à voir que l'empereur était nu. (Cela aussi s'oppose à l'idée de la créativité comme production.) Ces personnes sont capables de voir l'original, le brut, le concret, l'idéographique, de même que le générique, l'abstrait, le catégorisé, le classé et le classifié. Ils vivent donc plus dans le monde réel de la nature que dans l'univers verbalisé des concepts, des abstractions, des attentes, des croyances et des stéréotypes, que la plupart des gens confondent avec le monde réel. Rogers utilise à cet égard l'expression pertinente d'« ouverture à l'expérience ».

L'expression

Tous mes sujets se montraient relativement plus spontanés et plus expressifs que les autres individus. Ils étaient capables d'être plus « naturels » et moins maîtrisés et inhibés dans leur comportement ; celui-ci se manifestait plus facilement et plus librement et avec moins de blocages et d'autocritiques. Cette capacité à exprimer des idées et des désirs sans les réprimer et sans craindre de paraître ridicule est une composante essentielle de la créativité de l'accomplissement de soi. Rogers a employé l'expression de « personne fonctionnant complètement » pour décrire cet aspect de la santé.

La « seconde naïveté »

On a également observé que la créativité des sujets accomplis ressemble à maints égards à la créativité des enfants heureux qui se sentent en sécurité. Elle était spontanée, fluide, innocente, facile, comme libérée des stéréotypes et des clichés. Et là encore, elle semblait être largement constituée d'une liberté de perception « innocente », d'une spontanéité et d'une expressivité sans entraves, « innocentes ». Chaque enfant ou presque est capable de percevoir plus librement, sans arrière-pensée et sans attente quant à ce qui devrait ou à ce qui doit être ou ce qui a toujours été. Et il est capable de composer une chanson ou un poème ou une danse ou un tableau ou une pièce de théâtre ou un jeu sous une impulsion subite sans préparation ou intention préalable.

C'est sous cet aspect infantile que mes sujets se montraient créatifs. Ou, si l'on veut éviter les malentendus, puisque mes sujets n'étaient après tout plus des enfants (mais des adultes entre cinquante et soixante ans), disons qu'ils avaient conservé ou retrouvé au moins deux caractéristiques fondamentales de l'enfance : ils ne classifiaient rien ou étaient « ouverts à l'expérience », et ils se montraient volontiers spontanés et expressifs. Tout cela selon une qualité différente de celle que l'on rencontre chez les enfants. Si ces derniers sont naïfs, alors mes sujets étaient parvenus à une « seconde naïveté », pour reprendre le terme de Santanya. Leur innocence en matière de perception et d'expression s'associait à un esprit subtil.

Quoi qu'il en soit, nous avons ici affaire à une caractéristique fondamentale, inhérente à la nature humaine, une potentialité accordée à tous les êtres humains ou à la plupart en naissant, et qui le plus souvent se perd ou s'atrophie ou disparaît avec l'inculturation.

Une affinité pour l'inconnu

Mes sujets se distinguaient des individus moyens par une autre caractéristique qui renforce la créativité. Les personnes accomplies redoutent relativement peu l'inconnu, le mystérieux, l'étrange, et sont souvent attirées par lui ; c'est-à-dire qu'elles l'élisent intentionnellement dans le but d'y réfléchir, de méditer et de l'explorer. J'ai extrait des notes que j'ai prises les observations suivantes :

> « Ils n'ignorent pas l'inconnu, ni ne le nient, ni ne le fuient, ni ne s'efforcent de croire qu'il est connu, ni ne l'organisent, le dichotomisent ou le catégorisent prématurément.

Ils ne s'accrochent pas au familier, leur quête de la vérité ne provient pas d'un besoin dramatique de certitude, de sécurité, de défini et d'ordre, comme nous le voyons sous une forme exagérée chez les patients de Goldstein blessés au cortex (1939) ou chez ceux qui souffrent de névrose obsessionnelle compulsive. Ils peuvent, lorsque la situation objective l'exige, être facilement désordonnés, débraillés, anarchiques, chaotiques, vagues, en proie au doute, incertains, indéfinis, approximatifs, inexacts ou imprécis (des aspects qui à certains moments s'avèrent souhaitables dans les sciences, dans les arts ou dans la vie en général). »

Il arrive ainsi que le doute, l'indécision, l'incertitude, l'obligation de suspendre une décision, qui constituent une véritable torture pour beaucoup de gens, représentent au contraire pour d'autres un défi agréablement stimulant, un moment privilégié de l'existence plutôt qu'une période de désarroi.

La résolution des dichotomies

Un phénomène que j'ai observé m'a intrigué pendant des années mais commence à s'éclairer aujourd'hui. Il s'agit de ce que j'ai décrit comme la résolution des dichotomies chez les individus accomplis. En bref, je me suis rendu compte qu'il fallait aborder différemment des oppositions et des polarités que les psychologues avaient envisagées jusqu'alors comme des constantes. À titre d'exemple et pour prendre la première dichotomie qui me posait problème, je ne pouvais décider si mes sujets étaient égoïstes ou altruistes. Observons avec quelle facilité on tombe ici dans la logique du ou bien/ou bien. Plus de l'un, moins de l'autre, tel est ce qui découle de la manière dont je formule la question. Cependant la pression brute des faits m'obligeait à renoncer à cette forme de logique aristotélicienne. Mes sujets étaient très altruistes dans un sens et très égoïstes dans un autre sens. Et les deux fusionnaient, sans incompatibilité, mais plutôt en une unité ou une synthèse dynamique significative, telle que celle décrite par Fromm dans son article classique sur l'amour de soi – autrement dit, sur l'égoïsme sain. Mes sujets réunissaient en eux-mêmes les opposés, m'amenant en quelque sorte à conclure que le fait de considérer l'égoïsme et l'altruisme comme contradictoires et s'excluant mutuellement est en soi caractéristique d'un niveau inférieur de développement de la personnalité. Chez mes sujets, d'autres dichotomies se résolvaient en unités ; la cognition opposée à la conation (le cœur et la raison, le désir et le fait) devenait une cognition « structurée avec » la conation, de même l'instinct et la raison s'associaient dans des conclusions identiques. Le devoir devenait plaisir et le plaisir se fondait dans le devoir. La distinction entre le travail et le loisir s'abolissait. Comment l'hédonisme égoïste pouvait-il s'opposer à l'altruisme, quand l'altruisme se transformait en plaisir égoïste ? Ces individus, les plus mûrs de tous les hommes, avaient aussi en eux une part de puérilité. Ces mêmes sujets, à l'ego le plus puissant jamais décrit et les plus résolument individualistes, étaient aussi précisément ceux qui pouvaient le plus facilement oublier leur ego, transcender leur moi et se recentrer sur les problèmes.

C'est précisément ce que fait le grand artiste. Il associe des couleurs chatoyantes, des formes qui s'imbriquent les unes dans les autres, des dissonances de toutes sortes en une unité. Et c'est aussi ce que fait le grand théoricien quand il regroupe des faits surprenants et dissemblables pour en révéler l'unité. Il en va ainsi du grand homme d'État, du grand thérapeute, du grand philosophe, du parent digne de ce nom, de l'amant magnifique, de l'inventeur de génie. Tous sont des intégrateurs, capables de réaliser l'union d'éléments épars voire opposés.

Nous parlons ici de la faculté d'intégrer et de ce balancier qui oscille sans cesse à l'intérieur de la personne, et de sa capacité à intégrer ses réalisations quelles qu'elles soient. Dans la mesure où la créativité est constructive, synthétisante, unifiante et intégrative, dans cette mesure, elle dépend en partie de l'intégration intérieure de la personne.

L'absence de peur

Tandis que je tentais de comprendre les ressorts de la créativité, il m'apparut que tout se résumait en fait à une relative absence de peur chez mes sujets. Ils étaient sans doute moins incultурés, c'est-à-dire qu'ils semblaient moins redouter les réactions, les exigences, les railleries des autres à leur égard. C'est cette approbation et cette acceptation de leur moi profond qui leur permettaient de percevoir sans faux-semblant la véritable nature du monde et qui rendaient également leur comportement plus spontané (moins contrôlé, moins inhibé, moins planifié, moins « voulu » et conçu à dessein). Ils étaient moins effrayés de leurs propres pensées, y compris les plus extravagantes, les plus folles ou les plus stupides. Ils craignaient moins les moqueries ou la désapprobation. Ils étaient capables de se laisser submerger par l'émotion. Par opposition, les individus moyens et les névrosés se défendaient contre la peur qui rôdait à l'intérieur d'eux-mêmes. Ils contrôlaient, ils inhibaient, ils réprimaient et ils supprimaient. Ils éprouvaient une sorte de désapprobation pour leur moi profond et imaginaient que les autres les imitaient en cela.

Je veux dire par là que la créativité de mes sujets semblait être un épiphénomène de cette complétude et de cette intégration supérieures qui naissent de l'acceptation de soi. La guerre civile qui, à l'intérieur de l'individu moyen, oppose les forces du moi profond et celles de la défense et du contrôle, semble s'être apaisée dans mes sujets, et ils sont moins tiraillés entre les deux pôles. Il leur reste donc plus de ressources utilisables pour profiter de l'existence et pour créer. Ils gaspillent moins de temps et d'énergie à se protéger d'eux-mêmes.

Les expériences paroxystiques

Une recherche postérieure sur les « expériences paroxystiques » vint soutenir et enrichir ces conclusions. J'interrogeai de nombreuses personnes (pas seulement des personnes saines) sur les expériences les plus mer veilleuses, les plus extatiques de leur vie. Il s'agissait à l'origine d'une tentative visant à élaborer une théorie globale, généralisée, des modifications de la cognition telles qu'elles ont été décrites dans divers articles sur l'expérience créative, l'expérience esthétique, l'expérience amoureuse, l'expérience de la prise de conscience, l'expérience orgasmique, l'expérience mystique. Ces phénomènes étaient tous désignés par l'expression d'expérience paroxystique. J'avais l'impression que chacune de ces expériences transformait la personne et sa perception du monde de manière semblable ou parallèle. Et j'étais impressionné par le fait que ces changements offraient un parallèle avec l'accomplissement de soi tel que je l'avais décrit, ou supprimaient au moins temporairement les clivages à l'intérieur de l'individu.

Voilà pour ma recherche. Mais là encore, je compris qu'il me fallait abandonner certaines croyances confortables. Je devais tout d'abord respecter les différences de constitution de type sheldonien, plus que je ne l'avais fait jusqu'alors, ainsi que Charles Morris l'a aussi découvert. Il existe autant d'expériences paroxystiques qu'il existe d'individus différents et d'événements différents. Mais quelle qu'en soit l'origine, chacun décrit son expérience subjective dans les mêmes termes. Et je vous prends à témoin de ma stupéfaction en entendant une femme relater ses sentiments au moment de son accouchement en reprenant les mots utilisés par Bucke pour décrire la conscience cosmique, ou par Huxley pour évoquer l'expérience mystique à travers les cultures ou les époques, ou par Ghiselin pour expliquer le processus créatif, ou par Suzuki pour détailler l'expérience de l'état de satori dans le Zen. Cela ouvrit également pour moi la possibilité d'envisager différentes formes de créativité, de santé et ainsi de suite.

La conclusion toutefois la plus pertinente pour le sujet qui nous occupe, était qu'un des aspects fondamentaux de l'expérience paroxystique est l'intégration à l'intérieur de la personne et par conséquent entre la personne et le monde. Dans ces états de l'être, l'individu devient unifié ; temporairement les clivages, les polarités et les dissociations à l'intérieur de lui tendent à se résoudre ; la guerre civile qui se déroule en lui-même n'est ni gagnée ni perdue mais transcendée. Dans cet état, il devient plus ouvert à l'expérience, plus spontané et fonctionne pleinement, autant de caractéristiques fondamentales, ainsi que nous l'avons vu, de la créativité de l'accomplissement de soi.

> Un des aspects de l'expérience paroxystique est la disparition complète, bien que momentanée, de la peur, de l'anxiété, de l'inhibition, de la défense et du contrôle, l'abandon du renoncement, de l'ajournement et de la restriction. La peur de la désintégration et de la dissolution, la peur d'être submergé par les « instincts », la peur de la mort et de la folie, la peur de céder au plaisir et à l'émotion débridés, tout cela tend à disparaître ou à être temporairement suspendu. Cela entraîne aussi une plus large ouverture de la perception, dans la mesure où la peur a un effet d'altération.

> On peut penser à l'expérience paroxystique en termes de gratification pure, d'expression pure, de pur ravissement. Mais dans la mesure où elle se situe « dans le monde », elle constitue une forme de fusion du « principe de plaisir » et du « principe de réalité » freudien.

Notons que ces peurs naissent toutes dans nos profondeurs intimes. Comme si, dans l'expérience paroxystique, nous acceptions et nous accueillions notre moi profond au lieu de le contrôler et de le craindre.

> Tout d'abord, non seulement le monde mais l'individu lui-même se rapproche de l'unité, devient plus intégré et plus cohérent. Ce qui est une autre manière de dire qu'il devient plus complètement lui-même, idiosyncrasique, unique. Et puisqu'il est ainsi, il peut se montrer plus facilement expressif et spontané sans effort. Tous ses pouvoirs s'unissent dans leur intégration et leur coordination la plus efficace, organisés et coordonnés avec une perfection inhabituelle. Tout peut alors s'effectuer avec une aisance extraordinaire et sans effort. L'inhibition, le doute, le contrôle, l'auto-critique sont réduits à néant, et il devient l'organisme spontané, coordonné, efficace, fonctionnant comme un animal sans conflit ni clivage, sans hésitation ni doute, dans un grand flux de pouvoir qui est si étrangement fluide qu'il en devient semblable à un jeu exécuté avec une maîtrise proche de la virtuosité. À ce moment-là, ses pouvoirs sont à leur apogée et il peut être surpris (*a posteriori*) de son talent insoupçonné, de sa confiance en lui, de sa créativité, de l'acuité de sa perception et de son excellence. Tout paraît si aisé qu'il est possible de s'en réjouir et d'en rire. On ose des choses qui auraient été impossibles à d'autres moments.
>
> En termes simples, il devient plus complet et unifié, plus unique et idiosyncrasique, plus vivant et spontané, plus parfaitement expressif et désinhibé, plus à son aise et plus puisant, plus audacieux et plus courageux (laissant ses peurs et ses doutes derrière lui), plus transcendant son ego et plus oublieux de lui-même.

Et dans la mesure où la quasi-totalité des personnes interrogées pouvaient se souvenir d'expériences de ce type, force me fut de conclure à titre provisoire que beaucoup de gens sont capables d'états transitoires d'intégration, voire d'accomplissement de soi et donc de créativité par l'accomplissement de soi. (Certes, je dois m'en tenir à des conclusions provisoires, eu égard à mon échantillonnage informel et inadéquat.)

Les niveaux de créativité

La théorie freudienne classique est de peu d'usage pour notre sujet et en fait se trouve partiellement contredite par nos données. Elle est (ou était) essentiellement une psychologie du ça, une exploration des pulsions instinctives et de leurs vicissitudes, et la dialectique freudienne fondamentale s'appuie en fin de compte sur la lutte entre les pulsions et les défenses. Pourtant, au-delà de la répression des pulsions, l'élément capital si l'on veut réellement comprendre les sources de la créativité (du jeu, de l'amour, de l'enthousiasme, de l'humour, de l'imagination et du fantasme) est ce que l'on appelle les processus primaires, qui sont fondamentalement de nature cognitive plutôt que conative. Dès que nous tournons notre attention vers cet aspect de la psychologie des profondeurs humaines, nous découvrons une étroite communauté de vue entre la psychologie de l'ego psychanalytique (Kris, Milner, Ehrenzweig), la psychologie jungienne et la psychologie américaine du moi et de la croissance.

L'ajustement normal de l'homme moyen, de bon sens, bien adapté, suppose un rejet continu et réussi de ce qui constitue en grande partie les profondeurs de la nature humaine, à la fois conative et cognitive. S'ajuster au monde de la réalité implique un clivage de la personnalité. Cela signifie que l'individu tourne le dos à ce qui fait qu'il est lui-même parce que c'est dangereux. Mais il est clair aujourd'hui qu'en faisant cela, il perd également beaucoup, car ces profondeurs sont aussi la source de toutes ses joies, de sa capacité à jouer, à aimer, à rire et, ce qui est primordial pour nous, à être créatif. En se protégeant contre l'enfer qui est en lui, il se prive du paradis qui est aussi présent en lui-même. Dans les cas extrêmes, nous nous trouvons face à un individu obsessionnel, plat, contracté, rigide, froid comme la glace, contrôlé, prudent, incapable de rire ou de jouer ou d'aimer ou de faire l'idiot ou d'être confiant ou puéril. Son imagination, ses intuitions, sa douceur, ses aptitudes émotionnelles sont étouffées ou perverties.

Le niveau primaire

Les objectifs de la psychanalyse en tant que thérapie sont essentiellement liés à l'intégration. L'effort vise à réduire le clivage fondamental par la prise de conscience, afin que ce qui a été réprimé devienne conscient ou préconscient. Mais là encore, nous apporterons des corrections qui découlent de l'étude des sources profondes de la créativité. Notre relation à nos processus primaires n'est pas à tous égards identique à notre relation avec nos désirs inacceptables. La principale différence qui m'apparaît immédiatement est que nos processus primaires ne sont pas aussi dangereux que nos pulsions interdites. Dans une large mesure, ils ne sont pas réprimés ou censurés mais plutôt oubliés, ainsi que l'a montré Schachtel (1959), ou refoulés, supprimés (plutôt que réprimés), car nous sommes contraints de nous adapter à la dure réalité, laquelle exige d'adopter un effort ciblé et concret au lieu de se laisser aller à la rêverie, à la poésie ou au jeu. Ou pour l'exprimer autrement, dans une société riche, il doit y avoir considérablement moins de résistance aux processus de pensée primaires. Je postule que les processus éducatifs qui contribuent peu à alléger la répression de l'« instinct », peuvent au contraire favoriser l'accueil et l'intégration des processus primaires dans la vie consciente et préconsciente. L'éducation à l'art, à la poésie, à la danse, peut en principe apporter une aide substantielle à cet égard. Il en va de même de la formation à la psychologie dynamique ; je citerai à titre d'exemple, l'ouvrage de Deutsch et Murphy (1967) *Clinical Interview* (Entretien clinique), qui parle le langage des processus primaires et qui peut être considéré comme une sorte de poésie. Le livre extraordinaire de Marion Milner (1967) *On not being able to paint* (De l'incapacité de peindre) corrobore ce point de vue.

Le type de créativité que j'ai tenté d'esquisser trouve son illustration la plus probante dans l'improvisation, comme dans le jazz ou les dessins d'enfants, plutôt que dans l'œuvre d'art désignée comme du « grand art ».

Le niveau secondaire

Tout d'abord, la grande œuvre d'art nécessite un talent exceptionnel, ce qui, je l'ai découvert, n'était pas pertinent pour le sujet qui m'occupe. En second lieu, elle ne fait pas seulement appel à l'éclair, à l'inspiration, à l'expérience paroxystique, mais elle suppose également un travail acharné, une longue formation, une critique permanente, des normes de perfection. En d'autres termes, l'effort délibéré succède à la spontanéité ; la critique succède à l'acceptation totale ; la pensée rigoureuse succède à l'intuition ; la prudence succède à l'audace ; l'épreuve de la réalité succède au fantasme et à l'imagination. Et on s'interroge : « Est-elle authentique ? » « Sera-t-elle comprise des autres ? » « Est-elle structurée avec rigueur ? » « Résistera-t-elle à l'épreuve de la logique ? » « Comment le monde va-t-il la recevoir ? » « Quelle preuve puis-je fournir ? »

Viennent alors les comparaisons, les jugements, les évaluations, les réflexions à froid et les calculs *a posteriori*, les sélections et les rejets.

Si je puis l'exprimer ainsi, les processus secondaires l'emportent maintenant sur les processus primaires, l'apollinien sur le dionysiaque, le « masculin » sur le « féminin ».

La régression délibérée vers nos profondeurs prend fin, la passivité indispensable et la réceptivité de l'inspiration ou de l'expérience paroxystique doivent désormais céder la place à l'activité, à la maîtrise et au labeur ingrat. L'expérience paroxystique touche certes l'individu ; mais c'est lui qui réalise la grande œuvre. On pourrait décrire cela comme une phase masculine succédant à une phase féminine.

Strictement parlant, je me suis borné à étudier seulement cette première phase, celle qui arrive facilement et sans effort comme l'expression spontanée d'un individu intégré, ou d'une unification passagère à l'intérieur de cet individu. Elle ne se produit que si les profondeurs de la personne sont connues de celle-ci, seulement si cette personne n'est pas effrayée par ses processus de pensée primaires.

La créativité intégrée

J'appellerai « créativité primaire » celle qui procède du processus primaire et qui l'exploite davantage que les processus secondaires. La créativité qui se fonde majoritairement sur les processus de pensée secondaires mérite le nom de « créativité secondaire ». Cette dernière concerne tout ce qui relève de la production-dans-le-monde, les ponts, les maisons, les nouvelles automobiles et même de nombreuses expériences scientifiques, ainsi que les œuvres littéraires qui sont essentiellement la consolidation et l'exploitation des idées des autres. La différence entre les deux formes de créativité est analogue à celle qui existe entre le commando et la police militaire située derrière la ligne de front, le pionnier et le colon. À la créativité qui exploite à la fois les deux types de processus sans difficulté et avec bonheur, en bonne fusion ou en bonne succession, je donnerai le nom de « créativité intégrée ». C'est d'elle que procède la grande œuvre d'art, la philosophie ou la science.

Toutes ces données aboutissent selon moi à accentuer le rôle de l'intégration (ou cohésion, unité, complétude) dans la théorie de la créativité. La résolution d'une dichotomie en une unité supérieure plus inclusive, équivaut à réduire un clivage à l'intérieur de la personne et à la rendre plus unitaire. Puisque les clivages que j'ai évoqués se situent à l'intérieur de l'individu, ils provoquent une sorte de guerre civile, ils dressent une partie de l'individu contre l'autre partie de lui-même. En tout cas, en ce qui concerne la créativité de l'accomplissement, il semble que celle-ci naisse plus directement de la fusion des processus primaires et des processus secondaires que du contrôle répressif des pulsions et des désirs interdits. Il est sans doute probable que des défenses issues des peurs de ces pulsions interdites repoussent également les processus primaires vers les tréfonds en une sorte de guerre panique totale, sans discrimination, contre tout ce qui relève des profondeurs. Il semble pourtant que ce manque de discrimination ne réponde à aucune nécessité.

La créativité et l'accomplissement de soi

Pour résumer, la créativité de l'accomplissement de soi s'applique davantage à la personnalité qu'à ses réalisations, considérant ces dernières comme des épiphénomènes de la personnalité et qui lui sont par conséquent subordonnés. Elle sollicite des qualités de caractère telles que l'audace, le courage, la liberté, la spontanéité, la perspicacité, l'intégration, l'acceptation de soi, rendant possible cette forme de créativité générale qui s'exprime dans la vie créative ou dans le comportement créatif ou dans la personne créative. J'ai également insisté sur le fait que la créativité due à l'accomplissement de soi est plus une qualité expressive ou une qualité de l'Être (ontique) qu'une qualité de résolution des problèmes ou de production de réalisations. La créativité de l'accomplissement de soi est « émise », à l'instar de la radioactivité, et illumine toute l'existence, quelles que soient les difficultés, comme une personne joyeuse irradie la joie gratuitement, sans dessein particulier ou sans en être consciente. Elle est émise comme l'éclat du soleil ; elle envahit tout l'espace ; elle aide à faire croître ce qui doit croître et demeure sans effet sur les rochers et les autres choses réfractaires à la croissance.

Parvenu à la fin de cet exposé, je suis parfaitement conscient d'avoir tenté de démolir les conceptions communément admises de la créativité sans être capable de proposer en échange un substitut acceptable, clair et net. La créativité de l'accomplissement de soi est difficile à définir dans la mesure où elle se recoupe parfois avec la santé elle-même, ainsi que l'a suggéré Moustakas. Et puisque l'accomplissement de soi ou la santé se définit en fin de compte comme l'accession à l'humanité la plus complète, ou comme l'Être de la personne, la créativité de l'accomplissement de soi est quasiment synonyme, ou un aspect *sine qua non*, ou une caractéristique définissante de l'humanité fondamentale.

QUATRIÈME PARTIE

Méthodologies pour une science humaine

CHAPITRE 14

Questions pour une nouvelle psychologie[1]

La formulation d'un problème est de loin plus essentielle que sa résolution, laquelle peut n'être qu'une question de talent mathématique ou expérimental. Soulever des questions inédites, de nouvelles possibilités, considérer des problèmes anciens dans une perspective nouvelle requiert une imagination créatrice et marque une réelle avancée de la science.

Albert Einstein et L. Infeld, *L'évolution de la physique*, 1938

Nous voyons actuellement se dessiner les prémices d'une autre philosophie de la science. C'est une conception positive de la connaissance et du savoir, fondée sur des valeurs, qui comprend à la fois l'holiste et l'atomiste, l'unique et le répétitif, l'humain, le personnel et le mécanique, le changeant et le stable, le transcendant et le positiviste.

1. Je n'ai apporté que des corrections mineures à ce chapitre parce que (1) mes suggestions sont encore pertinentes pour la plupart et (2) il sera intéressant pour l'étudiant de constater l'ampleur du progrès réalisé en quinze ans dans ces directions. [Note de l'éditeur : Aujourd'hui, soit quinze ans après cette remarque de Maslow, certaines de ces questions sont devenues des champs d'étude reconnus, alors que d'autres conservent leur caractère provocateur et demeurent sans réponse.]

Le présent chapitre aborde l'étude des questions suscitées par cette nouvelle approche de la psychologie humaine.

L'apprentissage

Comment les êtres humains apprennent-ils à devenir sages, mûrs, aimables, à avoir un goût sûr, à être inventifs et à avoir bon caractère, à s'adapter à une situation nouvelle, à détecter le bien, à rechercher la vérité, à discerner le beau et l'authentique, c'est-à-dire tout ce qui relève de l'apprentissage intrinsèque plutôt que de l'apprentissage extrinsèque ?

L'apprentissage acquis à travers les expériences uniques, le drame, le mariage, la maternité ou la paternité, la réussite, la gloire, le fait de tomber amoureux ou malade, la mort et ainsi de suite.

L'apprentissage né de la douleur, de la maladie, de la dépression, de la tragédie, de l'échec, de la vieillesse, de la mort.

Ce que nous nous croyons acquérir par association relève pour une bonne part de l'apprentissage intrinsèque et est en fait imposé par la réalité au lieu d'être de nature relative, arbitraire et fortuite.

Pour les sujets accomplis, ce qui est répétitif, ce qui est proche, la récompense arbitraire, perd de son importance. La publicité classique n'exerce aucun pouvoir sur eux. Ils sont moins sensibles à l'association arbitraire, à la séduction du prestige, aux tentations du snobisme et à la répétition simple et mécanique. Tout cela a probablement au contraire un effet négatif sur eux, c'est-à-dire les rend *moins* susceptibles plutôt que plus susceptibles d'acheter.

Comment expliquer que la psychologie de l'éducation privilégie les moyens (les notes, les classements, les crédits ou les unités de valeur, les diplômes) par rapport aux fins (la sagesse, la compréhension, la sûreté du jugement, le bon goût) ?

Nous savons peu de chose sur l'acquisition des attitudes émotionnelles, des goûts, des préférences. L'« apprentissage du cœur » a été négligé.

Dans son application concrète, l'éducation a souvent pour objectif d'adapter l'enfant à la convenance de l'adulte en restreignant son caractère perturbateur et turbulent. Une éducation plus positive favorise davantage la croissance et l'accomplissement de soi à venir de l'enfant. Que savons-nous de l'art d'apprendre aux enfants à être forts, à avoir le respect d'eux-mêmes, à éprouver une indignation vertueuse, à résister à la domination et à l'exploitation, à la propagande et à l'inculturation aveugle, à la suggestion et à la mode ?

Nous ignorons pratiquement tout de l'apprentissage sans but, non motivé, c'est-à-dire de l'apprentissage latent, de l'apprentissage par intérêt purement intrinsèque et ainsi de suite.

La perception

La perception est trop souvent l'étude partielle des erreurs, de la distorsion, des illusions, etc. Wertheimer aurait appelé cela l'étude de l'aveuglement psychologique. Pourquoi ne pas y ajouter l'étude de l'intuition, de la perception subliminale, de la perception inconsciente et préconsciente ? Le bon goût n'entre-t-il pas aussi dans ce champ d'étude ? De même que l'authentique, le vrai et le beau ? Qu'en est-il de la perception esthétique ? Pourquoi certaines personnes perçoivent-elles la beauté contrairement à d'autres ? La manipulation constructive de la réalité par l'espoir, les rêves, l'imagination, la créativité, l'organisation et la systématisation sont aussi des catégories de la perception.

La perception non motivée, désintéressée et altruiste. L'appréciation. Le respect mêlé de crainte. L'admiration. La prise de conscience non sélective.

Il existe de nombreuses études des stéréotypes, mais très peu de recherches scientifiques sur la réalité bergsonienne, originale, concrète.

Une attention flottant librement, à l'instar de celle que Freud évoquait.

Quels sont les facteurs qui permettent aux individus sains de percevoir la réalité avec plus d'efficacité, de prédire l'avenir avec plus de précision, de percevoir plus aisément la réalité des individus en eux-mêmes, qui leur permettent de supporter ou d'affronter avec plaisir l'inconnu, le non-structuré et l'ambigu, et le mystérieux ?

Pourquoi les désirs et les espoirs des sujets sains interfèrent-ils si peu avec leurs perceptions ?

Plus une personne est saine, plus ses capacités sont indissociables les unes des autres. Il en va de même pour les modalités sensorielles qui rendent la synesthésie plus essentielle que l'étude isolée de chaque sens. À cela s'ajoute le fait que le bagage sensoriel dans sa globalité est lié aux aspects moteurs de l'organisme. Ces interrelations nécessitent une étude plus approfondie ; de même que la conscience unitive, la connaissance ontique, l'illumination, la perception transpersonnelle et transhumaine, les aspects cognitifs des expériences mystiques et des expériences paroxystiques et ainsi de suite.

Les émotions

Les émotions positives (par exemple le bonheur, le calme, la sérénité, la paix de l'esprit, le contentement, l'acceptation) n'ont pas été suffisamment étudiées. Il en va de même de la compassion, de la pitié, de la charité.

Nous comprenons encore mal les ressorts du plaisir, de la joie, du loisir, des jeux, du sport.

L'extase, l'allégresse, l'enthousiasme, l'exultation, la gaieté, l'euphorie, le bien-être, l'expérience mystique, l'expérience de la conversion en politique et dans la religion, les émotions déclenchées par l'orgasme.

La différence entre le combat, le conflit, la frustration, la tristesse, l'anxiété, la tension, la culpabilité, la honte, etc., tels que les ressentent les individus souffrant de psychopathologies et les personnes saines. Chez les individus sains, ces émotions ont ou peuvent avoir des influences positives.

Les effets structurants et certains aspects bons et désirables de l'émotion ont été moins étudiés que ses effets disruptifs. Dans quelles circonstances apparaît-elle en corrélation avec une efficacité *accrue* de la perception, de l'apprentissage, de la pensée et ainsi de suite ?

Les aspects émotionnels de la connaissance, par exemple le sentiment d'élévation apporté par la prise de conscience intuitive, l'effet apaisant de la compréhension, l'acceptation et le pardon qu'apporte la compréhension profonde d'un comportement mauvais.

Le côté affectif de l'amour et de l'amitié, les satisfactions et les plaisirs qu'ils procurent.

Chez les sujets accomplis, la cognition, la conation et l'affect fonctionnent davantage en synergie que par antagonisme ou en s'excluant mutuellement. Il nous appartient de découvrir pourquoi il en est ainsi et quelle est la configuration mécanique sous-jacente, de déterminer par exemple si les interrelations cérébrales hypothalamiques sont différentes chez le sujet sain. Nous devons apprendre comment, par exemple, la mobilisation conative et affective concourt à la cognition, de quelle façon la synergie opérée entre le cognitif et le conatif soutient l'affect, les émotions, et ainsi de suite. Ces trois aspects de la vie psychique devraient être envisagés dans leurs interrelations plutôt que séparément.

Le connaisseur a été indûment négligé par les psychologues. Le plaisir simple éprouvé en consommant de la nourriture, de la boisson, le fait de fumer une cigarette, ou toutes les autres gratifications sensuelles ont leur place à part entière dans la psychologie.

Quelles sont les pulsions qui se cachent derrière la construction des utopies ? Qu'est-ce que l'espoir ? Pour quelles raisons imaginons-nous, projetons-nous, inventons-nous des représentations du paradis, de la bonne vie, d'une société meilleure ?

Que signifie l'admiration ? La crainte mêlée de respect ? La stupeur ?

Étudier l'inspiration ? Comment pouvons-nous inspirer aux gens le courage de faire des efforts supplémentaires ? De viser des objectifs plus ambitieux ?

Pourquoi le plaisir s'efface-t-il plus rapidement que la douleur ? Existe-t-il des moyens de raviver le plaisir, la satisfaction, le bonheur ? Pouvons-nous apprendre à apprécier à leur juste valeur les bienfaits dont nous jouissons au lieu de les tenir pour acquis ?

La motivation

Les pulsions parentales : pourquoi aimons-nous nos enfants, pourquoi les gens désirent-ils des enfants tout simplement, pourquoi consentent-ils à autant de sacrifices pour eux ? Ou plutôt, pourquoi ce qui apparaît comme un sacrifice à un tiers, n'est-il pas ressenti comme tel par le parent ? Pourquoi les bébés inspirent-ils de la tendresse ?

L'étude de la justice, de l'égalité, de la liberté, le désir de liberté, le droit d'être libre et la soif de justice. Qu'est-ce qui pousse les individus à se battre pour la justice quel qu'en soit le coût pour eux-mêmes, au prix même de leur vie ? Comment expliquer que certains d'entre eux, qui n'ont rien à y gagner, viennent en aide aux laissés-pour-compte, aux victimes de l'injustice et aux malheureux ?

Les êtres humains, dans une certaine mesure, désirent ardemment atteindre des objectifs, des buts et des fins qu'ils se sont fixés au lieu de se laisser guider par leurs pulsions et leurs désirs aveugles. Ce dernier cas existe, bien entendu, mais il ne représente pas l'essentiel. Pour que le tableau soit complet, il faut qu'il y ait les deux.

Nous n'avons jusqu'à présent étudié que les effets pathogènes de la frustration, en laissant de côté ses conséquences bénéfiques sur la santé.

L'homéostasie, l'équilibre, l'adaptation, l'auto-préservation, la défense et l'ajustement ne sont rien d'autre que des concepts négatifs qui doivent être complétés par des concepts positifs. « Tout semble orienté vers la préservation de la vie et très peu vers ce qui la rend digne d'être vécue. » Henri Poincaré avouait que son problème était moins de gagner de quoi manger que de ne pas s'ennuyer entre deux repas. Si nous devions définir la psychologie fonctionnelle comme l'étude de l'utilité du point de vue de l'auto-préservation, alors par extension une psychologie méta-fonctionnelle étudierait l'utilité du point de vue de l'auto-perfection.

Le désintérêt pour les besoins supérieurs et l'oubli des différences entre les besoins inférieurs et les besoins supérieurs condamnent les gens à la déception lorsque le désir persiste après la satisfaction du besoin. Chez l'individu sain, la satisfaction n'entraîne pas la disparition du désir mais, après une période passagère de contentement, son remplacement par des désirs plus élevés et par des niveaux de frustrations supérieurs accompagnés de la même avidité et de la même insatisfaction.

Les appétits, les préférences et les goûts, de même que les faims désespérées, brutes, vitales.

L'impératif de perfection, de vérité, de justice (comme la nécessité de redresser un tableau bancal ? ou de parachever une tâche non terminée ? ou de persévérer dans la résolution d'un problème ?). Le souhait de l'Utopie, le désir d'améliorer le monde extérieur, de réparer les torts commis.

Le déni des besoins cognitifs, par exemple par Freud (Aronoff, 1962) et par les psychologues universitaires.

L'aspect conatif de l'esthétique, les besoins esthétiques.

Nous ne comprenons pas suffisamment les motivations du martyre, du héros, du patriote, de l'homme dépourvu d'égoïsme. Le rien-que freudien, les explications réductrices ne nous renseignent pas sur les individus sains.

Que dire de la psychologie du bien et du mal, de la psychologie de l'éthique et de la moralité ?

La psychologie de la science, du scientifique, de la connaissance, de la recherche du savoir, des désirs sous-jacents de recherche de la connaissance, du besoin de philosophie ?

L'appréciation, la contemplation, la méditation.

On débat habituellement de la sexualité comme s'il s'agissait d'éviter un fléau. Le souci des dangers de la sexualité a obscurci cette évidence qu'elle peut être ou devrait être un passe-temps très agréable et sans doute aussi profondément thérapeutique et éducatif.

L'intelligence

Devons-nous nous satisfaire d'une définition de l'intelligence qui dérive de ce qui est, au lieu de ce qui devrait être ? Le concept général de quotient intellectuel n'a rien à voir avec la sagesse ; c'est purement un concept technique. Par exemple, Goering possédait un QI élevé mais était, dans un sens réel, un individu stupide. C'était à n'en pas douter un individu violent. Nous ne voyons rien à opposer au fait d'isoler le concept spécifique de QI supérieur. Le seul ennui étant que, dans une psychologie qui se limite à ce point, des thèmes plus importants – la sagesse, la connaissance, la prise de conscience, la compréhension, le sens commun, la sûreté du jugement – sont négligés au profit du QI pour la seule raison qu'il est techniquement plus satisfaisant. L'humaniste ne peut bien entendu qu'être profondément agacé par ce concept.

Quelles sont les influences qui augmentent le QI – l'intelligence effective, le sens commun, la sûreté du jugement ? Si nous savons ce qui leur nuit, nous ne connaissons rien ou presque de ce qui les améliore. Pourrait-on imaginer une psychothérapie de l'intelligence.

Une conception organismique de l'intelligence ?

Dans quelle mesure les tests d'intelligence sont-ils liés à la culture ?

La connaissance et la pensée

Changement d'avis. Conversion. Prise de conscience psychanalytique. Compréhension soudaine. La perception du principe. Illumination. Satori. Éveil.

Sagesse. Quelles sont les relations avec le bon goût, avec une morale saine, avec la gentillesse et ainsi de suite ?

Les effets caractérologiques et thérapeutiques de la connaissance pure.

L'étude de la créativité et de la productivité devrait occuper une place prépondérante dans la psychologie. En ce qui concerne la pensée, nous devrions accorder davantage d'attention à l'étude de la nouveauté, de l'inventivité, de la production d'idées originales, au lieu de privilégier la découverte de solutions à des énigmes prédéterminées du type de celles utilisées jusqu'à présent dans les recherches sur la pensée. Puisque la pensée trouve son apogée dans la création, pourquoi ne pas étudier la pensée à son apogée ?

La psychologie de la science et des scientifiques, de la philosophie et des philosophes.

La réflexion chez les individus sains – s'ils sont également intelligents – n'est pas seulement de type Dewey, c'est-à-dire stimulée par quelque problème source de déséquilibre ou par quelque ennui, pour disparaître dès que la solution est trouvée. Elle est également spontanée, sportive et agréable, et est souvent émise ou produite sans effort, automatiquement, de la même manière que le foie sécrète de la bile. Ces individus éprouvent un réel plaisir à être des animaux pensants, rien ne les y contraint.

La pensée n'est pas toujours orientée, organisée, motivée ou guidée par un objectif. Le fantasme, la rêverie, le symbolisme, la pensée inconsciente, la pensée infantile, émotionnelle, l'association libre psychanalytique, sont toutes productives à leur manière. Les individus sains parviennent à bon nombre de leurs conclusions et de leurs décisions à l'aide de ces techniques que l'on oppose traditionnellement à la rationalité mais qui se situent en réalité en synergie avec elle.

Le concept d'objectivité. Le désintéressement. La réponse passive à la nature de la réalité en soi sans intervention d'éléments personnels ou du moi. La connaissance centrée sur le problème plutôt que sur l'ego. L'objectivité taoïste, l'objectivité de l'amour opposée à l'objectivité du spectateur.

La psychologie clinique

De manière générale, nous devrions apprendre à considérer comme psychopathologique *tout* échec de l'accomplissement de soi. L'individu moyen ou normal constitue un cas en soi, au même titre que le psychotique, même s'il est moins dramatique et moins urgent.

Les buts et les objectifs de la psychothérapie devraient être envisagés dans une perspective qui privilégie l'aspect positif. (Ceci s'applique également aux objectifs de l'éducation, de la famille, de la médecine, de la religion et de la philosophie.) Il importerait aussi de souligner la valeur thérapeutique des expériences bonnes et agréables de la vie, telles que le mariage, l'amitié, la réussite économique et ainsi de suite.

La psychologie clinique n'est pas assimilable à la psychologie de l'anormal. La psychologie clinique peut aussi étudier le cas individuel et personnel de sujets heureux, sains et qui réussissent. Elle aborde autant la santé que la maladie, elle s'intéresse autant au fort, au courageux et au gentil qu'au faible, au couard et au méchant.

La psychologie de l'anormal ne devrait pas se limiter à l'étude de la schizophrénie, mais s'intéresser également à des sujets tels que le cynisme, l'autoritarisme, l'anhédonie, la perte des valeurs, le préjugé, la haine, l'avidité, l'égoïsme et ainsi de suite. Car ce sont *les* affections graves du point de vue des valeurs. La démence précoce, la dépression maniaque, l'obsession compulsive, et autres, sont les maladies graves de l'humanité *d'un point de vue technique*, c'est-à-dire au sens où elles limitent l'efficacité. Néanmoins on aurait tenu pour une bénédiction et non pour une malédiction que Hitler, Mussolini ou Staline s'effondrent par suite d'une schizophrénie avérée. Dans l'optique d'une psychologie positive et orientée vers les valeurs, les dysfonctionnements qui amoindrissent les individus ou qui les rendent mauvais au sens des valeurs mériteraient d'être étudiés. Le cynisme, dès lors, revêt plus d'importance sur le plan social que la dépression.

Nous consacrons beaucoup de temps à étudier la criminalité. Pourquoi ne pas nous pencher aussi sur le respect de la loi, l'identification avec la société, la philanthropie, la conscience sociale ?

Au-delà de l'étude des effets psychothérapeutiques des expériences heureuses de l'existence, telles que le mariage, la réussite, le fait d'avoir des enfants, de tomber amoureux, l'éducation et ainsi de suite, nous devrions nous intéresser également aux effets psychothérapeutiques des expériences malheureuses, notamment de la tragédie, mais aussi de la maladie, de la privation, de la frustration, du conflit et ainsi de suite. Les individus sains semblent capables de transformer ces catastrophes en expériences bénéfiques.

L'étude de l'intérêt (par opposition à celle de l'ennui). Celle des individus qui font preuve de vitalité, d'appétit de vivre, de résistance à la mort, d'enthousiasme.

Notre connaissance actuelle des dynamiques de la personnalité, de la santé et de l'adaptation provient presque exclusivement de l'étude de sujets malades. Non seulement l'étude des individus sains rétablira un équilibre mais elle nous renseignera directement sur la santé psychique, et nous avons la certitude qu'elle complétera notre connaissance des névroses, des psychoses, de la psychopathie et de la psychopathologie en général.

L'étude clinique des facultés, des capacités, des aptitudes, de l'habileté. De la vocation, de l'appel, de la mission.

L'étude clinique du génie et du talent. Nous consacrons nettement plus de temps et de ressources aux faibles d'esprit qu'aux individus intelligents.

La théorie de la frustration telle qu'on la conçoit habituellement est un excellent exemple de psychologie bancale. Dans bon nombre de théories sur l'éducation des enfants, l'enfant est considéré à la manière strictement freudienne, comme un organisme totalement conservateur, prisonnier d'ajustements déjà réalisés ; il ne ressent pas la nécessité de progresser vers un nouvel ajustement, de croître et de se développer selon son propre style.

À ce jour, les techniques de psychodiagnostic sont utilisées pour diagnostiquer la pathologie, à défaut de la santé. Nous ne possédons pas de test de Rorschach ou de MMPI ou de TAT[1] pour tester ou évaluer la créativité, la puissance

1. Le Minnesota Multiphasic Personality Inventory est un test de santé mentale. Le Thematic Apperception Test est un test psychologique projectif. [N.d.T.]

du moi, la santé, l'accomplissement de soi, l'hypnose, la résistance à la maladie. La majorité des questionnaires de personnalité sont encore élaborés sur le modèle original de Woodworth : ils répertorient un grand nombre de symptômes de maladies, et on considère comme un bon score ou comme une preuve de santé l'*absence* de réponse à cette série de symptômes.

Dans la mesure où la psychothérapie améliore l'homme, nous nous privons de l'occasion de voir des individus au summum de leur épanouissement en renonçant à étudier la personnalité post-thérapeutique.

L'étude des paroxystes et des non-paroxystes, c'est-à-dire de ceux qui connaissent les expériences paroxystiques et de ceux qui ne les ont jamais vécues.

La psychologie animale

En psychologie animale, on s'est principalement intéressé au phénomène de la faim et de la soif. Pourquoi ne pas étudier également les besoins supérieurs ? En vérité, nous ne savons pas si le rat blanc possède quoi que ce soit de comparable à nos besoins supérieurs d'amour, de beauté, de compréhension, de prestige, etc. Compte tenu des techniques dont disposent désormais les spécialistes de la psychologie animale, quelles connaissances pourrions-nous acquérir ? Nous devons dépasser le stade de la psychologie du *rat désespéré*, ce rat que l'on pousse à se laisser mourir de faim, ou que la douleur ou une décharge électrique réduit à une situation extrême, si extrême que les êtres humains se trouvent rarement dans une situation semblable. (Des expériences de cet ordre ont été réalisées avec des petits singes et des grands singes.)

La compréhension et la prise de conscience devraient être étudiées plus intensément que l'apprentissage associatif aveugle et l'apprentissage par cœur ; les niveaux d'intelligence devraient être autant étudiés que les niveaux inférieurs ; le plus complexe autant que le moins complexe. Les limites supérieures de la performance animale ont été négligées en faveur des réalisations moyennes.

Lorsque Husband (1929) a montré qu'un rat pouvait apprendre le parcours d'un labyrinthe avec autant de facilité qu'un homme, on aurait dû abandonner définitivement le labyrinthe en tant qu'outil d'étude sur l'apprentissage. Nous savons d'avance que l'être humain apprend mieux que le rat. Toute technique incapable de le démontrer revient à évaluer des gens qui marchent courbés dans une pièce à plafond bas. Ce ne sont pas les gens que nous évaluons, mais le plafond. Le labyrinthe ne sert à rien d'autre qu'à mesurer la hauteur du plafond au lieu de mesurer la limite supérieure que l'apprentissage et la pensée peuvent atteindre, y compris chez le rat.

Il est probable que le recours à des animaux supérieurs plutôt qu'à des animaux inférieurs améliorerait considérablement notre connaissance de la psychologie humaine.

Nous devrions toujours conserver à l'esprit que l'utilisation des animaux est par avance la garantie de négliger des spécificités essentiellement humaines, par exemple le martyre, le sacrifice de soi, la honte, les symboles, le langage, l'amour, l'humour, l'art, la beauté, la conscience, la culpabilité, le patriotisme, les idéaux, la production poétique ou philosophique, musicale ou scientifique. La psychologie animale est indispensable pour connaître les caractéristiques humaines que les hommes partagent avec tous les primates. Elle s'avère inutile dans l'étude des caractéristiques que les hommes ne partagent pas avec d'autres animaux ou dans lesquelles ils sont infiniment supérieurs, telle que l'apprentissage latent.

La psychologie sociale

La psychologie sociale ne devrait pas se limiter à l'étude de l'imitation, de la suggestion, du préjugé, de la haine, de l'hostilité. Ce sont des forces mineures chez les individus sains.

La théorie de la démocratie, de l'anarchisme. Les relations démocratiques, interpersonnelles. Le leader démocrate. Le pouvoir dans une démocratie et parmi des citoyens démocrates et chez le dirigeant démocrate. Les motivations des dirigeants altruistes. Les gens sains *détestent* exercer un pouvoir sur les autres. La psychologie sociale est dominée à l'excès par une conception du pouvoir de bas étage, d'animal inférieur.

On étudie plus la compétition que la coopération, l'altruisme, la convivialité, l'oubli de soi.

La psychologie sociale d'aujourd'hui fait peu de place à l'étude de la liberté et des individus libres.

Comment améliore-t-on une culture ? Quels sont les effets bénéfiques dus aux déviants ? Nous savons que la culture ne peut jamais progresser ou trouver d'amélioration sans la présence de déviants. Pourquoi ne sont-ils pas étudiés ? Pourquoi sont-ils généralement considérés comme des sujets pathologiques ? Pourquoi ne seraient-ils pas au contraire des individus sains ?

La fraternité et l'égalitarisme méritent la même attention que la classe, la caste et la domination dans la sphère sociale. Pourquoi ne pas étudier les confréries religieuses ? Les coopératives de consommateurs et de producteurs ? Les communautés d'intention et les communautés utopiques ?

La relation entre la culture et la personnalité est d'ordinaire étudiée comme si la culture fournissait l'impulsion première, comme si son pouvoir de façonnement était irrésistible. Mais il ne l'est pas nécessairement et les individus forts et sains résistent. L'acculturation et l'inculturation ne réussissent que pour un certain nombre de gens. Une étude de la prise de distance par rapport à l'environnement s'impose.

Les sondages d'opinion reposent sur l'acceptation sans réserve d'une conception peu ambitieuse des possibilités humaines, par exemple, sur l'idée que les gens votent en fonction de l'égoïsme ou de l'habitude. Cela est vrai, mais seulement pour les quatre-vingt-dix-neuf pour cent de la population qui ne sont pas sains. Les êtres humains sains votent ou achètent ou forment leur jugement en tenant compte, au moins en partie, de la logique, du sens commun, de la justice, de l'équité, de la réalité et ainsi de suite, même si leur propre intérêt, pris étroitement et égoïstement, doit s'en trouver lésé.

Pourquoi ignore-t-on si largement le fait que, dans les démocraties, le leadership est plus souvent recherché en tant qu'opportunité de servir plutôt que pour détenir un pouvoir sur les autres ? Cet aspect a totalement été laissé de côté en dépit de son importance dans l'histoire de l'Amérique et dans celle du monde. Il est évident que Jefferson n'a jamais voulu le pouvoir ou le leadership pour les bénéfices qui y étaient attachés, mais qu'il estimait devoir se sacrifier pour accomplir une mission dont il se sentait investi.

Le sens du devoir, de la loyauté, de l'obligation envers la société, la responsabilité, la conscience sociale. Le bon citoyen, la personne honnête. Nous passons un temps considérable à étudier le criminel, pourquoi pas ces gens-là ?

Le croisé. Celui qui se bat au nom d'un principe, de la justice, de la liberté, de l'égalité. L'idéaliste.

Les effets positifs du préjugé, de l'impopularité, de la privation et de la frustration. Rares sont les psychologues qui font l'effort de considérer toutes les facettes de phénomènes pathologiques tels que le préjugé. L'exclusion ou l'ostracisme ont certaines conséquences *bénéfiques*.

C'est particulièrement le cas lorsque la culture est douteuse ou malade ou nocive. L'ostracisme dans une telle culture est un bienfait pour celui qui en est frappé, en dépit de la douleur qu'il provoque. Les individus accomplis s'excluent eux-mêmes en se retirant de sous-cultures qu'ils réprouvent.

Nous connaissons moins le saint, le chevalier, le bienfaiteur, le héros, le leader altruiste, que le tyran, le criminel, le psychopathe.

Le respect des conventions a ses bons côtés et ses effets bénéfiques. Les bonnes conventions. La valeur différente des conventions dans une société saine et dans une société malade. Et aussi les « valeurs de la classe moyenne ».

La gentillesse, la générosité, la bienveillance et la charité occupent une place trop restreinte dans les manuels de psychologie sociale.

Les libéraux fortunés, tels que Franklin Roosevelt ou Thomas Jefferson, qui, en contradiction totale avec les diktats de leur portefeuille, luttent pour l'équité, la justice et ainsi de suite, contre leurs propres intérêts économiques.

Si l'on écrit abondamment sur l'antisémitisme, l'antinégrisme, le racisme et la xénophobie, on évoque moins volontiers le philosémitisme, la négrophilie et la sympathie à l'égard des exploités. Cela montre que nous nous focalisons davantage sur l'hostilité que sur l'altruisme ou la sympathie ou la préoccupation à l'égard des victimes de mauvais traitements.

L'étude de l'esprit sportif, de l'équité, du sens de la justice, du souci d'autrui.

Dans les ouvrages sur les relations interpersonnelles ou sur la psychologie sociale, l'étude de l'amour, du mariage, des amitiés et de la relation thérapeutique auraient pu tout à fait servir de paradigme pour tous les autres chapitres. À ce jour, cependant, ces sujets ont rarement été traités avec sérieux dans les manuels existants.

La résistance à l'incitation à acheter, la résistance à la publicité, la résistance à la propagande, la résistance à l'opinion des autres, la conservation de sa propre autonomie, la résistance à la suggestion, à l'imitation, au prestige, sont toutes élevées chez les personnes accomplies et faibles chez les individus moyens. Ces symptômes de bonne santé mériteraient d'être plus intensément explorés par les spécialistes de la psychologie sociale appliquée.

La psychologie sociale doit se délivrer de cette variété de relativisme culturel qui insiste trop sur la passivité de l'homme, la plasticité et l'absence de forme, et qui prend peu en compte l'autonomie, les tendances à la croissance, la maturation des forces intérieures. Elle devrait autant analyser l'agent actif que le pion.

Si les psychologues sociaux et les scientifiques ne fournissent pas à l'humanité des systèmes de valeurs concrets, personne ne le fera à leur place. Cette tâche à elle seule comporte des milliers de difficultés.

Du point de vue du développement positif des potentialités humaines, la psychologie s'est révélée être un échec pendant la Seconde Guerre mondiale. Une grande partie des psychologues l'a essentiellement utilisée comme une technique qu'ils ont appliquée à ce qui était déjà connu. La théorie psychologique issue de la guerre n'a presque rien produit d'innovant, mais cela ne nous autorise pas à préjuger des développements ultérieurs. Cela signifie simplement que nombre de psychologues et de scientifiques se sont joints aux individus à la vue courte qui ont privilégié l'étude de la guerre au détriment de celle de la paix. Ils sont totalement passés à côté de la guerre, en la considérant comme un jeu technique au lieu de voir en elle un conflit de valeurs, ce qu'elle était en réalité ou tout au moins était censée être. Pratiquement rien dans la psychologie qui prévalait à l'époque ne pouvait les empêcher de commettre cette erreur, aucune philosophie par exemple qui séparât la technique de la science, aucune théorie de la valeur susceptible de les éclairer sur ce que sont vraiment les individus démocrates, sur les tenants et les aboutissants de la guerre, et sur ce qu'étaient ou auraient dû être ses enjeux. Ils s'intéressaient en général à la problématique des moyens au détriment des finalités et auraient pu, en cela, être recrutés aussi bien par les Nazis que par les démocraties. Leurs efforts furent de peu de secours devant la montée de l'autoritarisme, y compris dans notre pays.

Les institutions sociales et, de fait, la culture elle-même sont étudiées en tant qu'éléments formateurs, moteurs, inhibiteurs, plutôt que comme sources de satisfaction, producteurs de bonheur, générateurs d'accomplissement de soi. « La culture est-elle un ensemble de problèmes ou un ensemble d'opportunités ? » (A. Meiklejohn). Le concept de la culture en tant qu'instrument de façonnement est probablement une conséquence de l'étude trop exclusive de cas pathologiques. Le recours à des sujets sains implique plutôt de considérer la culture-comme-réservoir-de-satisfactions. On peut sans doute extrapoler à la famille, trop souvent tenue, elle aussi, exclusivement pour une force qui forme, façonne et formate.

La personnalité

Le concept de la personnalité bien adaptée ou de l'ajustement adéquat pèse sur la possibilité d'avancer et de croître. La vache, l'esclave, le robot peuvent aussi être bien adaptés.

Le surmoi de l'enfant est conçu habituellement comme une introjection de la peur, de la punition, de la perte d'amour, de l'abandon et ainsi de suite. L'étude des enfants et des adultes qui sont sains, aimés et respectés, révèle la possibilité d'une conscience intrinsèque bâtie sur l'identification par amour, le désir de faire plaisir et de rendre les autres heureux, et sur la vérité, la logique, la justice, la cohérence, le droit et le devoir.

Le comportement de l'individu sain est moins déterminé par l'anxiété, la peur, l'insécurité, la culpabilité, la honte, et davantage par la vérité, la logique, la justice, la réalité, l'équité, la bienséance, la beauté, la justesse et ainsi de suite.

Où sont les recherches sur l'altruisme ? La générosité ? Le pouvoir de la volonté ? La force de caractère ? L'optimisme ? La gentillesse ? Le réalisme ? La transcendance du moi ? L'audace, le courage ? L'absence de jalousie ? La sincérité ? La patience ? La loyauté ? La fiabilité ? La responsabilité ?

Assurément le choix d'une psychologie positive le plus évident et le plus pertinent est l'étude de la santé psychique (et d'autres formes de santé, la santé esthétique, la santé des valeurs, la santé physique et ainsi de suite). Mais une psychologie positive suppose également de mieux étudier le bon individu, sécurisé et confiant, le caractère démocratique, l'homme heureux, le sujet calme, serein, pacifique, l'âme compatissante, l'altruiste, le gentil, le créateur, le saint, le héros, la personnalité forte, le génie et tous les autres bons spécimens de l'humanité.

Qu'est-ce qui produit les caractéristiques socialement souhaitables de bonté, de conscience sociale, de serviabilité, de sociabilité, d'identification, de tolérance, de gentillesse, de désir de justice, d'indignation vertueuse ?

La terminologie de la psychopathologie est riche mais le vocabulaire relatif à la santé et à la transcendance brille par son indigence.

La privation et la frustration ont certains effets positifs. Je recommande l'étude de la discipline juste et de la discipline injuste, de même que celle de l'auto-discipline qui découle de la permission de traiter directement avec la réalité et de l'apprentissage par ses propres récompenses et par ses échecs, et par son propre retour d'information.

L'étude de l'idiosyncrasie et de l'individualité (*non* pas les différences individuelles au sens classique). Nous devons développer une science idéographique de la personnalité.

Comment expliquer que les gens diffèrent les uns des autres au lieu de se ressembler (acculturés, aplanis par la culture, etc.) ?

Qu'est-ce que la dévotion à une cause ? Qu'est-ce qui produit la personne dédiée, dévouée, qui s'identifie à une cause ou à une mission transcendant son moi ?

La personnalité contente, heureuse, calme, sereine, paisible.

Les goûts, les valeurs, les attitudes et les choix des individus accomplis se fondent dans une large mesure sur une base intrinsèque et déterminée par la réalité, plutôt que sur une base relative et extrinsèque. C'est par conséquent le choix du bien contre le mal, du vrai contre le faux, du beau contre le laid. Ils vivent à l'intérieur d'un système de valeurs stables et *non* dans un monde robotisé *qui ne connaît pas de valeurs du tout* (excepté les modes, les marottes, l'opinion des autres, l'imitation, la suggestion, le prestige).

Le niveau de frustration et la tolérance à la frustration sont beaucoup plus élevés chez les individus accomplis. Il en va de même du niveau de culpabilité, de conflit et de honte.

Les relations parent-enfant ont traditionnellement été étudiées comme si elles ne constituaient qu'un ensemble de problèmes ou une occasion de commettre des erreurs. Alors qu'elles représentent un plaisir et une joie, et une formidable opportunité de bonheur. C'est vrai aussi de l'adolescence, que l'on considère trop souvent comme un fléau.

CHAPITRE 15

Une approche psychologique de la science

L'interprétation psychologique de la science se fonde sur la prise de conscience aiguë que la science est une création humaine, plutôt qu'une « chose » autonome, non humaine, ou en soi, fonctionnant selon ses propres règles. Elle tire ses origines des motivations humaines, ses objectifs sont des objectifs humains, et elle est créée, rénovée et perpétuée par des êtres humains. Ses lois, son organisation et son articulation ne reposent pas seulement sur la nature de la réalité qu'elle découvre, mais aussi sur la nature de l'être humain qui effectue la découverte. Le psychologue, tout particulièrement s'il (elle) bénéficie d'une expérience clinique, aborde spontanément et naturellement n'importe quel sujet de manière personnelle, en étudiant les individus plutôt que les abstractions qu'ils produisent, les scientifiques tout autant que la science.

Les efforts mal inspirés de faire croire l'inverse, la persistance avec laquelle on prétend rendre la science complètement autonome et auto-régulée, et le fait de la considérer comme un jeu désintéressé, doté de règles intrinsèques, arbitraires, semblables à celles du jeu d'échec ; tout cela, le psychologue doit le tenir pour irréaliste, faux et même anti-empirique.

Dans le présent chapitre, je souhaiterais exposer les implications et les conséquences majeures de la reconnaissance que la science est avant tout une création humaine qui doit être analysée dans une perspective psychologique.

Étudier l'homme de science

L'étude des scientifiques est clairement un élément fondamental, voire nécessaire, de l'étude de la science. Puisque la science en tant qu'institution est en partie une projection magnifiée de certains aspects de la nature humaine, tout progrès dans la connaissance de ces aspects est automatiquement multiplié au centuple. Ainsi, chaque science, et chaque théorie à l'intérieur de cette science, est influencée par une meilleure connaissance (1) de la nature des préjugés et de l'objectivité ; (2) de la nature du processus d'abstraction ; (3) de la nature de la créativité ; (4) de la nature de l'inculturation et de la résistance du scientifique à l'inculturation ; (5) de la contamination de la perception par les souhaits, les espoirs, les angoisses, les attentes ; (6) de la nature du rôle ou du statut du scientifique ; (7) de l'anti-intellectualisme dans notre culture ; et (8) de la nature de la croyance, de la conviction, de la foi, de la certitude et ainsi de suite.

La science et les valeurs humaines

La science se fonde sur des valeurs humaines et représente en soi un système de valeurs (Bronowski, 1956). Les besoins humains d'émotion, de connaissance, d'expression et d'esthétique confèrent à la science son origine et ses buts. La satisfaction de n'importe lequel de ces besoins est une « valeur ». C'est vrai de l'amour, de la sécurité, comme de l'amour de la vérité ou de la certitude. Les satisfactions esthétiques que procurent la concision, l'économie, l'élégance, la simplicité, la précision, la netteté sont des valeurs pour le mathématicien et pour le scientifique, comme pour l'artisan, l'artiste ou le philosophe.

Elles sont indépendantes du fait qu'en tant que scientifiques, nous partageons les valeurs essentielles de notre culture et devrons probablement toujours nous y tenir, au moins dans une certaine mesure – par exemple l'honnêteté, le souci de l'humain, le respect de l'individu, l'entraide sociale, le respect démocratique du droit des individus à prendre leurs propres décisions même si elles sont mauvaises, la préservation de la vie et de la santé, le soulagement de la souffrance, le fait d'accorder de l'estime quand elle est méritée, le partage de la confiance, l'esprit sportif, l'« honnêteté » et ainsi de suite.

À l'évidence, l'« objectivité » et les « remarques désintéressées » sont des expressions qui nécessitent une redéfinition. L'expression « valeurs d'exclusion » signifiait à l'origine que l'on excluait les dogmes théologiques et d'autres dogmatismes qui obéraient les faits. Cette exclusion s'avère aussi indispensable aujourd'hui qu'elle l'était à la Renaissance parce que nous entendons toujours considérer les faits dans leur virginité. Si la religion institutionnalisée ne menace plus aujourd'hui la science dans notre pays, il nous reste encore à combattre des dogmes politiques et économiques tenaces.

Comprendre les valeurs

Quoi qu'il en soit, le meilleur moyen à notre connaissance d'empêcher la contamination de notre perception de la nature, de la société, de nous-mêmes par les valeurs humaines est de prendre une réelle conscience de ces valeurs à toutes les époques, de comprendre leur influence sur la perception et, à travers cette compréhension, d'effectuer les corrections nécessaires. (Par contamination, j'entends la confusion des déterminants psychiques avec les déterminants de la réalité, lorsque ce sont ces derniers que nous cherchons à percevoir.) L'étude des valeurs, des besoins et des désirs, des préjugés, des peurs, des intérêts et des névroses doit devenir une composante primordiale de toutes les études scientifiques.

Cette proposition doit inclure également les tendances que partagent tous les êtres humains à abstraire, à classifier, à distinguer des similitudes et des différences, et en général à accorder une attention sélective à la réalité et à l'organiser et à la remanier en fonction de leurs intérêts, de leurs besoins, de leurs souhaits et de leurs peurs. Le fait d'ordonner ainsi nos perceptions en rubriques et en catégories est désirable et utile à certains égards et indésirable et nocif à d'autres, car il a le mérite ou l'inconvénient de mettre en lumière certains aspects de la réalité, en en laissant d'autres dans l'ombre. Nous devons comprendre que, si la nature nous fournit des éléments de classification et qu'elle décrète parfois des lignes de partage « naturelles », ses indications sont souvent subtiles ou ambiguës. Il nous appartient alors de créer ou d'imposer une classification à la nature. Ce que nous ne pouvons faire qu'en accord non seulement avec les suggestions de la nature mais aussi par rapport à notre propre nature d'homme, à nos valeurs, à nos préjugés et à nos intérêts inconscients. En admettant que l'idéal de la science soit de réduire au minimum ces déterminants humains de la théorie, il ne sera jamais atteint en niant leur influence mais seulement en les appréhendant pleinement.

Le scientifique pur qu'inquiète ce débat sur les valeurs devrait être rassuré en sachant qu'il a pour objet de permettre à la science d'atteindre plus efficacement son but, en l'occurrence l'amélioration de notre connaissance de la nature, la décontamination de notre savoir sur le connu par l'étude du détenteur de ce savoir (Polanyi, 1958, 1954).

Lois humaines et lois naturelles

Les lois de la psychologie humaine et de la nature non humaine sont à certains égards les mêmes mais diffèrent radicalement à d'autres égards. Le fait que les hommes vivent dans le monde naturel ne signifie pas que leurs règles et leurs lois sont nécessairement les mêmes. L'être humain, vivant dans le monde réel, est bien entendu obligé de faire des concessions par rapport à celui-ci, mais en soi cela n'autorise pas à nier le fait qu'il possède ses propres lois, distinctes de celles de la réalité naturelle. Les désirs, les peurs, les rêves, les espoirs ne fonctionnent pas comme les cailloux, les câbles, les températures ou les atomes. On ne construit pas une philosophie de la même manière que l'on bâtit un pont. Une famille et un verre de montre ne s'étudient pas en employant des méthodes identiques. Notre débat sur les désirs et sur les valeurs ne doit pas être interprété comme une quelconque intention d'étudier la nature non humaine dans la perspective subjective et psychologique, même si, bien entendu, nous devons nécessairement étudier la nature humaine en tenant compte de la perspective psychologique.

Cette réalité non humaine est indépendante des désirs et des besoins des êtres humains, n'étant ni bienfaisante ni maléfique, n'ayant aucun dessein, aucun objectif, aucun but, aucune fonction (seuls les êtres vivants sont animés d'intentions), aucune tendance conative ni affective. C'est la réalité qui subsisterait si tous les êtres humains venaient à disparaître – évènement qui n'est pas impossible.

Connaître cette réalité telle qu'elle existe au lieu de la voir comme nous voudrions qu'elle soit, s'avère souhaitable à tout point de vue, par « pure » curiosité désintéressée ou dans le souci de prédire et de maîtriser la réalité à des fins strictement humaines. Kant avait sans doute raison d'affirmer que nous ne pourrons jamais appréhender toute la réalité non humaine, mais il *est* possible de s'en approcher, de la connaître avec plus ou moins de vérité.

La sociologie de la science

L'étude de la sociologie de la science et des scientifiques mérite plus d'attention qu'elle n'en reçoit. Si les scientifiques sont partiellement déterminés par les variables culturelles, il en va de même des productions de ces scientifiques. Dans quelle mesure la science nécessite-t-elle la contribution d'individus d'autres cultures ; dans quelle mesure le scientifique doit-il prendre de la distance par rapport à sa culture pour aboutir à une perception plus valable ; dans quelle mesure doit-il être citoyen du monde avant, par exemple, d'être Américain ; dans quelle mesure les réalisations des scientifiques sont-elles déterminées par leur appartenance à une classe ou à une caste ? – telles sont les questions que l'on devrait poser et auxquelles on devrait répondre pour comprendre pleinement l'effet « contaminant » de la culture sur la perception de la nature.

Des approches différentes de la réalité

La science constitue un moyen parmi d'autres d'accéder à la connaissance de la réalité naturelle, sociale et psychologique. L'artiste créatif, le philosophe, l'écrivain humaniste ou, pourquoi pas, le cantonnier peuvent aussi être les découvreurs de la vérité et devraient être encouragés autant que le scientifique[1]. On ne devrait pas considérer qu'ils

1. Les différences principales aujourd'hui entre l'artiste idéalisé et le scientifique idéalisé pourraient se formuler ainsi : le premier est généralement spécialiste de la connaissance ou de la découverte de l'idéographique (l'unique, l'idiosyncrasique, l'individuel), alors que le second est spécialiste

s'excluent les uns les autres, ni établir de distinction entre eux. Le scientifique qui possède de surcroît l'âme d'un poète, d'un philosophe ou d'un rêveur, représente à n'en pas douter une amélioration par rapport à des collègues plus rigides.

Si ce pluralisme psychologique nous conduit à nous représenter la science comme l'orchestration d'une diversité de talents, de motivations et d'intérêts, la ligne de démarcation entre le scientifique et le non-scientifique finit par s'estomper. Le philosophe des sciences qui s'est spécialisé dans la critique et dans l'analyse des concepts scientifiques est sûrement plus proche du scientifique qui s'intéresse aussi à la théorie pure, que ce dernier ne l'est du scientifique exclusivement préoccupé de technique scientifique. Le dramaturge ou le poète qui esquisse une théorie structurée de la nature humaine se rapproche davantage du psychologue que ce dernier de l'ingénieur. L'historien des sciences peut être soit un historien, soit un scientifique, l'un ou l'autre importe peu. Le psychologue clinicien ou le médecin qui explore avec minutie un cas individuel peut s'inspirer avec plus de profit d'un romancier que de confrères perdus dans l'abstraction.

Je ne vois pas comment établir une distinction tranchée entre les scientifiques et les non-scientifiques. On ne peut même pas utiliser comme critère la poursuite de recherches expérimentales, parce que tant de gens qui perçoivent un salaire de soi-disant scientifiques n'ont jamais effectué et n'effectueront jamais d'expériences dignes de ce nom. Le professeur qui enseigne la chimie à des étudiants de première année se considère comme un chimiste même

---

du nomothétique (le généralisé, l'abstrait). En second lieu, l'artiste est plus proche du scientifique en tant que découvreur de problème, poseur de question ou auteur d'hypothèse, que du scientifique qui résout un problème, vérifie et établit une certitude. Ces dernières fonctions ont trait à ce qui est vérifiable et testable, et sont d'ordinaire la responsabilité exclusive de l'homme de science.

s'il n'a jamais fait la moindre découverte dans cette discipline, mais s'est seulement contenté se lire les publications spécialisées et a répété les expériences des autres comme on applique une recette de cuisine. Il ou elle est peut-être moins scientifique qu'un brillant collégien de douze ans à l'esprit curieux qui fait des expériences dans le garage de ses parents, ou que le consommateur sceptique qui vérifie avec soin les affirmations douteuses de la publicité.

Qu'est-ce qui justifie que la direction d'un institut de recherche soit systématiquement confiée à un ou une scientifique ? La majeure partie de son temps est occupée par des activités administratives ou d'organisation, et cependant il ou elle continue à se considérer comme scientifique.

Si le scientifique idéal combine les fonctions de créateur de postulats, d'expérimentateur-vérificateur zélé, de bâtisseur de système philosophique, d'historien érudit, de spécialiste de technologie, d'organisateur, d'enseignant-écrivain-essayiste, d'applicateur et d'évaluateur, on peut facilement imaginer que l'équipe scientifique idéale devrait se composer d'au moins neuf spécialistes différents, dont *aucun n'a besoin d'être scientifique au sens complet du terme !*

Mais si tout cela permet d'établir que l'opposition entre scientifique et non scientifique est simpliste, nous devons également prendre en compte la découverte que l'individu sur-spécialisé finit par n'être plus bon à rien, parce qu'il souffre en tant qu'être humain global. Le généraliste équilibré et sain réussit plus de choses que celui qui s'enferme dans sa condition ; celui qui tente d'être un conceptuel pur en étouffant ses pulsions et ses émotions devient paradoxalement un malade qui n'est plus capable que de penser comme un malade, c'est-à-dire de mal penser. Nous pouvons en conclure que le scientifique qui est aussi un peu artiste est un meilleur scientifique que son collègue qui n'est pas du tout artiste.

Si nous prenons l'histoire à témoin, cela devient très clair. Nos plus hautes figures scientifiques affichaient en général des intérêts multiples et n'étaient pas des techniciens bornés. D'Aristote à Einstein, de Léonard de Vinci à Freud, les grands découvreurs étaient polyvalents et éclectiques, avec des préoccupations humanistes, philosophiques, sociales et esthétiques.

Nous devons en conclure que le pluralisme psychologique dans les sciences nous apprend qu'il existe plusieurs voies pour arriver à la connaissance et à la vérité, que l'artiste créatif, le philosophe, l'écrivain humaniste, en tant qu'individus ou en tant qu'aspects caractéristiques d'un individu singulier, peuvent aussi être des découvreurs de vérité.

La santé psychique

Toutes choses étant égales par ailleurs, nous pouvons supposer que le scientifique (ou l'artiste ou le machiniste ou le cadre) heureux, sécurisé, serein et en bonne santé est meilleur scientifique (ou artiste ou machiniste ou cadre) que s'il était malheureux, non sécurisé, perturbé et malade. L'individu névrosé déforme la réalité, lui impose ses exigences, lui applique une conceptualisation qui n'est pas parvenue à maturité, redoute l'inconnu et la nouveauté, est trop déterminé par ses besoins intrapersonnels pour être un fidèle reporter de la réalité, s'effraie trop facilement, recherche trop l'approbation des autres et ainsi de suite.

Cela entraîne au moins trois conséquences. Premièrement, le scientifique (ou plus exactement celui qui recherche généralement la vérité) devrait être psychiquement sain plutôt que malade, pour réussir. Deuxièmement, à mesure que la culture s'améliore, améliorant du même coup la santé de tous ses membres, la recherche de la vérité devrait progresser ; et troisièmement, nous pourrions attendre de la psychothérapie qu'elle permette à chaque scientifique d'être plus performant dans l'exercice de sa fonction.

Nous savons que de meilleures conditions sociales favorisent la recherche de la connaissance puisque nous exerçons constamment des pressions dans le but d'obtenir la garantie des libertés universitaires, des créations de postes, des salaires plus élevés et ainsi de suite[1].

---

1. Aux lecteurs qui voient dans ceci une déclaration révolutionnaire et qui éprouvent la nécessité d'aller plus loin, je conseille de consulter attentivement *Personal Knowledge* de Michael Polanyi (1958), qui fait autorité en la matière. Si vous n'avez pas lu cet ouvrage, ne considérez pas que vous êtes préparé au siècle prochain. Si vous n'avez ni le temps ni la volonté ou la force de vous plonger dans ce géant de la littérature, je vous recommande ma *Psychology of Science* (Maslow, 1966), qui a la vertu d'être court et lisible tout en parvenant aux mêmes conclusions. Le présent chapitre, ces deux livres ainsi que les ouvrages qui figurent dans leurs bibliographies constituent une bonne illustration de ce nouveau *Zeitgeist* humaniste, tel qu'il s'exprime dans le domaine scientifique.

CHAPITRE 16

Centrage sur les moyens contre centrage sur les problèmes

On a accordé une attention grandissante aux défaillances et aux péchés de la science « officielle ». À l'exception de la brillante analyse de Lynd (1939), le débat sur les origines de cet échec a fini par tourner court. Le présent chapitre tentera de montrer que les faiblesses de la science orthodoxe et notamment de la psychologie sont en grande partie imputables à une définition de la science trop exclusivement centrée sur les moyens ou sur les techniques

Par *centrage sur les moyens*, je désigne la tendance à considérer que l'essence de la science réside dans ses instruments, ses techniques, ses procédures, son appareil et ses méthodes, plutôt que dans ses problèmes, ses questions, ses fonctions ou ses objectifs. Dans sa forme primitive, le centrage sur les moyens confond les scientifiques avec des ingénieurs, des médecins, des dentistes, des techniciens de laboratoire, des souffleurs de verre, des analystes de l'urine, des mécaniciens, et ainsi de suite. Le centrage sur les moyens aux niveaux intellectuels les plus élevés revient généralement à assimiler la science à la méthode scientifique.

La surévaluation de la technique

L'emphase que l'on place inévitablement sur l'élégance, le verni, la technique et l'appareil a comme conséquence fréquente une diminution du sens, de la vitalité et de la signification du problème et de la créativité en général. Tout candidat au doctorat de psychologie comprendra ce que cela veut dire dans la pratique. Une expérience satisfaisante du point de vue méthodologique, qu'elle soit banale ou non, est rarement critiquée. Une question innovante, sérieuse, sans précédent, parce qu'elle risque d'être un « échec » est trop souvent critiquée à mort avant même d'être lancée. Dans la littérature scientifique, la critique se limite en général à une critique de la méthode, de la technique, de la logique et ainsi de suite. Je ne me souviens pas avoir vu, dans la littérature qui m'est familière, un article qui critiquait la banalité, l'insuffisance, le manque de pertinence d'un autre article[1].

On a donc de plus en plus tendance à dire que le sujet de la dissertation lui-même n'a aucune importance – pourvu qu'il soit correctement traité. En un mot, il ne doit plus nécessairement être une contribution à la connaissance. On demande aux doctorants de maîtriser les techniques de leur champ d'étude et les données qu'il contient. Personne ne spécifie que de bonnes idées de recherche sont aussi souhaitées. Des individus manifestement et totalement non créatifs peuvent donc devenir des « scientifiques ».

---

1. « Les érudits eux-mêmes avaient tendance à travailler surtout à de grandes monographies sur des sujets insignifiants. Ils parlaient alors de recherche originale. L'important pour eux était que les faits qu'ils avaient découverts n'eussent pas été connus auparavant, leur pertinence n'étant pas jugée primordiale. Il se trouverait bien un jour un spécialiste pour les exploiter. Tous les universitaires écrivaient à l'intention les uns des autres, avec la patience de celui qui construit un monticule à des fins mystérieuses » (Van Doren, 1936, p. 107). L'amateur de sport est l'homme assis qui *regarde* les sportifs.

Au niveau inférieur – dans l'enseignement secondaire et universitaire – les résultats sont analogues. On encourage l'élève ou l'étudiant à identifier la science à la manipulation guidée d'un appareil et à des procédures apprises par cœur dans un manuel – bref, à suivre les directives d'autres personnes et à répéter ce que d'autres ont déjà découvert. Nulle part on n'enseigne qu'un scientifique est différent d'un technicien ou de quelqu'un qui lit des livres sur la science.

Je ne voudrais pas que l'on se méprenne sur ce que j'affirme ici. Loin de moi l'idée de minimiser l'importance de la méthode : je veux simplement rappeler que, même dans les sciences, on peut facilement confondre les moyens avec les fins. Ce sont les buts ou les finalités de la science qui justifient et valident la méthode. Dans leur travail, les scientifiques doivent bien entendu tenir compte des techniques, mais uniquement dans la mesure où elles les aident à atteindre leurs buts, c'est-à-dire à résoudre des problèmes cruciaux. S'ils l'oublient, ils deviennent semblables à cet homme qu'évoquait Freud, qui passait tout son temps à nettoyer les verres de ses lunettes au lieu de les mettre pour mieux voir.

Le centrage sur les moyens contribue à mettre au premier plan de la science les techniciens et les « hommes d'appareil » au détriment des « poseurs de questions » et des apporteurs de solution. Sans vouloir créer une dichotomie extrême et artificielle, il demeure possible d'établir une distinction entre ceux qui savent seulement comment faire et ceux qui savent aussi ce qu'il faut faire. Les premiers, qui sont toujours très nombreux, tendent inévitablement à former la classe des prêtres de la science, des autorités en matière de protocole, de procédure et, pour ainsi dire, de rituel et de cérémonial. Si par le passé, ils étaient simplement gênants, aujourd'hui que la science devient une question nationale et internationale, ils représentent un danger réel. Cette tendance s'avère doublement problématique dans la mesure où le public non averti se laisse plus facilement convaincre par les manipulateurs que par les créateurs et les théoriciens.

Le centrage sur les moyens a tendance à surévaluer la quantification sans discrimination et à la considérer comme une fin en soi. Le témoignage le plus éloquent en est l'insistance que met la science centrée sur les moyens à donner la priorité à la formulation par rapport au contenu. On oppose l'élégance et la précision à la pertinence et au développement des conséquences.

Les scientifiques centrés sur les moyens ont, malgré eux, tendance à ajuster les problèmes aux techniques au lieu de l'inverse. Ils partent de la question : « Quels problèmes puis-je traiter compte tenu des techniques et de l'équipement à ma disposition ? » au lieu de se demander, comme ils devraient plus souvent le faire : « Quels sont les problèmes vitaux et pressants qui méritent mon attention ? » Comment expliquer autrement le fait que la plupart des scientifiques médiocres consacrent leur vie à un champ de recherche restreint qui n'est pas imposé par un problème d'importance vitale mais par les limites d'un appareil ou d'une technique ? En ce qui concerne la psychologie, peu de gens sont sensibles à l'humour contenu dans les concepts de « psychologue de l'animal » ou de « psychologue des statistiques », qui s'appliquent à des individus qui ne voient aucun inconvénient à travailler sur n'importe quel thème, pourvu qu'ils puissent utiliser respectivement leurs animaux ou leurs statistiques. Ils ressemblent en cela à l'ivrogne qui cherche son portefeuille, non pas à l'endroit où il l'a égaré, mais sous le réverbère, en prétextant qu'il y a plus de lumière là, ou au médecin qui administre des coups à ses patients parce que c'est la seule maladie qu'il est capable de guérir.

Le centrage sur les moyens crée une hiérarchie des sciences dans laquelle, de façon extrêmement pernicieuse, la physique est considérée « plus scientifique » que la biologie, la biologie l'étant davantage que la psychologie, et la psychologie plus que la sociologie. Cette hiérarchie supposée n'est possible qu'en se fondant sur l'élégance, la réussite et la précision de la technique. Dans la logique de la science centrée sur le problème, cette hiérarchie n'aurait aucune raison d'être ; en effet, qui pourrait prétendre que des sujets tels que le chômage ou le préjugé racial ou l'amour sont intrinsèquement moins importants que des questions comme les étoiles ou le sodium ou la fonction rénale ?

Le centrage sur les moyens cloisonne les sciences avec une rigueur excessive, et dresse entre les disciplines des barrières qui les divisent en territoires séparés. Jacques Loeb, auquel on demandait s'il était neurologue, chimiste, physicien, psychologue ou philosophe, se contentait de répondre : « Je résous des problèmes. » Ce devrait être la réponse la plus fréquente. Et la science ne pourrait que bénéficier de personnalités telles que Loeb. Mais ces attentes sont clairement découragées par une philosophie qui fait du scientifique un technicien et un expert au lieu d'un esprit aventureux en quête de vérité, celui qui *sait* au lieu de celui qui *s'interroge*.

Si les scientifiques se voyaient comme des gens qui posent des questions et qui tentent de trouver des solutions et non comme des techniciens spécialisés, ils partiraient à la conquête des nouvelles frontières de la science, ils s'attaqueraient aux problèmes psychologiques, sociologiques que nous connaissons moins et que nous devrions mieux connaître. Pourquoi les échanges entre les différentes disciplines sont-ils si rares ? Pourquoi compte-t-on une centaine de scientifiques qui poursuivent des recherches en physique et en chimie, pour une dizaine seulement en psychologie ? Serait-il préférable pour l'humanité d'affecter des milliers d'esprits brillants à la production de bombes plus performantes (ou même d'une pénicilline plus efficace) ou de les faire réfléchir sur le nationalisme, la psychothérapie ou l'exploitation ?

Le centrage sur les moyens crée un fossé trop profond entre les scientifiques et les non-scientifiques qui recherchent aussi la vérité, et entre les différences d'approche dans leur quête de vérité et de compréhension. Si nous définissons la science comme la recherche de la vérité, de la prise de conscience et de la compréhension, et comme l'intérêt pour les questions fondamentales, nous ne saurions distinguer d'une part les scientifiques, et d'autre part les poètes, les artistes et les philosophes[1]. Car ils peuvent avoir les mêmes préoccupations. En réalité il faudrait établir une différenciation sémantique, reposant essentiellement sur la différence des méthodes et des techniques de prévention des erreurs. Cependant la science aurait tout à gagner que ce fossé entre le scientifique et le poète et le philosophe se réduise par rapport à ce qu'il est aujourd'hui. Le centrage sur les moyens a seulement pour effet de les confiner dans leurs domaines respectifs ; le centrage sur le problème en ferait des collaborateurs qui s'aident mutuellement. La biographie de la plupart des scientifiques célèbres montre que cette seconde alternative correspond davantage à la réalité. Beaucoup de scientifiques étaient également artistes et philosophes et trouvaient autant de soutien parmi les philosophes qu'auprès de leurs confrères.

Centrage sur les moyens et orthodoxie scientifique

Le centrage sur les moyens génère inévitablement une orthodoxie scientifique, qui à son tour engendre une hétérodoxie. Dans le domaine de la science, les problèmes et les questions peuvent rarement être formulés, classifiés ou entrer dans un système de classement. Les questions du passé ne sont plus des questions, mais des réponses.

1. « Tu dois aimer les questions elles-mêmes. » (Rilke) – « Nous avons appris toutes les réponses, toutes les réponses : c'est la question que nous ne connaissons pas. » (A. MacLeish, *The Hamlet of A. MacLeish*, Houghton Mifflin)

Les questions du futur n'existent pas encore. Mais il est possible de formuler et de classifier les méthodes et les techniques du passé. On les appelle alors les « lois de la méthode scientifique ». Canonisées, cristallisées dans la tradition, la fidélité et l'histoire, elles aliènent le présent (au lieu de représenter seulement des guides ou des aides). Dans les mains des moins créatifs, des timides, des esprits conventionnels, ces « lois » exigent virtuellement que nous résolvions nos problèmes actuels en appliquant exclusivement les recettes de nos aînés.

Une telle attitude s'avère particulièrement dangereuse pour la psychologie et la sociologie. Ici, l'injonction de procéder de manière purement scientifique se traduit généralement par : « Utilisez les techniques des sciences physiques et des sciences de la vie. » D'où la tendance de nombreux psychologues et de spécialistes des sciences sociales à imiter les techniques anciennes au lieu d'en créer et d'en inventer de nouvelles, plus adaptées, dans la mesure où le degré de développement, les problématiques et les données de ces sciences diffèrent de ceux des sciences physiques. Dans le domaine de la science, la tradition peut devenir un cadeau empoisonné. La fidélité est un risque non mesuré.

L'orthodoxie scientifique a comme principale conséquence de bloquer le développement de nouvelles techniques. Si les lois de la méthode scientifique ont été correctement formulées au préalable, il ne reste plus qu'à les appliquer. Les méthodes inédites, les nouvelles manières de procéder provoquent inévitablement la suspicion, et ont en général été accueillies avec hostilité ; ce fut le cas de la psychanalyse, de la psychologie de la *Gestalt*, des tests de Rorschach. Cette méfiance est due en grande partie au fait que n'ont pas encore été développées la logique des syndromes, la logique holiste et relationnelle, les statistiques et les mathématiques exigées par ces sciences nouvelles que sont la psychologie et la sociologie.

Le progrès scientifique repose sur un travail de collaboration. Comment des individus limités pourraient-ils effectuer autrement des découvertes importantes, voire décisives ? Faute de collaboration, le progrès s'arrête jusqu'à l'arrivée d'un géant de la science qui n'a besoin de personne. L'orthodoxie scientifique a pour principe de refuser d'aider l'hétérodoxe. Or comme les génies sont rares (parmi les hétérodoxes comme dans les rangs des orthodoxes), cela se traduit par une progression lente et continue de la science orthodoxe seule. Les idées hétérodoxes marquent le pas, victimes de longues périodes de négligence lasse ou d'opposition, pour s'imposer brusquement (si elles sont justes) et devenir orthodoxes à leur tour.

L'orthodoxie favorisée par le centrage sur les moyens engendre un danger encore plus grave : celui de limiter le champ d'application de la science. Non seulement elle bloque le développement de techniques nouvelles, mais elle empêche l'émergence de nombreuses problématiques au motif que le lecteur pourrait s'attendre à ce qu'on ne trouve pas de solution dans l'état actuel de la technique (par exemple, les questions sur la subjectivité, les questions relatives aux valeurs, les problèmes liés à la religion). Ces raisonnements absurdes justifient ces aveux inutiles d'échec, cette contradiction dans les termes, ce concept de « problématique non scientifique », comme s'il existait une problématique quelle qu'elle soit que nous n'oserions pas aborder et que nous ne tenterions pas de résoudre. Bien entendu, quiconque a parcouru et assimilé l'histoire des sciences n'oserait évoquer l'idée de problèmes insolubles ; il ou elle parlerait simplement de problèmes qui n'ont pas encore trouvé de solution. Cette formulation a le mérite de nous inciter à agir, d'exercer notre ingéniosité et notre créativité. Exprimée selon les termes de l'orthodoxie scientifique actuelle – « Que nous permet la méthode scientifique (telle que nous la connaissons) ? » – elle nous conduit à l'inverse : à nous auto-limiter volontairement, à nous détourner de quantité de domaines qui ont un intérêt pour l'homme. Cette tendance peut aller jusqu'aux extrémités les plus incroyables et les plus dangereuses. Ainsi, dans des discussions récentes lors de projets communs visant à créer des fondations de recherche nationales, il s'est trouvé des physiciens pour demander qu'en soient exclues les sciences sociales et la psychologie, arguant du fait qu'elles n'étaient pas suffisamment « scientifiques ». Sur quelle base reposait cette déclaration, si ce n'est sur un respect excessif de techniques sophistiquées et performantes, et sur une ignorance totale du questionnement inhérent à la science et de son enracinement dans les valeurs et dans les motivations humaines ? Comment, en tant que psychologue, dois-je interpréter cette proposition et les diatribes de mes collègues physiciens ? Devrais-je employer leurs techniques ? Mais elles sont sans effet dans ma discipline. Comment pourraient-elles aider à traiter les problèmes psychologiques ? Doit-on se résoudre à laisser ceux-ci sans solution ? Ou bien les scientifiques devraient-ils abandonner définitivement ce champ d'étude et le rendre aux théologiens ? Ou encore serait-ce un sarcasme *ad hominem* ? Cela signifie-t-il que les psychologues sont stupides et les physiciens intelligents ? Qu'est-ce qui justifie cette affirmation hautement improbable ? Des impressions ? Il me faut alors donner ici mon impression personnelle, à savoir qu'il existe autant d'imbéciles dans tel groupe scientifique que dans tel autre. Laquelle de ces impressions a plus de validité ?

Je crains qu'il n'y ait d'autre explication que celle qui consiste à accorder implicitement une place prioritaire à la technique – peut-être même la seule et unique place.

L'orthodoxie centrée sur les moyens encourage les scientifiques à « jouer la sécurité » au lieu d'oser et de faire preuve d'audace. Elle fait de l'activité scientifique une progression pas à pas sur une route soigneusement balisée au lieu de l'envisager comme une incursion aventureuse dans l'inconnu. Elle aborde ce qui n'est pas encore connu par une approche traditionnelle au lieu de favoriser une approche révolutionnaire. Elle transforme les scientifiques en colons au lieu d'en faire des pionniers[1].

La place qui convient aux scientifiques – au moins de temps en temps – se situe au sein de l'inconnu, du chaotique, de ce que l'on entrevoit à peine, du non-maîtrisable, du mystérieux, de ce que l'on ne sait pas encore nommer. Voilà où une science orientée vers le problème les conduirait aussi souvent qu'il est nécessaire. Et voilà ce dont les prive l'approche centrée sur les moyens.

La valorisation excessive des méthodes et des techniques incite les scientifiques à penser (1) qu'ils sont plus objectifs et moins subjectifs qu'ils ne le sont en réalité et (2) qu'ils ne sont pas obligés de prendre en compte les valeurs. Si les méthodes sont neutres du point de vue de l'éthique, il n'en va probablement pas de même des problématiques, car tôt ou tard elles soulèvent l'épineuse question des valeurs. Le moyen d'éviter cette question est de mettre en avant les techniques au lieu des buts de la science. De fait, l'orientation centrée sur les moyens se justifie principalement par un effort considérable pour être le plus objectif (le moins dépendant des valeurs) possible.

Cependant, comme nous l'avons vu dans le chapitre 15, la science n'était pas, n'est pas et ne peut être totalement objective, c'est-à-dire indépendante des valeurs humaines. En outre, on est en droit de se demander si elle devrait même tenter de l'être (c'est-à-dire *complètement* objective, plutôt qu'objective dans les limites des possibilités humaines). Les erreurs répertoriées dans ce chapitre témoignent des dangers encourus à vouloir ignorer les imperfections de la nature humaine. Non seulement les névrosés paient un lourd tribut pour leurs tentatives

1. « Les génies sont des têtes d'ogive blindées, leur avancée fulgurante en terrain inconnu laisse forcément leurs flancs à découvert. » (Koestler, 1945, p. 241)

infructueuses à cet égard mais, comble de l'ironie, ils finissent par devenir de plus en plus incapables de penser.

Ce fantasme d'indépendance par rapport aux valeurs a pour conséquence de créer une confusion quant à ce qui vaut la peine d'être entrepris. Si les philosophies centrées sur les moyens étaient poussées à l'extrême (ce qui est rarement le cas), et si elles étaient parfaitement cohérentes (ce qu'elles n'osent, par peur des conséquences évidemment désastreuses), on ne pourrait plus faire la différence entre une expérience majeure et une expérience banale. Il n'y aurait que des expériences parfaitement ou mal exécutées sur le plan technique[1]. À l'aune du seul critère méthodologique, l'étude la plus simple pourrait susciter autant d'admiration que la recherche la plus ambitieuse. Bien entendu, les choses ne se passent pas ainsi dans la réalité, mais cela est essentiellement dû au fait qu'interviennent d'autres critères et d'autres normes que ceux de la méthodologie. Toutefois, si cette erreur n'apparaît pas toujours de manière flagrante, il n'en reste pas moins qu'elle est bien réelle sous une forme insidieuse. Les publications scientifiques montrent à travers de nombreux exemples qu'une question jugée sans intérêt ne peut prétendre à un traitement scientifique rigoureux.

Si la science n'était rien d'autre qu'un ensemble de règles et de procédures, quelle différence y aurait-il entre la science, d'une part, et, d'autre part, le jeu d'échecs, l'alchimie, la « science du parapluie » chère à John Somerville, ou la pratique de la dentisterie[2] ?

---

1. « Un scientifique est un “grand” scientifique, moins parce qu'il a résolu un problème, que parce qu'il a posé un problème dont la solution… entraînera un progrès réel. » (Cantril, 1950)

2. Sir Richard Livingstone du Corpus Christi College, à Oxford, a défini le technicien comme « un homme qui comprend tout au sujet de son travail, sauf son objectif ultime et sa place dans l'ordre de l'univers ». Dans la même veine, quelqu'un d'autre a défini l'expert comme un individu qui évite des bévues insignifiantes en naviguant sur un océan d'erreur.

CHAPITRE 17

Stéréotype et connaissance véritable

Là même où elle avoue ne pas connaître l'objet qu'on lui présente, elle croit que son ignorance porte seulement sur la question de savoir quelle est celle de ses catégories anciennes qui convient à l'objet nouveau. Dans quel tiroir prêt à s'ouvrir le ferons-nous entrer ? De quel vêtement déjà coupé allons-nous l'habiller ? Est-il ceci, ou cela, ou autre chose ? et « ceci » et « cela » et « autre chose » sont toujours pour nous du déjà conçu, du déjà connu. L'idée que nous pourrions avoir à créer de toutes pièces, pour un objet nouveau, un nouveau concept, peut-être une nouvelle méthode de penser, nous répugne profondément. L'histoire de la philosophie est là cependant, qui nous montre l'éternel conflit des systèmes, l'impossibilité de faire entrer définitivement le réel dans ces vêtements de confection que sont nos concepts tout faits, la nécessité de travailler sur mesure.

Henri Bergson,
L'évolution créatrice, PUF, 1907

Dans plusieurs champs de la psychologie, il existe une différence considérable entre la connaissance stéréotypée et la connaissance spontanée, humble, réceptive, la connaissance taoïste du concret, de l'idiosyncrasique, la connaissance unique, innocente, sans idées préconçues ni attentes, et sans intrusion des désirs, des espoirs, des peurs ou des angoisses. La plupart des actes de cognition, à ce qu'il semblerait, ne sont que reconnaissances stériles et superficielles et recensements de stéréotypes. Ce mode de classification paresseux en rubriques préexistantes est profondément différent de la perception réelle, concrète, avec une attention totale aux multiples facettes du phénomène singulier. Ce n'est qu'à partir d'une telle connaissance que se révèlent pleinement la valeur et la saveur de l'expérience.

Dans ce chapitre seront abordés certains aspects de la connaissance à la lumière de ces considérations théoriques. L'auteur de ces lignes souhaite en particulier communiquer au lecteur la conviction que ce que l'on tient en général pour la connaissance n'est qu'un substitut, un subterfuge médiocre, rendu indispensable par les nécessités de l'existence au sein d'une réalité fluctuante que l'on refuse de reconnaître comme telle. Dans la mesure où la réalité est dynamique, et parce que l'esprit occidental moyen ne peut connaître que ce qui est statique, une bonne partie de nos attentes, de nos perceptions, de nos apprentissages, de nos souvenirs et de nos pensées naissent davantage de représentations statistiques de la réalité ou de constructions théoriques, que de la réalité elle-même.

Ce chapitre n'est pas conçu comme une polémique contre les abstractions et les concepts ; je tiens à souligner que nous ne pouvons vivre sans abstractions ni généralisations ni concepts. Mais ils doivent se fonder sur l'expérience plutôt que de naître du vide ou de ressembler à des baudruches gonflées d'air. Ils doivent s'enraciner dans la réalité concrète et s'y arrimer. Ils doivent posséder un contenu doté de sens au lieu de n'être que des mots, des étiquettes, des notions. Nous traiterons ici de l'abstraction pathologique, de la « réduction à l'abstrait », et des dangers qu'elle comporte.

L'attention

Contrairement à la perception, dont elle se distingue totalement, l'attention repose principalement sur des actions de sélection, de préparation, d'organisation et de mobilisation. Celles-ci ne constituent pas nécessairement des réponses pures et spontanées, déterminées entièrement par la nature de la réalité. Chacun sait que l'attention est déterminée par la nature de l'organisme individuel, par les intérêts, les motivations, les préjugés, les expériences passées de l'individu, et ainsi de suite.

Ce qui nous intéresse ici, c'est le fait qu'il est possible de discerner dans les réponses la différence entre l'attention originale, idiosyncrasique, à l'événement singulier et la reconnaissance stéréotypée, catégorisée dans le monde extérieur d'un ensemble de catégories qui existent préalablement dans l'esprit de la personne en état d'attention. C'est-à-dire que l'attention peut n'être rien d'autre qu'une reconnaissance ou une découverte dans le monde de ce que nous y avons déjà placé – une sorte de préjugement de l'expérience avant que celle-ci ne se produise. On peut, en quelque sorte, parler de rationalisation du passé, ou de tentative de maintenir le *statu quo,* plutôt que de reconnaissance véritable du changement, de la nouveauté et du flux. C'est ce qui se produit lorsque le sujet limite son attention à ce qu'il connaît déjà ou lorsqu'il force la nouveauté à emprunter les traits de ce qui lui est familier.

Les avantages et les inconvénients pour l'organisme de cette réduction de l'attention à une forme stéréotypée sont aussi évidents les uns que les autres. Il n'est pas indispensable de mobiliser pleinement son attention dès lors que l'on se contente de classifier une expérience, ce qui se traduit par une économie d'énergie et d'effort. La catégorisation est moins fatigante que l'attention soutenue. Elle sollicite peu la concentration et ne mobilise pas toutes les ressources de l'organisme. L'attention concentrée, nécessaire lorsqu'il s'agit de percevoir et de comprendre un problème important ou nouveau, est, nous le savons tous, extrêmement usante, donc relativement rare. Cette conclusion trouve sa confirmation dans la préférence commune pour les lectures faciles, les abrégés de la littérature, les magazines de vulgarisation, les films conventionnels, les conversations nourries de clichés et, de manière générale, dans la propension à éviter les problèmes réels, ou au moins dans la préférence affirmée pour les pseudo-solutions toutes faites.

La rubricisation, ou la catégorisation, ne fournit pas une réponse complète mais seulement partielle, fausse ou superficielle. Elle rend possible les automatismes du comportement (c'est-à-dire le fait d'effectuer plusieurs choses en même temps), qui, à leur tour, favorisent les activités d'ordre supérieur en réduisant les activités inférieures à des réflexes. En un mot, les éléments familiers de l'expérience ne requièrent ni attention ni concentration de notre part[1].

Nous nous trouvons ici confrontés à un paradoxe, car il est à la fois vrai (1) que nous avons tendance à ne pas remarquer ce qui ne s'intègre pas dans un ensemble préétabli de rubriques (c'est-à-dire l'étrange) et (2) que ce sont l'inhabituel, le non-familier, le dangereux ou le menaçant qui sollicitent le plus notre attention. Un stimulus non familier peut s'avérer soit dangereux (un bruit dans l'obscurité), soit anodin (de nouveaux rideaux à la fenêtre). On accorde une attention maximale à ce qui paraît non familier-dangereux ; on prête une attention minimale à ce qui est familier-sécurisant ; et une attention moyenne à ce qui semble non familier-sécurisant, ou bien on le

1. Pour des exemples tirés de l'expérience, voir l'excellente étude de Bartlett (1932).

transforme en élément familier-sécurisant en le réduisant à une catégorie connue[1].

On pourrait se livrer à des spéculations intéressantes sur le fait que la nouveauté et l'étrange ont pour effet de ne pas attirer du tout l'attention ou au contraire de la mobiliser intensément. À cet égard, on note qu'une forte proportion de gens (moins sains) ne réagit qu'aux expériences menaçantes. Comme si l'attention constituait une réponse à un danger ou à un signal annonçant la nécessité de fournir une réponse d'urgence. Ces personnes ignorent délibérément les expériences qui ne recèlent aucune menace, aucun danger, qui ne sont donc pas dignes d'attention ou qui n'appellent aucun autre type de réponse, cognitif ou émotionnel. Selon eux, l'existence est une alternance de périls à affronter et de périodes de relaxation entre deux dangers.

Cette vision n'est cependant pas partagée par tout le monde. Il existe des individus qui ne se contentent pas de réagir uniquement aux situations dangereuses. Sans doute plus sécurisés et plus confiants en eux-mêmes, ils s'autorisent le luxe de répondre, de remarquer et même d'aborder intensément des expériences qui ne sont pas dangereuses, mais simplement séduisantes, passionnantes, etc.

Cette réaction positive, modérée ou forte, titillement subtil ou extase violente est, à l'image de la réponse d'urgence, une mobilisation du système nerveux autonome qui sollicite les viscères et le reste de l'organisme. La différence principale entre ces expériences est que l'une

1. « Rien n'est plus agréable, de l'enfance à la fin de la vie, que d'avoir la possibilité d'assimiler le neuf à l'ancien, d'aborder chaque violateur ou agresseur de notre série de concepts familiers, tel qu'il se présente, de le percer à jour à travers son aspect inhabituel et de le traiter comme un vieil ami déguisé… Nous ne ressentons ni curiosité, ni émerveillement à propos des choses qui se situent si loin de nous que nous n'avons pas de concepts pour les désigner ou de normes à l'aune desquelles les mesurer. » (James, 1890, vol. II, p. 110)

semble être introspectivement ressentie comme plaisante, l'autre comme désagréable. Cette observation confirme que les êtres humains, non seulement s'adaptent au monde de manière passive, mais aussi qu'ils y prennent plaisir et même qu'ils lui impriment activement leur marque. Le facteur dont la variation semble expliquer la plupart de ces différences est ce que l'on peut appeler la santé mentale. Pour les sujets anxieux, l'attention représente plus essentiellement un mécanisme d'urgence, et le monde se divise entre le danger et la sécurité.

Le contraste le plus probant par rapport à cette notion de catégorisation de l'attention est sans doute fourni par le concept freudien d'« attention flottant librement »[1]. Notons que Freud recommande de préférence l'attention passive en arguant du fait que l'attention active tend à imposer au monde réel une série d'attentes. Lesquelles peuvent étouffer la voix de la réalité si elle est suffisamment faible. Freud nous suggère de nous montrer dociles, humbles, passifs, uniquement préoccupés de découvrir ce que la

1. « Car, dès que l'attention atteint volontairement un certain degré de concentration, nous opérons une sélection dans le matériel qui s'offre à nous ; un point se fixe dans l'esprit avec une telle clarté que les autres sont forcément négligés, et dans cette sélection nous suivons nos attentes et nos inclinations. C'est précisément ce qu'il faut éviter ; si nous suivons nos attentes, nous ne trouverons rien d'autre que ce que nous connaissons déjà, et si nous obéissons à nos inclinations, tout ce que nous percevons sera certainement faussé. N'oublions pas que la signification de la chose que l'on entend se révèle généralement, en majeure partie, par la suite.

« Nous verrons, par conséquent, que le principe de répartition égale de l'attention est le corollaire indispensable de l'exigence du patient à partager tout ce qui lui arrive, sans critique ni sélection. Si le thérapeute se conduit autrement, il se prive de cet avantage essentiel qu'est la soumission du patient à la "règle fondamentale de la psychanalyse". Pour le thérapeute, la règle peut s'énoncer comme suit : il ne doit pas utiliser consciemment sa capacité d'attention mais au contraire laisser jouer la "mémoire inconsciente" ; ou pour exprimer ceci en termes de technique pure et simple : il suffit simplement d'écouter et ne pas chercher à conserver à l'esprit quoi que ce soit de particulier. » (Freud, 1924, p. 324-325)

réalité veut nous dire, dans la perspective essentielle de permettre à la nature intrinsèque du concret de déterminer ce que nous percevons. Tout ceci revient à dire que nous devons traiter l'expérience comme si elle était unique et incomparable à quoi que ce soit d'autre au monde, et que notre seul effort doit être de l'appréhender dans sa nature propre, au lieu de chercher à voir de quelle manière elle s'insère dans nos théories, nos schémas et nos concepts. C'est, au sens le plus complet du terme, une plaidoirie en faveur du centrage sur le problème et contre le centrage sur l'ego. Dans la plus large mesure possible, le moi, ses expériences et ses préjugés, ses espoirs et ses peurs doivent être laissés de côté si nous voulons appréhender la nature intrinsèque en soi de l'expérience qui se déroule devant nous.

Il peut se révéler utile de reprendre l'opposition familière (voire stéréotypée) entre l'approche de l'expérience par le scientifique et l'approche de l'artiste. Si nous pouvons nous permettre de penser en termes abstraits au scientifique véritable et à l'artiste véritable, il est sans doute justifié d'opposer leur approche de toute expérience, quelle qu'elle soit, en disant que le scientifique cherche essentiellement à classifier l'expérience, à la relier à toutes les autres expériences, à la situer dans une philosophe unifiée du monde, à faire l'effort d'identifier les éléments par lesquels elle est semblable ou différente de toutes les autres expériences. Les scientifiques ont tendance à donner un nom à l'expérience, à l'étiqueter, à la situer à sa place, en un mot, à la ranger dans une classification. Les artistes s'intéressent davantage au caractère singulier, idiosyncrasique des expériences. Ils traitent chacune d'elles comme une expérience unique. Chaque pomme est unique, différente, de même que chaque modèle, chaque arbre, chaque tête – aucun ne ressemble parfaitement à l'autre. Comme le disait un critique à propos d'un artiste : « Il voit ce que les autres ne font que regarder. » Ils ne rangent pas l'expérience dans une classification, ne tentent pas de la replacer dans le répertoire mental qu'ils possèdent peut-être. C'est leur prérogative de voir l'expérience dans son originalité, puis, s'ils en ont la capacité, de la geler en quelque sorte afin de permettre à ceux qui n'ont pas une perception aussi fine de la voir spontanément. Simmel a exprimé cela avec élégance : « Le scientifique *voit* quelque chose parce qu'il *sait* – l'artiste, lui, *sait* quelque chose parce qu'il le *voit*. »

À l'instar de tous les stéréotypes, ceux-là sont dangereux. Nous affirmons de manière implicite, dans ce chapitre, que les scientifiques feraient bien de devenir plus intuitifs, plus artistes et plus respectueux et aimants de l'expérience directe, brute. De la même manière, l'étude et la compréhension de la réalité considérées dans une optique scientifique devraient conférer plus de profondeur aux réactions de l'artiste vis-à-vis du monde, et le rendre en outre plus adulte et plus responsable. L'injonction faite à l'artiste et au scientifique est en fait la même pour tous les deux : « Voir la réalité dans son ensemble. »

La perception

Le stéréotype ne s'applique pas seulement à la psychologie sociale du préjugé mais aussi au processus fondamental de la perception. Celle-ci peut être autre chose que l'absorption ou que l'enregistrement de la nature intrinsèque de l'événement réel. Elle équivaut souvent à une classification, à une labellisation, à un étiquetage de l'expérience plus qu'à son examen, et devrait à ce titre mériter une autre désignation que celle de perception vraie. La perception stéréotypée est semblable à l'emploi de clichés ou de phrases toutes faites dans la conversation. Quand on nous présente une personne, par exemple, nous pouvons réagir de manière spontanée, tenter de la comprendre ou de la percevoir en tant qu'individu unique qui ne ressemble à aucun autre. Le plus souvent, cependant, nous avons tendance à la cataloguer, à lui coller une étiquette, à la situer. Nous rangeons cette personne dans une classe, non en tant qu'individu particulier, mais comme l'illustration d'un concept ou le représentant d'une catégorie. En d'autres termes, l'individu engagé dans un processus de perception stéréotypée devrait, en toute honnêteté, être davantage comparé à un employé chargé du classement qu'à une caméra.

Parmi les nombreux exemples de stéréotypes en matière de perception, citons la tendance à percevoir :

- le familier et le banal plutôt que le non familier et l'original ;
- le schématisé et l'abstrait plutôt que le réel ;
- l'organisé, le structuré, l'univalent plutôt que le chaotique, l'inorganisé et l'ambivalent ;
- le nommé ou le nommable plutôt que l'anonyme et l'innommable ;
- le significatif plutôt que le non-significatif ;
- le traditionnel plutôt que le non conventionnel ;
- l'attendu plutôt que l'inattendu.

Lorsque l'événement est de surcroît non familier, concret, ambigu, dépourvu de nom et de signification, inhabituel ou inattendu, nous avons une forte propension à le manipuler, à le forcer ou à le façonner pour lui donner une forme plus familière, plus abstraite, plus structurée et ainsi de suite. Nous tendons à percevoir les événements plus facilement en tant que représentants de catégories que dans leur unicité et leur idiosyncrasie propres.

On trouve de multiples illustrations de ces tendances dans les tests de Rorschach, dans la littérature sur la psychologie de la *Gestalt*, dans les tests de projection et dans la théorie de l'art. Dans ce dernier domaine, Hayakawa (1949, p. 103) reprend l'exemple d'un professeur d'art qui « a pour habitude de dire à ses élèves qu'ils sont incapables de dessiner un bras parce qu'ils l'envisagent en tant que bras ; et précisément parce qu'ils y pensent de cette manière, ils s'imaginent savoir à quoi il devrait ressembler ». L'ouvrage de Schachtel regorge d'exemples fascinants (1959).

On a certes besoin de connaître moins de choses sur un objet stimulus lorsqu'il s'agit de le classer dans un système préétabli de catégories, que pour le comprendre et l'apprécier vraiment. La perception vraie, qui embrasserait l'objet dans son unicité, jouerait sur sa totalité, l'assimilerait et l'appréhenderait, nécessiterait un temps infiniment plus long que la fraction de seconde suffisante pour le cataloguer et l'étiqueter.

Il est également probable que la catégorisation est moins efficace que la perception spontanée, précisément comme nous venons de le voir, parce qu'elle ne demande pas plus d'une seconde. Dans ce cas, la réaction est déterminée par les caractéristiques les plus superficielles, qui peuvent se révéler fallacieuses. Ce type de perception est donc une invitation à l'erreur.

Or les erreurs commises prennent une importance double dans la mesure où la catégorisation rend hautement improbable la rectification de l'erreur d'origine. Une chose ou une personne que l'on classe dans une catégorie précise tend y rester, tout comportement qui va à l'encontre du stéréotype risquant d'être simplement considéré comme une exception dont il ne faut pas tenir compte. Si, par exemple, nous nous sommes persuadés pour une raison ou une autre qu'un individu est malhonnête, et si, lors d'une partie de cartes, nous nous appliquons à le prendre sur le fait, en échouant bien entendu, nous n'en continuons pas moins à le juger malhonnête, en supposant que son honnêteté est seulement motivée par les circonstances, par la peur d'être découvert, par la paresse ou ainsi de suite. Si nous sommes intimement convaincus de son manque d'honnêteté, le fait que nous ne parvenions *jamais* à le prendre en flagrant délit importe peu. Nous continuons à le considérer comme un voleur qui craint d'être percé à jour et qui dissimule devant nous. Ou bien on peut trouver que le comportement affiché est intéressant dans sa contradiction au sens où il n'est pas caractéristique de l'essence de l'individu mais où il constitue seulement une façade.

Il se peut que le concept du stéréotype soit une réponse à la question éternelle de savoir pourquoi les gens persistent dans leurs croyances fausses, alors même que la vérité ne cesse de leur sauter aux yeux. Cette résistance à la preuve est habituellement expliquée par la répression, ou de manière générale par des forces nées des motivations. C'est vrai également. La question étant de savoir si cette vérité est complète et si elle représente en soi et de soi une explication suffisante. Notre discussion indique qu'il existe bien d'autres raisons à cet aveuglement devant l'évidence. Lorsque nous sommes nous-mêmes l'objet d'un comportement stéréotypé, nous avons un aperçu de la violence contenue dans un tel processus. Nous nous sentons insultés et dévalorisés lorsqu'on nous met dans le même panier que d'autres individus dont nous nous estimons très différents à maints égards. William James, mieux que tout autre, a écrit à ce sujet : « La première opération que l'intelligence fait avec un objet est de le ranger dans une catégorie en compagnie d'autres choses. Mais tout objet auquel nous attachons de l'importance et qui suscite notre dévotion est pour nous *sui generis* et unique. Nul doute qu'un crabe se sentirait personnellement outragé s'il nous entendait le classer dans la catégorie des crustacés sans le moindre état d'âme. "Je ne suis rien de tel, se défendrait-il. Je ne suis que *moi-même, rien d'autre que moi-même*." » (1958, p. 10)

L'apprentissage

Une habitude peut se définir comme une tentative de résoudre un problème présent à l'aide d'une solution antérieure qui a été validée. Ce qui suppose (1) de replacer le problème actuel dans une catégorie de problèmes bien précise, et (2) de sélectionner la solution la plus efficace pour cette catégorie particulière de problèmes. D'où le recours inévitable à la classification.

Le phénomène de l'habitude illustre parfaitement une caractéristique qui s'applique autant à l'attention qu'à la perception, à la pensée, à l'expression par catégories, à savoir qu'elles constituent toutes une tentative de « geler le monde ». Dans la réalité, le monde est un flux perpétuel, et toutes les choses sont en évolution. Théoriquement, aucun élément du monde n'est statique (même si, pour des raisons pratiques, beaucoup de choses le sont). Si nous nous en tenons à cette théorie, alors chaque expérience, chaque événement, chaque attitude diffère d'une quelconque manière (qu'elle soit considérable ou insignifiante) de toute autre expérience, de tout autre comportement et ainsi de suite, qui s'est déjà produit auparavant ou qui est appelé à se reproduire[1].

---

1. « Il n'existe pas deux choses qui soient semblables, et rien ne reste identique à soi. Si vous en avez clairement conscience, il est parfaitement juste d'agir comme si certaines choses étaient semblables, et d'agir comme si certaines choses restaient identiques à elles-mêmes – d'agir par habitude. C'est juste parce qu'une différence, pour être une différence, doit représenter une différence, ce que ne font parfois pas certaines différences. Tant que vous comprenez qu'il existe néanmoins des différences, et que vous devez décider si elles représentent ou non une différence, vous pouvez faire confiance à l'habitude, parce que vous saurez vous en écarter. Aucune habitude n'est totalement sûre. Les habitudes sont utiles à ceux qui ne dépendent pas d'elles ou qui ne prétendent pas les suivre aveuglement, sans se soucier des circonstance ; pour les individus moins avisés, les habitudes engendrent l'inefficacité, la stupidité et le danger. » (Johnson, 1946, p. 199)

Il serait dès lors raisonnable, ainsi que Whitehead nous y exhorte, de fonder nos théories et nos philosophies de la science et notre savoir commun sur ce fait essentiel et inévitable. La vérité veut que la plupart d'entre nous ne suivent pas ce précepte. Même si les scientifiques et les philosophes les plus perspicaces ont depuis longtemps réfuté les notions anciennes de vide sidéral et d'éléments stables s'y mouvant librement, ces notions que l'on a écartées verbalement subsistent toujours et servent de point d'appui à nos réactions les moins réfléchies. Bien que le changement et la croissance soient la réalité du monde, nous l'acceptons rarement de plein gré et avec enthousiasme. Nous sommes encore profondément newtoniens.

Toutes nos tentatives de catégorisation doivent être comprises comme un effort de geler ou de fixer ou d'arrêter le mouvement d'un monde fluctuant, soumis au changement, afin de le maîtriser, car nous avons le sentiment qu'il nous échappe dès lors qu'il cesse d'être immobile. À titre d'exemple, citons le calcul infinitésimal, ce système ingénieux que les mathématiciens statiques-atomistes ont inventé pour traiter le mouvement et l'évolution de manière immobile. Pour les besoins de notre exposé, les exemples psychologiques s'avèrent cependant plus pertinents et il nous paraît opportun d'insister sur la thèse selon laquelle les habitudes, et de fait l'ensemble de l'apprentissage par reproduction, constituent des exemples de cette tendance des individus à l'esprit statique, à emprisonner un monde en cours de changement dans l'immobilité temporaire, parce qu'ils sont incapables de gérer ou d'affronter un monde fluctuant.

Dans la mesure où la rubricisation est le gel prématuré des conclusions parce que l'individu redoute l'inconnu, elle est motivée par l'espoir de réduire et d'éviter l'anxiété. Les personnes qui entretiennent des relations confortables avec l'inconnu ou, ce qui revient pratiquement au même, qui sont capables de tolérer l'ambiguïté

(Frenkel-Brunswik, 1949) sont donc moins motivées dans leurs perceptions. L'existence d'un lien étroit entre la motivation et la perception devrait être considérée comme un phénomène quelque peu psychopathologique, plutôt que comme un facteur de bonne santé. Pour être franc, ce lien est le symptôme d'un organisme légèrement malade. Chez les individus accomplis, il se situe à un niveau minimum ; chez les sujets névrotiques et psychotiques, il est à un maximum, comme dans les fantasmes et les hallucinations. On peut exprimer cette différence en disant que chez l'individu sain la cognition est relativement non motivée, alors que chez le sujet malade elle est relativement motivée.

Les habitudes sont donc des mécanismes de conservation, ainsi que James l'a montré en son temps (1890). Pourquoi est-ce ainsi ? D'une part, parce que toute réaction apprise, par sa seule existence, inhibe pour un problème donné la formation d'autres réactions apprises. Il y a une autre raison, tout aussi primordiale, mais que les théoriciens de l'apprentissage négligent ordinairement, à savoir que l'apprentissage ne se limite pas à des réponses automatiques mais qu'il fait également intervenir des préférences affectives. Non seulement nous apprenons l'anglais, mais nous apprenons aussi à aimer cette langue et à la préférer à d'autres (Maslow, 1937)[1]. L'apprentissage

1. Anthologies :
« Depuis qu'un auteur d'anthologie a mis dans son livre
De belles pièces de Morse, Bone, Potter, Bliss et Brook,
Tous les autres auteurs d'anthologie, évidemment,
Se sont mis à citer Bliss, Brook, Potter, Bone et Morse.
Car, si un auteur irréfléchi prenait la liberté
D'imprimer une sélection d'œuvres de vous et moi,
Omettant, de par sa propre volonté,
Les classiques Brook, Morse, Potter, Bliss et Bone,
Des critiques méprisants, négligeant nos vers,
S'écrieraient à l'unanimité :
"Quelle est donc cette anthologie,
Qui ignore Bone, Brook, Potter, Morse et Bliss !" » (Guiterman, 1939)

n'est donc pas un processus totalement neutre. Nous ne pouvons pas prétendre : « Si cette réaction est une erreur, il est facile de la désapprendre ou de la remplacer par la réaction adéquate », car en apprenant, nous nous sommes, jusqu'à un certain point, engagés nous-mêmes et nous avons engagé notre loyauté. Ainsi, si nous voulons apprendre à bien parler français, il peut se révéler judicieux de renoncer à l'apprendre si le seul professeur disponible possède un accent exécrable ; il serait plus efficace d'attendre l'arrivée d'un autre professeur. Ce même raisonnement alimente notre désaccord avec ceux qui affectent en science une attitude désinvolte à propos des hypothèses et des théories. « Même une théorie fausse est meilleure que pas de théorie du tout », affirment-ils. La situation n'est pas aussi simple que cela si nos considérations précédentes possèdent quelque validité. Comme le dit un proverbe espagnol, « les habitudes sont d'abord des toiles d'araignée, puis des chaînes ».

Ces critiques ne s'appliquent pas à toutes les formes d'apprentissage, cela va de soi : elles ne valent que pour l'apprentissage reproductif et atomiste, c'est-à-dire la reconnaissance et le rappel de réactions *as hoc* isolées. Nombre de psychologues y voient le seul moyen par lequel le passé puisse exercer une influence sur le présent ou qui permette de résoudre les problèmes présents en profitant des leçons de l'expérience passée. Cette théorie pèche par sa naïveté ; en effet la majeure partie de ce qui est enseigné aujourd'hui de par le monde (par exemple les principales influences du passé) n'est ni atomiste ni reproductif. La principale influence du passé, la forme d'apprentissage la plus influente, est ce que nous pouvons appeler l'apprentissage intrinsèque ou l'apprentissage du caractère (Maslow, 1968a), c'est-à-dire les effets de nos expériences vécues sur notre caractère. Ainsi, les expériences ne sont pas assimilées par l'organisme une par une comme des pièces de monnaie ; par leurs effets en profondeur, si tant est qu'ils existent, elles transforment complètement la personne. Une expérience dramatique contribuerait ainsi à changer un individu immature en adulte mûr, plus sage, plus tolérant, plus humble, plus capable de résoudre *n'importe quel* problème qui se pose à un adulte. La théorie inverse voudrait que l'individu n'a absolument pas changé, qu'il a simplement acquis une technique qui lui permet de gérer ou de résoudre tel ou tel type de problème (par exemple, le décès de sa mère). Ce dernier exemple me paraît de loin plus important, de loin plus utile, de loin plus paradigmatique que les exemples habituels d'association aveugle d'une syllabe absurde avec une autre, des expériences, qui selon nous, n'ont rien à voir avec quoi que ce soit d'autre au monde que d'autres syllabes absurdes[1].

S'il est vrai que le monde est un processus en évolution, chaque moment est unique et nouveau. Théoriquement parlant, *tous* les problèmes sont forcément nouveaux. Le problème typique, selon la théorie des processus, est le problème auquel personne n'a jamais été confronté auparavant et qui, dans ses éléments fondamentaux, ne ressemble à aucun autre. Quant au problème analogue à des problèmes passés, toujours selon cette théorie, il doit être

1. « La mémoire, comme nous avons essayé de le prouver, n'est pas une faculté de classer des souvenirs dans un tiroir ou de les inscrire sur un registre. Il n'y a pas de registre, pas de tiroir, il n'y a même pas ici, à proprement parler, une faculté, car une faculté s'exerce par intermittences, quand elle veut ou quand elle peut, tandis que l'amoncellement du passé sur le passé se poursuit sans trêve. [...] .../... « Mais, lors même que nous n'en aurions pas l'idée distincte, nous sentirions vaguement que notre passé nous reste présent. Que sommes-nous, en effet, qu'est-ce que notre *caractère*, sinon la condensation de l'histoire que nous avons vécue depuis notre naissance, avant notre naissance même, puisque nous apportons avec nous des dispositions prénatales ? Sans doute nous ne pensons qu'avec une petite partie de notre passé ; mais c'est avec notre passé tout entier, y compris notre courbure d'âme originelle, que nous désirons, voulons, agissons. Notre passé se manifeste donc intégralement à nous par sa poussée et sous forme de tendance, quoiqu'une faible part seulement en devienne représentation. » (Bergson, *L'Évolution créatrice*, PUF, 1907)

compris comme un cas particulier au lieu de constituer un paradigme. Et s'il en est ainsi, le recours au passé pour trouver des solutions *ad hoc* peut se révéler plus dangereux qu'utile. Je pense que l'observation de la réalité confirmera cette théorie de manière concrète. En tout cas, personne, quels que soient ses *a priori* théoriques, ne disputera le fait que nous rencontrons au cours de notre existence un certain nombre de problèmes nouveaux qui appellent par conséquent des solutions nouvelles.

Du point de vue biologique, les habitudes jouent un rôle double dans l'adaptation, parce qu'elles sont à la fois indispensables et dangereuses. Elles impliquent nécessairement quelque chose qui n'est pas vrai, en l'occurrence, un monde statique, constant, non évolutif, et elles sont cependant considérées comme l'un des outils d'adaptation de l'homme les plus efficaces, ce qui suppose certainement un monde changeant, dynamique. L'habitude est une réaction déjà formée à une situation ou une réponse à un problème. Étant déjà formée, elle développe une certaine inertie et une résistance au changement. Mais quand une situation évolue, notre réaction par rapport à elle devrait aussi se modifier ou être prête à changer rapidement. Par conséquent, la présence d'une habitude peut être pire que l'absence totale de réaction, puisqu'elle provoque une résistance et retarde la formation d'une nouvelle réaction plus adaptée à la nouvelle situation.

Ce paradoxe gagnera en clarté si nous le décrivons à partir d'un autre point de vue. Nous dirons alors qu'on établit des habitudes pour traiter des situations récurrentes en réalisant une économie de temps, d'effort et de réflexion. Quand un problème survient à intervalles réguliers plus ou moins sous la même forme, il est certain que nous économisons nos ressources intellectuelles en faisant intervenir une réponse habituelle qui peut automatiquement être avancée lorsque le problème se présente. L'habitude est la réponse à un problème familier, immuable et répétitif. Voilà pourquoi on peut dire qu'une habitude est une réaction de type « comme si » – « comme si le monde était statique, immobile et constant ». Cette interprétation procède bien entendu de la primauté accordée à la répétition par certains psychologues convaincus de l'importance capitale de l'habitude en tant que mécanisme d'ajustement.

La plupart du temps, cela se justifie, dans la mesure où nombre de nos problèmes sont effectivement répétitifs, familiers et relativement immuables. La personne engagée dans ce qu'il est convenu d'appeler des activités supérieures, la réflexion, l'invention, la création, se rend compte que ces dernières exigent un prérequis, un ensemble complexe d'habitudes qui résolvent automatiquement les problèmes triviaux du quotidien, pour permettre au créateur de consacrer son énergie à des préoccupations plus élevées. Mais il y a là une contradiction – voire un paradoxe. En réalité, le monde n'est pas statique, familier, répétitif et immuable. Il est au contraire pris dans un flux constant, qui se renouvelle, qui évolue sans cesse vers quelque chose d'autre, mouvant et changeant. Ne nous posons pas la question de savoir si cette définition s'applique exactement à chacun des aspects du monde ; évitons une discussion métaphysique superflue en supposant pour les besoins de la cause que certains aspects du monde sont constants et que d'autres ne le sont pas. Cela étant acquis, il faut aussi admettre qu'en dépit de leur utilité en ce qui concerne les aspects immuables du monde, les habitudes sont positivement un obstacle et une barrière dès que l'organisme est confronté aux aspects changeants, fluctuants du monde, face à des problèmes uniques, neufs et que personne n'a encore jamais rencontrés[1].

1. « On est d'autant plus "homme d'action" qu'on sait embrasser d'un coup d'œil un plus grand nombre d'événements : c'est la même raison qui fait qu'on perçoit des événements successifs un à un et qu'on se

Nous nous trouvons là face à un paradoxe. Les habitudes sont à la fois nécessaires et dangereuses, à la fois utiles et nocives. Elles représentent indubitablement une économie de temps, d'effort, de réflexion, mais à un coût considérable. Elles constituent un outil d'adaptation privilégié et cependant elles sont une entrave à l'adaptation. Elles permettent de résoudre des problèmes, et pourtant à long terme elles sont contraires à une pensée originale, non discriminatoire, c'est-à-dire aux solutions correspondant aux problèmes d'un ordre nouveau. Bien qu'utiles pour nous aider à nous ajuster au monde, elles gênent notre inventivité et notre créativité, ce qui signifie qu'elles nous empêchent d'ajuster le monde à nous-mêmes. Elles tendent en fin de compte à remplacer, de façon paresseuse, l'attention, la perception, la réflexion, l'apprentissage véritables et spontanés[1].

---

laisse conduire par eux, ou qu'on les saisit en bloc et qu'on les domine. » (Bergson, *L'Évolution créatrice*, PUF, 1907)

« La conscience est essentiellement libre ; elle est la liberté même : mais elle ne peut traverser la matière sans se poser sur elle, sans s'adapter à elle : cette adaptation est ce qu'on appelle l'intellectualité ; et l'intelligence, se retournant vers la conscience agissante, c'est-à-dire libre, la fait naturellement entrer dans les cadres où elle a coutume de voir la matière s'insérer. Elle apercevra donc toujours la liberté sous forme de nécessité ; toujours elle négligera la part de nouveauté ou de création inhérente à l'acte libre, toujours elle substituera à l'action elle-même une imitation artificielle, approximative, obtenue en composant l'ancien avec l'ancien et le même avec le même. Ainsi, aux yeux d'une philosophie qui fait effort pour réabsorber l'intelligence dans l'intuition, bien des difficultés s'évanouissent ou s'atténuent. Mais une telle doctrine ne facilite pas seulement la spéculation. Elle nous donne aussi plus de force pour agir et pour vivre. » (Bergson, *L'Évolution créatrice*, PUF, 1907) .../... « Notre liberté, dans les mouvements mêmes par où elle s'affirme, crée les habitudes naissantes qui l'étoufferont si elle ne se renouvelle par un effort constant – l'automatisme la guette. La pensée la plus vivante se glacera dans la formule qui l'exprime. Le mot se retourne contre l'idée. La lettre tue l'esprit. » (Bergson, *L'Évolution créatrice*, PUF, 1907)

1. On pourrait ajouter que la mémoire reproductive est beaucoup difficile, à moins de disposer d'un ensemble de catégories (d'un cadre de

La pensée

Dans ce domaine, la catégorisation consiste (1) à ne connaître que des problèmes stéréotypés, et/ou (2) à utiliser exclusivement des techniques stéréotypées pour résoudre ces problèmes, et/ou (3) à adopter, face à tous les problèmes de l'existence, un ensemble de solutions et de réponses toutes faites et préparées à l'avance. Ces trois tendances s'ajoutent pour se liguer toutes ensemble contre la créativité ou l'inventivité.[1]

Les problèmes stéréotypés

La personne qui a tendance à catégoriser cherchera tout d'abord à éviter ou à ignorer les problèmes quels qu'ils soient. Sous la forme la plus extrême, on trouve les patients obsessionnels compulsifs qui règlent et ordonnent les moindres détails de leur vie parce qu'ils n'osent pas affronter l'inattendu. Ces sujets se sentent gravement menacés par tout problème qui exige davantage qu'une réponse toute prête, c'est-à-dire qui suppose

---

référence). Le lecteur que cela intéresse peut se reporter à l'excellent livre de Bartlett (1932) qui conforte cette conclusion par l'expérience. Schachtel (1959) est également brillant sur ce sujet.

1. « La clarté et la discipline permettent à celui qui les détient de gérer des situations imprévues. Ce sont les fondations indispensables du maintien des situations sociales existantes. Et elles ne sont cependant pas suffisantes. La transcendance de la clarté et de la discipline est essentielle pour aborder l'imprévu, pour progresser et se passionner. La vie qui se laisse enchaîner dans la conformation à l'existant seule est une vie dégénérée. Le pouvoir d'incorporer des éléments de l'expérience désordonnés et vagues est fondamental pour avancer dans la nouveauté. » (Whitehead, 1938, p. 108)

« L'essence de la vie réside dans les frustrations de l'ordre établi. L'Univers refuse l'influence mortifère de la conformité totale. Et déjà, dans son refus, il évolue vers un nouvel ordre qui représente un prérequis à l'expérience fondamentale. Nous devons expliquer l'objectif de nouvelles formes d'ordre et l'objectif d'un ordre nouveau, et la mesure de la réussite et la mesure de l'échec. » (Whitehead, 1938, p. 119)

de la confiance en soi, du courage et le sentiment de sa propre sécurité.

L'individu *contraint* de percevoir le problème, le situe et le replace dans une catégorie qui lui est familière (puisque ce qui est familier n'est pas générateur d'angoisse). Il se pose les questions suivantes : « À quels types de problèmes antérieurs ressemble-t-il ? » ou « Dans quelle catégorie de problèmes entre-t-il – ou à quelle catégorie est-il susceptible d'être assimilé ? » Cette tentative de replacement du problème dans une situation connue n'est envisageable que dans le cas où l'on perçoit des similitudes. Je ne voudrais pas aborder la question délicate des ressemblances ; soulignons simplement que cette perception des similitudes n'a pas besoin d'être un enregistrement humble et passif de la nature intrinsèque des réalités perçues. Ceci est prouvé par le fait que divers individus, effectuant chacun leur propre classification en fonction d'un ensemble de catégories idiosyncrasiques, réussissent *tous* à aboutir à une expérience stéréotypée. Par crainte de se trouver dans l'embarras, ils s'arrangent pour faire entrer dans une catégorie toutes les expériences qu'il leur est impossible d'ignorer, même s'ils doivent à cette fin tronquer, comprimer ou déformer l'expérience.

Les stéréotypes techniques

De manière générale, l'un des principaux avantages de la catégorisation est qu'en positionnant le problème, elle fournit automatiquement un ensemble de techniques qui permettent de le traiter. Ce n'est pas son seul élément de justification. Que la tendance à resituer un problème corresponde à une profonde motivation est illustré, par exemple, par le médecin qui se sent plus à l'aise en présence d'une maladie connue mais incurable, que face à un ensemble de symptômes totalement mystérieux.

Si le même problème a déjà été traité avec succès à plusieurs reprises, le dispositif sera bien huilé et prêt à être utilisé. Certes, cela suppose une tendance prononcée à répéter ce qui a été entrepris auparavant or, comme nous l'avons vu, les solutions nées de l'habitude apportent autant d'inconvénients que d'avantages. Parmi ces derniers, citons entre autres l'aisance dans l'exécution, l'économie d'énergie, l'automatisme, la préférence affective, l'économie de l'angoisse, et ainsi de suite. Quant aux inconvénients, on notera la perte de flexibilité, d'adaptabilité et d'inventivité créative, en résumé, les conséquences classiques de l'idée selon laquelle ce monde dynamique peut être abordé comme s'il était statique.

Les conclusions stéréotypées

C'est l'exemple sans doute le plus probant de ce processus de rationalisation. Nous définirons ce processus et ceux qui lui sont semblables comme le fait d'avoir une idée toute faite ou d'avoir arrêté une conclusion, puis de déployer une activité intellectuelle intense pour défendre cette conclusion ou la conforter par des preuves. (« Je n'aime pas cet individu et je vais trouver une bonne raison de ne pas l'aimer. ») Cette forme d'activité s'abrite derrière l'alibi de la réflexion. Car il ne s'agit pas ici de réflexion au sens propre du terme puisqu'elle aboutit à une conclusion qui ne respecte pas la nature du problème. Le froncement des sourcils, les discussions enflammées, la recherche frénétique de la preuve sont autant d'écrans de fumée ; la conclusion tombe avant même que la réflexion ait été engagée. Il arrive souvent que l'on ne se donne pas la peine de conserver une façade ; on croit tout simplement, sans même faire mine de penser. Ce qui demande nettement moins d'effort que la rationalisation.

Une personne peut fort bien vivre avec un arsenal d'idées toutes faites qui ont été acquises et intégrées au cours de la première décennie de la vie, et qui n'ont jamais été remises en question. L'individu concerné peut fort bien posséder un QI supérieur. Il ou elle peut donc consacrer une bonne part de son temps à des occupations intellectuelles, en sélectionnant dans le monde les éléments qui viennent à l'appui de ses thèses. Nous ne pouvons nier que cette sorte d'activité puisse à l'occasion bénéficier au monde, et cependant il paraît souhaitable de différencier avec rigueur d'une part la pensée créatrice, productive, et d'autre part la rationalisation même la plus habile. Les avantages occasionnels de cette dernière sont de peu de poids par rapport au phénomène impressionnant de l'aveuglement face au monde réel, de l'imperméabilité face à la preuve, des distorsions de la perception et du souvenir, de la perte de flexibilité et d'adaptabilité face à un monde changeant, et de l'abandon d'autres capacités que l'esprit a cessé de développer.

La rationalisation n'est pas le seul exemple susceptible de nous intéresser. Il existe une autre forme de catégorisation qui consiste à utiliser le problème en tant que stimulus de plusieurs associations parmi lesquelles on sélectionne celle qui correspond le mieux à la situation.

Il semblerait que la pensée par catégorisation entretienne une affinité et un rapport particuliers avec l'apprentissage reproductif. Les trois types de processus que nous avons décrits pourraient facilement être traités comme autant de formes d'habitude. On y dénote clairement une référence au passé. La résolution du problème se résume à utiliser une technique de classification et à résoudre un problème nouveau à la lumière de l'expérience passée. Cette forme de pensée équivaut alors souvent au déplacement et à la réorganisation d'habitudes précédemment acquises et de réminiscences de type reproductif.

Le contraste avec une pensée plus holiste et plus dynamique s'impose avec d'autant plus d'évidence si l'on prend en compte le fait que ce mode de réflexion se réfère davantage aux processus de la perception qu'aux processus de la mémoire. Dans la pensée holiste, l'effort porte principalement sur la perception de la nature intrinsèque du problème présent. Celui-ci est soigneusement examiné pour ce qu'il est et dans son propre style, comme si le sujet n'avait jamais été confronté à semblable problème auparavant. Il s'agit de débusquer sa nature intrinsèque, sa nature en soi, d'« entrevoir la solution *dans* le problème » (Katona, 1940 ; voir aussi Wertheimer, 1959), alors que dans la pensée associative on tente plutôt de voir de quelle façon le problème se rapporte ou ressemble à des problèmes antérieurs.

Concrètement, en termes de comportement, ce principe peut se réduire à ce mot d'ordre : « Je ne sais pas – voyons. » C'est-à-dire que, face à une situation nouvelle, on ne fournit pas d'emblée une réponse préparée à l'avance. On agit plutôt comme si l'on se disait : « Je ne sais pas – voyons », en considérant les éléments par lesquels *cette situation-ci* se différencie des précédentes, et en se préparant à adopter les réactions adéquates.

Il ne faudrait pas en conclure que l'expérience passée n'a pas sa place dans une pensée holiste. On l'utilise seulement d'une autre manière, comme nous l'avons expliqué dans la section précédente, « L'apprentissage », à propos de l'apprentissage intrinsèque, ou apprentissage du caractère. La pensée par association existe, il n'y a aucun doute là-dessus. La question est plutôt de savoir quelle forme de pensée sera utilisée comme point central, comme paradigme, comme modèle idéal. Les partisans de la théorie holiste-dynamique défendent l'idée que la pensée, si elle a un sens, signifie par définition la créativité, l'unicité, l'innocence et l'inventivité. Elle est l'outil par lequel l'humanité crée du neuf, ce qui à son tour implique que la pensée est forcément révolutionnaire au sens d'être parfois en conflit avec les conclusions antérieures. Si elle entre en conflit avec le *statu quo* intellectuel, elle s'oppose à l'habitude ou à la mémoire ou à ce que nous avons déjà appris, pour la simple raison qu'elle doit *par définition* contredire tout ce que nous avons déjà appris. Si notre apprentissage passé et si nos habitudes fonctionnent correctement, nous pouvons répondre automatiquement, par habitude, et en connaissance de cause. Cela signifie que nous n'avons pas besoin de penser. De ce point de vue, la pensée s'oppose davantage à l'apprentissage qu'elle ne constitue une forme d'apprentissage. Si nous nous permettions une légère exagération, nous définirions la pensée comme la capacité de *casser* les habitudes et de *dédaigner* les expériences passées.

On rencontre un autre élément dynamique dans la pensée authentiquement créative, qui s'illustre dans les grandes réalisations de l'histoire humaine. Il s'agit de l'audace, de la témérité, de la vaillance. Si ces termes ne sont pas tout à fait adaptés au contexte, ils sont néanmoins suffisamment explicites, comme nous le constatons lorsque nous pensons au contraste entre un enfant timide et un enfant courageux. L'enfant timoré s'accroche à sa mère qui représente la sécurité, la protection, le familier ; l'enfant audacieux s'aventure plus librement et n'hésite pas à s'éloigner de la maison. Le processus de pensée comparable à l'enfant qui ne veut pas quitter sa mère est l'acte de s'accrocher peureusement à l'habitude. Le penseur courageux – ce qui constitue presque un pléonasme, comme de parler d'un penseur qui pense – doit être capable de se libérer du passé, de l'habitude, de l'attente, de l'apprentissage, de la coutume et de la convention, et d'être dépourvu d'anxiété quand il s'aventure en dehors d'un cadre familier et sûr.

Il existe une autre forme de conclusion stéréotypée, dans laquelle l'opinion individuelle se forme par imitation ou est influencée par l'attrait du prestige. Ce sont des tendances fondamentales et sous-jacentes dans la nature humaine saine. Il serait sans doute plus juste de les considérer comme des exemples de psychopathologie bénigne, ou comme quelque chose qui s'en rapproche. Lorsque surgissent des problèmes graves, ce sont avant tout des réponses à une situation non structurée, privée de cadre de référence, émanant de personnalités excessivement anxieuses, extrêmement traditionnelles ou extraordinairement paresseuses (des individus sans opinion propre, incertains de leur opinion ou qui se méfient de leurs opinions)[1].

Il semblerait que bon nombre des conclusions et des solutions auxquelles nous parvenons dans les principaux domaines de l'existence procèdent de ce modèle, dans lequel, pendant que nous réfléchissons, nous observons les autres du coin de l'œil afin de parvenir aux mêmes conclusions qu'eux. À l'évidence, ces conclusions ne sont pas des réflexions au sens vrai du terme, c'est-à-dire dictées par la nature du problème, mais plutôt des conclusions stéréotypées inspirées par des gens qui nous semblent plus dignes de confiance que nous-mêmes.

Comme on pourrait s'y attendre, une telle position entraîne certaines implications qui nous aident à comprendre pourquoi l'éducation traditionnelle dans ce pays échoue si près du but. Nous ne soulignerons qu'un seul point ici, en l'occurrence, le fait que l'éducation fait peu d'effort pour apprendre aux individus à examiner la réalité directement et sans *a priori*. Elle leur fournit plutôt une paire de lunettes préfabriquées avec lesquelles regarder le monde sous chacun de ses aspects ; ce qu'il faut croire, ce qu'il est opportun d'aimer, ce qu'il convient d'approuver, ce qui doit inspirer de la culpabilité. Il est rare que la personnalité de l'individu soit prise en compte, on encourage rarement celui-ci à avoir le courage de voir

1. On trouve un excellent développement sur la dynamique de la situation chez Fromm (1941). Ce même thème est repris sous une nouvelle forme dans *The Fountainhead*, d'Aynd Rand (1943). Voir aussi *1066 and All That* (Yeatman & Sellar, 1931), à la fois instructif et divertissant.

la réalité selon ses propres critères, à être iconoclaste ou différent. Pour se convaincre de la puissance de ce stéréotype dans l'enseignement supérieur, il n'est que de consulter les programmes universitaires, dans lesquels l'ensemble de la réalité changeante, ineffable et mystérieuse, est divisé avec netteté en trois séries d'unités de valeur, lesquelles, par une coïncidence miraculeuse, s'étalent sur quinze semaines exactement, et qui se séparent aussi nettement que les quartiers d'une orange, en départements complètement indépendants les uns des autres et qui s'excluent mutuellement[1]. S'il existe un exemple parfait de catégories imposées *à* la réalité et non *par* la réalité elle-même, c'est bien celui-là.

Tout cela paraît évident, ce qui l'est moins en revanche, c'est la solution à cet état de choses. L'examen de la pensée stéréotypée suggère l'idée qu'il faudrait moins s'enfermer dans des catégories et s'intéresser davantage aux expériences originales, aux réalités concrètes et singulières. Sur ce point, personne ne s'est mieux exprimé que Whitehead. Ma critique des méthodes d'éducation traditionnelles s'appuie sur le fait qu'elles privilégient trop l'analyse intellectuelle et l'acquisition d'une information formularisée. Je veux dire par là que nous négligeons de renforcer les habitudes d'appréciation concrète des faits individuels dans l'interaction complète des valeurs émergentes, et que nous proposons seulement des formulations abstraites qui ignorent cet aspect de l'influence réciproque des diverses valeurs.

1. « On enseigne la science comme quelque chose de fixe et de stable, non comme un système de savoirs dont l'existence et la valeur dépendent de sa mobilité et de sa promptitude à réviser immédiatement ses constructions les plus chères dès que des faits nouveaux ou qu'un point de vue neuf suggèrent la possibilité d'alternatives. »
« Je suis le maître de ce collège ;
Et ce que je ne sais pas
Ne constitue pas un savoir. » (Whitehead, 1938, p. 59)

Notre éducation combine aujourd'hui l'étude sérieuse de quelques abstractions et l'étude superficielle d'un grand nombre d'abstractions. Nous sommes trop exclusivement livresques dans notre cursus universitaire. La formation générale devrait avoir pour objectif de mettre en lumière nos appréhensions concrètes et devrait satisfaire l'envie des jeunes de réaliser quelque chose. Il devrait y avoir une certaine dose d'analyse, mais seulement pour illustrer les modes de pensée dans diverses sphères. Au Jardin d'Éden, Adam voyait les animaux avant de les nommer ; dans le système traditionnel, les enfants nomment les animaux avant de les voir.
Cette formation professionnelle ne peut s'appliquer qu'à un aspect de l'éducation. Son centre de gravité réside dans l'intellect et son outil principal est le livre imprimé. Le centre de gravité de l'autre aspect de la formation devrait se situer dans l'intuition sans divorce entre l'analyse et l'environnement global. Son objet est l'appréhension immédiate avec le minimum d'analyse mutilante. Le type de généralité qui est souhaité par-dessus tout, est l'appréciation de la variété de valeur. (Whitehead, 1938, p. 284-286)

Le langage

Le langage est avant tout un excellent moyen d'expérimenter et de communiquer l'information nomothétique, c'est-à-dire un excellent moyen de catégorisation. Certes, il s'efforce aussi de définir et de communiquer l'idiosyncrasique ou l'idéographique, mais pour d'ultimes raisons d'ordre théorique, il y échoue souvent[1]. En ce qui concerne

1. La poésie est une tentative de communiquer, ou tout au moins d'exprimer, une expérience idiosyncrasique que la plupart des gens « ne possèdent pas l'art de dire ». Elle consiste à traduire en mots des expé-

l'idiosyncrasie, tout ce qu'il peut faire est de lui donner un nom, ce qui après tout ne la décrit, ni ne la transmet, mais l'étiquette simplement. La seule façon d'appréhender entièrement l'idiosyncrasie est d'en faire totalement l'expérience et de faire cette expérience personnellement. Le seul fait de donner un nom à l'expérience suffit à l'exclure de toute appréciation ultérieure.

Dans la mesure où le langage fait entrer de force les expériences dans des catégories, il dresse un écran entre la réalité et l'être humain. En un mot, nous payons pour ses bienfaits.

Si tout ceci est vrai du langage sous sa forme théorique la plus aboutie, la situation est pire dès qu'il renonce à être idiosyncrasique et dégénère complètement en l'usage de stéréotypes, de platitudes, de devises, de slogans, en clichés, de cris de guerre et d'épithètes. Il devient alors franchement et manifestement un moyen d'éradiquer la pensée, d'émousser les perceptions, d'entraver la croissance mentale et d'abrutir l'être humain. Le langage a alors véritablement pour fonction de « dissimuler la pensée au lieu de la communiquer ».

Par conséquent, lorsque nous utilisons le langage, comme l'impose la nécessité, nous devrions être conscients de ses failles. On pourrait par exemple suggérer aux scientifiques d'emprunter le langage des poètes. Les scientifiques pensent généralement que leur langage est exact et que celui des autres est inexact, mais souvent la langue des poètes est paradoxalement, si ce n'est plus exacte, du

riences personnelles par essence indicibles. C'est l'essai de décrire une expérience originale et unique à l'aide de formules schématisées qui ne sont elles-mêmes ni originales, ni uniques. Tout ce que les poètes peuvent faire dans une telle situation, est d'utiliser ces mots pour établir des parallèles, des figures de rhétorique, de nouveaux schémas lexicaux, et ainsi de suite, avec lesquels, bien qu'ils ne puissent décrire l'expérience elle-même, ils espèrent déclencher une expérience similaire chez le lecteur. Qu'ils y réussissent parfois tient tout simplement du miracle.

moins plus vraie. Elle se révèle même parfois beaucoup plus exacte. Par exemple, il est possible, si on possède suffisamment de talent, d'exprimer sous une forme extrêmement concise ce qu'un professeur mettrait dix pages à exposer. L'anecdote suivante, attribuée à Lincoln Steffens (dans Baker, 1945, p. 222), en est une illustration.

> « Satan et moi, racontait Steffens, descendions la Cinquième Avenue, lorsque nous vîmes un homme s'arrêter brusquement et ramasser un fragment de Vérité flottant dans l'air – juste là dans l'air – un fragment de Vérité vivante.
>
> — Tu as vu cela ? demandai-je à Satan.
>
> — Cela ne t'inquiète pas ? Ne sais-tu pas que c'est suffisant pour te détruire ?
>
> — Oui, mais cela ne m'inquiète pas. Je vais te dire pourquoi. C'est une merveilleuse chose vivante pour le moment, mais l'homme va d'abord lui donner un nom, puis il va la classer dans une catégorie et, quand il aura terminé, elle sera morte. S'il voulait la laisser vivre, et vivre en fonction d'elle, cela me détruirait. Je n'ai aucune raison d'être inquiet. »

L'une des autres caractéristiques du langage qui pose problème est qu'il se situe hors de l'espace et du temps – ou du moins, c'est le cas de certains mots. Sur mille ans, le mot *Angleterre* ne croît pas, ne vieillit pas, ne se développe pas, n'évolue pas ou ne change pas comme le fait la nation elle-même. Et cependant des mots comme celui-là sont tout ce dont nous disposons pour décrire des évènements dans l'espace et le temps. Quel sens cela a-t-il de dire « Il y aura toujours une Angleterre » ? Comme l'explique si bien Johnson, « le doigt mouvant de l'actualité écrit plus vite que la langue n'est capable d'annoncer. La structure du langage est moins fluide que la structure de la réalité. De même que le tonnerre que nous entendons gronder s'est déjà éloigné, la réalité dont nous parlons a cessé d'exister » (Johnson, 1946, p. 119).

La théorie

Les théories construites sur des catégories sont presque toujours abstraites, c'est-à-dire qu'elles soulignent certaines qualités des phénomènes comme étant plus importantes que d'autres ou au moins plus dignes d'être remarquées. Une théorie ou une abstraction est ainsi capable de minimiser ou de négliger ou d'ignorer certaines des qualités des phénomènes, c'est-à-dire d'omettre une partie de la vérité. En raison de ces principes de rejet et de sélection, la théorie ne peut fournir qu'une vue partielle et faussée du monde. Il est probablement vrai, aussi, que toutes les théories combinées ne donnent jamais une vision complète des phénomènes et du monde. Toute la richesse subjective d'une expérience semble se révéler davantage aux individus dotés de sensibilité artistique et émotionnelle qu'aux théoriciens et aux intellectuels. Il se pourrait même que ce que l'on appelle l'expérience mystique soit l'expression suprême et parfaite de cette sorte d'appréciation totale de toutes les caractéristiques du phénomène singulier.

Ces considérations devraient par contraste révéler une autre caractéristique de l'expérience individuelle, particularisée, en l'occurrence son caractère non abstractif. Ce qui n'est pas la même chose que de dire qu'elle est concrète au sens de Goldstein. Les patients blessés au cerveau, lorsqu'ils adoptent un comportement concret, ne voient pas en réalité toutes les caractéristiques sensuelles d'un objet ou d'une expérience. Ils ne voient et ne sont capables de voir qu'une seule caractéristique, celle qui est déterminée par le contexte ; par exemple, une bouteille de vin et juste cela et rien d'autre, ce n'est pas, par exemple, une arme ou une décoration ou un presse-papiers ou un extincteur. Si nous définissons l'abstraction comme une attention sélective, pour quelque raison que ce soit, à certaines caractéristiques d'un événement plutôt qu'aux nombreuses autres, on pourrait en réalité dire des patients de Goldstein qu'ils se livrent à une abstraction.

Il y a alors une opposition entre la classification et l'appréciation des expériences, entre le fait de les utiliser et d'en profiter, entre le fait de les connaître d'une certaine manière et de les connaître d'une autre manière. Tous ceux qui ont écrit sur les expériences mystiques et sur les expériences religieuses l'ont souligné alors que peu de psychologues ont fait de même. Aldous Huxley dit ainsi : « À mesure que l'individu progresse, sa connaissance devient plus conceptuelle et plus systématique dans sa forme, et son contenu utilitaire, factuel, s'accroît considérablement. Mais ces gains sont contrebalancés par une certaine détérioration dans la qualité de l'appréhension immédiate, une atténuation et une perte du pouvoir intuitif » (1944, vii)[1].

Quoi qu'il en soit, dans la mesure où l'appréciation n'est certainement pas notre seule relation avec la nature, étant biologiquement la moins pressante de toutes ces relations, nous devons nous garder de tomber dans le piège qui consiste à stigmatiser les théories et les abstractions en raison de leurs dangers. Leurs avantages sont considérables et évidents, notamment en ce qui concerne la communication et la manipulation concrète du monde. S'il était dans nos prérogatives de faire des recommandations, nous les formulerions sans doute comme suit : les processus cognitifs ordinaires de l'intellectuel en activité, du scientifique, etc., peuvent acquérir encore davantage de puissance qu'ils n'en ont, pour peu que l'on se souvienne que ces processus ne constituent pas les seules armes possibles dans l'arsenal des chercheurs. Il en existe bien d'autres. Si on les a cru réservées au poète et à l'artiste,

1. À titre de références sur le mysticisme, voir *The Perennial Philosophy* d'Aldous Huxley (1944) et *The Varieties of Religious Experience* de William James (1958).

c'est parce que l'on n'a pas compris que ces modes de connaissance délibérément ignorés donnaient accès à cette portion du monde réel qui demeure cachée aux intellectuels confits dans l'abstraction.

Par ailleurs, comme nous le verrons dans le chapitre 18, une théorie holiste s'avère possible, dans laquelle les choses ne sont pas disséquées et séparées les unes des autres, mais sont envisagées intactes dans leurs interrelations en tant que facettes d'un tout, contenues en lui, vues comme des silhouettes sur un arrière-plan, ou à différents niveaux de grossissement.

CHAPITRE 18

Une approche holiste de la psychologie[1]

L'approchet holiste dynamique

La donnée psychologique fondamentale

S'il est difficile de dire exactement ce qu'est cette donnée fondamentale, il est aisé en revanche de dire ce qu'elle

1. Ce chapitre présente un ensemble de conclusions théoriques issues directement de l'étude sur les rôles de l'estime de soi et de la sécurité dans l'organisation de la personnalité humaine. Il est repris dans les articles et les tests suivants : « The authoritarian character structure", *J. Social Psychol.*, 1943, 18, 401-411; « A clinically derived test for measuring psychological security-insecurity », *J. Gen. Psychol.*, 1945, 33, 21-51 (avec E. Birsh, E. Stein, et I. Honigmann), publié par Consulting Psychologists Press, Palo Alto, Calif. 1952 ; « Comments on Prof. McClelland's. » dans M.R. Jones (éd.), *Nebraska Symposium on Motivation*, 1955, Lincoln : university of Nebraska Press ; « The dominance drive as a determiner of the social and sexual behavior of infra-human primates », I, II, III, IV, *J. Genet. Psychol.*, 1936, 48, 261-277, 278-309 (avec S. Flanzbaum), 310-338 ; 1936, 49, 161-198 ; « Dominance-feeling, behavior and status », *Psychol. Rev.*, 1937, 44, 404-429; « Dominance-feeling, personality, and social behavior in women », *J. Social Psychol.*, 1939, 10, 3-39; « Dominance-feeling and social behavior in infra-human primates », *J. Social Psychol.*, 1940, 11, 313-324; « The dynamics of psychological security-insecurity », *Character and Pers.*, 1942, 10, 331-344; « Individual psychology and the social behavior of monkeys and apes », *Int. J. Individ. Psychol.*, 1935, 1, 47-59; « Liberal leadership and personality », *Freedom*, 1942, 2, 27-30 ; « Some parallels between the dominance and sexual behavior of monkeys and the fantasies of patients in psychotherapy », *J. Nervous Mental Disease*, 1960, 131, 202-212 (avec H. Rand et S. Newman) ; « Self-esteem (dominance-feeling) and sexuality in women », *J. Social Psychol.*, 1942, 16, 259-294; « A test for dominance-feeling (self-esteem) in women », *J. Social Psychol.*, 1940, 12, 255-270.

n'est pas. Nous avons connu plusieurs formulations inspirées du « rien que », mais toutes ces tentatives de réduction ont échoué. Nous savons que la donnée psychologique fondamentale n'est ni un tressaillement musculaire, ni un réflexe, ni une sensation élémentaire, ni un neurone, ni même l'infime manifestation d'un comportement. C'est une unité plus large, et les psychologues sont de plus en plus nombreux à penser qu'il s'agit d'une unité au moins aussi large qu'un acte d'ajustement ou d'adaptation, qui fait nécessairement intervenir un organisme, une situation et un but ou un objectif. D'après ce que nous avons dit des réactions non motivées et de l'expression pure, même ceci semble trop limité.

En un mot, nous aboutissons à la conclusion paradoxale que la donnée fondamentale de la psychologie est la complexité d'origine que les psychologues s'étaient attachés à analyser en éléments ou en unités fondamentales. Si nous recourons au concept de donnée fondamentale, nous parlons certainement d'une sorte de concept particulier, car il se rapporte à un complexe et non à un simplexe, à un tout plutôt qu'à une partie.

Si nous réfléchissons à ce paradoxe, nous en arrivons rapidement à comprendre que la recherche d'une donnée fondamentale est en soi un reflet d'une vue globale du monde, une philosophie scientifique qui postule un monde atomiste – un monde dans lequel les choses complexes sont bâties avec des éléments simples. La première tâche du scientifique est alors de réduire ce qui est supposé complexe à ce qui est supposé simple. Il y réussit par le moyen de l'analyse, en séparant les éléments de plus en plus finement jusqu'à atteindre l'irréductible. Plusieurs disciplines scientifiques ont mené cette tâche à bien, du moins pour un temps. La psychologie n'y est pas parvenue.

Cette conclusion révèle la nature essentiellement théorique de la tentative de réduction tout entière. Il faut comprendre que cet effort ne relève pas de la nature fondamentale de la science prise globalement. Il est simplement le reflet ou la conséquence sur la science d'une vision du monde atomiste, mécaniste, dont nous savons désormais qu'elle suscite le doute avec raison. Attaquer cette tentative de réduction n'équivaut donc pas à attaquer la science en général, mais plutôt l'une des attitudes possibles envers la science. Mais notre problème initial reste encore à résoudre. Reformulons-le en sorte de ne pas poser la question : « Quelle est la donnée fondamentale (irréductible) de la psychologie ? » mais plutôt : « Quel est l'objet d'étude de la psychologie ? » et encore : « Quelle est la nature des données psychologiques et comment peuvent-elles être étudiées ? »

La méthodologie holiste

Comment allons-nous étudier nos sujets si ce n'est en les réduisant à leurs « éléments simples » ? On peut prouver que c'est une opération moins compliquée que ne le pensent ceux qui rejettent la tentative de réduction.

Il faut tout d'abord comprendre que l'objection ne concerne pas l'analyse en général mais seulement l'analyse que nous avons appelée la réduction. Il n'est pas nécessaire de remettre en cause la validité des concepts de l'analyse, des éléments et ainsi de suite. Nous devons simplement redéfinir ces concepts, pour réaliser grâce à eux un travail plus abouti et plus fructueux.

Si nous prenons un exemple tel que rougir ou trembler ou balbutier, nous constatons aisément que ce comportement peut être étudié sous deux aspects différents. D'un côté, nous l'étudions comme s'il s'agissait d'un phénomène isolé, discret, indépendant et compréhensible en soi. De l'autre, nous pouvons le considérer comme une expression donnée de l'organisme tout entier, en tentant de l'appréhender dans toute la richesse de ses interrelations avec l'organisme et avec les autres expressions de l'organisme. Cette distinction devient plus claire si nous établissons une analogie avec les deux manières possibles d'étudier un organe tel que l'estomac : (1) il peut être prélevé sur un cadavre et posé sur la table de dissection, ou (2) il peut être étudié *in situ*, c'est-à-dire dans un organisme vivant et en plein fonctionnement. Les spécialistes d'anatomie savent aujourd'hui que ces deux méthodes débouchent sur des résultats différents. La connaissance apportée par la seconde est plus valable et plus utile que les résultats obtenus par l'équivalent des techniques *in vitro*. Bien entendu, les anatomistes modernes ne stigmatisent pas la dissection ni l'étude isolée de l'estomac. Ces techniques sont utilisées mais seulement dans le contexte élargi de la connaissance *in situ*, de la conscience que le corps humain n'est pas une collection d'organes séparés, de la prise en compte que l'organisation du cadavre n'est pas la même que celle du corps en vie. En un mot, les anatomistes poursuivent tout ce qui se faisait dans le passé mais (1) dans un esprit différent et (2) en allant plus loin – ils utilisent des techniques complémentaires de celles qui étaient traditionnellement en usage.

Nous pouvons emprunter une démarche analogue en étudiant la personnalité sous deux éclairages différents. Nous pouvons considérer que nous étudions une entité discrète ou que nous examinons une partie d'un ensemble. La première méthode est réductrice-analytique. La seconde peut être appelée holiste-analytique. Dans la pratique réelle, l'analyse holiste de la personnalité a pour caractéristique essentielle de partir d'une étude préliminaire ou de la compréhension de l'organisme complet, et d'étudier ensuite le rôle de chaque élément dans l'organisme et dans la dynamique de l'organisme tout entier.

Dans les deux séries de recherches qui constituent l'essentiel de ce chapitre (l'étude du syndrome d'estime de soi et celle du syndrome de sécurité), nous avons employé cette méthode holiste-analytique. En réalité, il s'agit moins de l'étude de l'estime de soi ou de la sécurité en soi que de l'étude du rôle de l'estime de soi ou de la sécurité dans l'ensemble de la personnalité. En termes de méthodologie, cela signifie que l'auteur estimait qu'il lui était indispensable de comprendre chaque sujet comme un individu pris dans sa globalité, fonctionnant, s'adaptant, avant d'essayer de découvrir des données spécifiques sur l'estime de soi du sujet. Ainsi, avant de lui poser des questions précises à ce propos, il a préféré explorer les relations du sujet avec sa famille, avec son environnement culturel, sa manière de faire face aux principaux problèmes de l'existence, ses espoirs pour l'avenir, ses idéaux, ses frustrations et ses conflits. Ce processus s'est poursuivi jusqu'à ce que l'auteur ait le sentiment d'avoir cerné ledit sujet d'aussi près que l'y autorisaient les techniques à sa disposition. Alors seulement, il a eu la certitude de pouvoir comprendre les véritables conséquences psychologiques sur l'estime de soi de certains éléments du comportement.

Nous allons expliquer par un exemple combien cette compréhension de l'arrière-plan est cruciale pour l'interprétation exacte d'un comportement donné. En général, les personnes dotées d'une faible estime de soi tendent à être plus religieuses que celles qui possèdent une haute estime d'elles-mêmes, mais il existe de toute évidence beaucoup d'autres déterminants à la religiosité. Lorsqu'on veut déterminer si, pour un individu donné, le sentiment religieux correspond au besoin de disposer d'une source de réconfort, il faut d'abord connaître la formation religieuse de cette personne, les diverses compulsions extérieures en faveur et contre la religion qui influencent le sujet, si le sentiment religieux est ou n'est pas superficiel ou profond, s'il est affiché ou sincère. En un mot, nous devons comprendre ce que la religion signifie pour la personne en tant qu'individu. Ainsi, des fidèles qui se rendent régulièrement à l'église peuvent en fait être définis comme moins croyants que d'autres qui ne la fréquentent jamais, parce qu'ils y vont (1) pour éviter l'isolement social, ou (2) pour faire plaisir à leurs parents, ou (3) parce que la religion n'est pas un signe d'humilité mais représente au contraire pour eux une arme de domination sur les autres, ou (4) parce qu'elle marque leur appartenance à un groupe supérieur, ou (5) comme le père de Clarence Day, parce que « c'est bon pour les masses ignorantes et que je dois jouer le jeu », et ainsi de suite. Ils peuvent, au sens dynamique, ne pas du tout être croyants et se conduire cependant comme s'ils l'étaient. Nous devons par conséquent savoir ce que la religion signifie pour eux en tant qu'individus avant d'évaluer son rôle dans leur personnalité. En soi, la pratique religieuse peut avoir pratiquement n'importe quelle signification, et par conséquent n'en avoir quasiment aucune pour nous.

Voici un autre exemple, peut-être plus frappant, de comportement donné pouvant avoir des significations complètement opposées du point de vue psychologique ; celui du radicalisme en matière de politique et d'économie. Considéré en soi, c'est-à-dire du point de vue comportemental, pris isolément, en dehors de tout contexte, il fournit des résultats surprenants lorsqu'on le met en relation avec le sentiment de sécurité du sujet. Certaines personnes radicales se situent à la limite extrême de la sécurité, d'autres se trouvent au contraire à la limite extrême de l'insécurité. Mais si nous analysons le radicalisme dans son contexte global, nous découvrons que certains individus peuvent être ainsi parce que la vie ne leur sourit pas, parce qu'ils sont amers, déçus ou frustrés, parce qu'ils n'ont pas ce que d'autres ont. L'étude attentive de ces individus révèle chez eux une hostilité prononcée à l'égard des autres hommes en général, tantôt consciente, tantôt inconsciente en fonction de chacun. On a dit avec justesse de ce type de personnes qu'elles ont tendance à percevoir leurs difficultés comme s'il s'agissait d'une crise mondiale.

Cependant il existe un autre type d'individu radical qui est très différent même s'il (elle) vote, se comporte et parle de la même manière que celui décrit ci-dessus. Pour ces personnes, le radicalisme peut avoir une motivation ou une signification complètement différente, voire opposée. Elles se sentent en sécurité, elles sont heureuses, ce sont des gens satisfaits, qui, toutefois, par amour pour leurs frères humains, se croient tenus d'améliorer le sort des moins favorisés, de combattre l'injustice, même si elle ne les touche pas directement. Elles peuvent exprimer ce besoin par mille et un moyens : par le biais de la philanthropie personnelle ou de l'engagement religieux ou d'un enseignement patient ou d'une activité politique. Leurs convictions politiques sont indépendantes des fluctuations de leurs revenus, de leurs tragédies personnelles et ainsi de suite.

En un mot, le radicalisme est une forme d'expression susceptible de provenir de motivations sous-jacentes totalement différentes, de structures de caractère opposées. Chez une personne, il peut naître essentiellement de la haine des autres ; chez une autre, il peut trouver son origine dans l'amour pour les autres. L'étude du radicalisme en soi, séparément, ne permet pas d'arriver à cette conclusion[1].

Le point de vue général qui est proposé ici est holiste plutôt qu'atomiste, fonctionnel plutôt que taxinomique,

---

1. La technique de l'itération est une technique holiste couramment utilisée (mais pas sous cette dénomination) dans l'élaboration des tests de personnalité. J'ai également recouru à cette technique dans mes explorations des syndromes de la personnalité. En partant d'un ensemble grossièrement défini, nous analysons sa structure en subdivisions, parties et ainsi de suite. Cette analyse révèle des difficultés qui sont inhérentes à notre conception d'origine de l'ensemble. Celui-ci est donc réorganisé, redéfini et reformulé avec davantage de précision et d'efficacité, et peut alors être analysé. Cette nouvelle analyse donne un ensemble plus précis et ainsi de suite.

dynamique plutôt que statique, dynamique plutôt que causal, intentionnel plutôt que simple-mécanique. J'ai constaté que les individus qui pensent en termes de dynamisme adoptent plus facilement et plus naturellement un mode de réflexion holiste plutôt qu'atomiste, intentionnel plutôt que mécanique, et ainsi de suite. Nous appellerons cela le point de vue holiste-dynamique. On pourrait aussi le qualifier d'organismique au sens de Goldstein (1939, 1940).

À l'opposé de cette interprétation, on trouve une vision organisée et unitaire qui est à la fois atomiste, taxinomique, statique, causale et simple-mécanique. Le penseur atomiste estime plus naturel d'avoir une pensée statique plutôt que dynamique, mécanique plutôt qu'intentionnelle et ainsi de suite. Cette perspective générale, nous la qualifierons arbitrairement de générale-atomiste. Nous ne doutons pas qu'il soit possible de démontrer non seulement que ces vues partielles tendent à aller de pair, mais qu'elles doivent logiquement aller de pair.

Les limites des théories de la causalité

Quelques remarques sur le concept de causalité s'imposent ici, dans la mesure où il constitue un aspect de la théorie générale-atomiste qui nous paraît central et que les auteurs d'ouvrages de psychologie ont dénigré ou ignoré. Ce concept se situe au cœur de la pensée générale-atomiste et en est une conséquence naturelle, voire nécessaire. Si l'on voit le monde comme une suite d'entités intrinsèquement indépendantes, il reste à résoudre le fait phénoménal que ces entités entretiennent néanmoins des relations les unes avec les autres. Les premières tentatives de résolution de ce problème faisaient intervenir une notion de causalité du type de celle de la boule de billard, dans laquelle un élément séparé a un effet sur un autre élément discret, mais aussi dans laquelle les entités en jeu conservent leur identité fondamentale. Ce point de vue est relativement facile à soutenir, et il a régné en maître absolu tant que la physique ancienne nous fournissait une théorie du monde. Mais les progrès de la physique et de la chimie ont entraîné un changement. Par exemple, dans la formulation habituellement plus élaborée d'aujourd'hui, il est question de causalités multiples. On admet désormais que les interrelations qui régissent le monde sont trop complexes, trop imbriquées, pour être décrites simplement comme le jeu des boules sur le billard. Mais la réponse apportée est plus souvent une complexification de la notion d'origine que sa restructuration fondamentale. À la place d'une cause unique, on en découvre plusieurs, mais qui sont conçues pour agir dans le même sens – séparément et indépendantes les unes des autres. La boule de billard n'est plus maintenant heurtée par une, mais par dix autres boules simultanément, et nous devons recourir à une arithmétique quelque peu plus compliquée pour comprendre ce qui se passe. Les processus essentiels sont toujours l'addition d'entités séparées qui aboutit à une « somme de et », pour reprendre l'expression de Wertheimer. Aucun changement n'apparaît nécessaire dans la manière d'envisager les évènements complexes. Quel que soit le degré de complexité du phénomène, il ne se produit rien de fondamentalement neuf. C'est ainsi que la notion de cause s'élargit de plus en plus pour répondre à de nouveaux besoins, jusqu'à ce qu'elle semble parfois n'avoir plus de rapport, si ce n'est un lien historique, avec le concept initial. En réalité, cependant, aussi différentes que ces théories paraissent, elles demeurent identiques puisqu'elles continuent à refléter la même vision du monde.

C'est dans le cas particulier des données de la personnalité que nous voyons la théorie de la causalité s'écrouler complètement. On peut sans difficulté démontrer que, dans n'importe quel syndrome de la personnalité, il existe d'autres relations que celles de causalité. Si nous voulions employer le vocabulaire de la causalité, nous devrions dire que chaque partie du syndrome est à la fois une cause et un effet de chaque autre partie, ainsi que du groupe formé par ces autres parties, et nous devrions encore ajouter que chaque partie est à la fois une cause et un effet du tout dont elle est une partie. Cette conclusion absurde est la seule possible si nous nous référons uniquement au concept de causalité. Même si nous tentons de répondre à la situation en introduisant le concept plus nouveau de causalité circulaire ou de causalité réversible, nous ne pourrions décrire en totalité les relations à l'intérieur du syndrome, ni celles qui relient la partie au tout.

Et encore n'est-ce pas la seule faille de la terminologie de la causalité avec laquelle il nous faut composer. Il y a également le problème difficile de la description de l'interaction ou de l'interrelation entre un syndrome pris comme un tout, et toutes les forces de « l'extérieur » qui pèsent sur lui. Le syndrome d'estime de soi, par exemple, tend à changer dans son intégralité. Si nous essayons de modifier le bégaiement de Johnny sans nous préoccuper d'autres éléments que du défaut lui-même, il est probable que nous découvrirons (1) que nous n'avons rien changé du tout, ou (2) que nous n'avons pas seulement transformé le bégaiement de Johnny mais plutôt l'estime que Johnny a de lui-même en général ou Johnny lui-même en tant qu'individu. Les influences extérieures changent la totalité de l'être humain, et pas seulement un élément ou une partie de lui-même.

Cette situation comporte d'autres particularités qui défient toute description par la terminologie classique de la causalité. Il y a notamment un phénomène très difficile à décrire. L'expression qui s'en approche le plus serait de dire que les choses se passent comme si l'organisme (ou tout autre syndrome) « avalait la cause, la digérait, et émettait l'effet ». Lorsqu'un stimulus effectif, disons une expérience traumatisante, a prise sur la personnalité, certaines conséquences découlent de l'expérience. Mais ces conséquences n'entretiennent pratiquement jamais de relation singulière ou linéaire avec l'expérience causale d'origine. Ce qui se produit en fait, c'est que l'expérience, si elle est suivie d'un effet, transforme l'ensemble de la personnalité. Celle-ci désormais différente de celle qu'elle était auparavant, s'exprime différemment et se comporte différemment. Supposons que l'effet engendré soit l'accentuation d'un tic du visage. Est-ce à dire que les dix pour cent d'augmentation du tic sont dus à la situation traumatisante ? Si nous l'affirmons, pour être cohérents, nous devons dire que chaque stimulus effectif qui a laissé sa marque dans l'organisme a aussi causé cette accentuation de dix pour cent du tic. Car chaque expérience est assimilée par l'organisme, de même que la nourriture est digérée et par intussusception devient l'organisme lui-même. Le sandwich que j'ai mangé il y a une heure est-il la cause des mots que je suis en train d'écrire, ou bien était-ce le café que j'ai bu, ou ce que j'ai consommé hier, ou était-ce le cours d'écriture littéraire que j'ai suivi il y a quelques années, ou le livre que j'ai lu la semaine dernière ?

Il paraîtrait aller de soi que toute expression importante, comme rédiger un article qui nous intéresse profondément, n'est pas causée par quelque chose de particulier, mais est une expression ou une création de la personnalité tout entière, laquelle à son tour est un effet de tout ce qui lui est arrivé. Il semblerait tout aussi naturel au psychologue de penser que le stimulus ou la cause est absorbé par la personnalité, au moyen d'ajustements, que de penser qu'il/elle frappe l'organisme et le pousse. Le résultat ne serait pas, dans ce cas, une cause et un effet pris séparément, mais simplement une nouvelle personnalité (quoique nouvelle de peu).

Une autre manière de prouver que les notions traditionnelles de cause et d'effet ne sont pas pertinentes en psychologie, est de montrer que l'organisme n'est pas un agent passif à la merci des causes ou des stimuli, mais un agent actif qui s'inscrit dans une relation de réciprocité complexe avec la cause et qui agit sur elle. Pour les lecteurs qui sont familiers de la littérature psychanalytique, c'est un lieu commun et il suffit simplement de rappeler que nous pouvons être aveugles aux stimuli, que nous pouvons les déformer, les reconstruire ou les restaurer s'ils sont déformés. Nous pouvons les rechercher ou au contraire les fuir. Nous pouvons les filtrer et en sélectionner quelques-uns. Enfin, nous pouvons même au besoin les créer.

Le concept de causalité repose sur le postulat d'un monde atomiste composé d'entités discrètes en dépit de leurs interactions. La personnalité, en revanche, n'est pas distincte de ses expressions, de ses effets ou des stimuli qui ont prise sur elle (les causes) et implique, au moins en ce qui concerne les données psychologiques, d'envisager une autre conception[1]. Cette conception – holiste-dynamique – s'avère difficile à exposer simplement, dans la mesure où elle implique un changement radical de point de vue et nécessite d'être présentée étape par étape.

1. Des scientifiques et des philosophes plus subtils ont maintenant remplacé la notion de causalité par une interprétation utilisant les termes de relations « fonctionnelles », c'est-à-dire que A est une fonction de B, ou si A, alors B. Ce faisant, il nous semble qu'ils ont renoncé aux aspects centraux du concept de cause, c'est-à-dire la nécessité et la réaction. Les simples coefficients linéaires de corrélation sont des exemples d'affirmations fonctionnelles, qui sont cependant souvent utilisées par opposition aux relations de cause à effet. Il n'est pas utile de retenir le mot cause s'il signifie l'exact opposé de ce qu'il voulait dire auparavant. En tout cas, nous nous trouvons confrontés aux problèmes des relations nécessaires ou intrinsèques, et des moyens par lesquels le changement se produit. Ces problèmes doivent être résolus, et non abandonnés, niés ou liquidés.

Le concept du syndrome de la personnalité

En partant du principe qu'il existe une autre forme d'analyse possible, comment pouvons-nous alors procéder pour étudier l'organisme dans sa totalité ? Il est clair que la réponse à cette question doit dépendre de la nature de l'organisation des données à analyser, et nous devons à présent poser cette question : « Comment la personnalité s'organise-t-elle ? » Pour y apporter une réponse satisfaisante, nous devons tout d'abord analyser le concept de syndrome.

L'usage médical

Dans notre tentative de décrire la nature interdépendante de la personnalité, nous avons emprunté le terme *syndrome* à la médecine. Dans cette discipline, il est utilisé pour désigner un complexe de symptômes qui surviennent en général ensemble et que l'on regroupe pour cette raison sous un nom commun. Utilisé ainsi, le mot comporte ses avantages et ses inconvénients. Il connote en premier lieu habituellement la maladie et l'anormalité plutôt que la santé ou la normalité. Nous ne l'emploierons pas dans ce sens particulier, le considérant plutôt comme un concept global qui a trait essentiellement à un type d'organisation sans référence à la « valeur » de cette organisation.

Par ailleurs, en médecine, il a souvent été utilisé dans un sens uniquement additif, désignant plutôt une liste de symptômes qu'un groupe de symptômes organisé, interdépendant, structuré. Il va de soi que nous retiendrons le second sens. Il a enfin été utilisé en médecine dans un contexte de causalité. Tout syndrome de symptômes était conçu comme ayant une cause présumée, unique. Dès qu'une découverte est venue corroborer ce postulat, par exemple le micro-organisme dans la tuberculose, les chercheurs se sont déclarés satisfaits et ont estimé qu'ils avaient achevé leurs travaux. Ce faisant, ils ont négligé un certain nombre de problèmes qui mériteraient toute notre attention. Entre autres, (1) le fait que la tuberculose ne se développe pas plus souvent compte tenu de l'omniprésence du bacille de la tuberculose ; (2) la non-apparition fréquente d'une grande partie des symptômes du syndrome ; (3) l'interchangeabilité de ces symptômes ; (4) l'impossibilité de prévoir et d'expliquer le caractère bénin ou la gravité de la maladie chez le patient, et ainsi de suite. En un mot, nous demanderions une étude de *tous* les facteurs engagés dans la survenue de la tuberculose, sans nous limiter à celui qui est le plus spectaculaire ou le plus puissant.

Notre définition préliminaire d'un syndrome de la personnalité établit qu'il s'agit d'un complexe structuré, organisé, de spécificités apparemment diverses (comportements, pensées, impulsions à agir, perceptions, etc.) dont l'étude minutieuse et argumentée révèle qu'elles présentent une unité commune, laquelle peut diversement être qualifiée de signification dynamique semblable, d'expression, de « saveur », de fonction ou d'objectif.

Des parties dynamiquement interchangeables

Puisque ces spécificités possèdent la même source ou fonction ou objectif, elles sont interchangeables et, du point de vue de la psychologie, elles sont synonymes les unes des autres (toutes « disant la même chose »). Les colères d'un enfant ou l'énurésie chez un autre peuvent provenir de la même situation (par exemple le rejet) et représenter des tentatives visant à atteindre le même but (l'attention ou l'amour de la mère). Ainsi, bien qu'elles soient tout à fait différentes sur le plan comportemental, elles peuvent être dynamiquement semblables[1].

1. L'interchangeabilité peut être définie en termes de différence comportementale et de similitude de but dynamique. Elle peut aussi se définir en termes de probabilité. Si des symptômes *a* et *b* ont la même probabilité

Dans un syndrome, nous avons un groupe de sentiments et de comportements qui ont l'air différents en termes de comportements ou qui possèdent au moins des noms différents, et qui néanmoins se superposent, s'entrelacent, sont interdépendants et peuvent être considérés comme des synonymes du point de vue dynamique. Nous pouvons donc soit les étudier dans leur diversité en tant que parties ou spécificités, soit les analyser dans leur unité ou leur complétude. Nous sommes confrontés là à un problème linguistique ingrat. Comment allons-nous nommer cette unité dans la diversité ? Il existe plusieurs possibilités.

La saveur générale de la personnalité

Nous pouvons introduire le concept de « saveur psychologique », par analogie avec un plat composé d'ingrédients différents qui ont cependant chacun leur propre caractère (par exemple un potage, un hachis, un ragoût, etc.)[1]. Dans un ragoût, nous avons un mélange de multiples ingrédients qui conserve cependant une saveur unique. Cette saveur imprègne tous les composants du ragoût et peut être différenciée de chaque ingrédient pris isolément. Ou, si nous prenons l'exemple de la physionomie humaine, nous remarquons immédiatement qu'un homme peut avoir un nez difforme, des yeux trop petits, des oreilles trop grandes et conserver néanmoins sa beauté. (On peut citer cette remarque amusante : « Il a un visage disgracieux, mais sur lui ça fait bien. ») Ici encore, nous pouvons considérer les éléments épars en les ajoutant les uns aux autres, ou bien l'ensemble, lequel, bien que composé des

---

d'être trouvés ou de ne pas se trouver dans le syndrome X d'un cas particulier, on peut dire d'eux qu'ils sont interchangeables.

1. « Il m'avait fallu raconter l'histoire, non de la façon dont on tire un trait de gauche à droite, marquant la naissance à gauche et la mort à droite ; mais comme on réfléchit en tournant et en retournant sans cesse un vestige entre ses mains. » (Taggard, 1934, p. 15)

parties, a cependant une « saveur » différente de ce que chaque partie apporte à l'ensemble. Nous pourrions définir le syndrome comme l'organisation de diversités qui possèdent une saveur psychologique commune.

La signification psychologique

On pourrait tenter une seconde approche du problème des définitions en termes de signification psychologique, un concept qui jouit d'une grande faveur dans la psychopathologie dynamique actuelle. Lorsque l'on dit des symptômes d'une maladie qu'ils possèdent la même signification (les bouffées de chaleur nocturnes, la perte de poids, des bruits distinctifs à l'inspiration, etc., sont les signes de la tuberculose), cela implique qu'ils sont tous les diverses expressions de la cause unifiante présumée que nous avons évoquée ci-dessus. Ou dans les discussions psychologiques, les symptômes de sentiment d'isolement et de sentiment d'être mal-aimé trahissent tous les deux l'insécurité parce qu'ils sont vus comme étant contenus dans ce concept plus large, plus inclusif. Autrement dit, deux symptômes signifieront la même chose s'ils sont tous les deux des parties d'un même tout. Un syndrome peut alors être défini d'une manière quelque peu circulaire, comme une suite de diversités qui possèdent toutes la même signification psychologique. Ces concepts d'interchangeabilité, de saveur et de signification, pour utiles qu'ils puissent être (par exemple dans la description du schéma d'une culture), posent certains problèmes théoriques et pratiques spécifiques qui imposent de poursuivre la recherche d'une formulation plus satisfaisante. Certains de ces problèmes peuvent être résolus si nous introduisons dans nos considérations les concepts fonctionnels de motivation, de but, de visée ou d'objectif d'adaptation. (Mais d'autres font intervenir le concept d'expression ou de non-motivation pour être résolus.)

La réponse à un problème

Du point de vue de la psychologie fonctionnelle, l'organisme unifié est considéré comme affrontant sans cesse certains types de problèmes et tentant de les résoudre de diverses manières en fonction de la nature de l'organisme, de la culture et de la réalité extérieure. Le principe clé ou le centrage de toute l'organisation de la personnalité est alors vu par les psychologues fonctionnels sous l'angle des réactions de l'organisme face à un monde de problèmes. On peut formuler cela différemment en disant que l'organisation de la personnalité doit être comprise à partir des problèmes qu'elle rencontre et de ce qu'elle tente de faire à leur propos. La plupart des comportements organisés doivent alors sans doute toujours tenter de faire quelque chose à propos de quelque chose. Dans la discussion sur les syndromes de la personnalité, nous devrions donc caractériser deux comportements particuliers comme appartenant au même syndrome s'ils ont les mêmes objectifs d'adaptation concernant un problème donné, c'est-à-dire s'ils font la même chose à propos de la même chose[1]. Nous pourrions alors dire du syndrome d'estime de soi, par exemple, qu'il constitue la réponse organisée de l'organisme au problème de l'acquisition, de la perte, de la conservation et de la défense de l'estime de soi et, à l'identique, du syndrome de sécurité qu'il est la réponse de l'organisme au problème du gain, de la perte et de la conservation de l'amour des autres.

Qu'il n'y ait pas de réponse simple, définitive, est prouvé par le fait que l'analyse dynamique d'un comportement révèle généralement l'existence, non d'un seul, mais de plusieurs objectifs d'adaptation. De la même

1. En ce qui concerne les exceptions à cette règle, voir le chapitre 6, « Le comportement non motivé ».

manière, l'organisme fournit en général plus d'une seule réponse à un problème grave.

Nous pourrions également ajouter qu'à l'exception des faits concernant l'expression du caractère, l'objectif ne peut en aucun cas constituer la caractéristique principale de *tous* les syndromes.

Nous ne pouvons parler de l'objectif d'une organisation dans le monde extérieur à l'organisme. Les psychologues de la *Gestalt* ont abondamment démontré l'omniprésence d'une organisation dans les données perçues, apprises et prises en considération. Certes, on ne peut prétendre au sujet de ces données qu'elles ont des objectifs d'adaptation au sens où nous avons utilisé ce mot.

De manière générale, on peut dire à la fois que les psychologues de la *Gestalt* sont d'accord avec la définition originale de Wertheimer qu'un tout possède une signification si une dépendance mutuelle démontrable existe parmi ses parties, et qu'il existe des similitudes évidentes entre notre définition du syndrome et les diverses définitions de la *Gestalt* offertes par Wertheimer, Köhler, Koffka et d'autres. Les deux critères d'Ehrenfels sont également à mettre en parallèle avec notre définition.

La signification du tout inhérente à chacune de ses parties

Selon Ehrenfeld, le premier critère d'un phénomène mental organisé était que les stimuli distincts (par exemple, chaque note d'une mélodie), présentés isolément à un certain nombre de personnes, révélaient l'absence de quelque chose par rapport à ce dont bénéficiait l'individu mis en présence de la totalité organisée des stimuli (par exemple, l'ensemble de la mélodie). En d'autres termes, le tout est autre chose que l'addition de ses parties[1]. Le syndrome est lui aussi autre chose que la somme de ses parties prises isolément. Mais il y a aussi une différence majeure. Dans notre définition du syndrome, la principale qualité qui caractérise le tout (la signification, la saveur ou l'objectif) est visible dans chacune de ses parties si celles-ci sont appréhendées non de manière réductrice mais dans une perspective holiste. Bien entendu, il s'agit d'une affirmation théorique et elle présente des difficultés du point de vue opérationnel. La plupart du temps, nous ne pourrons découvrir la saveur ou l'objectif d'un comportement donné qu'en appréhendant le tout dont il est une partie. Et cependant, il existe suffisamment d'exceptions à cette règle pour nous convaincre que l'objectif, ou la saveur, est indissociable de la partie et du tout. Par exemple, nous pouvons souvent déduire ou inférer le tout d'une seule partie ; il nous suffit d'entendre le rire de quelqu'un une seule fois pour pouvoir affirmer avec certitude qu'il s'agit d'une personne insécurisée, ou nous pouvons deviner si un individu possède une haute ou une faible estime de lui-même simplement d'après le choix de ses vêtements. Il est bien entendu admis que le jugement fondé sur une partie n'est généralement pas aussi valide que celui établi à partir du tout.

Transposer les parties

Le deuxième critère d'Ehrenfels était celui du caractère transposable des parties à l'intérieur du tout. Ainsi une mélodie conserve-t-elle son identité même lorsqu'elle est jouée sur une clé de la gamme différente, toutes

1. La question est de savoir si le syndrome est quelque chose d'autre que la somme de ses parties prises au sens holiste. Les parties par réduction peuvent s'ajouter seulement à une « somme de et » ; les parties d'un tout peuvent cependant s'ajouter, semble-t-il, au tout organisé si les divers termes de cette affirmation sont définis de manière spécifique.

les notes étant différentes dans les deux cas. Ceci ressemble à l'interchangeabilité des éléments dans un syndrome. Les éléments qui ont le même objectif sont interchangeables ou dynamiquement synonymes entre eux ; il en va de même pour les différentes notes d'une mélodie[1].

L'organisme humain en tant que point de focalisation

Les psychologues de la *Gestalt* ont principalement travaillé sur l'organisation du monde phénoménal, du « champ » des « objets » principalement extérieurs à l'organisme. C'est cependant l'organisme humain lui-même qui est le plus organisé et intradépendant, ainsi que l'a prouvé Golstein. Les phénomènes fondamentaux de la motivation, de l'objectif, du but, de l'expression et de la direction se manifestent tous clairement dans l'organisme. Une définition du syndrome de la personnalité en termes d'objectifs d'adaptation crée immédiatement la possibilité d'unifier les théories par ailleurs distinctes du fonctionnalisme, de la psychologie de la *Gestalt*, de l'objectivisme (pas la téléologie), du type de psychodynamique adopté par les psychanalystes, les adlériens, etc., et du holisme organismique de Goldstein. C'est-à-dire que le concept de syndrome défini de manière appropriée peut constituer le fondement théorique de cette vision du monde unifiée que nous avons appelée le point de vue holiste-dynamique et que nous opposons au point de vue général-atomiste.

1. Voir cependant la critique de Köhler sur les critères d'Ehrenfels (1961, p. 25).

Les caractéristiques des syndromes de la personnalité

L'interchangeabilité

Les parties d'un syndrome sont interchangeables ou équivalentes au sens dynamique décrit dans les paragraphes précédents, au sens effectif où deux éléments ou deux syndromes différents sur le plan comportemental ayant le même but, peuvent se substituer l'un à l'autre, effectuer le même travail, avoir les mêmes perspectives de se produire, ou peuvent être prévus avec une probabilité ou une certitude égale.

Chez un sujet hystérique, les symptômes sont clairement interchangeables dans ce sens. Dans les cas classiques, une jambe paralysée pourrait être « guérie » par hypnose ou par d'autres techniques de suggestion, mais elle générerait inévitablement d'autres symptômes substitutifs, par exemple la paralysie d'un bras. Dans la littérature freudienne, on rencontre également de nombreux exemples d'équivalences de symptômes ; la peur devant un cheval peut signifier ou se substituer à une peur du père réprimée. Chez l'individu sécurisé, toutes les expressions du comportement sont interchangeables au sens où elles expriment toutes la même chose, c'est-à-dire la sécurité. Dans l'exemple du radicalisme extrémiste qui naît du sentiment de sécurité tel que nous l'avons décrit plus haut, le désir général d'aider l'humanité peut s'exprimer soit par l'extrémisme soit par la philanthropie ou l'amabilité envers ses voisins ou en faisant l'aumône aux mendiants ou aux clochards. Lorsque nous ne connaissons rien d'une personne hormis le fait qu'elle se sent en sécurité, nous pouvons prédire avec certitude qu'il ou elle va manifester de la gentillesse ou de l'intérêt pour les causes sociales, sans toutefois prévoir exactement sous quelle forme. On peut dire de ces symptômes ou expressions équivalents qu'ils sont interchangeables.

La détermination circulaire

Les meilleures descriptions de ce phénomène proviennent d'études psychopathologiques, notamment celles du cercle vicieux d'Horney (1937), qui est un cas de détermination circulaire spécifique. Horney a tenté de décrire le flux continu d'interaction dynamique à l'intérieur d'un syndrome, dont chaque élément affecte sans cesse chacun des autres éléments de quelque manière et est à son tour influencé par tous les autres éléments, les deux actions se déroulant simultanément.

La dépendance névrotique totale suppose que des attentes doivent être contrariées. Ce blocage nécessaire provoque une colère qui s'ajoute à celle qui est née de la prise de conscience de la faiblesse et de l'impuissance inhérentes à la dépendance complète. Cette colère, cependant, tend à être dirigée contre la personne dont on se sent dépendant et grâce à laquelle on espère éviter la catastrophe, et ces sentiments de colère débouchent immédiatement sur la culpabilité, l'anxiété, la peur des représailles, et ainsi de suite. Mais ces états font partie des facteurs mêmes qui ont à l'origine créé le besoin de dépendance totale. L'examen de ce type de patient montre qu'*à tout moment* la plupart de ces facteurs coexistent dans un flux continu et dans un renforcement mutuel. Si l'analyse génétique révèle que l'un des facteurs prédomine dans le temps, l'analyse dynamique ne corrobore pas cette conclusion. Tous les facteurs sont à la fois des causes et des effets.

Il y a aussi le cas des sujets qui tentent de sauvegarder leur sécurité en adoptant un comportement d'autorité et de supériorité. Ils n'auraient pas pris cette attitude s'ils ne s'étaient pas sentis rejetés et mal-aimés (en insécurité). Or cette conduite est précisément ce qui les rend impopulaires auprès des autres ; ce qui à son tour renforce chez eux la nécessité de se montrer autoritaires et ainsi de suite.

> On observe très nettement cette forme de détermination circulaire dans le préjugé racial. Les individus racistes relèvent certains traits indésirables qui justifient leur haine, mais ces traits qu'ils dénoncent chez le groupe détesté sont presque tous en partie produits par la haine et le rejet.[1]

Si nous devions employer une terminologie plus familière pour décrire ce concept, nous dirions que A et B sont réciproquement des causes et des effets l'un de l'autre. Ou alors nous pourrions affirmer qu'ils sont des variants de renforcement ou qu'ils sont mutuellement dépendants ou qu'ils se soutiennent mutuellement.

La résistance au changement

Quel que soit le niveau de sécurité, il est difficile de l'accroître ou de le réduire. Ce phénomène présente des analogies avec celui de la résistance telle que Freud l'a décrite, mais il a une application plus large et plus générale. Nous trouvons ainsi une tendance à s'accrocher au style de vie chez le sujet sain comme chez celui qui est malade. La personne qui pense que tout le monde est fondamentalement bon éprouvera autant de difficulté à modifier sa croyance que celle qui juge l'homme essentiellement mauvais. Sur le plan opératoire, cette résistance au changement se traduit par les difficultés auxquelles se heurte le psychologue expérimental qui

1. Dans ces exemples, nous ne décrivons que des dynamiques synchrones. La question de l'origine ou de la détermination de l'ensemble du syndrome, de savoir comment sa détermination circulaire a pu exister, est une question historique. Même si l'analyse génétique révèle qu'un facteur particulier est apparu le premier dans la chaîne, cela ne garantit absolument pas que ce même facteur aura une importance fondamentale ou primordiale dans l'analyse dynamique (Allport, 1961).

tente d'élever ou d'abaisser le niveau de sécurité de son patient.

Les syndromes de la personnalité peuvent rester relativement constants dans des conditions de changement extérieur exceptionnel. On trouve de nombreux exemples de la conservation du sentiment de sécurité chez des émigrés qui ont pourtant vécu des expériences terribles et éprouvantes. Des études sur le moral des gens dans des zones bombardées témoignent notamment de la résistance étonnante que les individus les plus sains opposent aux catastrophes extérieures. Des statistiques montrent que les crises économiques et les guerres n'augmentent pas de manière considérable l'occurrence des psychoses[1]. Les modifications qui affectent le syndrome de sécurité ne sont pas proportionnelles aux changements intervenus dans l'environnement, et il semble même parfois que la personnalité ne subisse aucune transformation.

> Un émigré allemand qui vivait auparavant dans l'opulence, arriva aux États-Unis en ayant perdu tous ses biens. On diagnostiqua néanmoins chez lui une personnalité sécurisée. En l'interrogeant avec soin, on découvrit que sa vision de la nature humaine n'avait pas changé. Il persistait à penser que les hommes étaient fondamentalement sains et bons pour peu qu'on leur donne l'occasion de se montrer tels, et que tout le mal dont il avait été témoin constituait à plusieurs égards un phénomène provoqué par des causes extérieures. Des entretiens menés avec des personnes qui

1. Ces données sont en général mal interprétées, puisqu'elles servent souvent à réfuter toute théorie de l'environnement ou de la culture dans la détermination de la psychopathie. Une telle affirmation révèle simplement une mauvaise compréhension de la psychologie dynamique. Le seul argument que l'on puisse avancer est que la psychopathie est le résultat immédiat de conflits et de menaces internes plutôt que de catastrophes extérieures. Ou tout au moins que les catastrophes extérieures ont une influence dynamique sur la personnalité uniquement dans la mesure où elles sont liées aux principaux buts de l'individu et à son système de défense.

l'avaient connu en Allemagne révélèrent qu'il adoptait déjà ce point de vue avant d'avoir été ruiné.

La résistance de certains patients à la psychothérapie offre d'autres exemples. Il arrive qu'à l'issue de plusieurs séances d'analyse, le patient atteigne de lui-même un niveau surprenant dans la prise de conscience des fondements erronés et des conséquences néfastes de certaines de ses croyances. Mais il peut aussi persévérer dans ces croyances avec une ténacité inébranlable.

Le rétablissement après la rupture

Lorsqu'un niveau de syndrome a été modifié de force, on observe que le changement n'est que temporaire. Il arrive ainsi qu'une expérience traumatisante n'ait qu'un effet passager. Un retour spontané au *statu quo* antérieur peut se produire. Ou encore les symptômes provoqués par le traumatisme s'annihilent facilement (Levy, 1939). Cette tendance du syndrome peut aussi parfois s'expliquer comme constituant un processus parmi d'autres d'un changement plus vaste, dans lequel interviennent également d'autres tendances du syndrome.

Le cas suivant est typique à cet égard. Une femme ignorante des choses de la sexualité fut gravement choquée par sa première expérience sexuelle lors de son mariage avec un homme tout aussi ignorant qu'elle en la matière. On nota chez elle un changement radical du niveau du syndrome de sécurité, passant de moyen à faible. L'analyse révéla un changement général, dans la plupart des aspects du syndrome, dans son comportement extérieur, dans sa philosophie de la vie, dans ses aspirations, dans son attitude à l'égard de la nature humaine, etc. Elle bénéficia à ce moment-là de soutien et d'encouragement (de réassurance), la situation fut analysée sur un mode non technique et, en l'espace de quatre ou cinq séances, on lui fournit quelques conseils simples. Elle commença à renouer avec le passé, peut-être grâce à l'aide qui lui était apportée, son sentiment de sécurité s'améliora, mais elle ne retrouva jamais complètement son niveau de sécurité antérieur. Ce qu'elle avait vécu avait laissé des traces infimes mais persistantes, qui étaient peut-être dues à un mari plutôt égoïste. Mais plus surprenant encore que cet effet résiduel, était sa tendance affirmée, en dépit de tout, à croire et à penser comme elle le faisait avant son mariage. Un cas identique de bouleversement avec rétablissement lent mais complet des sentiments antérieurs a été constaté chez une femme remariée dont le premier mari avait été atteint de folie.

L'omniprésence de cette tendance nous porte en général à croire que nos amis, lorsqu'ils sont normalement sains, ont la capacité de récupérer de n'importe quel traumatisme pourvu qu'on leur laisse le temps nécessaire. Le décès d'un conjoint ou d'un enfant, la ruine et tout événement traumatisant du même type peuvent déséquilibrer provisoirement un individu, mais il s'en remet généralement presque totalement. Seule une mauvaise situation chronique, extérieure ou interpersonnelle, est susceptible de modifier en permanence une structure de caractère saine.

Le changement généralisé

Cette tendance, que nous avons considérée précédemment, est sans doute la plus facile de toutes à observer. Quand le syndrome change complètement dans un de ses éléments, l'analyse minutieuse révèle pratiquement toujours dans les autres parties du syndrome des changements concomitants qui vont dans le même sens. Assez souvent, ces changements concomitants sont observables dans *presque toutes* les parties du syndrome. Ils passent souvent inaperçus pour une raison simple ; le fait qu'ils soient inattendus n'incite pas à les rechercher.

Il serait opportun de souligner que cette tendance au changement holiste, à l'instar de toutes les autres tendances que nous avons évoquées, n'est que cela – une tendance et non une certitude. On connaît des cas dans lesquels un stimulus spécifique semble avoir un effet particulier et localisé qui n'était pas accompagné d'effet généralisé détectable. Ces cas sont rares, toutefois, si nous excluons les dérangements manifestement superficiels.

Dans le cadre d'une étude non publiée de 1935 sur l'élévation de l'estime de soi par des moyens extérieurs, on donna à une femme comme instruction de se conduire de manière agressive dans une vingtaine de situations particulières et plutôt banales (elle devait par exemple insister auprès de son épicier pour réclamer un article d'une marque précise qu'il prétendait ne pas avoir en stock). Elle suivit les consignes et, trois mois plus tard, on explora les changements intervenus dans sa personnalité[1]. On constata chez elle une modification généralisée de l'estime de soi. Par exemple, le caractère de ses rêves avait évolué. Pour la première fois de sa vie, elle avait acheté des vêtements ajustés qui révélaient ses formes. Son comportement sexuel était devenu suffisamment spontané pour que son mari remarque le changement. Elle était allée se baigner en compagnie d'autres personnes pour la première fois, alors qu'auparavant elle était trop timide pour oser s'afficher en maillot de bain. Et elle avait acquis une certaine confiance en elle dans plusieurs autres situations. Ces changements ne lui étaient pas suggérés, ils étaient de nature spontanée et possédaient une signification dont elle n'avait pas conscience. Un changement de *comportement* peut entraîner un changement de la personnalité.

Une femme affligée d'un sentiment d'insécurité prononcé montra, après quelques années d'une union très heureuse, une élévation globale positive du sentiment de sécurité. Lorsque nous l'avions vue pour la première fois (avant son mariage), elle se sentait seule, peu aimée et incapable d'inspirer de l'amour à quiconque. Celui qui allait devenir son mari avait finalement réussi à la convaincre de son

1. Aujourd'hui on appellerait cela une thérapie comportementale.

amour, tâche ingrate dans le cas d'une femme aussi peu sûre d'elle-même, et ils s'étaient mariés. Elle savait non seulement que son mari l'aimait mais qu'elle était aussi digne d'être aimée. Elle accueillait désormais volontiers des amitiés qu'elle avait jusqu'alors refusées. Son aversion pour le genre humain s'était évanouie. Elle avait développé une gentillesse et une amabilité que nous n'avions pas soupçonnées lors de notre première rencontre. Certains symptômes spécifiques avaient diminué ou disparu – entre autres un cauchemar récurrent, un sentiment d'appréhension à la perspective de devoir se rendre à une soirée ou de rencontrer des inconnus, une légère anxiété chronique, une peur spécifique de l'obscurité, certains fantasmes indésirables de pouvoir et de cruauté.

La cohérence interne

Chez une personne souffrant majoritairement d'insécurité, persistent néanmoins, pour différentes raisons, des comportements, des croyances ou des sentiments caractéristiques de la sécurité. Ainsi, bien que l'individu peu sûr de lui soit plus souvent qu'à son tour sujet à des cauchemars chroniques, à des rêves angoissés ou à des rêves déplaisants, on constate cependant qu'un nombre non négligeable d'individus de ce type a une vie onirique qui n'a rien de désagréable. Il suffit cependant de changements relativement mineurs dans leur environnement pour déclencher des rêves pénibles. Il semblerait que ces éléments non cohérents soient soumis à une tension spécifique visant à les aligner avec le reste du syndrome.

Les gens souffrant d'une faible estime de soi tendent à être modestes ou timorés. Beaucoup n'osent pas s'afficher en maillot de bain ou se sentent intimidés s'ils le font. Une jeune fille, pourtant animée d'une piètre estime d'elle-même, arborait à la plage un maillot de bain qui ne laissait pratiquement rien ignorer de ses formes. Une série d'entretiens révéla qu'elle était très fière de son corps qu'elle tenait pour parfait – une opinion qui, pour une femme si peu assurée, était comme son attitude, très surprenante. Ses propos montraient que son attitude ne cadrait pas avec son sentiment d'insécurité, lequel se manifestait en ceci qu'elle conservait toujours à proximité un peignoir de bain pour se couvrir et qu'il suffisait d'un regard un peu appuyé pour lui faire quitter la plage. Des jugements extérieurs l'avaient convaincue de sa beauté physique ; elle pressentait intellectuellement qu'elle devait en tenir compte dans son comportement, s'efforçait de toute son âme d'agir en conséquence, mais y parvenait avec difficulté en raison de la structure de son caractère.

On rencontre certaines peurs chez des individus en sécurité qui ne sont pas craintifs en général. Elles s'expliquent souvent par des expériences qui ont valeur de conditionnement. J'ai découvert qu'il est très facile de délivrer les gens de ces peurs. Un simple reconditionnement, la force de l'exemple, l'exhortation à faire preuve de volonté, le raisonnement intellectuel et d'autres mesures psychothérapeutiques superficielles suffisent le plus souvent. Ces techniques comportementales simples, devraient cependant avoir moins d'efficacité chez les individus animés d'un sentiment d'insécurité fondamental. Nous pourrions dire que la peur qui ne coïncide pas avec le reste de la personnalité est facile à supprimer : la peur qui est cohérente avec le reste de la personnalité s'avère plus tenace.

En d'autres termes, chez une personne peu sûre d'elle, l'insécurité tend à se renforcer et à être cohérente avec la personnalité ; une personne dotée d'une estime de soi élevée tend à accroître son niveau d'estime de soi en cohérence avec sa personnalité profonde.

La tendance à aller vers les extrêmes

En parallèle aux tendances à la conservation décrites précédemment, il existe au moins une force d'opposition dérivant de la dynamique interne du syndrome qui favorise plus le changement que la stabilité. Il s'agit de la tendance chez un individu souffrant d'insécurité à pousser cette caractéristique jusqu'à l'extrême, et pour une personne en sécurité à devenir extrêmement sûre d'elle[1].

Pour l'individu souffrant d'un sentiment d'insécurité, chaque influence de l'extérieur, chaque stimulus retentit sur l'organisme et est plus susceptible d'être interprété en termes d'insécurité que de sécurité. Un sourire, par exemple, peut être reçu comme une moquerie, un oubli comme une insulte, l'indifférence est prise comme une marque d'aversion, et l'affection discrète comme de l'indifférence. Dans le monde de ces individus, l'insécurité prend le pas sur la sécurité. Nous pourrions dire que le fléau de la balance pèse davantage du côté de l'insécurité. Ils sont régulièrement, bien que subtilement, poussés vers une insécurité de plus en plus accentuée. Ce facteur est bien entendu renforcé par le fait que les gens qui manquent d'assurance adoptent un comportement qui provoque l'inimitié et le rejet, ce qui accroît leur sentiment d'insécurité, lequel entraîne un comportement d'insécurité – et ils s'engagent dans un cercle vicieux. Ils tendent ainsi, en raison de leur dynamique interne, à déclencher ce qu'ils redoutent le plus.

L'illustration la plus exemplaire est le comportement jaloux. Il naît de l'insécurité et apporte toujours davantage de rejet et d'insécurité profonde. Un homme expliquait sa jalousie de la manière suivante : « J'aime à ce point ma femme que j'ai peur de m'effondrer si elle me quittait ou si elle cessait de m'aimer. Et naturellement l'amitié qu'elle témoigne à mon frère me perturbe. » Pour mettre un terme à cette amitié, il prit des mesures plus absurdes les unes que les autres et commença à perdre à la fois l'amour de sa femme et celui de son frère. Cela ne fit qu'accroître sa jalousie et

1. Cette tendance est étroitement liée à la tendance décrite précédemment, vers une cohérence interne supérieure.

sa fureur. Ce cercle vicieux fut brisé grâce à l'intervention d'un psychologue qui lui conseilla de ne plus se comporter en jaloux, même si son sentiment persistait, et qui le guérit de son insécurité par diverses méthodes.

Le changement imposé par des pressions extérieures

Il est très facile, lorsqu'on est absorbé par l'étude de la dynamique interne des syndromes, d'oublier temporairement que tous les syndromes réagissent bien entendu à la situation extérieure. Nous rappelons ici cette évidence par souci d'exhaustivité et dans le but de rappeler que les syndromes de la personnalité de l'organisme ne sont pas des systèmes isolés.

Les variables : niveau et qualité

La variable la plus importante et la plus évidente est celle du niveau du syndrome. Une personne peut se situer à un niveau de sécurité élevé, moyen ou faible, et à un niveau d'estime de soi élevé, moyen ou faible. Nous ne concluons pas nécessairement que cette variation est linéaire : elle évolue simplement de peu à beaucoup, d'élevé vers faible. La qualité du syndrome a été traitée brièvement en corrélation avec le syndrome d'estime de soi ou de domination. Le phénomène de domination est présent dans toutes les espèces de primates infra-humains, mais il a une qualité d'expression différente dans chacune. Chez l'être humain qui bénéficie d'une haute estime de soi, nous avons pu différencier au moins deux qualités d'estime de soi, que nous avons choisi d'appeler d'une part la force, d'autre part le pouvoir. Une personne qui a une haute estime d'elle-même, qui se sent en sécurité, traduit le sentiment de force que lui confère son assurance par une attitude aimable, coopérative et amicale. Celle qui possède une estime de soi élevée mais qui vit dans un sentiment d'insécurité est moins tentée d'aider les plus faibles que de les dominer et de leur faire du mal. Elles possèdent toutes les deux une haute estime de soi mais traduisent cela par des moyens différents, liés aux autres caractéristiques de l'organisme. Chez les individus animés d'un sentiment d'insécurité extrême, l'insécurité peut s'exprimer de nombreuses manières. Elle peut par exemple présenter la qualité de réclusion et de retrait (s'ils possèdent une estime de soi faible), ou présenter la qualité d'hostilité, d'agressivité et de méchanceté (s'ils ont une estime de soi élevée).

Les déterminants culturels

Les relations entre la culture et la personnalité sont certes trop profondes et trop complexes pour être traitées rapidement. Dans un souci de précision, plus que pour toute autre raison, il faut souligner que généralement les chemins que nous empruntons pour atteindre les objectifs de notre vie sont souvent déterminés par la nature de notre culture. Les moyens par lesquels l'estime de soi s'exprime et se réalise sont en large part, mais de manière non exclusive, culturellement définis. Il en va de même des relations d'amour. Nous gagnons l'amour des autres et nous leur exprimons notre affection selon des codes validés par notre culture. Le fait que, dans une société complexe, la répartition des rôles soit aussi en partie déterminée par la culture modifie souvent l'expression des syndromes de la personnalité. À titre d'exemple, dans notre société, les hommes qui possèdent une estime de soi élevée sont autorisés à exprimer ce syndrome plus ouvertement et plus largement qu'on ne le permet aux femmes. De même que pour ces dernières, l'expression directe de l'estime de soi n'est pas encouragée chez les enfants. Par ailleurs, il existe généralement pour chaque syndrome un niveau de syndrome déterminé par la culture (par exemple la sécurité, l'estime de soi, la sociabilité, l'activité). L'histoire et les comparaisons entre les cultures le prouvent clairement. Non seulement le citoyen Dobu moyen est plus hostile que le citoyen moyen chez les Arapesh, mais on attend en outre de lui ce type de comportement. Aujourd'hui, la femme moyenne est censée posséder une estime de soi plus élevée que celle qui vivait il y a cent ans.

Analyse du syndrome de la personnalité

Les méthodes de corrélation classiques

Nous avons jusqu'à présent supposé que les différentes parties du syndrome étaient aussi homogènes que des particules de brouillard. Or ce n'est pas le cas. L'organisation du syndrome fait apparaître des hiérarchies de prépondérance et des regroupements. Ce fait a déjà été démontré de manière simple par la méthode de la corrélation en ce qui concerne le syndrome d'estime de soi. Si le syndrome était indifférencié, chacun de ses éléments devrait être aussi étroitement corrélé à l'ensemble qu'à chacun des autres éléments. En réalité cependant, l'estime de soi (mesurée comme un ensemble) n'entretient pas la même corrélation avec tous ses éléments. Ainsi, le syndrome d'estime de soi mesuré selon l'inventaire de la personnalité sociale (Maslow, 1940b) entretient une corrélation avec l'irritabilité r = –0,39, avec l'attitude sexuelle païenne r = 0,85, avec un certain nombre de sentiments d'infériorité conscients r = –0,40, avec un sentiment de gêne dans diverses situations r = –0,60, avec un certain nombre de peurs conscientes r = –0,29 (Maslow, 1968a, 1968 b).

L'étude clinique des données montre également cette tendance vers un regroupement naturel des parties du syndrome en unités qui semblent intrinsèquement et étroitement liées. Par exemple, le souci des conventions, la moralité, la modestie et le respect des règles semblent aller de pair ou concorder naturellement, par opposition à un autre groupe de qualités, telles que la confiance en soi, l'équilibre, l'aisance, l'absence d'hésitation et de timidité.

Cette tendance à la concentration nous offre immédiatement la possibilité d'établir une classification à l'intérieur du syndrome, mais lorsque nous tentons de le faire, nous nous trouvons confrontés à diverses difficultés. Nous avons tout d'abord à résoudre le problème commun à toutes les classifications, celui du critère fondateur. Si nous connaissions toutes les données et leurs interrelations, les choses seraient évidemment plus faciles. Mais comme dans ce cas précis, nous agissons dans une ignorance partielle, nous devons parfois faire preuve d'arbitraire, sans tenir compte de la nature interne du matériel. Cette interdépendance interne nous fournit, dans notre cas précis, un indice de départ qui nous donne la direction générale. Mais nous ne pouvons aller plus loin dans l'exploration des regroupements spontanés et, lorsque nous ne parvenons pas à les identifier, nous en sommes réduits à nous fonder sur nos propres hypothèses.

L'autre difficulté apparente réside dans le fait que, lorsque nous travaillons sur le matériel du syndrome, nous nous apercevons rapidement que nous pouvons classer n'importe quel syndrome de la personnalité en une dizaine, ou une centaine, ou un millier, ou dix milliers de groupes principaux, à notre gré, en fonction du degré de généralité choisi. Nous suspectons les tentatives habituelles de classification de n'être qu'un reflet supplémentaire de la vision atomiste, connexionniste. Il va de soi que l'utilisation d'un outil atomiste pour traiter des données interdépendantes ne risque pas de nous mener très loin. Qu'est que la classification habituelle, sinon la séparation d'entités discrètes en plusieurs parties ? Comment allons-nous procéder si nos données ne sont pas essentiellement différentes et séparées les unes des autres ? Nous devrons peut-être rejeter la classification atomiste et rechercher un principe de classification holiste, de la même façon que nous avons rejeté l'analyse réductrice au bénéfice de l'analyse holiste. Les analogies qui suivent sont proposées comme indications de la direction à explorer pour utiliser cette technique de classification holiste.

Les niveaux de grossissement

Nous utilisons cette expression par analogie avec le fonctionnement du microscope. Lorsqu'on étudie une coupe histologique, on voit le caractère d'ensemble, la structure générale, la formation et les interrelations dans leur totalité en tenant la lamelle contre la lumière et en la regardant à l'œil nu, englobant ainsi l'ensemble dans sa totalité. En conservant cette image en tête, nous examinons une portion de l'ensemble à faible grossissement, disons dix fois. Nous sommes maintenant en train d'analyser un détail non pour lui-même, mais dans sa relation avec l'ensemble tel que nous l'avons conservé à l'esprit. Nous pouvons passer ensuite à une étude plus détaillée de ce champ en utilisant un objectif qui permet d'agrandir cinquante fois. Des grossissements de plus en plus forts, dans les limites techniques, permettent une étude plus fine et plus poussée de chaque détail de l'ensemble.

Nous pourrions aussi envisager le matériel comme s'il était classable, non en séries linéaires d'éléments séparés et indépendants, susceptibles d'être rangés dans n'importe quel ordre, mais comme étant « contenus dans », à l'image des boîtes gigognes. Si nous supposons que l'ensemble du syndrome est une boîte, alors les quatorze sous-syndromes sont les quatorze boîtes contenues dans la grosse boîte. Dans chacune de ces quatorze petites boîtes, se trouvent d'autres boîtes encore plus petites – à raison de quatre boîtes dans une boîte, de dix dans une autre, de six dans la troisième boîte et ainsi de suite.

Si nous transposons ces exemples à l'étude du syndrome, prenons par exemple le syndrome de sécurité et examinons-le comme un ensemble, c'est-à-dire au niveau de grossissement n° 1. Cela suppose en particulier d'étudier la saveur psychologique ou la signification ou l'objectif de l'ensemble du syndrome en tant qu'unité. Nous pouvons ensuite prendre l'un des quatorze sous-syndromes du syndrome de sécurité et l'analyser au niveau de grossissement n° 2. Ce sous-syndrome serait donc étudié dans son ensemble, et dans son interdépendance avec les treize autres sous-syndromes, mais toujours compris comme un élément holiste du syndrome de sécurité global. À titre d'exemple, analysons le sous-syndrome de pouvoir-soumission chez l'individu qui n'est pas sécurisé. La personne qui manque d'assurance a besoin d'exercer un pouvoir, mais cela se traduit de plusieurs manières et emprunte des formes aussi diverses que l'ambition démesurée, l'agressivité excessive, une attitude possessive, l'amour de l'argent, l'esprit de compétition poussé à l'extrême, la tendance au préjugé et à la haine, etc., ou des formes apparemment opposées, telles que la flatterie, la soumission volontaire, ou encore des tendances masochistes. Mais ces caractéristiques elles-mêmes sont à l'évidence aussi des caractéristiques générales et peuvent être analysées et classifiées en tant que telles. L'étude de chacune s'effectuerait au niveau de grossissement n° 3. Prenons au hasard la tendance au préjugé, notamment au préjugé racial qui constitue un excellent exemple. Si nous voulons l'étudier correctement, nous ne devons pas l'analyser en elle-même ou séparément. En d'autres termes, nous dirons que nous étudions la tendance au préjugé, qui est un sous-syndrome du besoin de pouvoir, lui-même sous-syndrome du syndrome général d'insécurité. Inutile de préciser que des analyses de plus en plus fines nous mèneraient au niveau 4, puis au niveau 5 et ainsi de suite. Nous pourrions par exemple nous concentrer sur un aspect de cette complexité particulière, disons la tendance à arguer d'une différence (la couleur de la peau, la forme du nez, la langue parlée) pour conforter son propre besoin de sécurité. Cette tendance à se prévaloir des différences est structurée comme un syndrome et peut s'étudier de la même façon. Pour être plus précis, elle serait classée comme sous-sous-sous-sous-syndrome. Elle entrerait dans la cinquième boîte de la série des boîtes gigognes.

En résumé, cette méthode de classification fondée sur le concept fondamental d'« être contenu dans », au lieu d'« être séparé de », est peut-être la clé qui nous manquait. Elle nous permet de tenir compte à la fois du singulier et de l'ensemble sans tomber dans le piège du particularisme absurde ou de la généralisation vague et inutile. Elle est synthétique et analytique et, en fin de compte, nous permet d'étudier l'unique et le commun en même temps et avec efficacité. Elle rejette les dichotomies, la division aristotélicienne entre le A et le non-A, tout en nous fournissant un principe de classification et d'analyse satisfaisant du point de vue théorique.

Le regroupement en fonction de la signification

Si nous cherchons un critère heuristique pour différencier les syndromes des sous-syndromes, nous pouvons théoriquement le trouver dans le concept de concentration. Qu'est-ce qui différencie les regroupements naturels dans le syndrome d'estime de soi ? Le souci des conventions, la moralité, la modestie et le respect des règles se rassemblent en un groupe susceptible de se différencier d'un autre groupe constitué de caractéristiques telles que la confiance en soi, l'équilibre, l'aisance et la hardiesse. Ces groupes ou sous-syndromes se situent bien entendu en corrélation les uns avec les autres et plus globalement avec le syndrome d'estime de soi. Par ailleurs, à l'intérieur de chaque groupe, les divers éléments sont corrélés les uns aux autres. Il est probable que notre perception des regroupements, le sentiment subjectif que des éléments divers vont naturellement les uns avec les autres, se refléterait dans les corrélations qui seraient obtenues si l'on pouvait mesurer ces éléments. La confiance en soi et l'équilibre sont probablement plus étroitement corrélés que l'équilibre et l'affranchissement à l'égard des conventions. En termes statistiques, une concentration signifierait qu'il existe une corrélation moyenne élevée entre tous les membres du regroupement. Cette corrélation moyenne serait sans doute supérieure à la corrélation moyenne entre les membres de deux regroupements différents. Supposons que la corrélation moyenne interne à un regroupement se situe à r = 0,7 et que la corrélation moyenne entre les membres de différents regroupements soit de r = 0,5, alors le nouveau syndrome formé par la fusion des regroupements ou des sous-syndromes présentera une corrélation moyenne supérieure à r = 0,5 et inférieure à r = 0,7, sans doute plus proche de r = 0,6. À mesure que l'on passe des sous-sous-syndromes aux sous-syndromes puis aux syndromes, on doit s'attendre à ce que la corrélation moyenne diminue. Cette évolution correspond à ce que nous pouvons appeler une évolution dans la concentration du syndrome, et il nous semble opportun d'insister sur ce concept, ne serait-ce que parce qu'il fournit l'outil de travail nécessaire à la vérification de nos découvertes cliniques[1].

1. Les psychologues holistes ont tendance à se méfier de la technique de corrélation, mais cela s'explique sans doute par le fait que la technique a été utilisée de manière exclusivement atomiste et non parce que sa nature essentielle serait en contradiction avec la théorie holiste. Même si, par exemple, les auto-corrélations paraissent suspectes au statisticien moyen (comme si on pouvait s'attendre à autre chose dans l'organisme !), elles n'ont pas de raison de l'être si certains faits holistes sont pris en considération.

Selon le postulat de base de la psychologique dynamique, ce qui peut, et devrait, être mis en corrélation, ce ne sont pas les comportements en tant que comportements, mais les significations des comportements, par exemple non le comportement de modestie lui-même, mais la qualité de modestie envisagée intacte dans ses relations avec le reste de l'organisme. Il faut par ailleurs reconnaître que même les variables dynamiques ne varient pas nécessairement selon un continuum unique mais qu'elles peuvent à un certain point bifurquer brutalement dans une direction tout à fait différente. On trouve un exemple de ce phénomène dans les effets du désir d'affection. Si nous classons de jeunes enfants selon une gradation qui va de ceux qui sont pleinement acceptés à ceux qui sont totalement rejetés, nous découvrons à mesure que nous descendons dans l'échelle que les enfants sont de plus en plus affamés d'affection mais que, dès que nous approchons de l'extrémité inférieure de l'échelle – le rejet pur et dur dès les premiers jours de la vie –, nous ne rencontrons pas un désir d'amour exacerbé mais une froideur totale et *une absence* de désir d'affection.

En fin de compte, nous devons bien entendu nous référer à des données holistes plutôt qu'à des données atomistes, c'est-à-dire exploiter les résultats de l'analyse holiste plutôt que ceux de l'analyse réductrice. On peut ainsi mettre en corrélation des variables uniques sans faire violence à l'unité de l'organisme. Si nous manions avec prudence les données corrélées et si nous équilibrons les statistiques avec les connaissances cliniques et expérimentales, il n'y a pas de raison que la technique de corrélation ne rende d'immenses services dans le cadre d'une méthodologie holiste.

L'interdépendance des syndromes à l'intérieur de l'organisme

Dans son ouvrage sur les *Gestalts* physiques, Köhler (1961) s'oppose à la généralisation excessive du concept d'interrelation, qui aboutit à l'incapacité de choisir entre un monisme très général et un atomisme total. En conséquence, il ne souligne pas seulement l'interrelation au sein d'une *Gestalt*, mais aussi le fait de la séparation des *Gestalts*. Selon lui, la plupart des *Gestalts* avec lesquelles il travaille sont des systèmes (relativement) fermés. Son analyse porte uniquement sur ce qui se passe à l'intérieur de la *Gestalt* ; il s'intéresse moins souvent aux relations entre les *Gestalts*, qu'elles soient physiques ou psychologiques.

À l'évidence, lorsque nous traitons de données organismiques, nous avons une situation différente. Il n'existe quasiment pas de systèmes clos à l'intérieur de l'organisme. Dans l'organisme, tout est en réalité relié à quelque chose d'autre, même si ce lien est ténu et lâche. Il a par ailleurs été démontré que l'organisme pris comme un ensemble est fondamentalement en relation et en interdépendance avec la culture, avec la présence immédiate d'autres personnes, avec la situation, avec les facteurs physiques et géographiques, et ainsi de suite. Nous pouvons au moins affirmer jusque-là que Köhler aurait dû limiter sa généralisation aux *Gestalts* physiques et psychologiques du monde phénoménal, dans la mesure où ses restrictions ne s'appliquent pas avec autant de force à l'intérieur de l'organisme.

Nous pouvons aller au-delà de cette affirmation brute en optant pour une argumentation plus poussée. La thèse selon laquelle le monde entier est interrelié est tout à fait défendable. On peut trouver certaines formes de relation entre un élément de l'univers et un autre en sélectionnant certains types de relation parmi toutes celles qui existent. Seul le désir d'être concret ou le fait de privilégier un domaine particulier de discours au détriment du domaine de discours général, nous autorise à postuler une relative indépendance des systèmes les uns par rapport aux autres. Par exemple, du point de vue psychologique, l'interrelation universelle ne tient pas, parce qu'il existe des éléments du monde qui ne sont pas *psychologiquement* reliés à d'autres éléments du monde, quand bien même ils entretiennent avec eux des liens chimiques, physiques ou biologiques. Par ailleurs, l'interrelation du monde pourrait tout à fait être décomposée différemment par le biologiste ou le chimiste ou le physicien. Il me semble que la meilleure formulation possible pour l'instant est de dire qu'il y a des systèmes relativement fermés, mais que ces systèmes clos sont le produit, en partie, du point de vue que l'on adopte. Ce qui est (ou ce qui paraît être) un système clos aujourd'hui, peut ne plus l'être dans un an si les progrès scientifiques réalisés l'année prochaine démontrent l'existence d'une relation. Si on nous opposait l'obligation de prouver d'abord l'obtention de processus physiques réels avant de prétendre prouver l'existence de relations théoriques entre toutes les parties du monde, nous répondrions alors certainement que les philosophes monistes n'ont jamais revendiqué une telle interrelation universelle *physique* mais ont mis en avant de nombreux types d'interrelation. Quoi qu'il en soit, dans la mesure où cela ne constitue pas le thème majeur de notre exposé, il n'est pas nécessaire de s'y attarder. Nous nous contenterons d'attirer l'attention sur le phénomène de l'interrelation universelle (théorique) à l'intérieur de l'organisme.

Niveau et qualité des syndromes de la personnalité

Dans ce champ de recherche, nous pouvons offrir au moins un exemple qui a été minutieusement étudié.

Qu'il s'agisse d'un paradigme ou d'un cas particulier, des recherches ultérieures devront l'établir.

Quantitativement, c'est-à-dire en termes de corrélations linéaires simples, il existe une relation positive mais peu élevée entre le niveau de sécurité et le niveau d'estime de soi, r = environ 0,2 ou 0,3. Chez les individus normaux, le diagnostic individuel fait apparaître clairement que ces deux syndromes sont des variables pratiquement indépendantes. Dans certains groupes, on peut trouver des relations caractéristiques dans les deux syndromes : par exemple, chez les Juifs on notait (dans les années 1940) une tendance à l'estime de soi élevée accompagnée d'un faible niveau de sécurité, alors que chez les femmes catholiques on trouvait souvent une faible estime de soi jointe à un niveau de sécurité élevé. Chez les sujets névrosés, les deux niveaux étaient et sont en général plutôt bas.

Mais ce qui surprend davantage que cette relation (ou que cette absence de relation) dans le niveau des deux syndromes, c'est la relation très étroite entre le *niveau* de sécurité (ou d'estime de soi) et la *qualité* de l'estime de soi (ou de la sécurité). Cette relation se démontre d'autant mieux que l'on oppose deux individus, tous deux caractérisés par une haute estime de soi mais qui se situent aux extrémités opposées en ce qui concerne la sécurité. La personne A (niveau d'estime de soi élevé et niveau de sécurité élevé) tend à exprimer l'estime de soi d'une manière très différente de la personne B (estime de soi élevée et faible niveau de sécurité). La personne A, qui possède à la fois de la force personnelle et de l'amour pour l'humanité, utilise naturellement cette force avec bienveillance pour encourager ou protéger. Tandis que B, pourtant doté d'une force égale mais qui n'éprouve que haine, mépris ou peur pour les êtres humains, utilisera plus vraisemblablement cette force pour blesser, dominer, ou pour soulager son sentiment d'insécurité. Sa force peut alors constituer une menace pour ses compagnons. Nous pouvons donc parler d'une qualité de haute estime de soi non sécurisée, et l'opposer à une qualité de haute estime de soi sécurisée. Symétriquement, nous distinguons une qualité de faible estime de soi non sécurisée et une qualité de faible estime de soi sécurisée, avec d'un côté le masochiste ou le flagorneur, et de l'autre l'individu dépendant, calme, doux ou serviable. Les différences dans la qualité du sentiment de sécurité se retrouvent dans les différences concernant le niveau d'estime de soi. Ainsi les gens non sécurisés peuvent être distants, en retrait, ou au contraire ouvertement hostiles et agressifs selon que l'estime de soi est faible ou élevée chez eux. Les sujets sécurisés peuvent se montrer humbles ou fiers, ils peuvent être des suiveurs ou des leaders selon que leur niveau d'estime de soi varie de faible à élevé.

Les syndromes de la personnalité et le comportement

Avant d'aborder l'analyse plus détaillée, nous pouvons dire en gros que les relations entre les syndromes et le comportement s'articulent de la façon suivante. Chaque acte *tend* à être une expression de l'ensemble de la personnalité intégrée. Cela signifie plus précisément que chaque acte tend à être déterminé par chaque syndrome et par tous les syndromes de la personnalité (auxquels s'ajoutent d'autres déterminants qui seront traités ultérieurement). En entendant un individu lambda rire et répondre à une plaisanterie, nous pouvons théoriquement déduire parmi les divers déterminants de cet acte unitaire, son niveau de sécurité, d'estime de soi, son énergie, son intelligence et ainsi de suite. Ce point de vue s'oppose clairement à la théorie du trait unique, désormais obsolète, voulant qu'un comportement unique soit entièrement déterminé par un trait unique. Notre théorie trouve sa meilleure illustration dans des tâches telles que la création artistique. Lorsqu'il réalise un tableau ou un concerto, l'artiste immerge complètement son moi dans l'accomplissement de son œuvre, et celle-ci est donc une expression de sa personnalité tout entière. Mais un tel exemple, ou devrait-on dire, toute réponse créative à une situation non structurée – comme dans le test de Rorschach – se situe à une extrémité du continuum. À l'autre extrémité se trouve l'acte isolé, singulier, qui a peu, voire pas de relation avec la structure du caractère. On en trouve un exemple dans les réponses immédiates, purement habituelles, aux exigences d'une situation momentanée (échapper aux roues d'un camion), dans les réponses culturelles qui ont depuis longtemps perdu leur signification psychologique pour la plupart des gens (la coutume pour les hommes de se lever lorsqu'une femme pénètre dans la pièce), ou, enfin, dans les actes réflexes. Le comportement ne révèle rien ou presque du caractère de l'individu, car dans ces cas précis il ne constitue pas un facteur déterminant. Entre ces extrêmes, nous trouvons toutes sortes de gradations. Il existe par exemple des actes qui tendent à être presque entièrement déterminés par un ou deux syndromes seulement. Un acte particulier de gentillesse est plus étroitement relié au syndrome de sécurité que tout autre. Le sentiment de modestie est largement déterminé par l'estime de soi, et ainsi de suite.

Ces faits peuvent soulever la question de savoir pourquoi, si toutes ces formes de relations syndrome-comportement existent, on devrait affirmer d'emblée que le comportement est généralement déterminé par tous les syndromes.

Il est évident que, par une sorte d'impératif théorique, une théorie holiste débuterait par cette affirmation, alors qu'une approche atomiste privilégierait la sélection d'un comportement isolé, discret, coupé de toutes ses connexions à l'organisme – une sensation ou un réflexe conditionné, par exemple. C'est ici un problème de « centrage » (en fonction de la partie qui représente l'ensemble à organiser). Pour la théorie atomiste, la donnée fondamentale la plus simple serait une ébauche de comportement obtenue par l'analyse réductrice, c'est-à-dire un comportement coupé de toutes ses relations au reste de l'organisme.

Mais il est surtout vrai d'affirmer que le premier type de relation syndrome-comportement est plus important. Les comportements isolés se situent en marge des préoccupations majeures de la vie. Ils sont isolés, simplement parce qu'ils n'ont pas d'importance, c'est-à-dire qu'ils n'ont rien à faire avec les principaux problèmes, avec les questions essentielles ou les buts fondamentaux de l'organisme. Il est parfaitement vrai que ma jambe a un sursaut brusque quand le tendon de la rotule est bloqué, ou que je mange des olives avec mes doigts, ou que je ne peux pas manger d'oignons bouillis parce que j'y ai été conditionné. Il est certainement non moins vrai que j'ai une certaine philosophie de la vie, que j'aime ma famille, ou que je suis attiré par la perspective de pratiquer certains types d'expériences – mais ces situations sont de loin plus importantes que les précédentes.

S'il est vrai que la nature profonde de l'organisme est un déterminant du comportement, elle n'en est pas le seul. L'environnement culturel dans lequel l'organisme agit et qui a déjà contribué à déterminer la nature profonde de l'organisme, est également un déterminant du comportement. Enfin, d'autres déterminants du comportement peuvent être réunis sous la rubrique de la « situation immédiate ». Si les buts et les objectifs du comportement sont déterminés par la nature de l'organisme et si les chemins pour atteindre ces buts sont définis par la culture, la situation immédiate détermine les possibilités et les impossibilités réalistes : quel comportement est sage, lequel ne l'est pas ; quels buts partiels sont accessibles et lesquels ne le sont pas ; qu'est ce qui constitue une menace et qu'est ce qui fournit l'outil permettant d'atteindre le but.

Dans une perspective aussi complexe, il devient facile de comprendre pourquoi le comportement n'est pas toujours un bon indicateur de la structure du caractère. Car si le comportement est autant déterminé par la situation extérieure que par la culture et par le caractère, s'il résulte de la formation d'un compromis entre trois jeux de forces, il ne peut pas aussi être un indicateur totalement fiable de chacun d'eux. Là encore, il s'agit d'une affirmation théorique. Dans la pratique, il y a certaines techniques qui permettent de « limiter » ou d'annuler les influences de la culture et de la situation, de sorte que, dans la pratique concrète, le comportement peut parfois effectivement constituer un bon indicateur du caractère[1].

On trouve une corrélation encore plus prononcée entre le caractère et l'impulsion qui déclenche le comportement. De fait, cette corrélation est si élevée que ces impulsions au comportement peuvent elles-mêmes être considérées

1. On peut par exemple limiter l'influence de la situation en tant que déterminant du comportement en la rendant suffisamment vague, comme dans les divers tests de projection. Ou parfois les exigences de l'organisme sont si puissantes, comme dans la folie, que le sujet nie ou ignore le monde et défie la culture. La technique première d'exclusion partielle de la culture est le rapport d'entretien ou le transfert psychanalytique. Dans d'autres situations, les contraintes culturelles peuvent être affaiblies comme dans l'ivresse, la rage, ou d'autres exemples de comportement incontrôlé. En outre, il existe de nombreux comportements que la culture néglige de contrôler, comme les diverses variations subtiles, subliminales, manifestes d'un thème déterminé par la culture, ce que l'on appelle les mouvements d'expression. Ou bien alors nous pouvons étudier le comportement chez des individus relativement non inhibés, par exemple les enfants, chez lesquels les contraintes culturelles sont encore faibles, ou encore les animaux chez lesquels elles sont presque négligeables, ou dans d'autres sociétés, de manière à pouvoir exclure les influences culturelles par contraste. Ces quelques exemples montrent qu'une étude du comportement très élaborée et solide sur le plan théorique peut nous fournir des renseignements sur l'organisation interne de la personnalité

comme des éléments du syndrome. Elles sont nettement plus libérées des contraintes extérieures et culturelles que ne le sont les actes de comportement manifeste. Nous pouvons même nous risquer à dire que nous étudions essentiellement le comportement en tant qu'indicateur d'impulsion au comportement. S'il s'agit d'un indicateur fiable, il vaut la peine d'être étudié ; s'il n'est pas un bon indicateur, il n'en vaut pas la peine, dans la mesure où l'ultime objet de notre étude est la compréhension du caractère.

L'expression logique et mathématique des données du syndrome

Il n'existe pas encore à ma connaissance de mathématique ou de logique susceptible de traduire l'expression symbolique des données du syndrome. La réalisation d'un tel système symbolique semble possible, car nous savons que nous sommes capables d'élaborer des mathématiques et une logique adaptées à nos besoins. À l'heure actuelle, cependant, dans leur majorité, les logiques et les systèmes mathématiques dont nous disposons se fondent sur et expriment cette vision générale-atomiste du monde que nous venons de critiquer. Mes propres efforts dans cette direction sont trop insuffisants pour être présentés ici.

La distinction radicale entre A et non-A introduite par Aristote comme l'une des bases de sa logique s'est perpétuée dans la logique moderne, y compris là où d'autres principes aristotéliciens ont été rejetés. Ainsi, dans sa *Logique symbolique,* Langer affirme que la notion qu'elle désigne elle-même par le terme de classe complémentaire constitue l'un des postulats fondamentaux qui n'ont pas besoin d'être démontrés mais qui peuvent être tenus pour acquis comme participant du sens commun. « Chaque classe possède une classe complémentaire ; la classe et sa complémentaire s'excluent mutuellement et épuisent la classe universelle entre elles » (1937, p. 193).

Il doit maintenant paraître évident que, dans le cas des données du syndrome, il ne peut être question d'isoler un élément des données de l'ensemble des données, ou d'établir une division stricte entre une donnée unique et le reste du syndrome. Lorsque nous séparons A de l'ensemble, A n'est plus A et le non-A n'est plus ce qu'il était, et certainement l'addition simple de A et du non-A ne nous rendra pas l'ensemble d'origine. À l'intérieur d'un syndrome, chaque élément du syndrome se chevauche avec chaque autre. Il est impossible de les séparer sauf à ne pas tenir compte des recoupements. Or le psychologue ne peut pas se permettre de les ignorer. L'exclusion mutuelle est envisageable pour les données prises isolément. Si elles sont replacées dans le contexte, comme ce doit être le cas en psychologie, cette dichotomie se révèle impossible. Il n'est pas, par exemple, concevable que nous puissions dissocier le comportement d'estime de soi des autres comportements, pour la simple raison qu'il n'existe pratiquement pas de comportement qui ne soit que comportement d'estime de soi et rien d'autre.

Si nous rejetons cette notion d'exclusion mutuelle, nous mettons en doute non seulement toute la logique qui repose en partie sur cette notion, mais aussi la plupart des systèmes mathématiques qui nous sont familiers. La plupart des mathématiques et des logiques existantes traitent d'un monde qui est une collection d'entités s'excluant mutuellement, comme un tas de pommes. Le fait de séparer une pomme du reste du tas ne modifie ni la nature fondamentale de la pomme, ni la nature fondamentale du tas. En ce qui concerne l'organisme, il en va différemment. L'extraction d'un organe change l'ensemble de l'organisme tout autant que la partie qui a été ôtée.

Les quatre opérations arithmétiques fondamentales, l'addition, la soustraction, la multiplication et la division, fournissent un autre exemple. Ce sont toutes des opérations qui supposent des données atomistes. Il est possible d'ajouter une pomme à une autre pomme parce que la nature des pommes le permet. Le cas est différent lorsqu'il s'agit de la personnalité. Si nous avons deux personnes qui possèdent une estime de soi élevée et un sentiment de sécurité bas et que nous augmentons ce dernier chez l'une des deux (en « ajoutant » de la sécurité), nous aurons un individu qui tendra probablement à être coopératif et un autre qui se révélera tyrannique. L'estime de soi élevée chez l'un n'a pas la même qualité que l'estime de soi chez l'autre. Dans la personnalité de l'individu auquel on a « ajouté » de la sécurité, on ne constate pas un seul changement mais deux. Non seulement le sujet a acquis plus de sécurité, mais la qualité de l'estime de soi s'est modifiée chez lui, du seul fait d'être associée à davantage de sécurité. Cet exemple peut sembler laborieux, mais c'est le meilleur que nous ayons pu concevoir pour illustrer les processus d'addition dans la personnalité.

À l'évidence, les logiques et les mathématiques classiques, en dépit de leurs possibilités illimitées, semblent en réalité être au service d'une vision atomiste, mécanique du monde.

On pourrait même aller jusqu'à dire que les mathématiques sont à la traîne des sciences physiques modernes en ce qui concerne l'acceptation de la théorie holiste, dynamique. On apporte des changements fondamentaux à la nature de la théorie physique, non en modifiant la nature fondamentale des mathématiques mais en en élargissant l'usage par toute une série de trucages en touchant le moins possible à sa nature essentiellement statique. Ces changements ne peuvent se faire qu'en partant de suppositions du type « comme si ». Le calcul infinitésimal en est un bon exemple, qui prétend traiter du mouvement et du changement, mais ne le fait qu'en transformant le changement en une succession d'états statiques. On mesure l'espace sous une courbe en le fragmentant en une série de rectangles. Les courbes elles-mêmes sont traitées « comme si » elles étaient des figures polygonales avec de très petits côtés. La légitimité de cette procédure, que personne n'a jamais contestée, est prouvée par le fait que le calcul infinitésimal fonctionne et constitue un instrument hautement utile. Mais ce qui n'est pas légitime, c'est d'oublier qu'il marche grâce à une série de suppositions, ou de trucs, de tours, d'hypothèses « comme si » qui, à l'évidence, ne traitent pas du monde phénoménal comme le font les études psychologiques.

La citation qui suit illustre notre proposition selon laquelle les mathématiques tendent à être statiques et atomistes. À ma connaissance, son contenu n'a pas été remis en cause par d'autres mathématiciens.

> Mais n'avions-nous pas auparavant affirmé avec détermination que nous vivons dans un monde immobile ? Et n'avions-nous pas longuement démontré, à l'aide des paradoxes de Zénon, que le mouvement est impossible, qu'une flèche volante est en réalité au repos ? À quoi allons-nous attribuer ce renversement de position apparent ?
>
> Par ailleurs, si chaque nouvelle invention mathématique repose sur des fondements établis de longue date, comment est-il possible d'extraire des théories de l'algèbre et de la géométrie statiques, de nouvelles mathématiques capables de résoudre des problèmes dans lesquels interviennent des entités dynamiques ?
>
> En ce qui concerne le premier point, il n'y a eu aucun renversement de perspective. Nous sommes encore fermement ancrés dans la croyance que notre monde est un monde dans lequel le mouvement comme le changement sont des cas particuliers de l'état de repos. Il n'existe pas d'état de changement si le changement implique un état qualitativement différent du repos ; ce que nous définissons comme le changement est seulement, ainsi que nous l'avons précisé,

une succession d'images statiques diverses, perçues dans des intervalles de temps comparativement courts...

Intuitivement convaincus de l'existence d'une continuité dans le comportement d'un corps en mouvement, puisque nous ne voyons pas réellement la flèche qui vole traverser tous les points situés sur son parcours, un instinct puissant nous incite à abstraire l'idée du mouvement comme quelque chose d'essentiellement différent du repos. Mais cette abstraction résulte des limitations physiologiques et psychologiques ; elle n'est absolument pas justifiée par l'analyse logique. Le mouvement est une corrélation de la position avec le temps. Le hasard n'est qu'un synonyme de *fonction*, un autre aspect de cette même corrélation.

Pour le reste, le calcul infinitésimal, en tant que rejeton de la géométrie et de l'algèbre, appartient à une famille statique et n'a pas acquis de caractéristiques qui ne soient pas déjà détenues par ses parents. Les mutations ne sont pas possibles en mathématiques. Ainsi, inévitablement, le calcul infinitésimal possède les mêmes propriétés statiques que la table de multiplication et que la géométrie d'Euclide. Il n'est qu'une autre interprétation, quoique fort ingénieuse, admettons-le, de ce monde immuable. (Kasner & Newman, 1940, p. 301-304)

Soulignons encore une fois qu'il y a deux façons de considérer des éléments. Par exemple, le rougissement peut être un rougissement en soi (un élément réducteur) ou un rougissement inscrit dans un contexte (un élément holiste). Le premier suppose une sorte d'hypothèse de type « comme si », « comme s'il était seul au monde et n'entretenait pas de relation avec le reste du monde ». C'est une abstraction formelle qui peut être très utile dans certains domaines de la science. En tout cas, cette abstraction ne cause aucun tort tant que l'on se souvient qu'elle n'est qu'une abstraction formelle. Les problèmes surgissent seulement lorsque les mathématiciens ou les logiciens ou les scientifiques oublient qu'ils font quelque chose d'artificiel quand ils parlent du rougissement en soi, car ils seraient certainement les premiers à admettre que, dans le monde réel, il n'existe pas de rougissement sans un être humain pour rougir, une chose à propos de laquelle rougir et ainsi de suite. Ce mode d'abstraction artificiel, ou cette manière de travailler avec des éléments réducteurs, a fonctionné si bien et s'est si profondément enraciné dans nos habitudes, que ceux qui pratiquent l'abstraction et la réduction sont étonnés que l'on puisse nier la validité empirique ou phénoménale de ces habitudes. Ils se convainquent petit à petit que le monde est réellement construit de cette manière et finissent par oublier qu'en dépit de son utilité, ce mode d'abstraction est toujours artificiel, conventionnel, hypothétique – en un mot, qu'il s'agit d'un système d'artefact qui est imposé à un monde interconnecté en perpétuel changement. Ces hypothèses singulières sur le monde peuvent être opposées au sens commun au seul bénéfice de la commodité. Lorsqu'elles ne répondent plus à cet impératif de commodité, ou lorsqu'elles deviennent des entraves, elles doivent être abandonnées. Il est dangereux de voir dans le monde ce que nous y avons mis au lieu de ce qui s'y trouve réellement. Disons-le simplement. Les mathématiques ou la logique atomistes sont, dans un certain sens, une théorie du monde, et toute description du monde selon cette théorie mérite d'être récusée par le psychologue parce qu'elle ne répond pas ses objectifs. Les concepteurs d'une méthodologie doivent nécessairement procéder à la création de systèmes logiques et mathématiques qui coïncident plus étroitement avec la nature du monde de la science moderne.

On peut fort bien appliquer ces observations à la langue anglaise elle-même. Elle aussi tend à refléter la théorie atomiste du monde propre à notre culture. Il n'est pas surprenant que, dans notre description des données du syndrome et des lois du syndrome, nous soyons contraints de recourir aux analogies les plus étranges, aux figures de rhétorique et à diverses contorsions linguistiques. Nous possédons la conjonction *et* pour exprimer que deux entités discrètes s'associent, mais nous n'avons aucune conjonction pour exprimer que deux entités non distinctes se joignent et que leur réunion crée une unité et non une dualité. Le seul substitut qui me vienne à l'esprit pour cette conjonction fondamentale est l'expression maladroite *structuré avec*. Il existe d'autres langues qui sont plus en adéquation avec une vision du monde holiste, dynamique. À mon sens, les langues composées reflètent mieux l'univers holiste que l'anglais. En outre, notre langue organise le monde à la manière des logiciens et des mathématiciens en éléments et en relations, en problèmes et en choses que l'on fait à propos des problèmes. Les noms sont traités comme s'ils étaient des problèmes et les verbes comme s'ils étaient des actions réalisées problème par problème. Les adjectifs décrivent plus précisément le type de problème et les adverbes décrivent avec plus de précision le type d'action. Une vision holiste-dynamique n'admet pas de dichotomie aussi stricte. Quoi qu'il en soit, les mots doivent se succéder selon un ordre linéaire même lorsqu'ils tentent de décrire les données du syndrome (Lee, 1961).

Références

Adler, A. (1939). *Social interest.* New York: Putnam's.

Adler, A. (1964). *Superiority and social interests: A collection of later writings* (H.L. Ansbacher and R.R. Ansbacher, eds.). Evanston: Northwestern University Press.

Alderfer, C. P. (1967). An organization syndrome. *Administrative Science Quarterly,* 12, 440-460.

Allport, G. (1955). *Becoming.* New Haven, CT: Yale University Press.

Allport, G. (1959). Normative compatibility in the light of social science. In A.H. Maslow (Éd.), *New knowledge in human values.* New York: Harper & Row.

Allport, G. (1960). *Personality and social encounter.* Boston: Beacon.

Allport, G. (1961). *Pattern and growth in personality.* New York: Holt, Rinehart & Winston.

Allport, G., & Vernon, P. E. (1933). *Studies in expressive movement.* New York: Macmillan.

Anderson, H. H. (Éd.). (1959). *Creativity and its cultivation.* New York: Harper & Row.

Angyal, A. (1965). *Neurosis and treatment. A holistic theory.* New York: Wiley.

Ansbacher, H., & Ansbacher, R. (1956). *The individual psychology of Alfred Adler.* New York: Basic Books.

Ardrey, R. (1966). *The territorial imperative.* New York: Atheneum.

Argyris, C. (1962). *Interpersonal competence and organizational effectiveness.* Homewood, IL: Irwin-Dorsey.

Argyris, C. (1965). *Organization and innovation.* Homewood, IL: Irwin.

Aronoff, J. (1962). Freud's conception of the origin of curiosity. *Journal of Psychology,* 54, 39-45.

Aronoff, J. (1967). *Psychological needs and cultural systems.* New York: Van Nostrand Reinhold.

Asch, S. E. (1956). Studies of independence and conformity. *Psychological Monographs,* 70 (Whole No.416).

Baker, R. S. (1945). *American chronicle.* New York: Scribner's.

Bartlett, F. C. (1932). *Remembering.* Cambridge: Cambridge University Press.

Benedict, R. (1970). Synergy in society. *American Anthropologist.*

Bennis, W. (1966). *Changing organizations.* New York: McGraw-Hill.

Bennis, W. (1967). Organizations of the future. *Personnel Administration,* 30, 6-24.

Bennis, W., & Slater, P. (1968). *The temporary society.* New York: Harper & Row.

Bergson, H. (1944). *Creative evolution.* New York: Modern Library.

Bernard, L. L. (1924). *Instinct: A study in social psychology.* New York: Holt, Rinehart & Winston.

Bonner, H. (1961). *Psychology of personality.* New York: Ronald Press.

Bronowski, J. (1956). *Science and human values.* New York: Harper & Row.

Bugental, J. (1965). *The search for authenticity.* New York: Holt, Rinehart & Winston.

Bühler, C., & Massarik, F. (Eds.). (1968). *The course of human life: A study of life goals in the humanistic perspective.* New York: Springer.

Cannon, W. G. (1932). *Wisdom of the body.* New York: Norton.

Cantril, H. (1950). An inquiry concerning the characteristics of man. *Journal of Abnormal and Social Psychology,* 45, 491-503.

Chenault, J. (1969). Syntony: A philosophical promise for theory and research. In A. Sutich and M. Vich (Eds.), *Readings in Humanistic Psychology.* New York: Free Press.

Chiang, H. (1968). An experiment in experiential approaches to personality. *Psychologia,* 11, 33-39.

D'Arcy, M. C. (1947). *The mind and heart of love.* New York: Holt, Rinehart & Winston.

Davies, J. C. (1963). *Human nature in politics.* New York: Wiley.

Deutsch, F., & Miller, W. (1967). *Clinical interview,* Vols. I & Il. New York: International Universities Press.

Dewey, J. (1939). Theory of valuation. *International encyclopedia of unified science* (Vol. 2, No.4). Chicago: University of Chicago Press.

Drucker, P. F. (1939). *The end of economic man.* New York: Day.

Eastman, M. (1928). *The enjoyment of poetry.* New York: Scribner's.

Einstein, A., & Infeld, L. (1938). *The evolution of physics.* New York: Simon & Schuster.

Erikson, E. (1959). *Identity and the life cycle.* New York: International Universities Press.

Farrow, E. P. (1942). *Psychoanalyze yourself.* New York: International Universities Press.

Frankl, V. (1969). *The will to meaning.* New York: World.

Frenkel-Brunswik, E. (1949). Intolerance of ambiguity as an emotional and perceptual

personality variable. *Journal of Personality, 18,* 108-143.
Freud, S. (1920). *General introduction to psychoanalysis.* New York: Boni & Liveright.
Freud, S. (1924). *Collected papers,* Vol. Il. London: Hogarth Press.
Freud, S. (1930). *Civilization and its discontents.* New York: Cape & Smith.
Freud, S. (1933). *New introductory lectures on psychoanalysis.* New York: Norton.
Fromm, E. (1941). *Escape from freedom.* New York: Farrar, Straus & Giroux.
Fromm, E. (1947). *Man for himself.* New York: Holt, Rinehart & Winston.
Goldstein, K. (1939). *The organism.* New York: American Book.
Goldstein, K. (1940). *Human nature.* Cambridge: Harvard University Press.
Grof, S. (1975). *Realms of the human unconscious.* New York: Viking Press.
Guiterman, A. (1939). *Lyric laughter.* New York: Dutton.
Harding, M. E. (1947). *Psychic energy.* New York: Pantheon.
Harlow, H. F. (1950). Learning motivated by a manipulation drive. *Journal of Experimental Psychology,* 40, 228-234.
Harlow, H. F. (1953). Motivation as a factor in the acquisition of new responses. In R.M. Jones (Éd.), *Current theory and research in motivation.* Lincoln: University of Nebraska Press.
Harper, R. (1966). *Human love: Existential and mystical.* Baltimore: Johns Hopkins Press.
Hayakawa, S. I. (1949). *Language and thought in action.* New York: Harcourt, Brace & World.
Herzberg, F. (1966). *Work and the nature of man.* New York: World.
Hoggart, R. (1961). *The uses of literacy.* Boston: Beacon.

Horney, K. (1937). *The neurotic personality of our time.* New York: Norton.

Horney, K. (1939). *New ways in psychoanalysis.* New York: Norton.

Horney, K. (1942). *Self-analysis.* New York: Norton.

Horney, K. (1950). *Neurosis and human growth.* New York: Norton.

Howells, T. H. (1945). The obsolete dogma of heredity. *Psychology Review,* 52, 23-34.

Howells, T. H., & Vine, D. O. (1940). The innate differential in social learning. *Journal of Abnormal and Social Psychology,* 35, 537-548.

Husband, R. W. (1929). A comparison of human adults and white rats in maze learning. *Journal of Comparative Psychology,* 9, 361-377.

Huxley, A. (1944). *The perennial philosophy.* New York: Harper & Row.

James, W. (1890). *The principles of psychology.* New York: Holt, Rinehart & Winston.

James, W. (1958). *The varieties of religious experience.* New York: Modem Library.

Johnson, W. (1946). *People in quandaries.* New York: Harper & Row.

Jourard, S. M. (1968). *Disclosing man to himself.* New York: Van Nostrand Reinhold.

Kasner, E., & Newman, J. (1940). *Mathematics and the imagination.* New York: Simon & Schuster.

Katona, G. (1940). *Organizing and memorizing.* New York: Columbia University Press.

Klee, J. B. (1951). *Problems of selective behavior.* (New Series No.7). Lincoln: University of Nebraska Studies.

Koestler, A. (1945). *The yogi and the commissar.* New York: Macmillan.

Köhler, W. (1961). Gestalt psychology today. In M. Henle (Éd.), *Documents of gestalt psychology.* Berkeley: University of California Press.

Langer, S. (1937). *Symbolic logic.* Boston: Houghton Mifflin.

Lee, D. (1961). *Freedom and culture.* Englewood Cliffs, NJ: Prentice-Hall.

Levy, D. M. (1934a). Experiments on the sucking reflex and social behavior of dogs. *American Journal of Orthopsychiatry.*

Levy, D. M. (1934b). A note on pecking in chickens. *Psychoanalytic Quarterly,* 4, 612-613.

Levy, D. M. (1937). Primary affect hunger. *American Journal of Psychiatry,* 94, 643-652.

Levy, D. M. (1938). On instinct-satiations: An experiment on the pecking behavior of chickens. *Journal of General Psychology,* 18, 327-348.

Levy, D. M. (1939). Release therapy. *American Journal of Orthopsychiatry,* 9, 713-736.

Levy, D. M. (1943). *Maternal overprotection.* New York: Columbia University Press.

Levy, D. M. (1944). On the problem of movement restraint. *American Journal of Ortho-psychiatry,* 14, 644-671.

Levy, D. M. (1951). The deprived and indulged forms of psychopathic personality. *American Journal of Orthopsychiatry,* 21, 250-254.

Lewin, K. (1935). *Dynamic theory of personality.* New York: McGraw-Hill.

Likert, R. (1961). *New patterns in management.* New York: McGraw-Hill.

Lynd, R. (1939). *Knowledge for what?* Princeton, NJ: Princeton University Press.

Maier, N. R. F. (1939). *Studies of abnormal behavior in the rat.* New York: Harper & Row.

Maier, N. R. F. (1949). *Frustration.* New York: McGraw-Hill.

Marmor, J. (1942). The role of instinct in human behavior. *Psychiatry,* 5, 509-516.

Maslow, A. H. (1935). Appetites and hunger in animal motivation. *Journal of Comparative Psychology,* 20, 75-83.

Maslow, A. H. (1936). The dominance drive as a determiner of the social and sexual behavior of infra-human primates, I-IV. *Journal of Genetic Psychology*, 48, 261-277, 278-309, 310-338; 49, 161-190.

Maslow, A. H. (1937). The influence of familiarization on preference. *Journal of Experimental Psychology*, 21, 162-180.

Maslow, A. H. (1940a). Dominance-quality and social behavior in infra-human primates. *Journal of Social Psychology*, 11, 313-324.

Maslow, A. H. (1940b). A test for dominance-feeling (self-esteem) in women. *Journal of Social Psychology*, 12, 255-270.

Maslow, A. H. (1943). The authoritarian character structure. *Journal of Social Psychology*, 18, 401-411.

Maslow, A. H. (1952). *The S-I Test: A measure of psychological security-insecurity*. Palo Alto, CA: Consulting Psychologists Press.

Maslow, A. H. (1957). Power relationships and patterns of personal development. In A. Kornhauser (Éd.), *Problems of power in American democracy*. Detroit: Wayne University Press.

Maslow, A. H. (1958). Ernotional blocks to creativity. *Journal of Individual Psychology*, 14, 51-56.

Maslow, A. H. (1964a). *Religions, values and peak experiences*. Columbus: Ohio State University Press.

Maslow, A. H. (1964b). Synergy in the society and in the individual. *Journal of lndividual Psychology*, 20, 153-164.

Maslow, A. H. (1965a). Criteria for judging needs to be instinctoid. In M. R. Jones (Éd.), *Human Motivation. A Symposium*. Lincoln: University of Nebraska Press.

Maslow, A. H. (1965b). *Eupsychian management: A journal*. Hornewood, IL: Irwin-Dorsey.

Maslow, A. H. (1966). *The psychology of science: A reconnaissance*. New York: Harper & Row.

Maslow, A. H. (1967). A theory of metamotivation: The biological rooting of the value-life. *Journal of Humanistic Psychology,* 7, 93-127.

Maslow, A. H. (1968a). Some educational implications of the humanistic psychologies. *Harvard Educational Review,* 38, 685-686.

Maslow, A. H. (1968b). Some fundamental questions that face the normative social psychologist. *Journal of Humanistic Psychology,* 8, 143-153.

Maslow, A. H. (1968c). *Toward a Psychology of Being* (2nd ed.). New York: Van Nostrand Reinhold.

Maslow, A. H. (1969a). The farther reaches of human nature. *Journal of Transpersonal Psychology, 1,* 1-10.

Maslow, A. H. (1969b). Theory Z. *Journal of Transpersonal Psychology,* 1, 31-47.

Maslow, A. H. (1969c). Various meanings of transcendence. *Journal of Transpersonal Psychology, 1,* 56-66.

Maslow, A. H., & Mittelman, B. (1951). *Principles of abnormal psychology (rev. ed.).* New York: Harper & Row.

McClelland, D. (1961). *The achieving society.* New York: Van Nostrand Reinhold. McClelland, D. (1964). *The roots of consciousness.* New York: Van Nostrand Reinhold.

McClelland, D., & Winter, D. G. (1969). *Motivating economic achievement.* New York: Free Press.

McGregor, D. (1960). *The human side of enterprise.* New York: McGraw-Hill.

Menninger, K. A. (1942). *Love against hate.* New York: Harcourt, Brace & World.

Milner, M. (1967). *On not being able to paint.* New York: International Universities Press.

Money-Kyrle, R. E. (1944). Towards a common aim. A psychoanalytical contribution to ethics. *British Journal of Medical Psychology,* 20, 105-117.

Mumford, L. (1951). *The conduct of life.* New York: Harcourt, Brace & World.

Murphy, G. (1947). *Personality.* New York: Harper & Row.

Murphy, L. (1937). *Social behavior and child personality.* New York: Columbia University Press.

Myerson, A. (1925). *When life loses its zest.* Boston: Little, Brown.

Northrop, F. S. C. (1947). *The logic of the sciences and the humanities.* New York: Macmillan.

Pieper, J. (1964). *Leisure, the basis of culture.* New York: Pantheon.

Polanyi, M. (1958). *Personal knowledge.* Chicago: University of Chicago Press.

Polanyi, M. (1964). *Science, faith and society.* Chicago: University of Chicago Press.

Rand, A. (1943). *The fountainhead.* Indianapolis: Bobbs-Merrill.

Reik, T. (1948). *Listening with the third ear.* New York: Farrar, Straus & Giroux.

Reik, T. (1957). *Of love and lust.* New York: Farrar, Straus & Giroux.

Ribot, T. H. (1896). *La psychologie des sentiments.* Paris: Alcan.

Riesman, D. (1950). *The lonely crowd.* New Haven, CT: Yale University Press.

Rogers, C. (1954). *Psychotherapy and personality changes.* Chicago: University of Chicago Press.

Rogers, C. (1961). *On becoming a person.* Boston: Houghton Mifflin.

Schachtel, E. (1959). *Metamorphosis.* New York: Basic Books.

Schilder, P. (1942). *Goals and desires of man.* New York: Columbia University Press.

Shostrom, E. (1963). *Personal Orientation Inventory (POl): A test of self-actualization.* San Diego, CA: Educational and lndustrial Testing Service.

Shostrom, E. (1968). *Bibliography for the P.O.I.* San Diego, CA: Educational and Industrial Testing Service.

Suttie, I. (1935). *The origins of love and hate.* New York: Julian Press.

Taggard, G. (1934). *The life and mind of Emily Dickinson.* New York: Knopf.

Thorndike, E. L. (1940). *Human nature and the social order.* New York: Macmillan.

Van Doren, C. (1936). *Three worlds.* New York: Harper & Row.

Wertheimer, M. (1959). *Productive thinking* (2nd ed.). New York: Harper & Row.

Whitehead, A. N. (1938). *Modes of thought.* New York: Macmillan and Cambridge University Press.

Wilson, C. (1967). *Introduction to the new existentialism.* Boston: Houghton Mifflin.

Wilson, C. (1969). *Voyage to a beginning.* New York: Crown.

Wolff, W. (1943). *The expression of personality.* New York: Harper & Row.

Wootton, G., (1967). *Workers, unions and the state.* New York: Schocken.

Yeatman, R. J., & Sellar, W. C. (1931). 1066 *and all that.* New York: Dutton.

Young, P. T. (1941). The experimental analysis of appetite. *Psychological Bulletin,* 38, 129-164.

Young, P. T. (1948). Appetite, palatability and feeding habit; A critical review. *Psychological Bulletin,* 45, 289-320.

Postface

par Ruth Cox

> *J'avais pensé que je suis désormais au sommet de mes pouvoirs et de mon utilité, aussi le jour où je mourrai ce sera comme abattre un arbre, laisser toute une récolte de pommes qui sont encore à récolter. Ce serait triste. Et cependant acceptable. Parce que si l'existence a été si fertile, s'accrocher à elle serait de l'avidité et de l'ingratitude.*
>
> Journal de Maslow,
> 12 février 1970,
> dans Lowry, 1979, p. 997

La riche postérité d'Abraham Maslow

Quatre mois après avoir écrit ces mots dans son journal, Abraham Maslow disparaissait à l'âge de soixante-deux ans. Aujourd'hui, la vision qu'avait Maslow de la potentialité du bien-être individuel et d'une société en synergie s'applique dans de nombreux domaines de la pensée sociale et psychologique. On juge sa philosophie à l'étendue considérable de ses applications.

Cet essai analyse certains des aspects pratiques et théoriques à travers lesquels la vision de Maslow se reflète dans nos existences et dans notre société. Il a contribué de manière incommensurable à une nouvelle vision de la nature humaine et fut le fondateur de deux branches de la psychologie contemporaine, le courant humaniste et le courant transpersonnel. Dans les années 1970 et jusque dans les années 1980, les idées de Maslow n'ont cessé de porter leurs fruits dans les domaines de la psychologie, de l'éducation, de l'entreprise et du management, de la santé et des sciences sociales.

Ses hypothèses et ses théories touchent notre vie personnelle et notre vie sociale à de si nombreux égards qu'il est difficile, comme l'écrivait Joyce Carol Oates « de rendre justice au défi de l'esprit étonnamment fertile de Maslow ; sa façon d'être à la fois professeur, voyant, physicien, visionnaire, planificateur social, critique ; son ambition de relier toute une variété de phénomènes apparemment sans relations ; son optimisme que rien ne peut arrêter » (dans Leonard, 1983, p. 335).

Si l'on s'en tient à l'objectivité des chiffres, le volume de l'œuvre publiée de Maslow est impressionnant : 6 livres majeurs et plus de 140 articles de journaux, dont un grand nombre réimprimés dans diverses collections consacrées à la pensée psychologique contemporaine. Et cependant, au-delà du volume des publications de Maslow, c'est l'impact que ses idées ont eu sur nos vies et sur notre société qui retient l'attention. Ses écrits sont nés de la conviction que l'on ne pourra jamais comprendre les êtres humains si l'on ne prend pas en compte leurs aspirations les plus élevées. Il expliquait qu'en tant qu'êtres humains, nous possédons une impulsion innée à cultiver ces aspirations pour notre épanouissement personnel et au service de la société.

La capacité d'émerveillement

L'amour de Maslow pour la vie et son infinie croyance en la nature positive de l'espèce humaine grandit tandis qu'il consacrait sa vie à la compréhension holiste de la nature humaine. Les êtres humains ne sont pas seulement une collection de névroses, mais une richesse de potentiels. Dès ses premières années, il était sensible à l'émerveillement, à l'ouverture et à la perception sincère. En 1928 il écrivait dans une dissertation de philosophie :

> Pourquoi ne pas attribuer (le miracle de l'expérience mystique) à l'homme lui-même ? Au lieu de déduire de l'expérience mystique l'impuissance et la petitesse fondamentales de l'homme… ne pouvons-nous pas esquisser une conception plus ambitieuse, plus merveilleuse de la grandeur de l'espèce humaine ? (dans Lowry, 1973a, p. 77)

Plus de quarante ans plus tard, alors que Maslow était devenu l'un des psychologues les plus célèbres de notre époque, sa vision restait inchangée comme il l'expliquait à propos de son livre *Être humain*[1] :

> Si je devais résumer tout ce livre en une seule phrase, je dirais qu'il énumère les conséquences de la découverte que l'homme possède une nature supérieure et que celle-ci fait partie de son essence – ou plus simplement, que les êtres humains peuvent être merveilleux de par leur propre nature humaine et biologique. (dans Lowry, 1973a, p. 77)

Son audace et sa curiosité intellectuelles autorisaient une approche psychologique qui allait au-delà du comportement névrotique et de la psychose, vers une psychologie de la croissance humaine et de l'accomplissement de soi. « Ce que nous pouvons étudier, ce sont les profondeurs inconscientes et préconscientes, rationnelles et irrationnelles, malades et saines, poétiques et mathématiques, concrètes et abstraites. Freud a posé ces lunettes médicales sur notre nez. Il est temps de les enlever », écrivait Maslow en 1959 (dans Lowry, 1979, p. 66).

---

1. La bibliographie complète d'Abraham Maslow est disponible à l'adresse http:// www.maslow.org/sub/m_bib.htm.

La révolution imperceptible

Dans la préface de la deuxième édition révisée de *Motivation and Personality*, Maslow écrivait que la philosophie humaniste « est encore presque complètement ignorée d'une grande partie de la communauté intellectuelle... C'est pourquoi j'ai fini par lui donner le nom de révolution imperceptible ».

En mars 1985, des participants au 25e anniversaire de l'Association de psychologie humaniste examinèrent l'impact de la « révolution imperceptible » et constatèrent la diffusion des idées humanistes dans la vie quotidienne. Si les principales études universitaires et les textes sur la psychologie ne reflètent pas souvent la perspective humaniste, dans d'autres domaines la philosophie humaniste n'est clairement pas passée inaperçue. Des tendances en psychothérapie, dans l'éducation, en médecine et dans le management reflètent l'importance que Maslow accordait à l'accomplissement de soi, aux valeurs, aux choix, aux responsabilités et à une vision plus holiste de l'individu dans son cadre familial et dans son environnement culturel et professionnel.

Richard J. Lowry de Vassar College, à la fois ami et ancien étudiant de Maslow et l'éditeur de ses journaux, a joué un rôle prépondérant dans l'étude des contributions de Maslow. Dans son livre *A.H. Maslow : an intellectual portrait* (1973a), Lowry examinait les principaux thèmes des idées de Maslow et leur statut théorique dans l'histoire de la psychologie et de la pensée occidentales.

Lowry décrivait la vie intellectuelle de Maslow comme un modèle de cohésion et de cohérence à la poursuite des « merveilleuses possibilités et des profondeurs inscrutables de la nature humaine » (Lowry, 1973a, p. 78-79).

Lors de la préparation de son livre *New Pathways in Psychology : Maslow and the Post-Freudian Revolution* (1972), l'écrivain britannique Colin Wilson bénéficia d'un apport détaillé de la part de Maslow et de sa femme Bertha. Ce livre et *The Third Force, The Psychology of Abraham Maslow* de Frank Goble (1970) replacent la philosophie de Maslow et ses réalisations dans une perspective historique plus large.

Wilson écrivait : « Le bilan de Maslow est considérable… À l'instar de tous les penseurs originaux, il a inauguré une nouvelle manière de voir l'univers. Ses idées se sont développées lentement et organiquement, à la façon d'un arbre ; il n'y a pas de ruptures, ni de brusques changements de direction. Son instinct était remarquablement fiable » (1972, p. 198).

Un psychologue et un philosophe de la science

Maslow estimait que l'approche générale de la science empirique, « des objets, des animaux, des choses et des processus-parties est limitée et inadéquate lorsque nous tentons de connaître et de comprendre des individus et des cultures dans leur totalité et dans leur individualité » (Maslow, 1966, p. xiii).

Dans sa recherche de moyens d'étude adaptés à la psychologie, Maslow était également un philosophe de la science. Il estimait impossible de dissocier la poursuite de la vérité psychologique des préoccupations philosophiques, et soutenait que la science n'a pas le droit d'exclure une donnée ou une expérience pertinente quelle qu'elle soit. Dans *The psychology of science : A Reconnaissance*, il écrivait : « La science devrait être capable d'aborder le problème des valeurs, de l'individualité, de la conscience, de la beauté, de la transcendance et de l'éthique » (Maslow, 1966, p. xix).

Maslow s'intéressait plus à la découverte et à la diffusion des idées qu'à leur application ou à leur vérification, mais il défiait et il invitait constamment les autres à expérimenter ses idées et à les approuver ou à les réfuter.

> Je suis quelqu'un qui aime labourer un nouveau champ pour le délaisser ensuite. Je finis par m'ennuyer. J'aime découvrir, je n'aime pas prouver. Pour moi, le grand frisson se produit avec la découverte. (Maslow, dans Lowry, 1979, p. 231)

Dans son livre *Être humain*, il reconnaissait que la vérification est « la colonne vertébrale de la science », et cependant il pressentait que c'était « une grave erreur pour des scientifiques de se considérer simplement et seulement comme des vérificateurs ». Il s'intéressait aux découvertes qui alliaient l'expérience et la théorie – et il mettait la science et ses principes au défi de trouver de nouvelles méthodes d'exploration de la connaissance du comportement humain. Sa vocation pour la recherche le menait du laboratoire au terrain et passait par l'étude des usines, des foyers, des hôpitaux, des communautés et même des nations.

La psychologie humaniste

> La psychologie humaniste est aujourd'hui beaucoup de choses : un mouvement culturel, un réseau social, une série d'expériences faites par des gens, un ensemble de techniques, un système de valeurs, une organisation et une *théorie*. Dans l'idéal, chacune interagit avec les autres en les enrichissant. (Maslow, dans Greening, 1984, p. 3)

> Je suis freudien, je suis béhavioriste, je suis humaniste. (Maslow, 1971, p. 4)

La théorie

Les théories de Maslow sur la motivation humaine et sur l'accomplissement de soi sont le plus souvent opposées aux modèles freudien et béhavioriste. Toutefois, pour Maslow personnellement, la hiérarchie des besoins se situait dans la suite logique du travail réalisé antérieurement avec les modèles béhavioriste, freudien et adlérien. Il se considérait lui-même comme freudien et béhavioriste, et non comme le père d'une révolution contraire. Maslow se voyait comme un homme de synthèse créatif et non comme un dissident, et envisageait son travail comme le prolongement des tendances modernes de la psychologie.

Pour quelles raisons les théories de Maslow et des autres penseurs humanistes étaient-elles si révolutionnaires ? Son travail et celui d'autres psychologues humanistes est scientifique, en ce sens qu'il repose sur des études empiriques du comportement humain, et il se distingue cependant des autres systèmes psychologiques parce qu'il insiste sur certaines croyances *philosophiques* à propos des êtres humains (Buhler & Allen, 1972).

La psychologie humaniste est révolutionnaire parce qu'elle offre un modèle positif de l'expérience humaine. Les psychologues humanistes se présentent eux-mêmes d'abord comme des êtres humains avant d'être des scientifiques. Ils ne prétendent pas à l'objectivité. Ils s'attachent à découvrir, au sein de l'échange hautement subjectif des relations, des méthodes propres à révéler la connaissance personnelle d'un autre être humain (Buhler & Allen, 1972 ; Polanyi, 1958).

Les thèmes fondamentaux indiqués ci-dessous représentent les caractéristiques distinctives de la psychologie humaniste contemporaine :

- désaveu des théories centrées sur la pathologie ;
- reconnaissance de la possibilité de croissance du potentiel humain, de son auto-détermination, de sa capacité à exercer des choix et des responsabilités ;
- une conviction que les hommes ne vivent pas seulement de pain, mais aussi de la satisfaction de besoins supérieurs tels que l'apprentissage, le travail, l'amour, la créativité et ainsi de suite ;

- une valorisation des sentiments, des désirs et des émotions au lieu de les objectiviser ou d'escamoter l'explication des réponses qu'ils représentent ;
- la croyance selon laquelle les humains sont capables de distinguer ce qui est juste de ce qui ne l'est pas et de se comporter en accord avec un bien suprême ; croyance en des valeurs suprêmes, telles que la vérité, le bonheur, l'amour et la beauté.

Le mouvement humaniste

Cette définition de la « troisième force » de la psychologie a été élaborée par Maslow au cours de l'été 1957 et figure dans l'introduction de la première édition du *Journal of Humanistic Psychology* (Sutich, 1961, p. viii-ix) :

> Le *Journal of Humanistic Psychology* a été fondé par un groupe de psychologues et de professionnels, hommes et femmes, issus d'autres domaines, intéressés par ces capacités et ces potentialités humaines auxquelles ni le positivisme ni le béhaviorisme ni la psychanalyse traditionnelle n'accordent de place systématique, par exemple la créativité, l'amour, le soi, la croissance, l'organisme, la satisfaction des besoins fondamentaux, l'accomplissement de soi, la responsabilité, la santé psychique, etc.

Deux organisations ont forgé l'identité de la psychologie humaniste en tant que mouvement intellectuel au début des années 1960. L'Esalen Institute of California, prototype d'autres centres de croissance, a vu le jour en 1962. Cette même année, Abraham Maslow et ses collègues fondaient l'Association of Humanistic Psychology (AHP).

Le journal et l'association s'étaient donné pour but principal d'explorer les caractéristiques comportementales et les dynamiques émotionnelles de *l'individu sain et complètement humain*. La nouvelle association représentait une révolte contre l'orthodoxie mécaniste, déterministe, béhavioriste et psychanalytique. En 1985, l'AHP comptait

5 200 membres représentés dans les 50 États et dans de nombreux pays étrangers.

Dans l'avant-propos du livre de Frank Goble *The Third Force, The Psychology of Abraham Maslow* (1970, p.vii), Maslow en personne écrivait :

> Je veux souligner que n'importe qui parmi une dizaine de théoriciens aurait été parfaitement à sa place comme représentant de la Troisième Force en psychologie.
> En tant que mouvement, elle n'a pas de leader, pas de grand nom pour la caractériser, par opposition à la majorité des révolutions en matière de vision du monde, auxquelles est attaché le nom d'une personnalité unique : par exemple, les freudiens, les darwiniens, les marxistes, les disciples d'Einstein, etc. La Troisième Force est l'œuvre de beaucoup de gens. Non seulement cela, mais elle s'accompagne également d'avancées et de découvertes indépendantes dans d'autres domaines. On voit se développer rapidement une nouvelle image de la société et de toutes ses institutions.

Les psychologues humanistes étudièrent les moyens de favoriser et de mesurer l'accomplissement de soi chez l'individu, dans les groupes et les organisations. En 1968, le Personal Orientation Inventory (POI) fut conçu pour évaluer les degrés d'accomplissement de soi (Shostrom, 1968). Cet outil a été largement appliqué à l'entreprise, à l'éducation et à la psychologie.

La psychothérapie humaniste

La pratique de la psychothérapie contemporaine a été influencée de manière décisive par les théories élaborées par Maslow et par les premiers psychologues de la troisième force. Si Maslow lui-même n'était pas un praticien clinique, ses idées avaient cependant connu un impact significatif sur la pratique de la psychothérapie. Il ne développa pas un arsenal de techniques, mais instaura plutôt une approche éthique des relations humaines en général.

Maslow était convaincu qu'on pouvait obtenir des résultats satisfaisants par diverses méthodes cliniques et que le thérapeute qui réussit en tant que thérapeute doit aider le patient à satisfaire ses besoins fondamentaux, l'aidant ainsi à gravir le chemin qui mène vers l'accomplissement de soi, que Maslow définissait comme « le but suprême de toute thérapie ».

L'éthique humaniste, décrite par Maslow (1970, 142) et élaborée par Bugental (1971), a eu des conséquences particulières sur l'expérience thérapeutique. En voici les principes majeurs :

- accepter la responsabilité de ses propres actions et de ses propres expériences ;
- réciprocité dans les relations : reconnaissance du point de vue de l'autre ;
- une perspective existentielle ou une perspective ici et maintenant (*hic et nunc*) axée sur le fait de ne vivre toujours que dans le moment présent ;
- une reconnaissance que des émotions telles que la douleur, le conflit, le chagrin, la colère et la culpabilité font partie de l'expérience humaine et doivent à ce titre être comprises et même valorisées au lieu d'être supprimées et dissimulées ; l'expression de l'émotion révèle la signification d'une expérience vécue par l'individu ;
- les individus qui ont assimilé l'éthique humaniste sont unis dans la quête d'expériences destinées à favoriser la croissance.

On doit à Carl Rogers (1942, 1961) d'avoir introduit le premier un nouveau concept humaniste, celui de la relation thérapeute-patient. Tandis que Maslow et Rogers s'influençaient mutuellement dans leurs théories, Rogers appliquait les concepts en développant de nouveaux schémas de processus dans le traitement des patients. Il intitula son travail *l'approche centrée sur le client*. Rogers voyait dans le thérapeute un faciliteur, un participant actif mais non directif à la thérapie. Plusieurs psychothérapeutes humanistes ont développé différentes variantes de cette relation d'individu à individu.

Les thérapeutes humanistes prennent en compte et exploitent leur propre expérience et sont convaincus que l'impact et l'importance de la personnalité du thérapeute dans le processus de conseil ne peuvent être sous-estimés. Le thérapeute sert de modèle, démontrant implicitement à son client qu'il a le potentiel d'agir de manière créative et positive. Les thérapeutes humanistes estiment aussi que les décisions et les choix ultimes appartiennent au patient. Bien que le thérapeute joue un rôle de soutien, le patient porte l'entière responsabilité de sa vie et en est toujours le principal acteur (Buhler & Allen, 1972 ; Maslow, 1970, 142 ; Rogers, 1961).

> Souvenons-nous que la connaissance de sa propre nature humaine profonde est aussi en même temps la connaissance de la nature humaine en général. (Maslow, 1971, p. xvi)

La psychologie transpersonnelle

> Je considère la troisième force humaniste comme transitoire, comme une préparation à une quatrième psychologie supérieure, transpersonnelle, transhumaine, centrée sur le cosmos plutôt que sur les besoins et l'intérêt humains, dépassant l'humanité, l'identité, l'accomplissement et ainsi de suite. (Maslow, *Toward a psychology of Being*, 1968, p. iii-iv ; trad. française *Vers une psychologie de l'être*)

Vers la fin de sa vie, Maslow entrevoyait d'autres possibilités à venir pour le développement humain. Avec la multiplication des études sur la performance de l'homme ayant atteint les limites suprêmes du bien-être, l'absence d'orientations pertinentes dans la psychologie occidentale se fit sentir. De fait, le modèle humaniste en lui-même n'était pas approprié. Maslow comprit que certains états de conscience (états d'altération, de mysticisme, d'extase ou de spiritualité) constituaient des expériences au-delà de l'accomplissement de soi, dans lesquelles le sujet transcendait les limites habituelles de l'identité et de l'expérience (Walsh & Vaughn, 1980).

En 1968, Maslow écrivit à Anthony Sutich pour débattre du nom susceptible de désigner cette « quatrième force » de la psychologie. Un journal dont Sutich devait assurer l'édition était déjà programmé.

> La raison qui motive ces lignes est qu'au cours de notre conversation [avec Stan Grof] nous avons envisagé d'employer le mot « transpersonnel » au lieu de celui plus maladroit de « transhumaniste » ou de « transhumain ». Plus j'y pense, plus ce mot traduit ce que nous essayons tous de communiquer, à savoir un au-delà de l'individualité, un au-delà du développement de la personne individuelle en quelque chose qui est plus inclusif. (Maslow, dans Sutich, 1976, p. 16)

Maslow vécut encore suffisamment longtemps pour assister à la parution du premier numéro du *Journal of Transpersonal Psychology* publié en 1969. L'éditorial était extrait d'une conférence qu'il avait donnée sous le titre « The Farther Reaches of Human Nature ».

Voici la déclaration d'intention que Sutich avait rédigée pour le journal, à laquelle Maslow avait souscrit avec enthousiasme :

> La psychologie transpersonnelle qui est en train de naître (« quatrième force ») se rapporte particulièrement à l'étude empirique, scientifique et à l'application responsable de découvertes valides, pertinentes sur les métabesoins de l'individu et de l'espèce, les valeurs suprêmes, la conscience unitive, les expériences paroxystiques, les valeurs ontiques, l'extase, l'expérience mystique, le respect mêlé de crainte, l'être, l'accomplissement de soi, l'essence, la joie, l'émerveillement, la signification ultime, la transcendance du moi, l'esprit, l'unicité, la conscience cosmique, la synergie

> au niveau de l'individu et à celui de l'espèce, la relation interpersonnelle optimale, la sacralisation du quotidien, les phénomènes transcendantaux, l'auto-dérision cosmique et l'enjouement, la conscience sensorielle maximale, la réactivité et l'expression, et les concepts qui y sont liés, les expériences et les activités. (Sutich, 1976, p. 13-14)

En 1985, l'Association for Transpersonal Psychologie comptait 1 200 membres. Une association fut également créée au plan international et subventionnait l'organisation de conférences dans le monde entier.

L'émergence de la perspective transpersonnelle

À la fin des années 1960, l'émergence de la psychologie transpersonnelle fut facilitée par des facteurs culturels qui traduisaient le besoin d'un nouveau modèle de comportement humain et de croissance. Le mouvement du potentiel humain et l'usage courant des substances psychédéliques et des techniques d'altération de la conscience telles que la méditation avaient un impact majeur sur les idées relatives à la conscience, à la santé, à l'expérience et à la motivation.

Tandis que beaucoup de gens faisaient l'expérience de divers états de conscience en dehors du domaine de la réalité quotidienne, on vit se dessiner un mouvement qui validait et reconnaissait l'importance des psychologies et des religions non occidentales. En progressant dans la compréhension théorique des états de conscience altérés, on réalisa que certaines traditions non occidentales représentaient des techniques conçues pour induire des états de conscience supérieurs.

« On se rendit compte, écrivaient Walsh et Vaughn (1980, p. 21), que l'aptitude aux états de transcendance, à laquelle on donnait à son gré une interprétation religieuse ou une explication psychologique, et que la prise de conscience en profondeur du moi et de ses propres relations avec le monde environnant, étaient latentes en chacun de nous. »

Une plongée dans la nature de l'être

On ne peut pas qualifier la psychologie transpersonnelle de modèle de la personnalité au sens strict, parce qu'elle ne considère qu'un seul aspect de notre nature psychologique ; ou plutôt, elle constitue une plongée dans la nature fondamentale de l'être.

La psychologie transpersonnelle explore les thèmes suivants :

- La *conscience* est l'essence de l'être humain, particulièrement la conscience auto-réfléchissante (Walsh & Vaughn, 1980).
- Le *conditionnement* est la dimension suivante de la personne. Nous sommes davantage enfermés dans notre conditionnement que nous ne l'imaginons, mais la possibilité de se libérer du conditionnement existe, au moins de manière expérimentale (Goleman, 1977).
- La *personnalité* occupe une place moins importante que dans d'autres psychologies. La santé est plutôt considérée comme une désidentification que comme une modification de la personnalité.
- Les *phénomènes et les processus internes, intrapsychiques*, sont plus importants que l'identification externe.

Les thérapies

« La psychothérapie transpersonnelle s'applique au traitement de toute la gamme des désordres du comportement, de l'émotion et de l'intellect, et concerne également les tentatives de dévoilement et de soutien visant au total accomplissement de soi, écrivaient James Fadiman et Kathleen Speeth (1980, p. 684). L'état final de la psychothérapie n'est pas envisagé comme un ajustement réussi à la culture qui prévaut mais plutôt comme l'expérience quotidienne de cet état que nous appelons selon les traditions, libération, révélation, individuation, certitude ou gnosie. »

Les techniques psychothérapeutiques du champ transpersonnel sont tirées du travail clinique, des traditions mystiques, de la méditation, de l'analyse béhavioriste et des technologies physiologiques. Le pivot en est le développement et l'intégration des dimensions physique, mentale, émotionnelle et spirituelle de la personne.

> L'exploration des limites supérieures de la nature humaine et de ses possibilités les plus élevées, impliquait pour moi la destruction continue d'axiomes chéris, la confrontation perpétuelle avec des paradoxes apparents, la contradiction et l'approximation, et l'éventuel effondrement sous mon nez de lois de la psychologie établies de longue date, jamais remises en question et qui semblaient inattaquables. (Maslow, 1968, p. ii)

« Sommes-nous tout ce que nous pouvons être ? Ou bien y a t il à l'intérieur de nous une capacité psychologique faite d'abysses et de sommets à laquelle la plupart d'entre nous ne rêvent pas, qui est entrevue et entretenue par quelques-uns et exploitée avec succès par de rares élus ? Si de telles facultés existent, alors quelle est leur nature, comment peuvent-elles être reconnues, comment pouvons-nous apprendre d'elles, et comment pouvons-nous les cultiver de façon optimale ? » (Walsh & Shapiro, 1983, p. 5).

Telles étaient les questions qu'Abraham Maslow soulevait il y a plus de trente ans. Aujourd'hui, au sein de la psychologie humaniste et transpersonnelle naissent la recherche d'un nouveau contexte propice à la compréhension de soi-même et un mouvement vers une psychologie intégrative du bien-être.

L'éducation : les valeurs humanistes et les nouveaux modes d'apprentissage

> Toute la vie est éducation et chacun est professeur et chacun est éternellement élève. (Maslow, dans Lowry, 1979, p. 816)

> Si je repense aux grandes expériences éducatives de ma vie, celles qui m'ont le plus appris seraient alors celles qui m'ont révélé quel type de personne j'étais... le mariage et la paternité ; les expériences qui m'ont sorti de moi, m'ont fortifié, m'ont rendu plus grand et plus fort, plus complètement humain. (« Conversation avec Abraham H. Maslow », *Psychology Today*, 1968, p. 57)

Pour Maslow, l'apprentissage concerne en un certain sens tous les besoins humains. Il ne se limite pas seulement à l'acquisition de données et de faits, mais implique la réintégration holiste de l'individu, produisant continuellement des changements dans l'image de soi, les sentiments, les comportements et la relation à l'environnement. Il envisageait l'éducation comme une activité qui s'étend sur toute la durée de la vie et qui n'est pas confinée à la salle de classe.

Maslow pensait que l'éveil et l'accomplissement des « valeurs de l'Être » chez les enfants pouvaient mener à l'épanouissement d'une nouvelle forme de civilisation. À l'instar d'autres visionnaires, il était persuadé qu'une nouvelle société pourrait être créée en transformant l'éducation des jeunes. De nombreux réformateurs et pionniers de l'éducation se sont fait les chantres des valeurs humaines en matière d'éducation. Dans *Libres enfants de Summerhill* (1960) A.S. Neill exposait des idées voisines de celles de Maslow. Il y évoquait notamment la liberté de travailler dans la joie, de trouver le bonheur et de développer des intérêts personnels. L'éveil de la confiance en soi, de l'intuition, de la spontanéité, et la croissance sont au cœur de la théorie de Maslow.

Herbert Kohl (1969) et d'autres réformateurs de l'éducation ont appliqué cette philosophie dans des établissements scolaires publics et privés. Se faisant l'avocat de la *classe ouverte*, Kohl a développé un environnement d'enseignement dans lequel le professeur renonce à son rôle autoritaire, s'adresse aux élèves d'égal à égal et se laisse guider par les intérêts qu'ils manifestent. Des recherches ont montré que les enfants apprennent plus facilement avec des adultes créatifs, spontanés et qui les encouragent, qui transmettent des significations plutôt que des faits bruts, qui possèdent une haute estime d'eux-mêmes et qui considèrent plus leur tâche d'enseignant comme un instrument de libération que de contrôle.

La conception humaniste de l'éducation, la notion d'*éducation affective*, privilégie la composante non intellectuelle de l'apprentissage ; celle qui a trait aux émotions, aux sentiments, aux intérêts, aux valeurs et au caractère. L'*éducation par la confluence*, dont George Brown est à l'origine, se propose d'intégrer les éléments affectifs et cognitifs dans l'apprentissage individuel et l'apprentissage en groupe (Miller, 1976).

Les thèmes fondamentaux de l'éducation humaniste reposaient notamment sur :

- la responsabilité de son propre apprentissage et du développement de sa propre identité ;
- l'encouragement et la prise en compte du besoin d'amour et du sens de sa propre valeur ;
- le professeur envisagé en tant qu'acteur structurant d'une classe ouverte ;
- le recours à des groupes de pairs dans le processus d'apprentissage, par exemple l'apprentissage par équipe sous forme de débat animé par les élèves, l'émulation individuelle par l'interaction avec le groupe et le processus de discussion.

La notion de disponibilité ou de réceptivité est un facteur critique dans la hiérarchie de Maslow. L'éducation qui tient compte de l'affectivité impose de ne pas débuter le processus d'apprentissage tant que le professeur ou l'élève n'y est pas disposé. Si l'on peut cerner au plus près les besoins et la volonté des élèves à apprendre, écrivait Morris (1981), alors les orientations, la définition du cursus et même l'environnement scolaire en seront améliorés. En partant de la hiérarchie de Maslow appliquée à l'enseignement public, on s'est appuyé sur les besoins individuels et sur les concepts favorisant l'apprentissage tels que le concept de soi, la prise de conscience de soi, la compréhension de soi et l'accomplissement de soi dans le but de personnaliser le cursus et d'accroître l'efficacité de l'apprentissage.

Certains établissements scolaires ont établi leurs programmes (Guest, 1985) en fonction de leur adéquation aux *besoins physiologiques* (par exemple cantine gratuite, habillement, transport), *de sécurité* (par exemple exercices d'alerte à l'incendie, dépistage de maltraitances éventuelles, contrôle des absences), *d'appartenance et d'amour* (par exemple réunions de classe, groupes d'entraide, conseil, attention sincère aux élèves). Afin de développer l'estime et l'accomplissement de soi, les programmes prévoyaient d'exposer les travaux des élèves, d'accompagner les relevés de notes de commentaires et d'explications circonstanciés, de récompenser les efforts fournis et d'encourager la participation aux activités et aux réalisations communes.

Intelligences multiples et créativité

Maslow a observé que tous les sujets accomplis sont créatifs – sur le plan artistique, scientifique, ou de multiples manières, mais qu'ils sont de toute façon *toujours* créatifs. Il était convaincu qu'il existe plusieurs moyens de résoudre un problème et on cite souvent cette phrase qu'il répétait à ses élèves : « Lorsque vous ne disposez que d'un marteau, tous les problèmes ressemblent d'abord à un clou » (Ostrander & Schroeder, 1979, p. 147).

À travers son projet sur le potentiel humain (Project on Human Potential), fondé sur des années de recherche en psychologie cognitive et en neurophysiologie, Howard Gardner (1983) a publié une théorie des intelligences multiples. Le travail de Gardner confirme la thèse de Maslow selon laquelle il existe différents moyens de résoudre des problèmes et de réaliser son potentiel. Une personne peut posséder plusieurs formes d'intelligence, linguistique, musicale, logico-mathématique, spatiale, corporelle cinétique ou personnelle. La compréhension, l'intuition et la conscience cinétique sont considérées comme les expressions d'une caractéristique fondamentale de la nature humaine – une potentialité naturelle à tous les êtres humains lorsqu'ils viennent au monde.

Maslow estimait que l'éducation devrait enseigner la croissance personnelle, apprendre à l'élève ce vers quoi il doit tendre, ce qu'il doit choisir et ce qu'il doit rejeter. Dans un chapitre intitulé « Éducation et expériences paroxystiques » (dans *Être humain*), il suggérait que l'éducation précoce à l'art, à la musique et à la danse est essentielle pour notre identité psychologique et biologique.

Dans *Education and Ecstasy* (1968), George Leonard associait dans un même élan la théorie de Maslow sur le potentiel humain, les écoles innovantes, les laboratoires de recherches sur le cerveau et les communautés expérimentales. Il pensait, à l'instar de Maslow, que la capacité créative suprême du cerveau est infinie. Leonard évoquait les élèves qui étudient librement et exhortait les étudiants, les parents et les éducateurs à adopter une nouvelle forme d'apprentissage assisté par des techniques et dispensé dans un environnement qui favorise le plaisir d'apprendre.

L'éducation humaniste et au-delà ; vers l'éducation transpersonnelle

> L'éducation créative a le pouvoir de préparer les individus à l'inconnu. (Maslow, dans Lowry, 1979, p. 18)

> L'un des buts de l'éducation devrait être d'enseigner que la vie est précieuse. (Maslow, 1971, p. 187)

L'évolution vers un paradigme de l'éducation qui soit en phase avec notre connaissance du potentiel humain en est encore à ses balbutiements. L'éducation traditionnelle visait à ajuster l'individu à la société telle qu'elle existe, alors que les éducateurs humanistes des années 1960 affirmaient que la société devait accepter ses membres dans leur autonomie et leur unicité. L'expérience transpersonnelle a pour objectif de créer un nouveau type d'apprenant et une nouvelle forme de société. Au-delà de l'acceptation de soi, elle encourage la transcendance du moi (Ferguson, 1980).

L'éducation transpersonnelle est l'éducation de la personne dans sa globalité, un processus qui expose les individus à leur mystère intérieur. Elle insiste sur l'apprentissage à apprendre. L'apprentissage est un processus, un voyage reflétant les découvertes dues à la transformation de soi-même. Maslow défendait l'idée que les écoles devraient avoir pour mission d'aider les gens à regarder *à l'intérieur* d'eux-mêmes et à développer un ensemble de valeurs à partir de cette connaissance.

Jonathan Kozol, auteur et professeur, proposait que l'éducation traite des valeurs morales telles que la vérité, l'intégrité et la compassion, et qu'elle applique ces valeurs hors de la classe. Maslow croyait aussi fermement que la santé individuelle ne peut être séparée de la santé collective, de la même façon que l'on ne saurait distinguer la croissance personnelle de la croissance spirituelle.

De nouveaux modes d'apprentissage

Les théories de Maslow sur le potentiel humain peuvent également être mises en relation avec le développement des techniques d'apprentissage. Il existe actuellement toute une littérature et une méthodologie sur le thème des nouveaux modes d'apprentissage. Ces outils et ces techniques comprennent les techniques de relaxation, de visualisation, l'hypnose, l'éveil sensoriel, le développement de l'intuition et de la connaissance instinctive, l'apprentissage par le sommeil, les affirmations, le développement de la mémoire et les jeux mentaux. Ces outils d'apprentissage sont destinés à supprimer la peur, l'autocondamnation, une image rigide de soi-même et des images négatives de ses propres capacités.

Les techniques transpersonnelles d'apprentissage sont utilisées par des enseignants et des conseilleurs pédagogiques, ainsi qu'en témoignent les livres sur les jeux et les techniques à exploiter en classe (Castillon, 1974 ; Hendricks & Fadiman, 1976 ; Hendricks & Willis, 1975 ; J.B. Roberts & Clark, 1975).

Les états de conscience ont représenté un champ d'étude significatif. La recherche a montré que les individus disposent d'une grande diversité d'états de conscience. Non seulement ils possèdent de nombreux états de conscience, mais ils peuvent aussi à leur gré modifier les états qui inhibent l'apprentissage et cultiver ceux qui en augmentent les capacités. Ces techniques sont le rêve, la guérison par le psychisme (LeShan, 1974), les phénomènes paranormaux (Ullman, Krippner & Vaughn, 1973), et le contrôle du système nerveux autonome par le *biofeedback* (Green & Green, 1977).

Les techniques d'hyperapprentissage connaissent également une popularité grandissante. Au milieu des années 1960, le Dr Georgi Lozanov, un psychiatre bulgare, a développé un système d'apprentissage rapide. Cette technique, qu'il a appelée la suggestologie, empruntait des éléments au yoga mental, à la musique, à l'apprentissage par le sommeil, à la physiologie, à l'hypnose, à l'autogénie, à la parapsychologie et à l'art dramatique. Il utilisait des états altérés de la conscience pour apprendre, cultiver et développer l'intuition (Ostrander & Schroeder, 1979).

Les élèves sont stimulés par les résultats obtenus concrètement et par la prise de conscience de leurs capacités réelles. Ces techniques mettent l'accent sur la nature organique de l'apprentissage et sur le besoin de confiance en soi (Holt, 1970 ; Kohl, 1969 ; Maslow, 1971). À mesure que ces techniques s'imposeront, nous nous rapprocherons des conceptions éducatives et psychologiques de Maslow.

À l'évidence, le besoin de se dépasser et d'explorer les limites extrêmes de la capacité à apprendre de l'homme est essentiel si nous voulons approfondir ce qui est en nous-mêmes. Abraham Maslow, dans un cours, avait posé cette question fondamentale aux étudiants :

> « Qui parmi vous s'attend à réaliser de grandes choses dans le domaine qu'il a choisi ? »
>
> Toute la classe eut un regard vide d'expression. Après un long silence, Maslow déclara : « Si ce n'est pas vous, qui d'autre ? » (Wilson, 1972, p. 15)

L'influence de Maslow sur le travail et sur le management

> On a dénigré la nature humaine. L'homme possède une nature supérieure, tout aussi « instinctoïde » que sa nature inférieure, et cette nature humaine inclut le besoin d'un travail doté de sens, de responsabilité, de créativité, d'être équitable et juste, de faire ce qui vaut la peine d'être fait et de préférer le faire bien. (Maslow, 1971, p. 238)

Au cours de l'été 1962, Maslow se rendit en Californie, invité par Non-Linear Systems, une usine de hautes technologies située à Del Mar. Ce déplacement constitua un tournant personnel. Se remémorant les raisons de son évolution vers la psychologie du management, il écrivit : « Il se produisit également un grand changement en raison de mon intérêt pour la thérapie de masse. La thérapie individuelle est inutile aux masses. J'avais pensé que l'éducation constituait la solution la plus adaptée pour changer la société. Mais aujourd'hui la question du travail me semble plus appropriée » (Lowry, 1979, p. 191).

Au travers de ses observations chez Non-Linear Systems, Maslow découvrit que ses théories pouvaient s'appliquer au management des organisations. Il remarqua que les salariés parviennent à un niveau de fonctionnement optimal lorsque les organisations développent des pratiques qui tiennent compte de la nature holiste des êtres humains. Il pensait qu'une politique de management humaine, éclairée, centrée sur le potentiel humain se révélerait également plus profitable en termes financiers.

Donnant à ce concept de leadership utopique le nom de management eupsychique, il soulignait que, si tout le monde ne peut s'offrir une psychothérapie, beaucoup de gens ont la possibilité de vivre l'expérience d'un travail à effet thérapeutique. L'*Eupsychie* est un terme que Maslow a inventé pour décrire les institutions qui se rapprochaient de sa compréhension ultime de la santé psychique. Maslow était influencé par la Théorie X et par la Théorie Y de McGregor (1960), qui montraient de quelle manière les principes – qu'ils soient autoritaires (X) ou humanistes (Y) – affectent les pratiques managériales. Mais il alla encore plus loin en suggérant un autre ensemble de principes, de nature transpersonnelle, qu'il appela la Théorie Z.

La Théorie Z révolutionna le modèle de rareté économique classique en incluant le désir de s'épanouir, d'aimer et d'atteindre les valeurs humaines supérieures. La

Théorie Z tient la participation aux décisions, la confiance mutuelle, la proximité, l'attention et la coopération pour essentielles dans le développement des organisations.

Les entreprises qui exploitent cette théorie s'intéressent à la formation continue de leurs salariés, renforçant l'idée que le monde du travail a le potentiel de transformer et d'encourager les individus accomplis. La théorie admet l'existence de relations changeantes et complexes entre les individus à tous les échelons de l'entreprise. Les besoins de croissance personnelle et d'estime sont aussi importants que la sécurité économique. Le travail est envisagé à la fois comme expérience psychologique et comme activité économique.

La Théorie Z de Maslow précédait de vingt ans la parution du célèbre ouvrage d'Ouchi sur les pratiques des entreprises japonaises, judicieusement intitulé *Théorie Z, faire face au défi japonais* (1981). Curieusement, dans le livre d'Ouchi, on ne trouve aucune référence à Maslow.

Les développements humanistes dans l'entreprise

La psychologie humaniste posait le principe de l'existence et de la prépondérance de besoins psychologiques, tels que le besoin de se réaliser, d'être indépendant et autonome, d'être en harmonie avec soi-même, de progresser et de s'accomplir (Argyris, 1964 ; Drucker, 1974 ; Maslow, 1965 ; McGregor, 1960). Né, dans les années 1960 et 1970, un courant croisé d'idées sur le management axé sur les hommes et de pratiques managériales a continué à s'épanouir. De nombreuses organisations ont introduit des techniques telles que la formation à la sensibilité (French & Bell, 1980), la prise de décision participative (Hackman & Oldham, 1980), le management par objectifs (Drucker, 1974) et divers programmes visant à améliorer la qualité de la vie au travail (Carlson, 1980).

Le livre de Maslow, *Eupsychian Management*, une série de notes publiées en 1965 sous forme de journal, annonçait les idées de célèbres livres sur le management parus plus récemment, tels que *Le prix de l'excellence* (1982) de Peters et Waterman, *Le management est-il un art japonais ?* (1981) de Pascale et Athos et *Théorie Z* (1981) d'Ouchi.

Les entreprises américaines en quête de réussite sur le marché intérieur et à l'étranger ont adopté une nouvelle stratégie, et la plupart des innovations et des recettes destinées à les conduire sur le chemin de l'excellence étaient déjà exposées par Maslow dans les années 1960.

Maslow avait compris dès 1965 ce que Peters et Waterman devaient confirmer en 1982 : à savoir que le leadership efficace est centré sur les valeurs *humaines*, qu'il privilégie la satisfaction des besoins des salariés en quête de sens, et qu'il définit une mission pour l'entreprise. Maslow a élaboré un ensemble de 36 principes ou conditions préalables qui garantissent le bon fonctionnement de l'organisation. En voici quelques exemples : (1) postuler qu'il existe chez tous les salariés un désir de réalisation, qu'ils militent tous en faveur de la qualité du travail et contre le gaspillage de temps, et qu'ils veulent réussir dans leur tâche, et ainsi de suite ; (2) partir du principe que les gens préfèrent se sentir importants, indispensables, utiles, performants, fiers et respectés ; (3) postuler que tout le monde est digne de confiance ; (4) admettre la nécessité d'informer chacun aussi complètement que possible de tous les faits et de toutes les vérités, de tout ce qui le concerne personnellement ; et enfin, (5) reconnaître en chacun l'impulsion ou la tendance à s'identifier de plus en plus au monde et l'aspiration à des valeurs telles que la vérité, la justice, la perfection et ainsi de suite (Maslow, 1965).

D'importantes sociétés américaines comme Hewlett-Packard, Apple Computer, Texas Instruments, Eastman Kodak et Levi Strauss prônent un mode de management fondé sur la responsabilité individuelle, le travail d'équipe, et sur la prise en compte de l'élément humain. Ces organisations reflètent l'idée généralement acquise que la productivité dans le travail repose sur un niveau élevé d'interdépendance, de confiance mutuelle et de coopération entre les salariés.

Le projet VALS : une application directe de la hiérarchie des besoins

L'une des applications les plus directes et les plus réussies de la théorie de Maslow au monde de l'entreprise a été élaborée au Stanford Research International (SRI) à Menlo Park, en Californie. Un projet intitulé VALS (Values and Lifestyles), unique en son genre, établissait le profil de la population américaine. Bâti sur la hiérarchie des besoins de Maslow, le système VALS déterminait neuf profils types. Chacun correspondant à « un style de vie unique, défini par son réseau distinctif de valeurs, de désirs, de croyances, de besoins, de rêves et de points de vue spécifiques » (A. Mitchell, 1983, p. 4).

En tant qu'*information sur les styles de vie*, on recourt au système VALS pour déterminer comment attirer et retenir les salariés, les affecter au poste qui convient à leur profil pour qu'ils soient productifs et heureux, et constituer des équipes. La typologie VALS est aussi employée pour définir la taille et la segmentation des marchés, et dans le développement des produits, le packaging et le design.

Des agences de publicité telles que Young & Rubicam, Ogilvy & Mather et Leo Burnett utilisent la psychographie pour identifier les préférences des consommateurs. En raison de son pouvoir de persuasion, cette application touche aujourd'hui la vie de millions d'Américains.

La santé et la personne dans son intégralité

L'influence de Maslow s'est exercée dans deux directions majeures en ce qui concerne le secteur de la santé. La première concerne l'application de ses théories par les institutions médicales officielles. La seconde a été l'explosion de la perspective holiste de la santé.

Il existe des centaines d'études qui se réfèrent aux modèles de Maslow dans le domaine des soins, de la médecine, de l'administration hospitalière, de l'éducation et de la gérontologie. Nombre d'entre elles font entrer le concept des besoins supérieurs au sein d'institutions médicales comme les hôpitaux, les cliniques, les établissements psychiatriques et les centres de soins. Des médecins, des infirmières et d'autres professionnels de la santé favorisent désormais la prise en compte et le respect d'un large éventail de besoins chez leurs patients. Plusieurs institutions ont adopté une politique qui illustre ce changement. Les médecins d'une clinique londonienne ont par exemple conçu leur pratique autour du principe selon lequel « la santé est plus puissante et plus contagieuse que la maladie » (Pioneer Health Centrer, 1971, cité dans L.J. Duhl, « The social context of health » dans Hastings, Fadiman & Gordon, 1980, p. 42).

La santé holiste

Depuis quelques années, le terme *holiste* est fréquemment associé au secteur de la santé. « L'omniprésence de la pensée réductionniste, y compris en médecine, aboutit à compartimenter l'être humain et l'expérience humaine selon ses aspects ou ses éléments susceptibles d'être soumis à une analyse détaillée ou à une intervention. » Rick Carlson (1980, p. 486) – dans ses écrits sur l'avenir des soins de santé aux États-Unis – reprenait à son compte les conclusions de Maslow. « C'est l'un des principes de base de la pratique médicale qui prévaut aujourd'hui. En dépit de son utilité, il représente une vision extrêmement limitée de l'être humain. L'évolution vers le holisme s'avère irréversible, non parce qu'elle est imposée de force à la médecine… mais bien plutôt parce qu'elle fait partie d'un plus large changement de perspective quant à ce qu'est l'être humain et qui il est. »

Dans le domaine de la santé, on trouve de nombreuses preuves d'approches holistes vers l'amélioration du bien-être, ainsi qu'une attitude qui tient de plus en plus compte des aspects physique, mental et spirituel des demandeurs de soins. La médecine holiste insiste sur l'unicité génétique, biologique et psychosociale du patient tout autant que sur l'importance de concevoir le traitement en fonction des besoins de chacun (Gordon, 1980).

Nous guérir nous-mêmes

La maladie a potentiellement une action de transformation dans la mesure où elle peut provoquer un changement brutal des valeurs, un éveil. Beaucoup de gens ont commencé à prendre en main leur forme physique et mentale. Les guides pratiques sur les régimes, la nutrition, l'exercice et la réduction du stress sont des succès de librairie. « Si quelque chose a le pouvoir de résoudre la crise de la dépersonnalisation médicale et de l'augmentation des coûts, c'est bien le changement proposé par Maslow : un nombre grandissant d'individus qui œuvrent contre un environnement et une société pathogènes en assumant personnellement la responsabilité de leur santé » (Leonard, 1983, p. 335).

La prise en compte croissante des conséquences des états mentaux et émotionnels sur la santé et sur la maladie et du rôle décisif du patient en tant que participant actif dans le processus de guérison a mené à une variété de techniques destinées à mobiliser le processus naturel de guérison chez l'individu. Ces techniques vont du training autogène (Lindemann, 1974) à l'hypnose (Crasilneck & Hall, 1975), en passant par la méditation (Shapiro & Walsh, 1980) et le *biofeedback* clinique (Pelletier, 1977).

Dans *Freedom from Stress – a holistic approach* (1981), Phil Nuernberger déclarait que les sujets accomplis ne génèrent pas le même niveau de stress que les autres personnes. Ils sont en outre moins frappés par la maladie et affichent en permanence un degré de satisfaction plus élevé en ce qui concerne la vie. Et pourtant, ce sont le plus souvent des individus extrêmement performants, soumis à la même pression de travail que n'importe qui d'autre dans la société. La tension, les soucis, l'anxiété et la nervosité ne constituent pas nécessairement les ingrédients de leur efficacité et de leur réussite. Ils ont appris à gérer le stress.

Les applications d'une perspective holiste ont affecté toutes les phases de notre cycle de vie, allant des approches alternatives de la naissance, à l'art de vieillir « sainement » et à une nouvelle prise de conscience de la proximité de la mort et de la mort elle-même. Notre vision de la médecine s'élargit jusqu'à englober les facteurs personnels, familiaux, environnementaux et sociaux qui favorisent la santé, empêchent la maladie et apportent la guérison. En assumant davantage la responsabilité de notre propre santé, nous affirmons notre capacité non seulement à croître et à changer, mais aussi à *guérir*.

La théorie de la motivation et de l'accomplissement de soi et la psychologie des femmes

> Les femmes sont vraiment une sorte de miracle perpétuel. Elles sont comme des fleurs. Chaque personne m'est un mystère, mais les femmes sont encore plus mystérieuses pour moi que les hommes. (Maslow, dans Hall, 1968, p. 56)

Tout en faisant œuvre de pionnier dans de nombreux domaines, à l'instar de la plupart des ses contemporains Maslow défendait l'idée d'un processus de développement psychologique commun aux deux sexes, définissant l'apogée du développement humain en termes d'individuation et de réalisation. Cette hypothèse a simultanément eu pour effet de favoriser et d'entraver l'élaboration d'une psychologie de la femme à part entière. Maslow a réfléchi aux différences entre les sexes, sans jamais développer complètement ses observations.

Dans *The Feminine Mystique* (1977), Betty Friedan se réfère fréquemment à Maslow lorsqu'elle encourage les femmes à dépasser leurs rôles d'épouse et de mère pour atteindre l'accomplissement de soi. Toutefois, si l'on applique la hiérarchie des besoins aux femmes, on ne trouve pas l'équivalent chez elles de tous les besoins « supérieurs » tels que Maslow les a définis. Les expériences vécues par les femmes, et leur développement diffèrent de ceux des hommes, en ce qu'ils sont davantage centrés sur l'attachement et sur l'intimité que sur la séparation et sur l'autonomie. (Norman, Murphy & Gilligan, 1982).

Maslow s'est interrogé sur cette différence, écrivant en 1962 dans son journal (dans Lowry, 1979, p. 251) :

> Seule la femme a besoin d'être aimée, d'abord et avant tout... (Plus j'y réfléchis, plus cela m'impressionne. Et on ne trouve rien d'écrit à ce sujet. Aucune recherche n'a été entreprise.)

Ses propres interrogations préfiguraient l'étude de ces différences. Toutefois, en soulignant les qualités de détachement et d'indépendance, la hiérarchie de Maslow oublie certaines différences essentielles entre les hommes et les femmes.

Dans *In a different Voice*, le livre qui a fait sa célébrité, Carol Gilligan écrivait que « la psychologie des femmes, que l'on a constamment décrite comme distincte dans son orientation prioritaire vers le relationnel et l'interdépendance, implique un mode de jugement qui tienne compte du contexte et une compréhension morale différente. Au regard de leurs conceptions différentes du moi et de la moralité, les femmes apportent au cycle de la vie un point de vue différent et ordonnent l'expérience humaine selon des priorités différentes » (1982, p. 22). Les femmes ne se définissent pas seulement elles-mêmes dans un contexte de relations mais elles se jugent aussi en fonction de leur capacité à s'intéresser à autrui. Dans le cycle de la vie, les femmes ont occupé la place de celle qui nourrit et éduque, de celle qui s'occupe des autres, de celle qui aide, de celle qui tisse ces réseaux de relations dont, à son tour, elle dépend (Gilligan, 1982, p. 17).

Les distinctions entre l'indépendance des femmes et les caractéristiques de la dépendance personnelle n'étaient pas encore claires lorsque Maslow écrivait. Ainsi, dans une partie de son travail, il semble définir les valeurs et les priorités des femmes comme « motivées par les déficiences ».

> Les individus motivés par les déficiences *doivent* avoir les autres à leur disposition, puisque la plupart des satisfactions des principaux besoins (amour, sécurité, respect, prestige, appartenance) ne peuvent provenir que d'autres êtres humains. Alors que les individus motivés par la croissance peuvent en réalité être *gênés* par les autres. (Maslow, 1970, p. 162)

Bien que Maslow ait tenté de définir l'accomplissement de soi chez les deux sexes, sa définition de la santé psychique ne rend pas fondamentalement compte de la psychologie des femmes. Si l'individuation et l'accomplissement personnels sont centraux, lorsque l'âge adulte arrive et que la maturité devient synonyme d'autonomie de la personne, le souci accordé aux relations apparaît plus comme une faiblesse des femmes que comme une force humaine (Miler, 1976).

La société synergique

> Les individus accomplis ont pour une large part transcendé les valeurs de leur culture. Ils ne sont plus simplement seulement Américains, ils sont citoyens du monde, membres de l'espèce humaine d'abord et avant tout. Ils ont la capacité de considérer leur propre société avec objectivité, aimant certains de ses aspects, en détestant d'autres. (Maslow, 1971, p. 184)

Les conséquences sociales

Maslow n'a pas évoqué les théories sociales ou politiques qui pourraient découler de son travail, en revanche il a tracé les grandes lignes de sa conceptualisation d'une société saine (qu'il qualifiait de synergique ou d'eupsychique). Cette esquisse était issue de son intérêt pour la santé parfaite et pour le développement de l'individu et d'une étude postérieure sur le travail, réalisée par l'anthropologue Ruth Benedict. Cette dernière établissait une distinction entre les sociétés « à faible synergie » et les sociétés « à synergie élevée », les secondes étant caractérisées par « des organisations sociales dans lesquelles l'individu, par le même acte et en même temps, sert son propre intérêt et celui du groupe » (dans Goble, 1970).

En appliquant son critère à la société américaine, Maslow découvrit qu'elle relevait d'un modèle synergique mixte, capable à certains égards de répondre aux besoins et de faciliter la croissance, et dans d'autres domaines de frustrer les besoins et d'entraver le développement, de dresser inutilement les individus les uns contre les autres ou contre la société elle-même (Anderson, 1973).

Pendant les vingt dernières années de sa vie, Maslow consacra la majeure partie de son temps à étudier les conséquences sociales de sa philosophie de la hiérarchie des valeurs. Cela le conduisit finalement à une position que l'on pourrait décrire comme un « anarchisme capitaliste », en prenant le terme anarchisme dans son sens premier de coopération fructueuse entre gens égaux (Wilson, 1972, p. 179).

Il envisageait la troisième force davantage comme une vision du monde qu'en tant qu'école psychologique – un *Zeitgeist* ou esprit du temps, une mutation de la pensée fondamentale qui accompagne l'ensemble de l'effort humain, un changement potentiel affectant chaque institution sociale.

Nous avons abordé ici les tendances qui se faisaient jour à l'intérieur du champ de la psychologie, de l'entreprise, de l'éducation, de la science et de la santé. Tout indique que l'œuvre pionnière de Maslow sur le potentiel de croissance personnelle est de mieux en mieux connue dans notre société.

Arnold Mitchell, du projet VALS, écrivait : « Le choix fondé sur la valeur est en passe de supplanter la capacité seule. Le temps semble enfin arriver où beaucoup de gens seront capables d'exploiter toute l'étendue de leurs pouvoirs pour choisir quel type de vie ils entendent vraiment mener. » (1983, p. viii)

Cependant, le pouvoir de choisir s'est accompagné de « l'inadéquation des stratégies d'accomplissement de soi ». Daniel Yankelovich a mené des enquêtes sur les tendances sociales et sur les attitudes du public qui révèlent chez les individus un comportement de type « moi-d'abord » Appelant cela la « psychologie de l'abondance », il attira l'attention sur une majorité de gens qui interprètent l'accomplissement de soi comme un moyen de justifier l'exigence de « toujours plus » (Yankelovich, 1981, p. 234-243).

Cet élitisme personnel au détriment d'une éthique plus généreuse de l'engagement social représentait pour Maslow une inextinguible source de controverse. Et le débat semble d'autant plus pertinent aujourd'hui dans un monde confronté à des ressources limitées, au dilemme nucléaire et à une croissance démographique qui atteindra le nombre de 6,5 milliards d'hommes à la fin du siècle.

> Malheureusement la richesse physique et la richesse économique ne sont pas obligatoirement utilisées pour satisfaire des besoins supérieurs. Les besoins supérieurs peuvent être assouvis dans la pauvreté, c'est plus difficile mais possible si nous nous souvenons qu'il s'agit de respect, d'amour et de l'accomplissement de soi et non de voitures, d'argent, de baignoires. (Maslow, dans Lowry, 1979, p. 373-374)

Maslow était persuadé que les hommes ne pourraient pas se trouver eux-mêmes par l'introspection seule, dans la mesure où la quête de soi, si l'on est véritablement attentif, nous ramène immédiatement vers l'extérieur. George Leonard remarque que « la contre-culture des années 1960 est devenue une composante majeure et influente du courant qui domine la culture des années 1980. Il apparaît clair également que, si la recherche de l'accomplissement de soi conduit certaines personnes à se préoccuper intensément de leur moi, le stade du "moi d'abord" est généralement temporaire, une halte dans le voyage vers la conscience sociale » (Leonard, 1983, p. 335).

Le problème du mal

Certains critiques ont reproché à Maslow de ne pas avoir complètement traité la question du mal et du côté obscur de l'humanité, et arguaient que sa vision positive faussait ses découvertes. Après la Seconde Guerre mondiale, dans le sillage du génocide et de la course aux armements nucléaires, Maslow savait qu'une psychologie exhaustive devait prendre en compte à la fois le bien et le mal. Selon lui, le mal était pour l'essentiel dû à l'ignorance – mais il n'était pas sentimental et ne pouvait ignorer le besoin de comprendre la réalité de la faiblesse, de l'échec et de la cruauté. Ses derniers journaux intimes relatent son questionnement intérieur et le débat qui l'occupait concernant l'universalité des motivations au mal :

> Dans mes lectures, il est question d'émeutes, de mesquinerie et de méchanceté, de suspicion et de cynisme. Je semble être le seul à insister sur la réalité de la bonté, de la décence, de la générosité – tous les autres gardent le silence. Il existe dans le monde le bien et le mal, et ils ne cessent de se combattre mutuellement – c'est une lutte sans issue. Mais si les gens bons renoncent, alors le combat est perdu. (Maslow, dans Lowry, 1979, p. 1235)

Une psychologie du mal aurait pu être la contribution à venir de Maslow. Dans une interview parue dans *Psychology Today*, Maslow avouait :

> C'est une énigme psychologique que j'ai tenté de résoudre pendant des années. Pourquoi les gens sont-ils cruels et pourquoi sont-ils gentils ? Les individus mauvais sont rares, mais on trouve un comportement mauvais chez la majorité des gens. Le prochain projet auquel je veux consacrer mon existence est d'étudier le mal en le comprenant. (Maslow, dans Hall, 1968, p. 35)

Les orientations futures

Maslow a un jour déclaré qu'une société qui compte huit pour cent d'individus accomplis est en passe de devenir une société accomplie. « L'individu remarquable sera l'agent du changement », écrivait Mitchell (1983, p. 4). Son étude prévoit qu'en 1990, les individus « guidés de l'intérieur » (ou accomplis) représenteront quasiment un tiers de la population aux États-Unis.

Qu'il s'agisse d'énergie, de politique, d'autonomie communautaire, du mouvement des consommateurs ou de la santé holiste, le credo qui se dessine est celui de l'autosuffisance et de l'initiative locale. Ce monde qui connaît une nouvelle évolution exigera des formes d'organisation sociale encore inédites.

Dans son best-steller *Megatrends* (1982), John Naisbitt définissait les contours des nouvelles tendances à l'intérieur de la société américaine, telles que l'abandon des hiérarchies centralisées en faveur de réseaux éclatés. Le cercle de qualité, pour ne citer qu'un exemple, a contribué à redonner de la vitalité à la participation des travailleurs et à la productivité des entreprises américaines. Maslow prédisait que nous serions contraints de renoncer aux structures traditionnelles qui avaient soutenu le développement d'une société industrielle centralisée. Les idées de Maslow concordent avec la conception chère à Naisbitt d'un « modèle d'organisation et de communication en réseau, qui trouve ses racines dans la formation égalitaire et naturelle de groupes partageant les mêmes options » (p. 251).

La société américaine d'aujourd'hui présente de nombreux facteurs susceptibles de déboucher sur une transformation collective. Dans *The Aquarian Conspiracy : Personal and Social Transformation in the 1980's*, Marilyn Ferguson confirmait la vision de Maslow dans de nombreux domaines. Elle écrivait : « Pour imaginer un destin, pour transcender un passé, nous avons commencé à nous connaître nous-mêmes, nous sentons les limites de notre ancienne science, les dangers de nos hiérarchies lourdes, et nous voyons le contexte de notre planète. Nous avons réveillé notre pouvoir d'apprendre et de changer. Nous avons commencé à imaginer la société possible. » (1980, p. 142)

L'avenir apportera peut-être sur une meilleure compréhension des schémas de l'accomplissement de soi et des motivations transculturelles. L'œuvre de Maslow a connu des applications dans le monde entier : des études portent sur l'observation de la motivation dans le travail dans les pays en voie de développement et sur la comparaison des théories de Maslow avec celles des philosophes orientaux. Une synthèse des études relatives aux théories de Maslow s'avère nécessaire. Une vision à l'échelon planétaire pourrait s'ajouter à une synergie internationale et aboutir à une meilleure compréhension des normes et des valeurs transculturelles.

La pérennité de Maslow

> Le mouvement vers la santé psychique est également le mouvement vers la paix spirituelle et vers l'harmonie sociale. (Maslow, 1971, p. 195)

Les théories d'Abraham Maslow ont été appliquées sur un éventail étonnant d'organisations et de lieux, allant des exploitations agricoles aux banques, des groupes de méditation à l'armée, des maisons de retraite aux jardins d'enfants. Elles ont été utilisées à la télévision pour les publicités commerciales, et dans des communications sur la santé publique.

En saisissant l'esprit de son époque, la psychologie de Maslow s'est insérée dans le tissu même de la vie de l'Amérique. Son œuvre, fondée sur une observation minutieuse, a investi les multiples dimensions de notre culture. La vision puissante élaborée dans *Devenir le meilleur de soi-même* a eu un impact décisif sur nos valeurs, sur nos modes de pensée et d'apprentissage, sur notre façon de vivre à proprement parler.

La postérité de Maslow s'est révélée fertile, sa psychologie continue à soulever des questions uniques et à nous guider vers l'avant. Il a inauguré une nouvelle manière de voir l'univers de l'homme et, ce faisant, il nous a redonné confiance, il a mis en lumière la nature de notre potentiel humain, il nous a encouragés à porter notre ambition plus haut et il nous a rappelé que *la grandeur réside en nous et en chacun de nous.* Enfin, la vérité de l'influence de Maslow vit à l'intérieur de chacun de nous, dans l'expression de notre effort pour accéder à une humanité plus complète.

MIXTE
Papier issu de sources responsables
FSC® C108412

Composition et mise en pages
Nord Compo à Villeneuve-d'Ascq

Imprimé en France par CPI Brodard & Taupin
en octobre 2022
Dépôt légal : novembre 2022
N° d'impression : 3048987

Cet ouvrage est imprimé sur du papier bouffant
Novel 56 g, papier issu de forêts gérées durablement.